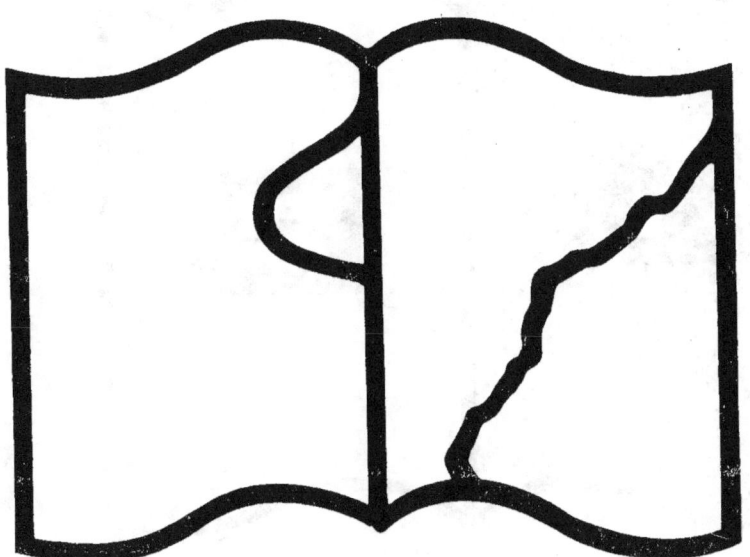

Texte détérioré — reliure défectueuse
NF Z 43-120-11

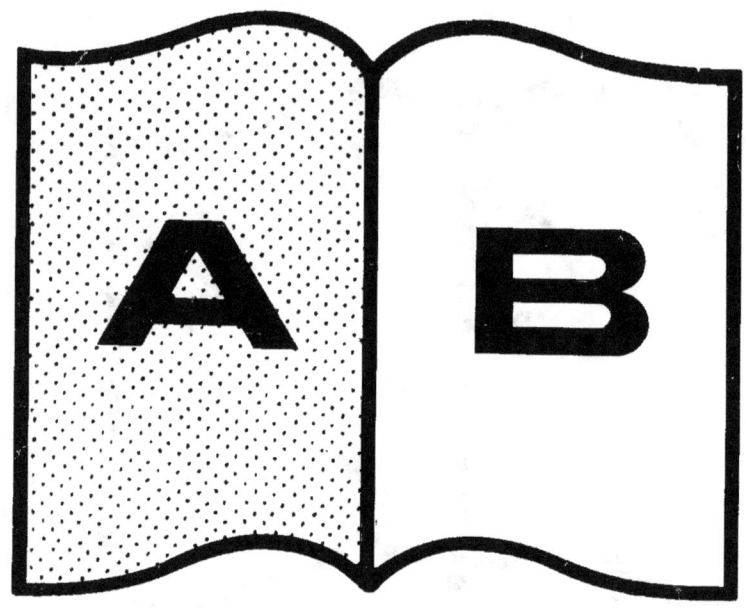

Contraste insuffisant
NF Z 43-120-14

504

8° G
1789

GRISON-PONCELET

VOYAGES
D'UN PICARD

Par un Membre de l'Association Française
pour l'Avancement des Sciences

A PROPOS DES CONGRÈS
DE
MARSEILLE — PAU — BESANÇON — CAEN
BORDEAUX — CARTHAGE

Photographies de M. Raoul ELLIE

CREIL
IMPRIMERIE CAMILLE VERMONT
21, Rue de Montataire, 21

1898

VOYAGES D'UN PICARD

A Monsieur Charles LETORT

C'est vous, Monsieur, qui êtes l'auteur de ce volume !

C'est vous qui m'avez forcé à raconter nos excursions ; vous aviez cru rencontrer en moi un diseur intéressant ; avez-vous reconnu votre erreur ?

Vous pensiez que je pouvais, des visites si savamment préparées à notre intention, tirer des conclusions utiles ou agréables ! Jugez-en par ce volume, que je vous dédie, et..... ce sera votre punition !

GRISON

AVANT-PROPOS

A l'occasion des Congrès annuels de l'A. F. A. S., les Comités locaux préparent des excursions récréatives et en même temps instructives.

Nous avons tous reconnu les soins méticuleux avec lesquels sont élaborés les programmes, toujours exécutés avec la plus scrupuleuse exactitude; il en résulte que, dans un minimum de temps, les Congressistes visitent le maximum des curiosités intéressantes à tous les points de vue.

Malheureusement, certaines difficultés se présentent trop souvent, qui privent de ces agréables excursions beaucoup de Membres des Congrès, difficultés résultant particulièrement des moyens de transport ou d'installation.

C'est par suite de la limitation du nombre des billets que, lors du Congrès de Pau, quelques amis et moi n'avons pu faire l'excursion de Salies-de-Béarn qui a vraiment enchanté tous ceux qui ont pu la faire. Avec quelques amis, nous nous en sommes consolés en partant, de notre côté, pour Saint-Sébastien.

Or, en visitant le petit village de Saint-Jean, en face de Pasages, le hasard nous a fait entrer dans le cortège de la Reine, et c'est à cette circonstance que je dois d'avoir essayé de raconter les péripéties de notre pointe à Saint-Sébastien.

En effet, nous communiquions, aussitôt notre retour, à un ami congressiste qui n'avait pu nous accompagner, les impressions de notre petit voyage; par son insistance, il me mettait, pour ainsi dire, en demeure de lui en faire le détail complet et par écrit ; je lui remettais dès le lendemain matin cette relation : de là, l'origine de ce volume!

M'attachant à suivre exactement les programmes de nos excursions, mes récits pourront être considérés comme des itinéraires tout préparés pour les touristes qui voudront les adopter; tel est le but pratique que je me propose en les publiant : je souhaite seulement à nos imitateurs de pouvoir disposer de plus de temps que nous, car nos tournées dans ces charmants pays ont été d'une rapidité déplorable, et ces pittoresques promenades nous ont toujours semblé trop courtes,

I

A PROPOS

DU

CONGRÈS

DE

MARSEILLE

QUATRE JOURS

A

MARSEILLE

QUATRE JOURS A MARSEILLE

Première Journée

Le Jeudi 17 Septembre 1891, à trois heures et demie, au théâtre, le Congrès de Marseille s'ouvrait par un discours de M. Baret, maire, suivi de celui de M. Dehérain, l'illustre agronome.

Cette première séance officielle était reprise le soir d'une façon plus gaie, quoiqu'également officielle, dans les salons de l'Hôtel de Ville, trop petits pour recevoir les congressistes et les habitants de Marseille invités à venir faire leur connaissance.

Notre tempérament, *quasi* parisien, ne pouvant se déclarer complètement satisfait avec la musique et le champagne municipaux, nous jugeons ne pouvoir mieux compléter cette journée qu'en passant quelques instants dans un établissement où on s'amuse, ou plutôt où on *devrait* s'amuser, et, suivant la *Cannebière*, la rue *Noailles* et les *allées Meilhan*, trois dénominations pour le même boulevard, nous arrivons au *Palais de Cristal*.

La *Cannebière* est un boulevard un peu plus long que large et doit probablement son succès au peu de temps qu'il faut pour la parcourir, ce qui lui procure cette extraordinaire animation, très explicable d'ailleurs, en ce sens que chaque promeneur, cherchant un visage de connaissance dans les nombreux cafés qui en font l'unique commerce, peut en une heure passer et repasser cinq à six fois.

Dans ce Palais de Cristal, nous avons l'illusion d'un de nos endroits fréquentés de Paris : Folies-Bergère, Casino ou autres, mais pas en mieux : chanteurs, chanteuses, danseuses, pantomimes, etc., le tout est légèrement rococo ; en outre, le public, côté charmant, d'une variété, d'une quantité et d'une qualité assez restreintes ; bref, nous sortons de ce Palais sans être convaincus que *Paris est un petit Marseille.*

Deuxième Journée

Le lendemain vendredi, les membres du Congrès se rendent à l'importante *savonnerie* de Mme Morel et ensuite à la *capsulerie* de MM. Ch. Cauvet et Cie. Nous admirons longuement l'outillage et la façon rapide et élégante dont sont fabriqués ces jolis bonnets en étain de toutes couleurs destinés à protéger les bouchons tout en ornant les goulots de bouteilles de vins supérieurs, de liqueurs, et surtout d'eaux naturelles minérales, digestives, purgatives, etc.

Le directeur de cet établissement industriel a l'amabilité d'offrir aux congressistes des rafraîchissements que ceux-ci acceptent avec enthousiasme, mais qui agissent d'une façon singulière sur l'un d'eux.

Je vois, en effet, s'agiter dans la cour de l'usine, au milieu d'un groupe de quatre personnes, un membre bien connu de l'Association : petit, toujours tête nue, remuant, député connu et reconnu pour sa sobriété proverbiale, puisqu'il n'absorbe jamais un degré d'alcool (c'est sans doute à cause d'un vœu que je ne l'ai jamais vu oublier qu'une seule fois, devant le buffet du parc de Beaumont, à Pau, où il nous fit l'honneur de boire avec nous un verre de champagne) docteur, paraît-il, il discutait avec un autre congressiste, celui-là, calme, digne, et sérieusement docteur de la Faculté de médecine. J'écoute un moment la discussion qui roulait sur Pasteur et sa dernière découverte.

A d'excellentes raisons fournies par le médecin de Bordeaux, le député (Mi-Rave, je crois que c'est ainsi qu'on le nomme) croit répondre par un exemple :

— Dans la ville de Mâcon, deux de mes électeurs et amis

furent mordus par le même chien malade ; l'un vint se faire soigner à l'institut Pasteur, et l'autre, plus insouciant ou peu confiant, resta chez lui. Le premier, après avoir subi le traitement complet, revint à Mâcon et, quelques semaines plus tard, mourait de la rage ; le second n'en a jamais senti nulle atteinte.

— Pardon, dis-je, si je prends part à votre savante discussion, moi qui ne suis pas docteur, mais voulez-vous me permettre de vous dire ce que prouve cette histoire ? Eh bien, tout simplement ceci, c'est que M. Pasteur seul était enragé et qu'il a mordu son client !

La gravité des contradicteurs disparaît comme par enchantement, et la discussion est close, malgré les protestations de M. le député-docteur Mi Rave, qui répète à plusieurs reprises :

— Mais je n'ai pas dit ça, je n'ai pas dit ça.

— Monsieur, lui dis-je, quant à moi, je ne vous ai pas entendu dire autre chose.

Et il part, seul, pas content, avec... son chapeau mécanique... sous le bras.

Après déjeuner nous assistons à quelques conférences savantes et intéressantes, et, en attendant l'heure du dîner, nous faisons le tour d'un charmant square débouchant sur la Cannebière que nous traversons ensuite pour pénétrer, en face, dans la *Bourse du Commerce*. Nos pas résonnent sur les dalles de l'immense salle du rez-de-chaussée, peu animée à ce moment, et il nous semble que l'écho nous renvoie la fameuse phrase prononcée naguère par un illustre oracle : « *l'Empire, c'est la paix !* » Ce souvenir nous fait sortir brusquement et sans regret de ce monument par une porte de derrière et nous parcourons le quartier infect, aux rues étroites, gluantes et suintantes, où ne tombe jamais un rayon de ce beau soleil si prodigue de sa chaleur, et qui s'étend depuis la Bourse jusque bien au-delà de l'Hôtel de Ville ; cette promenade peut se faire une fois, mais, pour la recommencer, il faut avoir un vrai tempérament ou un goût prononcé pour les cloaques.

Troisième Journée

Le samedi matin, nous oublions complètement de suivre les travaux du Congrès, leur préférant une longue, intéressante et hygiénique promenade ; prenant place dans un des innombrables tramways qui sillonnent toutes les larges voies de Marseille, nous suivons la rue de Rome et nous côtoyons le jardin de la *Préfecture*. Les dépenses nécessitées par la construction de la Préfecture se sont montées à environ 9 millions. C'est un parallélogramme de 90 mètres de largeur sur 80 de profondeur, avec une jolie cour d'honneur à l'intérieur et un jardin sur la rue de Rome.

Quelques instants après, nous arrivons au *Prado*, la « Great attraction » des étrangers et même des Marseillais.

Le Prado est une large avenue avec plusieurs allées parallèles, le tout couvert d'un dôme épais de feuillage ; de chaque côté sont des villas riches et coquettes ; au bout de ces avenues une plage immense où se réunissent les baigneurs aux heures où le soleil n'est pas trop cuisant ; au bout de cette plage à droite, commence le chemin de la *Corniche*, taillé dans le roc et suivant toutes les sinuosités de la côte. Cette route est certainement, de toute la France, le meilleur souvenir qui soit resté des Ateliers nationaux de 1848.

Nos regards sont constamment fixés sur la Méditerranée dont la perspective change avec chaque tournant de cette route ; nous ne les en détournons que très rarement à cause de quelques chalets perchés au-dessus de nos têtes sur les pointes de ces rocs.

Quoique en pleines sphères poétiques, un mot très naturaliste sort tout-à-coup de la bouche d'un de nos compagnons : « Bouillabaisse » ; mes cheveux se dressent et je m'apprête à tancer vertement le malheureux qui nous fait tomber ainsi brutalement dans la réalité, quand je vois, à ma droite une magnifique villa, la *villa Bouillabaisse*, pardon, je veux dire la *villa Roubion ;* je crains un moment que l'auteur de cette malencontreuse réflexion ne nous présente une motion, et que, la majorité l'adoptant, nous ne soyons forcés d'interrompre notre promenade pour juger par nous-mêmes à quel point est méritée la réputation universelle de ce Monsieur Roubion. Nous n'y coupons pas, fort heureusement, et nous continuons à descendre la route serpentine jusqu'au *Pharo*. Là nous faisons halte et aussi un retour philosophique sur le passé. Napoléon le dernier fit, dans de beaux jours, construire ce palais, sur un terrain donné par la municipalité ; l'Impératrice le rétrocéda à la ville, et ce palais (quelles amères désillusions pour lui !) fut utilisé comme hôpital cholérique pendant quelques années ; il est maintenant destiné à devenir le siège de la Faculté de médecine, selon qu'il appert du discours de M. Baret, maire de Marseille, à l'ouverture du Congrès. Des jardins du Pharo, nous jouissons longuement du magnifique panorama des ports et de toute la ville.

Le Pharo est situé au pied d'une colline dominée par le fort et la chapelle de la *Vierge-de-la-Garde*.

Nos jambes commencent à nous faire comprendre qu'elles seraient bien aises d'être débarrassées du poids de nos torses, nos estomacs crient famine, notre œsophage demande à être humecté, rien n'y fait ; ces objurgations ont tort contre notre courage surhumain et nous grimpons jusqu'en haut de la colline ; et là, tout en jouissant d'une vue excessivement étendue sur le territoire et surtout sur la mer, nous pensons à ces nombreux pèlerinages, et à ces marins qui, après une longue traversée, viennent demander à la marchande de cierges le courage dont ils auront encore besoin pour résister aux fatigues et aux dangers de leur « Struggle for life. »

Ces réflexions faites rapidement, nous descendons par la voie la plus directe, c'est-à-dire presque à pic, jusqu'au *Vieux Port*, et mes compagnons revenant avec une nouvelle vigueur à leur *bouillabaise*, je me laisse entraîner dans un restaurant dont ce mets *délicat* a fait la renommée, sans doute ironiquement, car c'est une horreur que cette bouillabaisse !

Vous faites bouillir pendant 24 heures ces infects poissons qui pullulent dans les vases des ports méditerranéens ; vous en faites un consommé, agrémenté de piments violents (naturellement pour dominer le goût épouvantable de cette marée !) et vous voyez les convives qui absorbent ce potage avec une satisfaction plus ou moins sincère.

Quant à moi, je n'admets pas l'hypocrisie, en semblable matière surtout, et je ne cache pas mon dégoût pour ce mets national *marseillais*.

Nous avions remarqué, tout en déjeunant, que de nombreux petits bateaux à vapeur se détachaient du port pour prendre la mer et conduire leurs clients au *Château d'If*. Pendant qu'une partie de nos compagnons décide d'aller sur la Cannebière pour se reposer des fatigues de la matinée, nous partons, l'ami Fauré et moi, pour le château d'If. Nous rencontrons sur le bateau deux aimables congressistes, et nous visitons ensemble les ruines de cet îlot illustré par *Monte-Christo*, ou plutôt par Alexandre Dumas père ; nous voyons par nous-mêmes que le bout de chandelle, qui éclairait *a giorno* la cellule de l'abbé Faria, l'illumine encore et, selon toute probabilité, l'éclairera jusqu'à la visite du dernier touriste, autrement dit du dernier des vivants.

Nous avons le bonheur d'emmener dîner avec nous nos deux nouveaux compagnons, et nous allons finir notre soirée sur l'inévitable Cannebière, des terrasses de laquelle nous allons jouir d'une retraite aux flambeaux organisée à l'occasion de l'inauguration, le lendemain dimanche, au parc de Longchamp, du buste de Lamartine qui, en effet, passe devant nous sur un char, au milieu de palmiers et de feuillages, précédé et suivi de soldats, de sociétés musicales, de porte-torches et d'une foule innombrable et interminable.

Après ce drôlatique défilé, j'apprends par des compagnons marseillais que les magnifiques cafés de la Cannebière, comme du reste, beaucoup de maisons, ne possèdent pas de ces coins retirés, si indispensables cependant, et que les personnes qui ont besoin d'être seules, sont obligées de se rendre dans des endroits plus ou moins patentés ; ce n'est vraiment pas tentant !

Quatrième Journée

PREMIÈRE PARTIE (1)

Le dimanche dès le matin, me sentant à peu près dispos et à cause de notre départ fixé à midi pour l'Algérie, je décide de faire une promenade hygiénique et de nature à donner à mon estomac les bonnes dispositions qu'impose le séjour assez long sur un paquebot.

Grimpé sur un tramway de la ligne « Bonneveine-Belzunce », je me laisse glisser pendant cinq kilomètres et je descends dans la banlieue, à Bonneveine, devant le *Château Borély*.

Le château, ses dépendances et le parc ont une étendue d'environ 500,000 mètres !

Les charmants jardins qui entourent le château, reposent agréablement la vue et les heures s'écoulent trop rapidement dans ce splendide parc.

Commencé en 1766 par Louis Borély, écuyer, conseiller-secrétaire du roi, le château fut terminé par son fils aîné en 1778. La famille Borély vendit le château à M. Paulin Talabot, en 1856, et la ville, qui en était devenue propriétaire en 1862, livra le château et le parc au public le jour de l'Assomption 1863.

Le château Borély est maintenant transformé en un musée qui peut rivaliser avec les plus importants de province, et que viennent visiter tous les savants du monde; commencées avec la meilleure partie d'une collection égyptienne que le docteur Clot-Bey, chef des services médicaux des armées du Pacha Mohamed-Ali, avait pu former pendant un séjour de plus de 30 ans dans la terre des

---

(1) Je note *Première Partie* parce que je n'ai employé la deuxième de cette quatrième journée, qu'à mon retour d'Afrique.

Pharaons, augmentées ensuite par des dons, par des achats successifs, les collections de ce musée s'enrichirent et se complétèrent, grâce à la sollicitude éclairée de plusieurs maires aidés de leurs conseils municipaux. Je regrette de n'avoir pas assez de temps pour visiter toutes les belles salles de ce musée et je me promets de lui consacrer une journée pleine, si le hasard me ramène à Marseille.

Le champ de courses actuel a été établi sur le côté ouest du parc et inauguré en 1862 ; je lui accorde quelques minutes, et je reprends la direction de la ville, véhiculé par le tramway, que je quitte à l'entrée de la Cannebière.

UNE SEMAINE

A

ALGER

En montant à la Kasbah, à Alger

Allée des Palmiers au Jardin d'Essai, près Alger

UNE SEMAINE A ALGER

Première et deuxième Journées

A midi trente minutes, un coup de sirène annonçait le départ du *Duc de Bragance,* de la Compagnie transatlantique.

En vertu d'une décision prise depuis longtemps, nous abandonnions, Fauré et moi, nos amis les congressistes ; nous faisions abnégation des charmantes excusions annoncées au programme, et nous prenions notre vol vers un autre continent.

Malgré la crainte que m'inspire une traversée de vingt-quatre heures, je n'hésiste pas à prendre place sur ce paquebot ; il n'y avait, du reste, à cela pas grand mérite, l'aspect du ciel nous faisait prévoir et espérer une magnifique et tranquille traversée ; cet espoir n'a pas été déçu, puisque l'aimable capitaine, M. Bargilliat, nous a déclaré ensuite que le *Duc de Bragance,* âgé de deux ans, n'avait pas encore fait une seule traversée dans des conditions aussi parfaitement calmes.

Mais ce que nous n'avions pas prévu, c'étaient les chants de notre vigoureuse sirène qui, quinze heures après notre départ de Marseille, annonçaient aux Espagnols notre arrivée dans les *Iles Baléares,* devant *Mahon.*

En effet, quelques jours auparavant, le vendredi 11 septembre, le paquebot *La Ville de Bône* avait, par un brouillard intense, donné contre un rocher des Baléares, et avait failli sombrer corps et biens ; ce n'est que grâce à la cloison étanche de l'avant que le désastre avait été évité, et au prix d'efforts surhumains le steamer avait pu être remorqué jusqu'au port de Mahon, où on avait débarqué les passagers ; ceux-ci, qui se rendaient à Port-Vendres, ont été recueillis quelques jours après par un autre paquebot de la Compagnie transatlantique, *La Ville d'Alger*.

Le personnel de *La Ville de Bône* travaillait depuis l'accident aux réparations les plus urgentes, et notre capitaine avait l'ordre de lui remettre en passant des vivres et l'outillage nécessaire pour pouvoir rentrer dans les ateliers de Marseille.

L'opération du déchargement dure environ deux heures, de trois heures à cinq heures du matin, ce qui nous permet de jouir d'un magnifique lever de soleil et de la vue de ce lac immense qui forme un port naturel d'une sécurité absolue.

A cinq heures trois quarts, la sirène annonce aux insulaires notre départ et nous filons devant les habitants surpris dans leur sommeil et accourus en toute hâte sur les quais.

Nous admirons ce splendide panorama de Mahon avec des maisons blanches comme de la neige et jetées au hasard en amphithéâtre ; nous apercevons à l'entrée du port quelques casernes, une poudrière, des canons braqués, des soldats aux pantalons rouges que nous pourrions confondre avec des soldats français.

Nous nous faisons cette réflexion que, grâce à la poudre sans fumée, l'administration française sera bientôt obligée de changer le rouge en couleur gris-poussière et pourra par conséquent s'entendre facilement avec le gouvernement espagnol pour lui solder, dans de bonnes conditions, tout son stock.

Nous avons bientôt regagné la pleine mer qui, comme la veille, est toujours aussi bleue et aussi calme ; c'est un incommensurable miroir !

Vers six heures, nous étions en vue d'*Alger*, dont l'ensemble nous fait l'effet d'un édifice à façade blanche, à multiples étages, lesquels étages se détachent insensiblement, et à sept heures, le Lundi 21 Septembre nous débarquions, non sans avoir préalablement annoncé notre arrivée *par un grand air de sirène.*

Nous faisons remarquer à notre capitaine que le matelot, chargé de conduire ce bruyant orchestre, ne doit pas être lauréat du Conservatoire, ce que M. Bargilliat admet volontiers en nous déclarant que pour le moment les artistes font défaut dans son équipage. Nous quittons rapidement notre ami *Le Duc de Bragance* et nous foulons le sol africain avec une visible satisfaction; nous sommes, quoique chez nous, à 1641 kilomètres de Paris, à 772 kilomètres de Marseille !!!

Quelques marches à monter et nous sommes, après les formalités de la douane, sur le *boulevard de la République*.

Ce boulevard, dont la première pierre a été posée le 18 septembre 1860, a été construit en quatre années : les dépenses se sont montées à environ huit millions.

Il forme une terrasse de 2,000 mètres de longeur et d'une hauteur de 19 mètres au-dessus du port de débarquement.

Cette terrasse est bordée du côté de la mer par une belle balustrade en pierre et de l'autre par de magniques constructions bâties à la Française avec une galerie couverte au rez-de-chaussée, nous rappelant en plus beau la rue de Rivoli. Ces constructions sont affectées à des demeures particulières, à l'hôtel d'Orient, à l'hôtel de l'Oasis, à la banque de l'Algérie, au théâtre-concert de la Perle, au Trésor, aux Postes et au Télégraphe, enfin à la Manutention militaire ; c'est une promenade très fréquentée, surtout entre la place du Gouvernement et le square de la République.

De tous les appartements de ce boulevard, comme du reste de la Terrasse, la vue est splendide et unique ; on admire un magnifique et ravissant panorama qui, suivant les contours de la baie d'Alger, depuis les riants côteaux de Mustapha jusqu'au cap Matifou, vient se terminer aux montagnes du Petit-Atlas et du Djurjura bornant l'horizon.

Nous nous installons rapidement à l'*Hôtel de l'Oasis* et quelques instants après, nous disposant à faire une promenade, notre attention est attirée par certains bruits musicaux qui dirigent nos pas.

Nous sommes, en effet, à deux pas du *square Bresson* ou *square de la République*, dans lequel un public nombreux et fort varié se délecte autour d'un kiosque occupé par la musique municipale, dont nous entendons avec plaisir quelques morceaux parfaitement exécutés ; c'est pour nous un contraste frappant avec la mélodie de la Méditerranée, dont nous nous sommes grisés pendant trente heures. A la musique municipale succède une des Sociétés de la province des mieux médaillées dans les concours de la veille à Alger.

Troisième Journée

Nous nous trouvons, le mardi matin, aussitôt sortis de l'hôtel de l'Oasis, dans la rue *Bab-Azoun* (porte du Soleil), à double rangée d'arcades, parallèle au boulevard de la République, rue très commerçante, partant de la *place de l'Opéra* (square Bresson), aboutissant à la *place du Gouvernement* et formant avec la rue *Bab-el-Oued* (porte de la Rivière), qui lui fait suite au-delà de la place, la principale artère de la ville.

Nous prenons au hasard une petite rue transversale en escaliers, et nous arrivons à la halle et au marché à fruits, à fleurs et à légumes ; nous y trouvons une grande animation ; c'est l'heure où les ménagères européennes et les arabes voilées viennent faire leurs provisions. Les figues, les raisins, les fruits, en général, nous paraissent avoir beaucoup de succès, sans doute à cause de la chaleur qui, quoique tombée depuis environ huit jours, est encore fort élevée, tout au moins pour nous.

Nous montons et nous descendons pour remonter encore les marches de différentes rues, et nous nous trouvons dans le centre du quartier industriel d'Alger, la *rue Randon* et les rues adjacentes.

Sous la *place Randon* est aménagé un des réservoirs de la ville et nous y voyons aussi la principale *synagogue*. La rue Randon, bâtie à la française, n'est en général habitée que par des Juifs. Du matin au soir, c'est une véritable fourmilière de gens aux costumes bigarrés et drôlatiques ; les populations indigènes d'Alger font de cette rue leur rendez-vous habituel.

J'ai remarqué, du reste, que ces indigènes doivent former un nombre considérable d'habitants, puisque dans cette rue Randon, comme dans toutes celles que j'ai suivies depuis deux heures, c'est un véritable grouillement d'oisifs et aussi, il faut bien le dire, de travailleurs.

En effet, les boutiques ouvertes de chaque côté de la rue Randon, nous permettent de voir en fonction des ouvriers arabes de différentes industries ; à côté de fabricants d'éventails brodés, de bijoux, de bracelets, de ronds de serviette en os ou en métal, de porte-monnaie, de carnets en cuir brodés en or ou imitation, nous voyons des fabricants de chaussures. Cette industrie nous semble la plus considérable et le nombre est immense des babouches qui se font journellement dans ce quartier ; ces chaussures sont solidement établies ; cousues à la main en gros fil jaune ciré, elles sont retournées ensuite pour faire chaussons ; les semelles sont généralement en cuir fort, épais, souple, coutelé, mais d'un usage plus que suffisant pour leur destination ; le dessus est le plus souvent en basane de différentes couleurs, et quelques fois en chèvre ou en veau ; certains fabricants font les chaussures de tous genres en cloué ; enfin, nous remarquons une foule de cafés maures remplis d'oisifs fumant l'inévitable cigarette.

Malgré la chaleur, cette longue et intéressante promenade nous avait mis en appétit et nous faisons un excellent déjeûner.

Nous allons après midi, visiter *Mustapha supérieur*. Nous remarquons d'abord en arrivant, à gauche, la splendide propriété Joret, notre ancien compatriote, constructeur de l'Est algérien et de ponts et travaux en fer à Montataire (Oise), et quelques pas plus loin nous arrivons au splendide *Palais d'Eté du Gouverneur*. Nous admirons la grande variété de fleurs qui nous embaument dans les jardins et la véritable pépinière de bambous et de palmiers au milieu desquels nous passons. Nous entrons dans le palais d'un style mauresque remarquable ; les marches des escaliers sont en marbre ; les colonnes anciennes et modernes en marbre également ; la salle à manger, la salle de billard et la grande salle de réception meublées luxueusement, nous retiennent longtemps... Nous nous arrachons enfin de ce séjour enchanteur, et nous descendons à *Mustapha inférieur* pour visiter le *jardin d'essai*.

Ce jardin est loué par l'Etat a une compagnie constituée à Alger pour le commerce des plantes et arbustes ; c'est une vaste pépinière qui recèle la plupart de tous les produits tropicaux ; nous y admirons l'abondance et la variété des cultures et nous arrivons bientôt à l'extrémité, au bord de la mer, où nous pouvons à notre aise contempler et admirer notre belle Méditerranée.

Le soir, après dîner, oubliant nos fatigues, nous montons les innombrables marches de la *Casbah* qui conduisent en droite ligne au sommet de la ville d'Alger.

Pour nous reposer de cette longue ascension, nous faisons halte au numéro 22 de la rue *des Hirondas*, une des nombreuses maisons hospitalières et de *conversation* de ce quartier.

Pendant que nous absorbons une tasse de ce fameux moka préparé à la façon maure et que nos compatriotes ont pu déguster pendant notre dernière exposition universelle, un orchestre, composé d'une indigène armée d'un tambour plat et d'une autre armée d'un tambour de basque, dans un coin du *salon* que nous occupons, prend position à la façon des tailleurs-pompiers de la métropole, et quatre autres indigènes débarrassées des sacs peu gracieux qui leur servent de jupons, font leur entrée en exécutant la fameuse danse du ventre : c'est d'un naturalisme inénarrable sur lequel je ne me permettrai de ne pas m'étendre ; « Glissez mortels, n'appuyez pas. » (1)

Je dirai cependant que cette danse nous fait oublier facilement les plus lascives polka, valse, mazurka ou le plus échevelé des quadrilles ; il n'y a pas, du reste, la moindre comparaison entre celle qui nous amuse en ce moment et toutes celles que nous avons été à même d'observer en France et dans nos voyages.

La sécurité étant relative dans ce quartier de population spéciale et fort dense, nous avions prié une patrouille de vouloir bien nous protéger... à distance... mais notre soirée n'a pas eu très heureusement la couleur dramatique, et elle s'est terminée comme elle s'était commencée, dans le bouffe.

Quatrième Journée

Nous décidons, pour le lendemain mercredi, une excursion dans la *Mitidjah*. Nous prenons donc le train à 6 heures 35 du matin. Notre première station est *Boufarick*, 35 kilomètres S.-O. d'Alger, 5,500 habitants.

Cette ville qui, en 1830, était un marais inhabitable, est devenue le centre le plus important de la plaine. De splendides plantations de platanes surgissent de tous côtés ; des pépinières d'orangers, de citronniers, de limoniers et de

---

(1) Aux chevaliers du patin.
Glissez mortels, n'appuyez pas.

Pour retrouver l'origine de ce vers que nous prononçons tous, il faut remonter jusqu'à la première moitié du XVIIIe siècle, à l'époque où vivait le graveur Lamessin et le poète Roy : Au-dessous d'une estampe du premier, représentant des patineurs, le second avait signé ce quatrain :

Sur un mince cristal l'hiver conduit vos pas,
Le précipice est sous la glace,
Telle est de vos plaisirs la légère surface,
Glissez mortels, n'appuyez pas.

mandariniers s'étendent de toutes parts. Le climat de Bouffarik, qui a été si funeste aux premiers colons, est aujourd'hui très sain ; les irrigations sont abondantes et donnent cette fraîcheur et cette verdure qui, en été, font l'attrait de la ville. Un marché arabe très important s'y tient tous les lundis ; il n'y attire pas moins de 4.000 indigènes des environs, apportant des denrées de toutes sortes, et amenant principalement des bestiaux.

Notre première visite est, en descendant du train, celle des chais si renommés de M. Debonno, près de la gare.

M. Debonno a une culture de 2,000 hectares, sur lesquels sont dispersées 14 fermes reliées à ses bureaux par le téléphone, installé par lui avant qu'il en fut question à Paris.

Nous avons la chance d'avoir pour cicérone M. Debonno lui-même, qui nous fait visiter sa magnifique installation, ses nombreux foudres, ses appareils de distillation, et qui nous conduit à sa ferme des Orangers, située à 3 kilomètres environ des chais ; là, nous sommes au milieu d'une vaste forêt d'orangers, de mandariniers, de citronniers, d'oliviers, etc., etc. Dans la ferme une machine à vapeur fonctionne pendant six mois par an pour monter d'un immense puits l'eau qui coule dans toutes les directions et va baigner le pied de tous les arbres : cet arrosage continuel produit une végétation surnaturelle qui se traduit par une quantité incalculable de caisses de fruits expédiées dans l'univers entier.

A quelques centaines de mètres de cette ferme, nous trouvons un autre puits d'où l'eau monte continuellement par une chaîne à godets actionnée au moyen d'une courroie mise en mouvement par la machine de la ferme des Orangers.

Trois kilomètres plus loin, nous sommes dans une autre ferme où arrive une grande quantité de raisins des environs ; une vingtaine d'ouvriers sont occupés pendant plus de deux mois à écraser ce raisin, soit au pied, soit au moulin ; la fermentation se fait dans d'immenses cuves cimentées, et le vin, aussitôt qu'il peut être soutiré, est transporté dans les foudres de la gare de Boufarick.

Les vendanges des 800 hectares de vignes de M. Debonno qui commencent dans les premiers jours de septembre et durent jusqu'à la fin d'octobre, sont faites par des kabyles au nombre de près de 2,000.

La production de vin et d'alcool est tellement considérable que M. Debonno ne fait que fort peu d'eau-de-vie de marc, quand il pourrait en produire par an plus de deux mille hectolitres.

L'usine distille en outre le géranium, le cassis (fleur jaune), les mandarines qui produisent une excellente liqueur, etc., etc.

De retour aux chais, nous prenons congé de M. Debonno, en le remerciant de son bienveillant accueil, et nous pénétrons dans la ville. Sur la place, nous remarquons la statue du sergent Blandan, monument élevé à sa mémoire et à celle de ses compagnons qui succombèrent en combattant un contre quinze, près de Béni-Méred, entre Boufarick et Blidah. Sur le piédestal nous trouvons parmi les noms des personnages qui ont inauguré ce monument, le nom du général Boulanger, qui, à cette époque, avait quelque valeur, mais qui depuis...

Cependant n'ayant pas prévu une visite aussi prolongée des établissements Debonno, il nous faut nous presser pour continuer l'exécution de notre programme qui nous oblige à déjeûner à Blidah, et nous en sommes à 14 kilomètres environ !

Nous partons donc bien vite, en voiture, cette fois ; l'allure rapide de nos chevaux nous donne à peine le temps d'admirer sur notre droite la blanche *Coléa* sur un côteau du Sahel, et plus loin le *tombeau de la Chrétienne*, sur notre gauche, la chaîne du *Petit Atlas* qui est sensiblement rapprochée, ce qui nous permet d'en voir les vallons.

Nous approchons rapidement de la colonne de *Béni-Méred* qui se dresse devant nous dans l'axe de la route.

Quelques minutes après avoir salué la *pierre commémorative* posée sur l'emplacement du combat héroïque soutenu

2

par Blandan et ses quelques compagnons contre 300 cavaliers arabes, nous descendons au pied de la colonne de Beni-Méred, et nous y lisons cette inscription : *Colonne érigée en mémoire des XXI braves morts le XI avril 1842.*

Une demi-heure après, une culture soignée, des champs ou plutôt des jardins d'orangers et autres arbustes nous font venir l'eau à la bouche et nous annoncent la ville paradisiaque de *Blidah*, dans laquelle nous faisons notre entrée à midi précis. Notre programme est exactement suivi !

Nous trouvons aussitôt sur le boulevard des Orangers (de vrais orangers, de la dimension de nos marronniers à 20 ans), à l'*hôtel Géronte*, un excellent déjeûner pendant lequel, entre autres mets, nous nous risquons à goûter au célèbre *couscous ;* pas encore merveilleux ce mets, mais enfin il ne me cause pas l'impression désagréable de la bouillabaisse.

(Si, par hasard, certaines ménagères lisent ces lignes, elles s'intéresseront peut-être à la composition du couscous, la nourriture principale et préférée des Arabes de toutes les classes. Si ce mets ne nous a pas enthousiasmés, cela dépend, je crois, de la façon matérielle dont nous l'avons mangé ; nous avons la sotte habitude de nous servir de fourchettes en métal, tandis que les Arabes, même les plus millionnaires, ne se servent que de celles du père Adam.

Quoi qu'il en soit, le couscous se fait avec la farine de froment étendue sur un tissu et humectée par les femmes Arabes qui roulent dans leurs mains cette farine jusqu'à ce qu'elle soit transformée en grains comme la semoule ; ces grains sont ensuite séchés au soleil.

Pour les grandes cérémonies, on fait bouillir dans un vase de cuivre ou de terre des carrottes, des navets, des poireaux et du piment, et on verse ce bouillon dans des terrines où se trouve le couscous.

Pendant que se fait ce mélange, on prépare la pimentade sans laquelle on ne mange jamais le couscous. La pimenade est faite avec du beurre et beaucoup de piment. On sert alors le couscous sur de grands plats de bois, et viennent ensuite les volailles et les moutons rôtis en entier).

Après déjeuner, dédaignant le chemin de fer ouvert depuis deux mois à la circulation, de Blidah à Lodi, près de Médéah, nous partons en voiture pour aller faire la connaissance des *Singes* dans les *gorges de la Chiffa*.

C'est une des merveilles de l'Algérie : encaissée au fond de deux collines, la *Chiffa* dans son cours capricieux coule tantôt silencieusement, tantôt tumultueusement ; les collines qui s'élèvent sur ses bords sont fort boisées de thuyas, de lentisques, d'oliviers, de caroubiers, et les espaces nus de végétation indiquent de récents éboulements, lesquels sont assez fréquents pendant la saison d'hiver.

On ne peut donc se lasser de contempler les beautés pittoresques de ces gorges.

Suivant le contour des collines de la rive gauche de la Chiffa, la route parfois taillée en corniche, domine le torrent qui gronde à ses pieds pendant qu'elle est elle-même dominée par les collines qui l'environnent. A chaque tournant de la route nous voyons la ligne du chemin de fer d'abord au-dessus de nous, ensuite à niveau, et après au-dessous ; elle n'est, en effet, qu'une suite de tunnels, ce qui rompt peut-être la monotonie d'un trinqueballement en wagon, mais n'a certainement pas le charme d'une promenade en voiture découverte, surtout pour un parcours si peu long.

Le but de notre excursion, l'*Hôtel du Ruisseau des Singes,* est atteint. C'est, paraît-il, le quartier-général de la race qui a produit nos ancêtres, et, pour nous familiariser avec ces aimables mammifères, nous nous aventurons dans les forêts, le long de torrents peu tumultueux, à cette époque, mais de singes, point.

Nous sommes bien obligés de nous contenter de ceux que nous voyons sur les murs de l'auberge peints, paraît-il, *d'après nature,* dans d'autres temps, par des artistes d'occasion.

Il nous a été assuré que, ressemblant en cela à un des

plus grands hommes de notre temps, les singes se sont trouvés en minorité dans le conseil qui a décidé la construction de la voie ferrée, et que, n'ayant pu l'empêcher, ils ont pris entre eux l'engagement de ne plus paraître jamais dans des endroits fréquentés à l'aide de moyens de locomotion si peu naturels ; pour eux, la nature, rien que la nature !

Ont-ils tort ?

Assis sous un superbe micocoulier qui abrite l'auberge de son vert feuillage, nous restons longtemps en contemplation devant ce site qui est réellement admirable ; sous nos pieds, un ruisseau murmurant nous égaye par ses cascades et nous fait moins regretter l'absence des singes qui, après tout, n'étaient pas d'un commerce fort agréable ; notre hôte, en effet, nous assure qu'avant la dépopulation de son quartier, il était régulièrement dévalisé plusieurs fois par jour.

Une heure après avoir quitté le *Ruisseau des Singes,* nous étions de retour à *Blidah.*

Blidah, l'Eden de l'Algérie, mérite quelques mots. A 49 kilomètres S.-O. d'Alger, elle compte environ 11,000 habitants ; elle possède plusieurs sociétés de secours mutuels, divers établissements d'enseignement, un magnifique haras de l'Etat. Blidah, située à 260 mètres d'altitude, sur la rive droite de l'*Oued-el-Kébir* et au pied de l'*Atlas,* est entourée d'un mur en pierre de 4 mètres de hauteur et percé de six portes ; celles d'Alger et de Bizot, de Bab-el-Sept et de Bab-el-Rabah, placées respectivement à l'extrémité de deux rues rectilignes qui se coupent sur la place d'Armes, les deux autres, la porte Zaouïa et celle du Jardin-des-Oliviers sont placées sur les côtés de la porte de Bab-el-Sept.

Les abondantes irrigations de l'Oued-el-Kébir font de Blidah une véritable forêt d'orangers, de citronniers et de mandariniers ; le commerce du produit de ces arbres fruitiers est d'*une étendue sans limite ;* il atteint un tel degré d'exportation qu'on ne trouve souvent des oranges de Blidah, reconnaissables à l'épaisseur de leur peau, que dans les orangeries elles-mêmes. Les plantes odoriférantes, les cotons, les tabacs, les vers à soie, y sont encore une production très lucrative, et les nombreuses usines ou moulins que fait mouvoir le cours de l'Oued-el-Kebir, assurent à Blidah la prépondérance sur bien des villes industrielles de son importance.

La fête annuelle de Blidah, qui se célèbre à la Pentecôte, attire un grand nombre de visiteurs par ses jeux, ses courses, ses tirs, ses bals français et arabes; elle offre un attrait irrésistible à tous les hiverneurs algériens, qui souvent retardent leur retour dans leur contrée pour admirer cette fête, qui, sans contredit, est la plus belle du département d'Alger.

Les rues, à part les artères principales, sont étroites; celles des *Coulouglis,* ayant son entrée par la rue Bab-el-Sept, au coin d'une fontaine, a un aspect particulier d'originalité. Les maisons sont, pour la plupart, bâties à la française; depuis le tremblement de terre du 2 janvier 1867, elles ont été rasées à la hauteur du deuxième étage. Les maisons mauresques, à peu d'exception près, se composent d'un rez-de-chaussée et d'une cour intérieure, agrémentée d'une fontaine ou d'un jet d'eau.

Nous visitons la *Place d'Armes,* entourée de beaux platanes et sur trois de ses faces de maisons à arcades, les rues d'*Alger* et de *Bab-el-Sept,* la *Place du Marché-Européen,* le magnifique *Dépôt de Remonte,* où nous admirons les merveilleux produits du croisement du cheval arabe, l'*Ecole de tir,* les *Casernes,* l'*Hôpital militaire* entouré de jolis jardins ombragés par de magnifiques platanes et orangers, la place du *Marché indigène,* le *Jardin public,* dénommé le *Bois-Sacré.*

Nous avons remarqué aussi que l'*Ecole municipale* ferait pâlir par la grandeur de son installation et sa superbe architecture, les collèges municipaux les plus renommés : Chaptal, Rollin, etc.; il est vrai que cette école est fréquentée par au moins *quarante élèves* et que, dans les pays chauds, les poumons ne peuvent trouver la quantité d'air qui leur est nécessaire que dans un cube beaucoup plus considérable que chez nous, et d'ailleurs, pourquoi ne pas s'offrir le luxe d'une école confortable? n'est-ce pas tout le monde qui paie? excepté les Algériens.

Avant de quitter Blidah, nous sommes sur le point de nous faire tirer les cartes par une des magnifiques *bohémiennes* arabes qui ont la spécialité de dénicher les gogos dans les cafés de la ville ; notre proverbiale sagesse nous sauve de ce danger.

Nous avions fait, après déjeuner, emplette de quelques-uns de ces fameux cigares en foin mal fané qu'un des nôtres, le mieux inspiré, avait laissés par mégarde, glisser dans les gorges de la Chiffa. Cet incident et l'air déconfit de notre ami ont été cause que nous n'avons pas oublié de reprendre les nôtres, que nous avions mis en mains sûres, de sorte que, possédant maintenant les éléments d'appréciation de notre achat, l'air déconfit passa de son visage sur le nôtre ; il me semble me rappeler que, comme le Petit Poucet, nous avons marqué notre route au retour, en jetant un à un par la portière du chemin de fer, ces cigares renommés et fabriqués sans aucun doute pour les anciens clients de l'hôtel du Ruisseau.

Rentrés à Alger pour dîner, nous humons des terrasses du café Grüber l'air frais qui nous arrive de la mer.

J'avais remarqué, depuis mon arrivée à Alger, dans un certain nombre de rues, des *bains maures*, ouverts pour les dames de midi à 6 heures du soir, et pour les hommes de 6 heures du soir jusqu'au lendemain à midi.

Ces bains, ayant la réputation de réparer la fatigue des membres, je prends la résolution de m'en rendre compte par moi-même. Un de nos amis d'Alger se charge de m'indiquer le plus réputé de ces établissements, et quelques minutes après, nous entrions dans les bains maures situés à côté de la place du Gouvernement.

Je le prie de demander à l'arabe gérant l'autorisation de jeter un coup d'œil sur la salle de bains ; nous traversons une grande salle d'entrée dans laquelle sont étendus sur des nattes en deux rangées et en gradins une trentaine d'arabes ; l'un deux se lève, et, ouvrant la salle des bains, nous nous reculons instinctivement suffoqués par la violence de l'air brûlant qui nous frappe au visage ; mon compagnon, quoique moins novice, n'ose pénétrer dans cette étuve, et je l'accompagne jusqu'à la sortie, bien résolu, puisque j'avais fait cette démarche, à vaincre ou à périr.

Sur l'invitation du *caissier-directeur*, je vide mes poches dans une boîte spéciale dont il est le gardien sévère (la confiance renaît), et je prends possession de la natte qui m'est assignée au milieu de ces arabes. Je m'habille à la mode de l'endroit, c'est-à-dire que je me drape dans une enveloppe de calicot et que je mets des sabots, et conduit par un des *baigneurs,* j'entre hardiment dans la fournaise. Je suis invité tout d'abord à m'asseoir sur une espèce de margelle en marbre, et pendant quelques minutes, je suis incapable de me rendre compte de ce qui se passe en moi. Suis-je mort ou en vie? Peu après, je m'aperçois que je respire très bien ; *la glace est rompue,* et je commence à ruisseler. Au bout de vingt minutes, je ne suis plus qu'un bloc d'eau ; c'est alors que commencent les opérations. Invité par les signaux de mon baigneur, je quitte mon siège et vais me coucher tout de mon long sur une dalle, absolument comme un locataire de la Morgue. Mon compagnon se livre sur toutes les parties de mon corps à de violents attouchements au moyen d'une sorte de brosse-tampon, de savon noir et d'eau chaude qui coule à profusion d'un robinet à proximité. Après m'avoir frotté pendant plus de vingt minutes dans tous les sens, m'avoir allongé les bras, les jambes, écrasés les côtes avec ses genoux, et enfin rincé à grande eau, il m'offre un costume semblable au précédent, mes sabots, et me reconduit gracieusement dans ma chambre, c'est-à-dire sur ma natte.

Je continue naturellement, après un pareil exercice, à ruisseler ; une petite tasse de café maure qui m'est offerte me remet un peu et ne me donne que plus de force pour suer. Je me prépare à sommeiller pour attendre patiemment que le calme me soit revenu, quand tout à coup un mouvement se produit parmi les arabes qui occupent les nattes à mes côtés et qui avaient l'air d'être tous dans les bras de Morphée. L'un d'eux vient me faire comprendre qu'il est l'heure de fermer l'établissement et que, si je ne pars pas de suite, la porte ne me sera plus ouverte qu'à cinq heures du matin.

Etant donné le singulier dortoir dans lequel je me trouve, tout un monde de réflexions m'envahit : passerai-je la nuit dans cet *hôtel ?* ou vais-je risquer de rentrer dans mon *oasis* pour finir mon évaporation ? Au milieu de toutes les idées contradictoires qui me travaillent, la parole d'un grand homme me revient en mémoire : « *J'y suis, j'y reste* » et, advienne que pourra, je reste... avec l'intention bien arrêtée de me sécher lentement et de ne pas m'endormir.

Je n'en suis pas mort, mais quelle belle page de naturalisme pour M. Zola, si jamais il lui était donné de passer une telle nuit ! Je suis, du reste, à sa disposition pour lui raconter, mais à lui seul, les constatations que j'ai faites *de visu* dans ce milieu dont je sortais à cinq heures du matin, sans oublier de reprendre mon porte-monnaie, ma montre, etc., toujours sous la garde du même caissier-surveillant.

Jamais je n'ai trouvé si utile et si agréable l'introduction de l'air relativement frais dans mes poumons qu'au moment où je franchissais la porte de cet *hôtel des Bains*.

Mon ami Fauré à qui je raconte mon aventure, se lève presqu'aussitôt, et, sans me rien dire, file en faire autant. Il avait vu, près de la place de l'Opéra, une maison avec pareille enseigne ! Il m'a déclaré avoir été, comme moi, très bien traité.

Cinquième Journée

Nous réservons la journée complète du lendemain jeudi à la visite d'Alger qui en vaut bien la peine ou pour mieux dire l'agrément.

A peine sortis de notre *oasis*, nous nous trouvons sur la *place du Gouvernement;* notre rendez-vous fixé la veille avec nos amis les Algériens ; c'est sur cette place fort belle, mais où il fait fort chaud malgré son étendue de 130 mètres sur 75 et ses dégagements du côté de la mer, d'où arrive une fraîcheur relative, comme des innombrables rues qui y aboutissent, qu'a été érigée en 1842 la statue équestre du duc d'Orléans fondue avec le bronze des canons pris à Alger.

Au commencement de la rue *Bab-el-Oued*, dans laquelle nous nous engageons immédiatement, nous remarquons à gauche les *Galeries Malakoff* dotées, sur leur point central, d'un buste du maréchal Pélissier. La rue Bab-el-Oued est munie d'arcades sur tout son parcours ; c'est absolument la continuation de la rue Bab-Azoun. Nous passons à côté de l'*Eglise Notre-Dame-des-Victoires* installée, à gauche, dans une ancienne mosquée. Nous accordons une mention honorable au *Lycée National* en face duquel est la *Caserne du Génie*, et nous entrons bien vite dans le *Jardin Marengo* avec l'espoir d'y trouver, sous ses ombrages, un para-soleil ; en effet, malgré l'heure matinale, nous nous trouvons cuits ; peut-être est-ce un effet de notre commencement d'acclimatation !

Sur la recommandation d'amis expérimentés, nous avions arboré, au sommet de notre appendice nasal, un superbe lorgnon concave, aux verres presque noirs, afin d'éviter les effets de l'éclatante réverbération produite par les rayons du soleil sur toutes les façades blanches des maisons.

Ce jardin Marengo est admirable par ses allées, ses parterres, ses kiosques faïencés et ses jets d'eau et nous nous reposons avec beaucoup de satisfaction à l'ombre de ses épais sapins et de ses palmiers.

Prenant ensuite à G. la *Rampe-Valée*, nous trouvons également à G. et attenant au jardin Marengo la mosquée *Djamaà-abd-er-Rhaman*.

Cette mosquée est la plus curieuse et la plus riche de l'Algérie, après celle de Sidi-Bou-Médine, près de Tlemcen. Elle renferme les tombeaux de plusieurs beys et hauts fonctionnaires, et n'est fréquentée que par les femmes. Nous traversons le cimetière enfermé dans les murs de cette mosquée, et nous demandons des renseignements sur le trou en forme d'entonnoir qui se trouve creusé dans les pierres horizontales des tombeaux à la hauteur du visage ; nous apprenons que cette précaution est prise pour l'alimentation du défunt, opération qui se fait tous les vendredis, je crois, jour où la famille apporte le couscous et en introduit une certaine quantité dans ce conduit.

Nous continuons ensuite la *Rampe-Valée*, et après avoir traversé tous ces vieux quartiers en démolition pour établir de larges voies, nous arrivons au sommet de la *Casbah*, où nous apercevons le palais du *Dey* dans lequel a été donné au Consul de France ce fameux coup d'éventail qui a décidé de la conquête d'Alger.

Nous nous trouvons, bientôt, en descendant, dans le *Quartier Arabe*, formé par les rues Kléber, d'Anfreville et du Palmier. C'est dans ce quartier que se trouve la mosquée *Mohamed-ech-Chérif* une des plus vieilles d'Alger et qui a son cachet d'originalité ; c'est dans ses murs que les musulmanes infécondes viennent prier pour jouir des douceurs d'une future maternité !

Dix minutes après (la descente se fait plus vite que la montée) nous étions place du Gouvernement et nous nous installions dans un café du *Square de la Régence*, dans le bout de la place ; dans ce petit square a été créée, autour d'un élégant et rafraîchissant jet d'eau, une charmante plantation de fleurs, de palmiers, de bambous et d'orangers.

Mis en goût pour les mosquées, nous quittons notre apéritif pour visiter sommairement (ce qui est bien insuffisant) la mosquée *Djamaà-Djedid*, au coin de la place du Gouvernement. Cette mosquée est bâtie en forme de croix grecque avec une grande coupole ovoïde et quatre petites. On prétend que l'esclave génois, qui la fit construire au xvie siècle, fut brûlé vif pour avoir donné à cette mosquée la forme d'une croix. La chaire en marbre blanc sculpté et un splendide manuscrit in-folio du Coran attirent notre attention.

Pour en finir avec les mosquées que nous honorons de notre visite, nous entrons à quelques pas plus loin, rue de la Marine, dans la mosquée *Djamaà-Kéber* ; mais nous jurons solennellement que c'est la dernière ; celle-ci est la plus ancienne d'Alger, son érection date du xe siècle. Obligés dans toutes ces visites de nous découvrir, non pas la tête, mais les pieds, le culte musulman exigeant que tous les fidèles soient déchaussés pour marcher sur les nattes qui recouvrent le sol des mosquées, nous commençons à trouver fatigantes ces formalités, et nous tentons pour cette fois, la dernière, de nous y soustraire, nous qui ne sommes pas des fidèles ; mais, au premier pas posé sur la natte, un sévère gardien de la consigne nous rappelle à l'ordre et nous sommes bien obligés de nous exécuter.

Dans cette mosquée nous remarquons, sous un portique superbe, un coquet jet d'eau élevé au milieu d'une galerie, laquelle galerie de quatorze arcades sarrazines de trois mètres d'ouverture, a été construite depuis l'occupation française avec de magnifiques colonnes de marbre blanc, provenant d'une autre mosquée qui occupait une partie de la place du Gouvernement.

L'intérieur de la mosquée est blanchi à la chaux et ne présente d'important que les nattes qui recouvrent le sol et les murs jusqu'à hauteur d'homme.

Nous avons réellement bien gagné le deuxième apéritif que nous absorbons à la santé de *Mahomet*.

Nous dirigeant vers notre déjeûner, nous obliquons légèrement à gauche pour parcourir une partie du *port*. Nous remettons à un autre moment la visite en détail de cette immensité ; ce port, en effet, qui a une étendue de 90 hectares, pourrait facilement contenir 350 navires et bâtiments de guerre. Pour le moment nous nous contentons de marchander, dans la halle de la *Pêcherie*, quelques lots de poissons, que nous nous empressons du reste de laisser à leurs propriétaires.

Pour nous reposer de notre longue promenade du matin, nous décidons en déjeûnant, que nous ferons, après-midi, en voiture, une excursion dans le *Sahel, haut Alger*, par le *chemin des Aqueducs*, après avoir gravi les rampes *Rovigo*.

Ce *chemin des Aqueducs*, dû à la générosité d'un Anglais

hyverneur, est d'une construction des plus hardies ; il contourne la montagne qui domine Alger ; et de cette route pittoresque bordée de poivriers, de cactus à raquettes ou figuiers de Barbarie, etc., nous avons un multiple panorama variant à chaque détour : tantôt vue sur Alger, sur les villages environnants, tantôt sur des gorges profondes que nous dominons à pic ; nous apercevons le *fort l'Empereur*, et à quelque distance le *splendide hôtel* que nous ne pouvons pas ne pas visiter ; nous nous arrêtons donc dans la cour de cet hôtel bien nommé que les administrateurs s'empressent de nous faire visiter dans tous les détails et jusque sur la terrasse supérieure d'où la vue embrasse une immense étendue.

Après nous être reposés dans le grand hall, formant comme un musée fort récréatif, nous descendons cette longue côte et nous quittons notre voiture près du *Palais de Justice*, pour aller dîner au restaurant de l'*Ariège*, dirigé par un compatriote.

Le soir, après dîner, nous allions humer l'air du vieil Alger, dans ces petites rues qui pullulent et qui aboutissent sur Bab-el-Oued telles que la rue *Sidi-Ferruch*, la rue *Addada*, etc. ; près de cette dernière, nous avisons une fort belle maison mauresque ancienne.

Les constructions mauresques ne ressemblent en rien à toutes celles que connaissent les Européens. Elles n'ont point de façade extérieure et ne prennent le jour que par d'étroites ouvertures carrées ferrées par des grillages scellés au mur ; de hautes marches recouvertes d'ardoises précèdent généralement l'entrée qui est défendue par une porte massive garnie d'énormes clous demi-sphériques ; une corde engorgée dans une poulie et à laquelle un poids est suspendu en opère automatiquement la fermeture.

L'intérieur est spacieux ; on y pénètre le plus souvent par un long couloir orné, sur ses côtés, de bancs en pierre, ardoise ou marbre, selon la richesse du propriétaire ; ce couloir forme antichambre, précédant une cour carrée à ciel ouvert, dans laquelle des colonnes supportant des arcades ogivales soutiennent une galerie, avec balcon de bois travaillé à jour, ou formé de petites colonnades, qui fait le tour de l'intérieur de la maison.

Un étroit escalier en pierre, aux marches inégales, n'ayant pour cage que des murs latéraux qui en suivent les contours, conduit de cette galerie à un étage supérieur formant la terrasse, d'où l'on domine le splendide panorama de la rade d'Alger qui, on peut le dire, est unique au monde.

Les chambres sont peu nombreuses, limitées en général à six au plus par étage ; elles ont accès sur la cour ou les galeries par une haute porte à deux battants d'une assez forte épaisseur.

L'intérieur des chambres, comme le reste de la maison, est blanchi à la chaux ; le plafond est formé par des poutrelles en bois de cèdre, mais, dans les maisons riches, les murs sont ornés de carreaux en faïence, et les plafonds en bois sont sculptés avec des sujets de rosaces et de fruits.

L'ameublement est bien simple : des nattes ou des tapis, quelques glaces, un divan servant de siège le jour et de lit la nuit ; de grands coffres en bois, munis de clous ou d'arabesques en cuivre, ou encore grossièrement peints avec des sujets de fleurs, renferment les vêtements et les bijoux ; quelques placards, dont un enfoncement dans le mur forme trois côtés et une porte à deux battants le quatrième, sont les seules armoires que contiennent les chambres mauresques. Les sièges portatifs y sont presque inconnus ainsi que les tables qui, lorsqu'elles y figurent, sont rondes et à peine élevées du sol. On n'y voit aucune cheminée : les aliments sont préparés dans un vase portatif en terre cuite sur lequel un grillage est extérieurement badigeonné à la chaux.

Cette architecture est bien comprise pour supporter la chaleur de l'été. Mais l'hiver, les eaux pluviales recueillies dans le sous-sol par la citerne entretiennent une constante humidité que ne peuvent corriger les rayons solaires puisque les murs extérieurs épais et sans ouvertures les arrêtent.

Désireux de prendre une tasse de café maure (5 centimes la tasse, même livrée à domicile) qui, nous assure-t-on, va nous être offerte de très aimable façon, nous pénétrons hardiment dans cette maison mauresque; dans le couloir du rez-de-chaussée, nous entendons derrière d'immenses rideaux les voix de plusieurs clients visiteurs déjà installés, et traversant la cour intérieure nous montons dans une des chambres du premier étage que nous trouvons occupée par deux splendides mauresques aux costumes riches et gracieux qui veulent bien accepter de boire avec nous la petite tasse de café tout en fumant une multitude de cigarettes et en nous jouant sur des tambours les airs monotones que nous connaissons déjà. L'une de ces mauresques qui nous dit s'appeler Fatma, éclipserait bien facilement, si elle faisait le voyage de France, celle du même nom dont la beauté a tant émerveillé les parisiens; nous en sommes nous-mêmes tellement éblouis que j'en suis la victime d'un accident; en effet, au moment du départ, je pense à reprendre possession de mon chapeau que j'avais posé sur un meuble (nous ne sommes pas ici dans une mosquée, ce qui explique que nous étions par politesse découverts mais par en haut), et il y avait une heure qu'un de nous, et non le plus léger, appuyait dessus et sans s'en douter, quelle distraction ! du poids de tout son corps ! ce n'était plus un chapeau !

Sixième Journée

UNE excursion absolument inévitable pour les touristes qui passent quelques jours à Alger, c'est celle de la *Trappe de Staouéli;* nous la décidons au retour de notre visite à la maison mauresque, pour le lendemain, vendredi 25 septembre.

Nous partons en voiture vers sept heures et demie du matin et nous suivons d'abord ce long et serpentant boulevard Rovigo qui nous conduit aux portes du Sahel que nous franchissons pour arriver bientôt à *El-Biar* (les puits).

El-Biar à 5 kilomètres Est d'Alger est un village très prospère de 2,000 habitants environ ; il possède de magnifiques villas et des propriétés très importantes. On y remarque le *Couvent du Bon-Pasteur,* qui sert de refuge aux jeunes filles que le monde a rendues ou pourrait rendre p cheresses !

Après avoir dépassé ce village, nous grimpons une montée fort rapide et à droite, au milieu, nous prenons une route qui nous mène à *Bouzaréah,* à 7 kilomètres nord-ouest d'Alger, 1,500 habitants environ ; au sommet de la montagne nous apercevons un asile pour vieillards.

Ce village est le belvédère d'Alger ; d'une hauteur de 467 mètres on domine un splendide panorama embrassant presque tout le Sahel, une partie de la plaine de la Mitidjah et le rivage méditerranéen s'étendant du cap Matifou au mont Chénoua. Des montées et des descentes bordées de haies touffues, dans lesquelles dominent les cactus, continuent la route jusqu'à *Chéragas.*

Ce pays de 1,400 habitants, à 12 kilomètres d'Alger, possède un dépôt de mendicité. Au milieu de la commune s'élève une fontaine supportant le buste du maréchal Pélissier. Chéragas est industriel : les cultures de géraniums et de plantes odoriférantes s'y font sur une grande échelle et la plupart des produits en sont distillés sur place.

A 5 kilomètres de Chéragas, nous arrivons au monastère de la *Trappe de Staouéli* fondé en 1843.

Nous franchissons à dix heures précises la monumentale porte d'entrée :

« JANUA CŒLI »

et nous descendons de voiture dans la grande cour au pied d'un groupe de sept palmiers cités comme les plus beaux de l'Algérie.

Le frère *parleur,* qui vient nous recevoir, nous annonce que la visite du couvent ne peut être faite qu'à l'heure réglementaire de dix heures et demie.

Pour utiliser mes loisirs, je note quelques-unes des inscriptions qui ornent les murs de ce couvent.

Au-dessus de la grande voute, sous laquelle se trouve la porte d'entrée proprement dite, sont gravés ces trois mots :

ENSE
CRUCE
ARATRO

Sous la porte voutée, à droite :

Tous les plaisirs de la terre ne valent pas une larme de pénitence.

En face, à gauche :

Celui qui n'a pas le temps de penser à son salut aura l'éternité pour s'en repentir.

Sous la deuxième partie, à droite :

S'il semble dur de vivre à la Trappe, il est bien doux d'y mourir.

En face, à gauche :

Que sert à l'homme de gagner l'univers entier s'il vient à perdre son âme ?

Dix heures et demie sonnent, et, précédés du père porte-clefs, nous pénétrons, non sans une certaine émotion, dans ce silencieux couvent.

D'abord un jardin et, tout autour, des bâtiments avec galeries formées d'arcades en pierre au rez-de-chaussée. Au-dessus de la porte principale une horloge, la statue de la Vierge, et cette inscription gravée dans le mur :

Posuerunt me custodem
1843

Au-dessous : la statue du *Silence*, à droite ; celle de l'*Espérance*, à gauche.

Sous les arcades, à gauche :

ARSÈNE,
Fuis le monde, viens dans la solitude, et tu seras sauvé !

A droite :

Notre force sera dans le silence et dans l'espérance.

Nous tournons à gauche dans le jardin pour visiter la chapelle.

A gauche, dans la galerie :

Le cloître est mon tombeau, où la mort commencera ma vie.

Après la chapelle, où nous voyons quelques trappistes en prière, le réfectoire, où le déjeûner, 80 couverts environ, est préparé, nous remarquons que, s'ils font abstinence complète de la parole, ils ne boivent pas que de l'eau, car à chaque place est posée une demi-bouteille de vin.

Tout autour de cette immense salle, les murs sont couverts d'inscriptions que tous les convives doivent savoir par cœur, puisque le silence éternel auquel ils sont voués ne leur permet, comme distraction, que la lecture de ces sentences d'une gaieté peu folle, dans le genre de la suivante :

Ceux qui sèment dans les larmes moissonnent dans la joie.

Je ne peux naturellement pas noter toutes ces pensées, le temps me manquant, et puis il y en a un peu trop pour que la lecture n'en devienne pas fatigante.

Nous montons au premier étage et nous traversons le dortoir : un rideau sert de porte aux boxes qui forment plusieurs rangées de *chambres à coucher ;* derrière ce rideau nous voyons les lits composés d'un simple matelas, d'un traversin, et, comme draps, d'une couverture en laine grise ; une modeste table de nuit complète l'ameublement.

Après le dortoir, nous nous arrêtons longuement dans la riche bibliothèque qui renferme des manuscrits et des œuvres fort rares, il est vrai, mais qui, livrés au commerce, ne trouveraient certainement pas un nombre de lecteurs aussi considérable que l'*Assommoir* (sans allusion) !

Nous sortons du couvent, et notre cicérone *au sifflet coupé,* nous conduit dans les bâtiments d'exploitation : les bergeries, porcheries, vacheries, muleteries, etc., abritant une quantité d'animaux fort bien soignés et dont beaucoup de sujets feraient bonne figure à l'Exposition du Palais de l'Industrie ; nous remarquons de magnifiques bœufs et de belles vaches laitières, des poules, des lapins, etc.

Sortant de la ferme, nous sommes aussitôt dans la distillerie de géraniums et autres plantes, d'alcool de vin, etc. ; nous parcourons les pressoirs, les chais qui sont immenses ; mais toute cette partie de l'usine des Trappistes nous a paru beaucoup moins bien installée que chez M. Debonno : c'est parce que les Trappistes ont commencé leur maison de commerce longtemps avant la famille Debonno.

Notre aimable guide nous apprend une excellente nouvelle, c'est qu'il est l'heure de déjeûner ; nos visages changent immédiatement d'expression ; nous éprouvions, en effet, une sorte de malaise que nous ne pouvions nous expliquer ; étions-nous touchés de cette vaste installation rendue plus vaste encore à cause du silence rigoureusement observé par les nombreux travailleurs ? ou étions-nous émus par ces existences sacrifiées à un travail absolu sans autre récompense que la mort... et sa suite...! non, c'était simplement un vide à combler dans nos estomacs, qui reçoivent, avec délices, omelette, morue aux pommes de terre, haricots, fromage, vin d'un excellent crû, et, pour la bonne bouche, un petit verre de vin vieux de muscat.

La salle à manger, où une vingtaine de touristes sont réunis, est garnie tout autour de vitrines dans lesquelles nous pouvons admirer différents objets d'art et de piété, des flacons d'essence, des bouteilles de liqueurs et d'eau-de-vie, des vues photographiques, et des cannes de bambous, chardons, nervures de feuilles de palmiers, etc., etc., le tout nous est offert gracieusement, mais moyennant finances, bien entendu, par le frère, directeur de ces magasins.

Quoiqu'il en soit, nous n'avons qu'à nous louer de la fraternelle hospitalité que nous ont offerte les Trappistes.

Après le déjeûner, nous sommes invités à inscrire nos noms et qualités sur un volumineux registre *ad hoc*, et ce registre contenant une colonne pour les observations des voyageurs, il se trouve qu'au moment de m'inscrire à la suite de plusieurs milliers d'autres, j'en ai une à présenter ; en effet, au moment de reprendre mon indispensable chapeau, je ne trouve plus, à la place que je lui avais assignée qu'un couvre-chef à peu près semblable quoique n'ayant jamais eu, comme le mien, à supporter le poids de l'existence d'un gros ami ; peu disposé à faire, à ma boîte crânienne, l'honneur d'un protecteur inconnu, je demande, au personnel, des renseignements, et j'apprends que l'auteur de cette substitution ne peut être qu'un officier ministériel qui se trouvait à notre table avec deux sous-lieutenants de gendarmerie, et qui a quitté la Trappe depuis quelques instants.

Je consigne donc, dans la colonne, cette observation : « établissement où j'ai été reçu avec effusion, mais où l'on opère des substitutions désagréables. »

Au moment où j'écris ce dernier mot, un turco arrive, comme un siroco, mon chapeau à la main, et fait l'échange auquel j'aspirais si ardemment ; c'était bien le maire d'un village des environs qui, s'apercevant au bout de quelques kilomètres, que mon chapeau le gênait, réquisitionnait ce brave troupier pour le rapporter à son propriétaire

Nous ne voulons pas quitter la Trappe, sans faire une promenade dans les immenses jardins qui l'entourent : fleurs d'un parfum pénétrant, arbustes couverts de fruits magnifiques, médicinaux eucalyptus, sapins touffus, combien nous serions heureux de méditer longuement sous vos ombrages !... Pour mon compte, je commence à comprendre cette vie calme, silencieuse, exempte de tourments du lendemain !!!

Nous sommes dans une avenue avec, de chaque côté, tous les dix pas, un monument en pierre dans lequel est creusée une sorte de niche; dans chacune de ces niches est un tableau ; c'est le chemin de la croix ! au bout de cette avenue une grille ouverte donne accès dans un petit enclos, c'est le cimetière des Trappistes ; nous voyons bien alignées plusieurs rangées de tombes sur lesquelles sont des croix toutes semblables, simplement formées de deux planchettes en bois peint en noir. Au milieu de cet enclos est la croix principale fixée dans une pierre sur laquelle nous lisons cette inscription :

Sub umbraillius ..... sedi.
Cant. 23.
Si la vie nous fut dure,
La mort nous a été bien douce.

En quittant ce cimetière pour revenir à notre voiture, je suis amené à faire une comparaison entre le couvent des

Trappistes et celui des Chartreux que j'ai visité lors du congrès de Grenoble. Ici tout se passe sérieusement : les frères travaillent et observent la règle du silence ; ce qui nous indique surtout que nous sommes dans un couvent, ce sont les innombrables inscriptions gravées sur tous les murs ; la réception des étrangers est toute fraternelle et le confortable déjeûner est offert comme en famille.

Les Chartreux reçoivent également avec beaucoup d'affabilité ; le couvent est une immense auberge où, pour six francs par jour, vous avez droit à une bien modeste chambre, et à deux repas composés de quelques plats de poissons et de légumes, le tout à l'huile, de vin de leur crû, excellent, il est vrai, et d'un verre de chartreuse jaune, mais la *clientèle* y est d'autant mieux considérée qu'elle fait marcher la consommation, et jugez si nous avons été choyés nous qui, dans la soirée, la nuit et la matinée du lendemain, avons dégusté chacun plusieurs douzaines de petits verres de chartreuse verte à 35 centimes.

En résumé, je trouve que les trappistes, malgré leur immense trafic, ont *l'air* plus détachés des biens de ce monde que les chartreux. Quant à comparer leur degré d'instruction, je n'ai été pas à même d'avoir les éléments nécessaires ; je me rappelle seulement, qu'ayant exigé des chartreux, une note détaillée des dépenses supplémentaires occasionnées par l'ascension du grand Som, j'ai trouvé ce mot : *Pint*, 15 centimes, pain que, du reste, j'ai consciencieusement offert aux oiseaux absents de la montagne.

Aussitôt sorti de la Trappe, une idée, qui m'avait déjà travaillé, me reprend de plus belle, et pendant qu'elle mûrit, nous arrivons dans le village de *Staouéli ;* à la vue du bureau télégraphique, je saute de la voiture et me précipite au guichet pour envoyer la dépêche suivante :

Pauquet, Creil.

Recevez démission conseiller municipal ; fais trappiste ; consolez femme.

J'ai, en effet, une envie folle de retourner au couvent pour demander les conditions d'admission ; mes amis cherchent à me calmer en me promettant de m'y conduire une heure après, à notre retour de *Sidi-Ferruch*.

Nous prenons la route qui descend vers la mer et nous sommes bientôt à *Sidi-Ferruch*, à 24 kilomètres ouest d'Alger ; ce petit village qui ne comprend qu'une centaine d'habitants, est célèbre dans l'histoire de la conquête de l'Algérie par le débarquement des Français effectué le 14 juin 1840. Un fort important y est édifié, et des guinguettes, voir même un restaurant, permettent de s'y reposer après être descendu sur la plage pour en admirer la beauté. Cependant nous ne nous y arrêtons pas et, revenant sur nos pas, nous traversons le joli bois de pins qui précède Sidi-Ferruch. Peu après, nous sommes de retour à Staouéli. Nous descendons sur la place de ce petit village de 500 habitants environ, dans le premier café ; mes amis n'ont pas besoin de beaucoup d'éloquence pour me convaincre que je ferais une sottise en m'enfermant dans la Trappe ; mes idées ont changé... c'était, je crois, un effet de digestion !...

De la terrasse du café où nous nous rafraîchissons au moyen de bière et de limonade, nous voyons à droite les écoles et la mairie, à gauche les postes et télégraphes, en face un lavoir, un abreuvoir, même des cabinets d'aisance, le tout public ; toutes les constructions sont récentes.

C'est près de Staouéli que se livra la bataille qui décida de la conquête d'Alger.

Au sortir de Staouéli, la route, côtoyant à gauche, des dunes de sable et, à droite, des terrains incultes, traverse sur un pont de pierre un ravin ravissant, et aboutit, après une immense courbe, à *Guyotville*.

Située sur le bord de la mer, cette commune de 600 habitants environ, tient son nom du comte Guyot, directeur de l'intérieur de 1840 à 1846 ; elle est très prospère grâce à ses vignobles d'un bon crû, à ses cultures potagères dirigées pour la plupart par des Mahonnais qui en ont fait le quartier général des exportations de primeurs.

Ce nom de Guyotville nous fait penser à notre ami Yves Guyot, ministre des Travaux Publics, et nous lui adressons une dépêche de souvenir à laquelle dépêche il répondit immédiatement d'aimable façon.

Aux environs de Guyotville existent de nombreux tombeaux druidiques et des ruines romaines d'un grand intérêt archéologique.

Après les dernières maisons de Guyotville la route surplombe la mer presque à pic ; immédiatement après avoir passé une roche dans laquelle la route a été taillée, se trouve une *grotte* qui, dit-on, a servi à l'homme primitif ; en face se trouve le magnifique *phare Caxime,* muni d'un feu de premier ordre.

Côtoyant toujours la mer, nous arrivons après plusieurs détours, à la *Pointe-Pescade,* où nous voyons plusieurs établissements renommés pour leurs repas pantagruéliques ; je crois que la bouillabaisse, qui y est fort savourée par les amateurs des deux sexes, me laisserait une moins mauvaise impression que la marseillaise ; les poissons ont toutes les raisons du monde pour être bien supérieurs à ceux qui sont pêchés sur les côtes de France.

Un fort, remarquable par sa vétusté et ses briques que la mer a dentelées, surplombe la mer en face de deux îlots de roc ; sa fondation date de 1671.

Une forte montée laissant la Pointe-Pescade, se continue d'une façon un peu plus plane en longeant les contours du *Mont-Boudzaréa* jusqu'au *plateau de Saint-Eugène,* point de départ des tramways jusqu'à *Saint-Eugène* même, *l'Asnières africain.*

De là, laissant à notre droite *Notre-Dame-d'Afrique* et le cardinal de Lavigerie, nous regagnons Alger par les portes Bab-el-Oued.

Septième Journée

Le lendemain, samedi, notre dernière journée est consacrée à l'achat inévitable de bibelots qui nous rappelleront notre voyage.

Le matin, avant déjeûner, nous nous intéressons aux différents étalages des magasins, et nous commençons à faire notre choix.

Nous déjeûnons chez l'illustre Cassar, à la Pêcherie où nous sommes assez heureux pour causer quelques instants avec M. Debonno, de Boufarick. Je me fais servir comme poissons, des moules de *Boulogne-sur-Mer*, qui n'en étaient, du reste, pas meilleures.

Après midi, nous réalisons des achats considérables d'objets fabriqués plutôt en Asie qu'en Afrique ; nous faisons retourner plusieurs magasins de juifs ; le soir, après avoir cherché la meilleure place pour jouir de la retraite en musique annoncée, nous optons pour l'hôtel de la place de l'Opéra où nous dînons.

Ces endiablés de zouaves, avec leur musique enlevante, ameutent toute la population indigène et nous assistons à l'écoulement d'un véritable torrent de *types* de toutes les couleurs.

Nous passons une heure à écouter le concert du square Bresson, qui se trouve interrompu par un immense incendie dont les sinistres lueurs éclairent le ciel dans la direction de Mustapha supérieur ; ce n'est pas le palais du gouverneur qui brûle, heureusement, ce n'est qu'un pâté de vieilles bicoques.

D'ALGER A MARSEILLE

Le dimanche matin, nous procédons à l'empaquetage de nos marchandises, et après avoir confortablement déjeûné, à notre hôtel, à la Française, afin de nous donner les forces nécessaires pour la traversée, nous quittons avec un vif regret Alger et ses enchantements.

Le capitaine de Villamoras, qui commande le *Maréchal-Bugeaud*, de la Compagnie Transatlantique, donne le signal du départ à midi précis, et par une mer tranquille, sauf pendant quelques heures d'agitation suffisante pour causer des ravages dans les rangs des passagers, nous arrivons à Marseille le lendemain lundi, à deux heures. Nous ne devons partir que le soir après dîner et je profite de ce délai pour aller visiter le *Palais de Longchamp* et ses dépendances.

Suivant à pied le beau boulevard formé par la Cannebière, la rue Noailles, les allées Meilhan et de Longchamp, j'arrive, après un quart d'heure de promenade, devant ce magnifique monument.

Le Palais de Longchamp se compose de trois parties réunies par des colonnades :

Au nord : le musée des Beaux-Arts ;

Au sud : le musée d'Histoire naturelle ;

Au centre : le Château-d'Eau.

La longueur de la façade principale est de 135 mètres.

La longueur de chaque musée, de l'est à l'ouest, est de 64 mètres.

La hauteur des bâtiments du musée, à partir du sol des jardins à la corniche, est de 25 mètres.

La hauteur du pavillon central est de 40 mètres.

La hauteur de la chute d'eau est de 21 mètres.

Le Palais de Longchamp est l'œuvre de l'architecte Espérandieu ; sur la coupole au-dessus du Château-d'Eau d'où jaillissent en gerbes abondantes les eaux de la Durance, ont été placés les bustes du maire *Consolat* et de l'ingénieur *de Montricher* qui se sont illustrés en menant à bien les gigantesques travaux nécessités par la captation et la conduite de ces eaux.

Au-dessus du Palais s'étend le Jardin zoologique, succursale du Jardin d'acclimatation de Paris. Dans ce jardin réside une nombreuse population de mammifères et d'oiseaux. Il sert de lieu de repos aux animaux exotiques fatigués par une longue traversée. Sur toute la longueur du Jardin, à droite, on admire le *Pont aqueduc de Roquefavour* d'une hauteur de 83 mètres, depuis le niveau de l'étiage de la rivière de l'Arc jusqu'au sommet du parapet, et de 93 mètres entre ce dernier point et la base des fondations des piles.

Sa longueur entre culées et de 375 mètres et sa longueur totale au sommet est de 400 mètres.

Il comprend trois rangs d'arcades superposés : le premier de 34 mètres 10 de hauteur au-dessus de l'étiage de l'Arc ; le deuxième de 37 mètres 60, et le troisième de 10 mètres 90.

Après une longue promenade dans ce jardin, je salue le buste de Lamartine placé derrière le palais et dont l'inauguration a eu lieu la veille, et je redescends prendre sur la Cannebière un repos bien mérité.

Nous dînons — sans bouillabaise — et le rapide qui nous entraîne enfin dans une course vertigineuse nous rend à Paris et aux nôtres.

FIN DE LA PREMIÈRE PARTIE

A PROPOS
DU
CONGRÈS
DE
PAU

DE PAU

A

SAINT-SÉBASTIEN

EN TROIS JOURS

DE PAU DEUX POINTES

DEUXIÈME PARTIE

Une Lettre du Pyrénéen Toussaint Nigoul

Un Mot à l'Auteur

« Mon cher Confrère,

« L'été dernier, au cours d'une des excursions, aussi charmantes qu'intéressantes, qu'organise chaque année l'*Association Française pour l'Avancement des Sciences*, dont vous faites partie, vous avez poussé *de Pau deux pointes* sur Saint-Sébastion et sur Lourdes.

« Chemin faisant, vous avez cueilli quelques poésies patoises que des troubadours de circonstance vous ont chantées sur la terrasse de quelque café ou sous la treille de quelque guinguette, pendant que la merveilleuse nature de ce pays privilégié épandait sous vos yeux ses splendides paysages, et que, par dessus la grande chaîne Pyrénéenne passait l'haleine chaude de l'Espagne, comme un soupir d'amour.

« Et ravi, autant que surpris, vous, homme du Nord, vous avez pris, pour ainsi dire au vol, ces naïves chansons, et vous nous les offrez dans ce récit en les faisant précéder d'une préface où vous nous tracez vos impressions.

« Le Château de *Charles-Quint*, dominant la Bidassoa ;

le pittoresque village de *Saint-Jean*, adossé à la roche, les pieds dans la mer ; la rencontre de la reine d'Espagne venue, comme vous, pour visiter la vieille église, avec l'infant et les infantes ; *Oloron* et ses églises de *Sainte-Marie* et de *Sainte-Croix* ; *Saint-Christau* ; *Laruns* et ses danseuses ; les gorges du *Hourat* et d'*Enfer* ; les *Eaux-Chaudes*, les *Eaux-Bonnes*, *Argelès*, *Gavarnie* et son *cirque*, et enfin *Lourdes* avec sa miraculeuse boîte aux lettres, que nous trouverons dans l'œuvre prochaine de Zola ;... tout cela passe agréablement devant nos yeux par une plume primesautière qui sautille allègrement, effleurant les choses comme l'oiseau.

« Mais vous ne nous avez pas tout dit. Pourquoi avoir passé sous silence votre visite au château de Pau, et l'incident qui l'a marquée, incident qu'un oiseau bleu (comme disaient nos mères-grand) m'est venu conter ?

« Tant pis, si je suis indiscret, et jugez si je suis un fidèle reproducteur :

« Vous passez à travers les pièces avec le groupe des visiteurs. Parvenus dans la chambre particulière où dans un panneau surmontant une porte, se trouve le fameux tableau représentant Esperanza et la belle Gabrielle surpris par Henri IV ; le cicérone indique rapidement la scène — non, monsieur, s'écrie une voix, Henri IV n'a jamais été cocu... n'est-ce pas, monsieur Letort, que l'histoire, que l'on nous a apprise au collège, n'en parle pas ! — Et monsieur Letort de vous répondre avec sa grande science que pimente si finement une pointe du meilleur esprit : — L'histoire, mon cher Grison, a des pages secrètes ; elle a son livre *jaune* qu'on ne montre pas aux écoliers...

« Mais je m'oublie ; je ne voulais qu'ajouter un mot à votre récit, et voici qu'une page entière tombe de ma plume.

« Vous revenez, mon cher confrère, d'un joli voyage : vous avez vu, vous avez observé, vous avez écouté, vous avez senti, vous avez entendu chanter de sa voix chaude et sensationnelle l'âme de notre Midi. Votre cœur a été pénétré par les effluves limpides de notre ciel, par les rayonnements de notre triomphant soleil ; et votre placidité d'homme du Nord a été profondément secouée (je lis cela entre vos lignes). Cette impression durera. Je désire qu'elle vous conduise dans de nouvelles excursions à Toulouse la Romaine, à Carcassonne la Gallo-Romaine, à Perpignan l'Espagnole, à Nîmes, à Arles les Romaines, à Marseille la Phocéenne, à Nice l'Italienne, tout le long de ce littoral méditerranéen dont les flots bleus chantent au ciel bleu l'éternel hymne de l'éternel amour.

« Toussaint Nigoul ».

A *Toussaint Nigoul,*

Vous faites remarquer dans votre lettre, dont, avec empressement, je me suis servi comme de préface à ce récit, que je n'ai pas tout dit, et vous citez un incident un peu... vif de ma visite du château de Pau.

Mais, mon cher ami, vous n'ignorez pas que, pour dire tout ou à peu près, il faudrait, non pas une brochure, mais un volume ! ; qu'il faudrait une plume exercée, tout au moins la vôtre, et que moi, *l'homme du Nord*, frappé que je fus de la mélodie de ces chants patois, d'inimitable poésie, je n'ai voulu qu'en offrir le souvenir aux membres de l'Association Française en l'honneur desquels ils ont été exécutés.

Mes impressions personnelles ne figurent dans ce récit que pour amener le mieux possible ces romances.

Mais dire de la ville de Pau et de ses environs tout ce qui intéresse les milliers de touristes qui ont la bonne fortune de pouvoir y séjourner,

Dire l'exquise amabilité avec laquelle nous ont reçus M. Faisans, le maire et les organisateurs du Congrès,

Raconter cette charmante soirée d'inauguration, ce bal qui, pour être imprévu, n'en a pas été moins animé, et dont les nombreuses et enchanteresses dames de la ville ont dû garder le souvenir, ce concert également improvisé, que nous ont offert à l'ami Guilleminet et à moi tous les musiciens qui, laissant de côté leurs instruments, nous ont, de leurs voix chaudes et vibrantes, pendant toute la nuit, hélas ! trop courte, préparés à savourer avec plus de plaisir encore les champs d'Argelès,

Dire les impressions successives éprouvées pendant notre séjour à Pau,

Cela je ne peux l'entreprendre.

Il me faudrait un concours dévoué que vous vous empresseriez de m'offrir, j'en suis certain, si vos nombreuses occupations vous le permettaient.

UNE POINTE

DE PAU A SAINT-SÉBASTIEN EN TROIS JOURS

L'Association Française pour l'Avancement des Sciences avait organisé, pour le Dimanche 18 Septembre, une excursion fort intéressante partant de Pau et ayant comme point final Salies-de-Béarn.

Le nombre des billets n'étant que de cent cinquante, chiffre infiniment trop restreint, beaucoup de retardataires se lancèrent dans différentes directions.

Quant à nous, groupés à quatre, pour nous consoler de n'avoir pu faire cette excursion d'une journée, nous décidâmes d'en faire une de trois jours.

Nous partîmes donc de Pau le dimanche, à huit heures quarante-cinq du matin, et nous arrivâmes à Bayonne à midi sept. Après nous être réconfortés dans le *Saint-Esprit* (1) avec la traditionnelle *garbure* (2), potage excellent du reste, surtout quand on a fait à jeun trois heures de chemin de fer, et avec le non moins traditionnel *jambon de Bayonne* (c'est tout dire !) couvert d'un grand nombre d'œufs, nous nous risquâmes à franchir sous un soleil équatorial le *pont de l'Adour* (200 mètres !), le *Réduit*, porte fortifiée, un peu rafraîchissante heureusement, le *pont Mayou*, sur la *Nive*, et nous nous trouvâmes dans la ville de Bayonne. Notre ami, J. Eysséric, le dessinateur enragé, voulant faire quelques croquis, partit à gauche avec le conférencier universel Macquart ; l'ami

---

(1) Faubourg de Bayonne.
(2) Potage composé de légumes et de viandes salées.

Fauré et moi, n'ayant rien à croquer pour le moment, nous partions à droite et nous ne tardions pas à prendre siège à l'ombre, devant un des cafés de la *place de la Liberté*. Nous assistâmes alors à un véritable défilé de Bayonnais et de Bayonnaises en tenue élégante, la plupart de ces dernières avec les chignons *forme fromage*, enveloppés de foulards de toutes couleurs. La direction prise par ces milliers de promeneurs étant la même, nous nous enquîmes du but qu'ils se proposaient et nous apprîmes que les *courses de Labarre*, près de Biarritz, et le beau temps étaient la cause d'un pareil déplacement. Entraînés irrésistiblement par cette foule, nous ne pouvions que la suivre, et quarante minutes après, le tramway à vapeur nous descendait à Biarritz.

Immédiatement, un spectacle inoubliable attire notre attention ; dès l'entrée de la ville, tous les trottoirs et les parapets sont couverts de spectateurs dont la majorité repose agréablement la vue par des toilettes à fonds clairs, chatoyantes,

Que c'est comme un bouquet de fleurs !

Cette foule avait, depuis au moins deux heures, sa place au soleil pour jouir du retour des courses. Ah ! les Parisiens qui, une fois par an, à l'occasion du Grand-Prix, se risquent à aller voir un *retour*, ne se doutent guère du plaisir qu'ils y trouveraient, si Paris pouvait être comparé à Biarritz, un jour comme le 18 septembre 1892. Nous les engageons vivement à s'en rendre compte l'année prochaine.

Après le feu d'artifice tiré au Casino, une promenade nocturne sur la terrasse qui domine la plage, un bain le lundi matin dans une mer aussi agréable que violente, nous partons pour *Hendaye*, nous promettant la satisfaction de passer en bateau la *Bidassoa* en face de *Fontarabie*, dont nous visitons les rues fort curieuses pour leurs maisons garnies de balcons irréguliers ; puis nous allons, du haut du *Château de Charles-Quint* (à vendre pour cent mille francs payables comptant), admirer le splendide panorama des Pyrénées, de la Bidassoa et des rivages français.

Nous trouvons, en redescendant à notre bateau, une

véritable mer là où, une heure auparavant, nous avions laissé quelques lacs et des îles de sable, et nous filons sur *Irun* avec une rapidité qu'explique notre désir de franchir la barrière derrière laquelle nous allons sûrement laisser le *choléra*.

Nous passons, en effet, successivement devant une magistrale commission de descendants du Cid, docteurs compétents qui ne délivrent qu'à bon escient le *certificat de sanitad*, lequel certificat est un passeport absolument indispensable.

Nous croyons intéressant de reproduire le texte de ce document.

ESPANA

Inspeccion sanitaria de la Frontera de Francia

PATENTE DE SANITAD

Expedia a favor de D. Camillo Rosas, procedente de Bayona, el cual ha sido reconocido por la inspeccion facultativa. Y de su examen en el memento de la visita no presenta sintomas sospectosos o confirmados de côlera. Por sa declaracion se no ce constar que marcha con destino à Fuentarrabia, provincia de....., fijando su domicilo en la calle de....., numero....., piso, quedando obligado à presentarse en la alcadia de la poblacion mencionada para los efectos de la observacion sanitaria con arreglo à la disposiciones vigentes.

Irun, 19 septembre 1892.

El Inspector de Sanitad.

DON BISMUTH ?

Esta Patente es personal.

Gare aux imprudents voyageurs qui ont la faiblesse d'emporter avec eux une chemise de nuit qui ne sort pas en droite ligne des mains de la repasseuse ; elle est impitoyablement saisie pour être *désinfectée ;* je crois qu'il faut dire en français *désaffectée,* car deux de nos compagnons de route ont dû les voir passer de leur valise dans les mains d'un *désinfecteur* pas peureux ; mais ces chemises, les pauvres !!!, pleurent maintenant la patrie perdue à tout jamais : on ne les rend guère...

Après une heure de retard, due à ces formalités, nous partons pour Saint Sébastien. Sur notre passage, se trouvant le port du même nom, *Pasajes*, nous décidons de nous y arrêter quelques instants.

Nous tombons en extase devant cet admirable port naturel ; s'il est vrai que les expéditions de vins, les arrivages de coton, etc., sont cause d'un mouvement commercial très considérable, il est vrai aussi que pas un touriste ne devrait négliger de s'y arrêter pour contempler ce coin fort curieux que la main de l'homme ne pourrait imiter, pour le traverser en barque et visiter le *petit village de Saint-Jean*, à rue unique, reposant de nos boulevards luxueux.

Figurez-vous, en effet, deux rangées de maisons dont l'une est construite sur l'eau et l'autre au pied de la montagne ; entre les deux, une rue sinueuse et très étroite ; on y trouve cependant une importante fabrique de porcelaine classique et artistique d'où nous n'avons pas pu nous dispenser de rapporter, l'un un encrier doré, l'autre un cendrier, l'autre un service à café, le tout orné par de véritables artistes.

En revenant de cette fabrique de porcelaine, nous rencontrons une église à l'extérieur primitif, et nous exprimons le désir de la visiter. La concierge accourt le plus vite qu'elle peut avec des clefs qui, au besoin, pourraient servir de pinces-monseigneur et nous pénétrons dans l'édifice. On reste absolument stupéfait devant la richesse du chœur ; le maître-autel avec ses colonnes torses qu'on dirait en or massif, nous arrête, et pendant que nous cherchons à en saisir les détails, une voix chuchotte à nos oreilles ces mots : *la Reyna ;* nous nous retournons pour voir s'ouvrir à deux battants la grande porte centrale. Quelques minutes s'écoulent et nous voyons entrer la *régente* avec le *roi son fils, ses deux filles*, le duc de Médina-Cœli, son majordome, et une escorte d'une dizaine de personnages parmi lesquels deux dames.

La reine fait une courte prière et visite l'église ; puis elle sort suivie de son escorte officielle, augmentée de quatre nouveaux *personnages* — c'était nous — qui jugent à propos, de ne pas perdre cette occasion unique de visiter les curiosités de ce petit village de Saint-Jean.

Nous continuons donc notre promenade dans ces conditions imprévues et nous rencontrons M. le curé qui, prévenu aussi vite que possible, arrive tout essoufflé présenter ses devoirs à la reine. Le cortège poursuit sa marche et, après nous être arrêtés devant une vieille construction qui, paraît-il, est la maison de ville, nous entrons dans la deuxième église ; celle-ci, riche également en autels dorés, ne nous semble pas aussi intéressante que l'église Saint-Jean.

Revenant sur ses pas, la reine reçoit les hommages de quelques dames et quelques habitants, parmi lesquels l'alcade, et elle se dirige vers son canot. Les dix rameurs se lèvent automatiquement, la rame au pied et au port d'armes. Le curé fait un petit discours à la reine qui le remercie en deux mots de ses bons sentiments ; les rames s'abattent au commandement et le canot s'éloigne pendant qu'une foule de femmes et d'enfants crient : *Viva la Reyna!* Les infants royaux répondent à ces cris en agitant leurs mouchoirs.

Nous avons eu plaisir à accompagner la reine d'Espagne, son fils et ses filles, à cause de leur touchante simplicité, et surtout aussi, parce que, s'entretenant avec son majordome, le duc de Médina, elle ne lui communiquait ses impressions qu'en français.

Cet incident de voyage nous força naturellement à modifier notre programme et nous arrivâmes à Saint-Sébastien avec quelques heures de retard bien employées.

Divisée en deux parties parfaitement tranchées — la vieille ville qui n'offre rien de particulier ni d'intéressant, la nouvelle ville, avec ses boulevards et ses avenues bordées de maisons élégantes — la cité de Saint-Sébastien est construite tout autour de la baie ou *concha,* dont le fond forme une immense plage sablonneuse ; des milliers de baigneurs y prennent leurs ébats ; nous ne pouvons naturellement résister au plaisir de faire de même.

A bientôt les observations que nous avons recueillies dans cette trop courte excursion, pour laquelle nous avons tant regretté de ne pouvoir nous accorder que trois jours.

Ayant visité de nouveau Saint-Sébastien, lors de l'excursion de Bilbao, organisée à la suite du congrès de Bordeaux, je reviendrai, à cette occasion, sur cette intéressante ville.

DE PAU

A

LOURDES

EN QUATRE JOURS

UNE POINTE

DE PAU A LOURDES EN QUATRE JOURS

Aux touristes qui, de passage à Pau, auront à dépenser quatre jours, nous recommandons de suivre le programme si bien étudié et si savamment élaboré par M. Ritter, employé des Postes et Télégraphes de Pau, notre très dévoué guide, programme qui sera, du reste, très suivi dans ce récit.

Cette excursion leur laissera d'inoubliables souvenirs.

Comment, en effet, oublier cette suite ininterrompue de sites si différents, vallées verdoyantes sans cesse rafraîchies par les eaux cristallines de leurs *gaves*, montagnes luxuriantes avec, de loin en loin, les dominant, des pics nus, arides, que ne peuvent fouler les pieds des plus intrépides *Alpinistes!* Comment ne pas conserver dans les oreilles le bruit saisissant de ces cascades qui, après avoir traversé les nuages, tombent avec fracas dans ces profondes gorges d'où nous arrivent des bruits *d'enfer?*

Mais, de même que le plus illustre des paysagistes n'a jamais pu « rendre » ces féeriques tableaux, de même la plume, fût-elle taillée par Zola, ne peut, à qui n'a jamais eu l'occasion de tomber en extase devant ces merveilles de la nature, faire éprouver cette vive émotion que nous avons tous ressentie.

Il faut y être!

Aussi, en rappelant ici cette charmante excursion, je n'essaiera pas de faire de peinture, ni de poésie, laissant à d'autres le soin de la raconter à ce point de vue. Ce que je tiens à dire, c'est la luxueuse cordialité avec laquelle nous avons été reçus partout où notre programme nous permettait de nous arrêter.

Première Journée

Partis de Pau le jeudi 22 septembre par le train de six heures quarante-cinq du matin, nous quittons immédiatement la ligne de Bayonne à Toulouse, traversons le *Gave de Pau* sur un beau pont courbe métallique, et, nous dirigeant vers le sud, nous remontons la vallée du *Néez*, dont les coteaux, de chaque côté, reposent agréablement la vue ; luxueuses villas et vignes entremêlées ; les unes, sous un soleil réconfortant en hiver, permettent aux malades d'activer leur guérison, tout en savourant le fameux *vin de Jurançon*, produit par les autres.

A sept heures cinq minutes, à *Gan*, jadis une des trois places fortes du Béarn, nous quittons la vallée du Néez pour entrer dans une contrée fort accidentée. Nous remarquons, sur la gauche du beau viaduc de *Las Hies*, le *massif du Ger* qui, du reste, attirera nos regards bien des fois dans le cours de notre voyage, et cela, fort heureusement, car, en ce moment le brouillard est intense, et un orage s'est déchaîné dans les montagnes ; nous ne jouissons de la perspective lointaine que par l'intermédiaire des éclairs.

A *Haut-de-Gan*, à sept heures vingt-deux minutes, le chemin de fer quitte le bassin du Gave de Pau pour entrer dans celui du Gave d'Oloron.

Quelques minutes après, à *Buzy,* à sept heures trente-trois minutes, nous bifurquons, à droite, dans la direction d'Oloron, laissant, à gauche, la ligne de Laruns.

A la brume épaisse, dans laquelle nous sommes plongés depuis une demi-heure, succède une pluie battante et, au milieu d'étincelants éclairs, nous roulons dans la plaine *d'Ogeu*, à sept heures cinquante minutes, plaine dans laquelle M. Baysselance a relevé la moraine terminale des glaciers de *l'Ossau*.

A partir de Buzy, la ligne du chemin de fer court parallèlement aux premiers chaînons pyrénéens, dont le point culminant est le *Mail Massib* (1970 m.).

Nous passons *Escou* à huit heures et à huit heures treize minutes nous descendons à *Oloron;* la première partie de notre voyage était terminée et, aussi très heureusement, l'orage.

Oloron, chef-lieu d'arrondissement de 9,000 habitants environ, est un centre commercial autrefois important grâce à la contrebande qui s'y faisait *sur une vaste échelle;* aujourd'hui, c'est une ville industrielle dont la spécialité est la transformation des laines; il s'y fabrique, en effet, une grande quantité de berrets, de couvertures et de sandales. La ville est bâtie en amphithéâtre, sur trois collines, et se subdivise en trois quartiers séparés par les *Gaves d'Ossau* et *d'Aspe* qui mêlent leurs eaux à son extrémité pour former le *Gave d'Oloron.*

Invités par la Municipalité à nous réconforter en attendant le déjeûner de l'hôtel *Condesse,* nous absorbons d'abord le discours du maire, M. Ariès, dans lequel discours ce magistrat émet le vœu que la visite du Congrès pourra lui procurer le bout de ruban auquel il aspire depuis si longtemps, c'est-à-dire le prolongement par Oloron d'une voie ferrée devant pénétrer en Espagne pour relier Oloron à Canfranc et à Jaca.

Ensuite, après quelques verres de Madère, ou de Xérès ou de Champagne (le choix est varié), et un bon cigare, nous partons, pleins de bonne humeur, pour visiter la ville; nous nous arrêtons d'abord, à droite, à *Sainte-Marie,* vieille église possédant un beau portail roman xiie siècle et dont la façade est surmontée d'une immense statue dorée de la vierge qui brille de façon éblouissante quoique soumise aux intempéries; ensuite, au centre, la plus vieille église de la ville, *Sainte-Croix,* qui contient les reliques de *Saint-Grat,* patron de la cité. En montant, nous remarquons une vieille et curieuse maison du xvie siècle. Nous passons rapidement devant *Notre-Dame,* église neuve au centre du quartier commerçant, et n'offrant rien de remarquable, puis visitons quelques fabriques mues par la force électrique puisée dans les montagnes ; Marcel Déprez en est bleu !

Le moment de visiter l'*Hôtel Condesse* est arrivé et tous les congressistes se rallient venant de tous les points de la ville.

Pendant le déjeûner on a préparé les voitures dans lesquelles chacun se place au hasard, et à dix heures quarante-cinq minutes, nous quittons la vieille et originale ville d'Oloron.

Quelques instants après nous traversons les villages de *Bidos* à deux kilomètres, *Gurmençon* à cinq kilomètres et *Asasp* à neuf kilomètres, qui se trouvent sur la rive gauche du *Gave d'Aspe*, où passe également la route d'Espagne.

A droite de la route, et un peu au S.-O. se dressent les terrasses escarpées du pic d'*Anie* (2363 m.).

Après Asasp, nous traversons la Gave d'Aspe, laissant à droite le village de *Lurbe* et, traversant une plaine verdoyante, nous arrivons à midi à *Saint-Christau,* charmante et poétique station balnéaire cuivrée.

Nous faisons halte dans le magnifique parc de l'établissement des bains et nous sommes reçus par le docteur Bénard, qui nous fait la description des propriétés de ses eaux et l'histoire de Saint-Christau. Il paraît qu'en 1104, Gaston IV y avait fondé pour les lépreux un hôpital dépendant de celui de Santa-Christina, l'un des trois plus riches de la chrétienté au XIIe siècle.

Cet hôpital a disparu pour faire place à de charmantes construction, disséminées au milieu d'un beau parc et, dans l'établissement de la Rotonde, les maladies de la peau, grâce au dosage très ingénieux de la force pénétrante des pulvérisations, sont traitées avec succès.

Ces explications sont suivies de champagne, gâteaux, excellents cigares, offerts par le directeur, M. Pouyade, et qui nous font oublier les lépreux pour ne laisser devant nos yeux que le côté charmant et enchanteur de cette visite.

Une demi-heure après, réinstallés dans nos landaus, nou

pénétrons sans aucune crainte, dans la forêt du *Bager*, où se réfugient les ours, — pendant l'hiver.

La route serpente, en montant, dans cette forêt touffue où le soleil ne peut guère nous atteindre et, après avoir franchi un petit col (409 m.) nous passons dans la *vallée d'Ossau*.

Sur la droite, après un pont, nous remarquons un rendez-vous de chasse pour le chevreuil.

La route, en descendant, serpente à une certaine hauteur au-dessus du Gave, dont nous apercevons à plusieurs reprises, les eaux vertes et cristallines roulant au fond du ravin ; au S.-E., perspective des *Monts du Rey* (1302 m.), à droite, nombreux monticules d'ophite.

A deux heures quarante minutes, nous visitons rapidement, jetés dans ce coin sauvage, sur le gave d'Ossau, les *deux Ponts de Germé* (pont du chemin de fer et pont de la route de terre à deux étages).

Nous arrivons à *Arudy* (413 m.) à trois heures précises et nous quittons nos voitures pour prendre le train de trois heures sept minutes.

En passant à *Izeste*, à trois heures seize minutes, nous remarquons à gauche, sur deux monticules se faisant face, l'église et le vieux château de Castet (XIIe siècle).

Nous traversons à trois heures vingt-deux minutes, *Bielle*, l'ancienne capitale de l'Ossau, au-dessus de laquelle, à mi-côte, on nous fait remarquer le blanc et riche village de *Bilhères*, dont les habitants vont dans les cinq parties du monde, exercer le métier de *hongreurs*.

Pendant qu'un de nos compagnons, qui a déjà parcouru cette contrée, nous communique les impressions qu'il a ressenties lors de son passage chez ces châtreurs, le train arrive à *Laruns* (504 m.), à trois heures trente-cinq minutes.

Dans la gare, le maire, M. Gros-Ossau (c'est certainement un indigène pur sang, son nom l'indique suffisamment), nous souhaite la bienvenue dans un discours chaudement applaudi et, précédés de guides des Pyrénées, en veste rouge, à cheval, faisant claquer leur fouet, escortés de la municipalité, de tous les habitants et de deux groupes de montagnards en costumes anciens des Ossalois ressemblant à des mariés d'opéra-comique (encore une illusion, l'opéra-comique, qui ne pourra jamais trouver la couleur locale)! nous montons la grande avenue qui mène à la place publique. Ces deux groupes, espacés de dix mètres, s'arrêtent à tour de rôle, tous les dix pas, par chanter un charmant couplet, avec accompagnement de joueurs de flûte et d'un instrument spécial appelé *Gaita,* caisse ayant la forme d'un parallélipipède très allongé, pourvue sur l'une de ses faces de cordes que l'artiste fait vibrer à l'aide d'une baguette de bois, tout en soufflant dans son chalumeau.

Ce bizarre cortège s'arrête sur la place et les montagnards exécutent aussitôt les danses locales du *Lou-Branlou.*

Charmantes, ces danses pittoresques que nous encourageons par des applaudissements unanimes et répétés.

Après quelques rafraîchissements offerts gracieusement par les aimables habitants de Laruns, à quatre heures, c'est-à-dire après avoir bien sommairement admiré ce chef-lieu de canton de 2,500 habitants, entouré d'un véritable cirque de montagnes dominées au S.-E. par le *Pic de Ger* (2613 m.), nous nous réinstallons dans de nouvelles voitures préparées à notre intention et, avec les guides à cheval, en éclaireurs, nous repartons pour les Eaux-Chaudes, dépendance de Laruns.

Après avoir suivi un chemin bordé d'arbres élancés, nous nous engageons dans la *Gorge sauvage du Hourat,* dont la route est le plus souvent taillée dans le roc ; nous nous arrêtons au *Pont du Hourat* à quatre heures trente minutes, et pendant que nous restons en extase devant ces immenses rochers à pic et ce profond torrent, quelques enragés congressistes y descendent par une pente fort difficile.

Après le Hourat, nous dépassons le pont *Crabé* (pont des chèvres), où l'ancienne route, construite par les ingénieurs de la marine sous Louis XV, rejoint la route actuelle. Cette ancienne route rappelle un triste souvenr : un monument qu'on distingue à peine au sommet du rocher indique le point d'où tomba jadis dans le Gave, la diligence des Eaux-Chaudes ; espérons que ce n'est qu'une légende) !

Quelques pas plus loin, dans le fond de la vallée, se dresse la fourche altière du pic d'Ossau (2885 m.).

A cinq heures, nous arrivons à *Eaux-Chaudes* (675 m.) et nous nous rendons directement au *Pont d'Enfer*, auquel se rattache la banale et universelle légende du diable ; nous redescendons aussitôt pour faire halte auprès de l'établissement de bains que nous visitons trop sommairement, hélas ! Un buffet bien garni nous retient quelques instants et à cinq heures trente minutes nous quittons cette ancienne station thermale, connue des Romains, et que fréquentaient, dès le xiie siècle, les souverains du Béarn.

Henri IV et Fosseuse y ont laissé de doux et légendaires souvenirs. Nous ne pouvons prétendre au même succès, à à cause — seulement — de notre trop court passage parmi ces charmants indigènes.

Avant de donner le signal du départ, le contrôleur-directeur de la caravane. M. Gariel, qui s'est aperçu que parmi les congressistes devait s'être faufilé un intrus, nous invite à montrer nos cartes. Sur le devant d'une des voitures, se tenait, bien en vue, comme chez lui, le coupable, une sorte de Fra-Diavolo, qui prétend que sa qualité de reporter au *Petit Journal* l'autorise à nous surveiller. M. Gariel le prie vivement de descendre de son trône et l'engage à nous suivre — *pedibus comme jambis*.

Nous faisons facilement *gorge-chaude* de cet incident et nous descendons rapidement la route déjà suivie.

A hauteur du pont Crabé, nous jouissons d'une jolie vue sur les immenses rochers abrupts du vieux Hourat.

Nous quittons cette intéressante gorge pour prendre la route des Eaux-Bonnes, qui contourne les flancs du *Gourzy* en nous permettant d'apercevoir, de temps à autre, la belle vallée d'Ossau.

A gauche, nous remarquons le village d'*Aas*, situé sur le flanc de la *Montagne Verte*, et qui est la résidence d'hiver des habitants d'Eaux-Bonnes.

Enfin à six heures trente minutes, en haut d'une grande

rue, à pente très raide, près de l'Hôtel de Ville, nous mettons pied à terre; nous sommes à Eaux-Bonnes (748 m.).

Nous nous installons tous à l'*Hôtel de la Paix*, et, à sept heures, nous nous retrouvons devant une table magnifiquement servie.

M. Henrot, maire de Reims, se rappelant que ce jour était celui de la Fête Nationale, porte, au dessert, un toast qui exprime si bien les sentiments de tous que personne ne peut y répondre, et nous nous rendons au Casino, où la Municipalité nous attend pour nous offrir une soirée charmante et dansante.

Deuxième Journée

Le lendemain, dès six heures du matin, nous parcourons les Eaux-Bonnes dans tous les sens.

Sur une terrasse en pente resserrée entre le Valentin et les rochers abrupts du Gourzy, la ville des Eaux-Bonnes s'est développée à l'ombre du Pic-du-Ger (2612 m.) qui la domine de toute sa hauteur au S.-O.

Les promenades faciles y abondent : les plus fréquentées sont la promenade Horizontale, de l'Impératrice, la Butte-du-Trésor, les allées Jacqueminot, les plateaux du Gourzy, la Montagne Verte, la cascade du Gros-Hêtre.

Mais ce sont les eaux sulfureuses qui ont fait la renommée des Eaux-Bonnes.

Les maladies de poitrine se trouvent très bien de leur action, mais cette action, par sa force même, demande à être surveillée constamment par le médecin.

Cinq sources alimentent les différents thermes de la ville.

En attendant la visite fixée à sept heures de l'Etablissement thermal, nous faisons la promenade Horizontale, derrière le Casino, sur le flanc gauche de la montagne.

Cette promenade doit sa dénomination, non pas aux horizontales, dont peut-être à cause de l'heure matinale, nous n'apercevons pas le moindre échantillon, mais à son parfait nivellement. Elle était, jadis, bordée de pierres de marbre à distance de quelques mètres les unes des autres, et numérotées. Les convalescents s'avançaient tous les jours d'un numéro, et quand ils pouvaient arriver au dernier, ils se considéraient comme guéris.

Pourquoi n'avoir pas conservé ce système qui produisait, paraît-il, un excellent effet moral sur l'esprit des malades ?

A sept heures, sous la direction du docteur Meunier, nous visitons l'Etablissement thermal et son *griffon* qui, dernièrement, stupéfiait les médecins espagnols ; ceux-ci se croyaient privilégiés au point de vue des eaux azotées, et il se trouve qu'en réparant récemment le griffon des Eaux-Bonnes, on a constaté que de grosses bulles s'en dégageaient; l'analyse a démontré que ce gaz était de l'azote; les Eaux-Bonnes possèdent les vertus médicales que n'ont pas celles de Panticosa, les Espagnols ont dû baisser pavillon ; notre amour-propre national a été vivement flatté par cette découverte, et ce n'est pas sans une visible satisfaction que nous avons vu d'énormes bulles éclater sous nos yeux.

Nous montons ensuite à *Excelsior*, châlet de *nécessité*, construit par un riche Bordelais, avec lits de camp, pour les rendez-vous de chasse, et dont nous recommandons très sérieusement l'architecture et l'installation spéciale aux amateurs, dont les propriétés ne sont pas à proximité d'un confortable château.

A neuf heures, grand déjeûner, et à neuf heures quarante-cinq minutes, distribution à chacun d'un sandwich et d'une demi-bouteille de vin; il paraît que les établissements confortables sont rares sur la route que nous allons suivre pendant neuf heures avant d'arriver à Argelès-Gazost!

Installés dans les voitures dont on a eu le soin de nous donner les numéros pour éviter l'encombrement, nous partons à dix heures pour la *Promenade de l'Impératrice*, sur les bords de laquelle nous admirons la *Cascade du Serpent;* puis, reprenant la grande route, nous nous arrêtons quelques minutes, à onze heures, au *Plateau de Lées*, pour faire honneur à un modeste arc de triomphe dressé par les cantonniers.

Après une montée d'une demi-heure, nous nous arrêtons à onze heures trente minutes à *Gourette* pour visiter un établissement métallurgique en pleine activité à cette époque.

En face de nous se dresse le *Pic du Ger* (2612 m.) dont, sans être géologues, nous admirons la fière majesté.

Le soleil, qui a purifié absolument l'atmosphère, nous permet de distinguer les plissements gigantesques de ce pic éblouissant de blancheur, et nous jouissons d'une admirable vue sur tous les pics qui lui constituent une escorte d'honneur : le *Pène Médan* (2489 m.), le *Pène Sarrières* (1836 m.), etc.

Après avoir rendu à cette belle nature le tribut mérité, nous nous mêlons à un groupe de congressistes auxquels donne des explications détaillées l'ingénieur-directeur de la mine.

L'établissement traite la blinde (sulfure de zinc). Ce minerai vient à Gourette du lac d'Anglas (2120 m.) d'où les wagonnets, glissant sur un câble aérien de 4 kilom. de longueur l'amènent dans les lavoirs de l'usine. C'est du reste une simple opération de triage qui se fait dans cette usine pendant la belle saison seulement.

Une heure après, à midi trente minutes, nous continuons notre ascension, et à deux heures, nous faisons halte au *Col d'Aubisque* (1710 m.), nous faisons avec plaisir usage des provisions gracieusement mises à notre disposition par le propriétaire de l'hôtel de la Paix, d'Eaux-Bonnes, tout en jouissant d'une vue très étendue.

Nous admirons, en effet, à l'Est, le *Pic du Midi de Bigorre* (2879 m.), le *Néouvielle* (3092 m.), les *Montagnes de Cauterêts et d'Arrens*; au Sud, le *Mont-Laid* (1892 m.), la *Latte de Bazen* (2471 m.), les montagne d'*Ar*, le massif du *Ger*; à l'Ouest, le *Sesques* (2605 m.) avec son capéran (aiguille de rocher), le *Montagnon* (1974 m.); au Nord-Ouest, le *Cinq-Monts* (1902 m.); au Nord, le *Moullé de*

Jaout (2051 m.); au Nord-Est, la chaîne du *Grauquet*, entre Argelès et Lourdes.

Après vingt minutes de cette contemplation, nous descendons pendant une heure à grande vitesse, une route extrêmement dangereuse de cinq mètres au plus de largeur, et dont les parapets, qui doivent garantir contre une chute épouvantable les voyageurs téméraires comme nous, nous font supposer que l'ingénieur en chef, chargé de leur entretien, doit être au moins officier de la Légion d'honneur, à en juger par l'état de délabrement dans lequel il les laisse.

Nos guides, nous ont, du reste, recommandé d'éviter toute distraction aux cochers qui ont besoin de toute leur présence d'esprit pour empêcher leurs coursiers, heureusement habitués à mépriser le danger, de faire le moindre écart. Une légère distraction suffirait pour nous faire faire un plongeon d'un millier de mètres dans l'abîme !

Cette course affolée nous procure des émotions que nous ne pourrons jamais oublier.

Malgré les périls que nous côtoyons, nous admirons cependant à notre gauche, cette vallée de l'*Auzon*, que nous dominons à pic, et qui marche aussi vite que nous. Nous contournons le Mont-Laid, et, dans le fond, nous voyons éparpillés les villages d'*Arbéost* et de *Ferrières*.

Après un petit tunnel qui traverse un escarpement de la Latte de Bazen, nous changeons de département et nous sommes dans les Hautes-Pyrénées !

La route remonte alors jusqu'au de *Col de Soulor* (1540 m.), où nous sommes à quatre heures, avec la faculté d'admirer pendant un quart d'heure le *Gabisos*, c'est-à-dire le type le plus réussi comme grand et aride.

Nous descendons ensuite vers Arrens et tout en admirant le *Pic du Midi d'Arrens* (2266 m.), les montagnes de *Cauterêts*, et la fraîche vallée d'*Azun*, nous arrivons à cinq heures, dans le village d'*Arrens* (900 m.), où nous permettons à nos chevaux de prendre une confortable collation qu'ils ont bien gagnée.

Quant à nous, nous en profitons pour faire une étude sur

les établissements confortables de ce village ; nous ne trouvons que l'*Hôtel de France* où nous apprenons, à nos dépens, qu'un apérif fort mal servi coûte plus cher que sur le boulevard des Italiens ; en revanche, nous découvrons la maison *Cousté* où, en dépensant une fois moins, nous avons en plus, un gracieux accueil.

Nous visitons, aussi ponctueusement que possible, l'église dont le portail est orné de grossières sculptures, et qui est entourée de murs crénelés.

Vers six heures, nos chevaux sont à leur poste et, pleins d'une nouvelle ardeur, nous nous lançons sur la route d'Argelès.

Nous traversons les bourgs de *Marsous, Aucun, Gaillagos, Arcizous-dessus, Arras,* et nous laissons derrière nous le Balaïtous (3146 m.) dont l'ascension est fertile en drames, la *Crête de Fachon* et la pique d'*Aste* d'Arrens.

Mais nous nous trouvons rapidement dans une obscurité complète, et nous ne voyons la route que nous suivons que grâce à d'incessants éclairs fendant les nues de toutes parts.

Nous arrivons enfin à sept heures à Argelès où chacun se dirige avec empressement vers l'hôtel qui lui a été assigné.

Argelès (466 m.) est une station balnéaire naissante que tous ses efforts tendent à rendre une ville d'hiver ; elle possède un casino modeste entouré d'un splendide parc qui est très fréquenté pendant la belle saison et que nous visiterons demain soir dans des conditions particulières. On jouit, de ce parc, d'un beau point de vue principalement sur le *Viscos* (2.141 m.)

L'établissement thermal est alimenté par quatre sources venant du *Gazost ;*... mais nous ne voulons pas en entendre davantage, et nous nous précipitons, pleins d'entrain et de fatigue, autour de tables garnies, à notre intention, de plats de bonne mine et confortables auxquels nous faisons le plus grand honneur.

Troisième Journée

A six heures précises du matin, nous sommes tous devant l'hôtel des Bains, attendant de pouvoir nous installer dans nos voitures. Chacun, voulant un confortable landau, n'écoute plus la voix de la discipline, et c'est une véritable bataille qui s'engage entre tous les congressistes d'humeur ordinairement plus calme ; peut-être l'orage de la veille a-t-il mis en mouvement des nerfs jusqu'alors endormis !

M. Gariel, l'infatigable, est sur le point de fléchir, mais enfin, après un quart d'heure perdu, tout le monde est casé, même notre groupe de quatre qui a pu s'emparer d'un véhicule, non sans quelques horions échangés avec d'intraitables Rémois.

Le signal est donné, et nous roulons.

Sur la gauche de la belle route de Pierrefitte et de l'autre côté du Gave de Pau, nous remarquons le *Château de Beaucens*, dont les vieilles ruines ont été fort intelligemment restaurées.

A droite, *Miramont*, grande construction blanche bâtie par le célèbre poète béarnais Despourrins.

Vis-à vis Beaucens, à droite de la route, se cache dans les bosquets, *Saint-Savin*, capitale du syndicat de la vallée. C'est à Saint-Savin que « la Marguerite des Marguerites » composa les contes de la reine de Navarre. Les *Baladins* en sont maintenant le produit le plus réussi.

L'institution de ces Baladins remonte au commencement du XVIII° siècle, époque à laquelle on a voulu reconstituer ce qu'il y avait de mieux dans les chants et dans les danses des siècles écoulés ; depuis lors des sociétés analogues se sont formées un peu partout dans les communes limitrophes de celle de Saint-Savin ; mais aucune d'elles n'est parvenue au degré de perfection atteint par leur devancière.

La Société se compose de la fleur de la jeunesse de l'endroit, c'est-à-dire des jeunes gens de 20 à 30 ans, choisis parmi les plus robustes et les plus lestes. Elle se renouvelle en partie tous les ans, les jeunes remplaçant les vieux.

Le costume traditionnel comprend : berret bleu enrubanné, cravate rouge, chemise blanche, bretelles bordées de fils de diverses couleurs, ceinture rouge en soie, pantalon blanc. Certains portent le costume ancien de berger et d'autres celui de vacher.

La Société chante spécialement les poésies du célèbre poète local Cyprien Despourrins qui, on le sait, a fait revivre dans ses chansons les mœurs primitives et pastorales du pays.

Les Baladins de Saint-Savin sont recherchés et demandés dans les fêtes où l'on veut donner beaucoup d'éclat et surtout dans celles où l'on veut honorer un haut personnage.

Quelle gravité, en effet, dans leur danse, spéciale au pays, qui touche tout le monde, et qui fait songer, pour les érudits, aux danses religieuses et mystiques exécutées, par les poétiques théories, aux mystères antiques de Rome ou de la Grèce !

L'Eglise a, de tout temps, et particulièrement sous l'Empire, fait une guerre illégitime à ces compagnies qui favorisent la réunion des deux sexes pour les danses. A ce point de vue, elle ne remédie pas au mal ; car on a vu, dans la localité, beaucoup plus de filles-mères qu'aujourd'hui à une époque où elle était parvenue à discréditer complètement ces réunions de la jeunesse.

En outre, les jeunes gens, qui ont besoin de quelques distractions les dimanches et les jours de fête, se livraient autrefois davantage dans les cabarets aux jeux, à la débauche, à l'ivrognerie.

Ces exercices salutaires tendent, au contraire, à les policer, à les rendre meilleurs, soit par leur contact avec les bons, soit par les habitudes qu'ils sont obligés de prendre ou par la tenue correcte qu'ils doivent observer en public.

Ces amusements ont aussi le double avantage de développer chez eux la force, l'adresse, l'agilité ; à la danse et aux chants se joignent en effet les exercices de course, de jets et de sauts qui ont pris une large extension depuis quelque temps dans nos fêtes publiques.

Ces Sociétés se sont donc réorganisées, malgré le clergé opposant, depuis une vingtaine d'années, et leurs habitudes passent tellement dans nos mœurs, que les gens qui en font partie trouvent plus facilement à s'établir en raison de leur adresse et de leur agilité ; ce sont le plus souvent les jeunes demoiselles qui brodent les bretelles fleuries et ornent les berrets de leurs futurs époux.

La société est toujours payée lorsqu'elle prête son concours à une fête étrangère, car on ne déplace pas sans frais une quarantaine de jeunes gens dont la tenue réclame quelques soins de propreté et d'apprêt.

Vingt minutes après Argelès, nous passons à *Pierrefitte* (507 m.) et après avoir traversé le gave de Cauterets, nous laissons à droite une église fortifiée dont une restauration maladroite a enlevé tout le mérite.

Un peu plus loin nous traversons le *Gave de Luz*, et la route pénètre dans une gorge étroite et encaissée d'où arrivent à nos oreilles les mugissements des eaux du Gave roulant au fond du ravin.

A sept heures et demie, nous franchissons le Pont de la Reine Hortense et nous entrons dans le bassin de Luz.

A huit heures, nous mettons pied à terre dans ce curieux petit village de *Luz* (732 m.) et nous grimpons à l'église fortifiée des *Templiers*, classée comme monument historique ; un musée de « vraies » antiquités, installé dans les combles de cette église, nous retient quelques instants et nous continuons notre route à huit heures trente minutes.

A gauche, nous passons devant le très modeste Etablissement thermal de Luz, alimenté par les eaux amenées de *Barèges*, dans une conduite de grès ; il paraît que les maladies nerveuses y trouvent un réel adoucissement.

Luz occupe une petite plaine au débouché de la vallée du *Bastan*. Des montagnes boisées et verdoyantes l'entourent.

De l'autre côté du Bastan, sur un petit monticule, se dressent les ruines du château de Sainte-Marie (xive siècle).

Au sud, sur un petit promontoire, a été élevée la chapelle de Solférino.

Luz est entouré de satellites : treize petits villages.

Nous franchissons le pont de l'Empereur dont la vue nous a frappés à 1 kilomètre de Luz, et nous apercevons sur la droite, au sud-ouest, l'*Ardiden* (2.988 m.), le pic le plus fatiguant des Pyrénées.

A neuf heures, nous passons le *Pont de Sia* dont une nouvelle reconstruction a gâté tout le pittoresque et, un peu plus loin, par le pont *Desdouroucat*, nous quittons la rive gauche pour prendre la rive droite.

Nous avons de suite devant nous le *Piméné* (2.808 m.), au fond de la vallée et derrière nous, le *Viscos* (2.141 m.), à l'entrée.

Nous découvrons pendant un instant le *Marboré* et nous franchissons la *Gave de Pragnères*.

A dix heures, nous passons à *Gèdre* (995 m.), qui est le point de jonction des deux gaves de *Heas* et de *Cambieil* avec celui de *Gavarnie*.

Dans ce village, nous saluons une plaque de marbre posée sur une maison et qui indique l'endroit où est né Bordères, ancien instituteur et célèbre botaniste.

En quittant Gèdre la route fait de longs lacets sur les flancs du *Coumélie*, vaste plateau, dont un des contre-forts, en tombant, a formé le Chaos, bien nommé à cause de nombreux blocs de rochers énormes culbutés les uns sur les autres et dont la masse sauvage nous impressionne vivement.

A partir du Chaos, la vallée s'élargit. Au sud, nous voyons le *Taillon* (3146 m.) couvert de neige, et un instant la brèche de Rolland (2804 m.).

Escortés par de nombreux habitants de Gèdre, qui nous répètent à chaque instant : Prenez mon ours, c'est-à-dire mon cheval, l'incomparable, ou mon âne, le docile, nous arrivons à onze heures à *Gavarnie*.

Ce petit village, d'une centaine d'habitants environ,

n'est composé que de masures dont l'alignement n'a rien de commun avec celui que les municipalités imposent dans les grandes villes, mais il n'en est pas moins pittoresque, au contraire. Chacune de ces primitives habitations possède une cour peu ou point close, et une cabane dans laquelle est logé ou le cheval, ou le mulet, ou l'âne, gagne-pain de son propriétaire.

En passant dans ces rues de pauvre aspect, nous éprouvons quelqu'inquiétude : notre programme porte que nous déjeunons à Gavarnie; mais est-il possible que nos estomacs y trouvent la satisfaction qui leur est bien due après un voyage de cinq heures ?

Ces craintes ne sont pas de longue durée, car, au tournant d'une rue, sur une petite place, nous sommes invités à mettre pied à terre et, en même temps qu'elle nous offre ses gracieux compliments, la patronne du Grand-Hôtel de Gavarnie nous indique la salle à manger, prête à nous recevoir.

Ce spectacle nous déride, et c'est au milieu de la plus vive gaieté que chacun des cent dix convives prend sa place autour de ces tables bien garnies.

Des multitudes de truites disparaissent en un clin d'œil, et sont suivies immédiatement d'une gigantesque gibelotte d'isard ; c'est de la part de tous les congresssistes une course aux plats des plus récréatives.

Dans un coin de ma table, j'assiste, sans perdre une bouchée cependant, à une lutte homérique : un savant russe, qui ne s'arrête qu'après sa sixième visite au plat d'isard, rend jaloux à en mourir un savant belge qui remporte la palme en se précipitant une fois de plus sur cet inépuisable produit culinaire.

Cependant, si tout a une *fin*, nous ne l'avons plus, nous ; les plats sont vides et nous sortons bien ravitaillés.

C'est le moment où chacun va choisir le moyen de locomotion le mieux approprié à ses goûts ; pendant que les uns sautent sur des chevaux plus ou moins fringants, les autres sur des mules ou des ânes, ou s'en vont à pied, je me tâte longuement : quel parti prendre ?

Je n'ai jamais fait d'équitation, et je ne voudrais pas avoir l'air trop novice. Enfin, je me laisse séduire par deux paires d'yeux sympathiques : une charmante ânesse, et sa non moins charmante associée, une jeune indigène de l'endroit, me garantissent le succès, et je monte, comme un écuyer consommé, sur l'une des deux.

Quelle charmante promenade au bord de ce petit Gave aux eaux cristallines, mes deux petites compagnes sautant de roche en roche, et moi, tout ému, me serrant craintivement contre ma conductrice !

Enfin, à la porte de la petite auberge de la montagne, je mettais pied à terre, surpris d'avoir occupé, sans encombre, pendant trois quarts d'heure, une position qui est si peu dans mes habitudes.

Nous sommes à l'entrée du *Cirque de Gavarnie !* c'est-à-dire que, d'après tous les voyageurs, nous avons devant nous le plus beau spectacle qu'ait produit la nature !

Nous restons longtemps émerveillés devant ce panorama que le soleil, en ce moment, éclaire dans tous ses détails ; la muraille qui en forme le contour a de 1,400 à 1,700 mètres de hauteur sur une longueur de 3,600 mètres ; dominant cette muraille et formant comme un fond de décor : les pics de l'*Astazou*, à gauche, à l'est, 3,080 mètres ; au sud-est, le *Marboré*, 3,253 mètres ; au sud, les *Tours de Marboré*, 3,118 mètres, et à l'ouest, le *Casque*, 3,006 mètres, la *Brèche* et la *Fausse Brèche ;* nous apercevons fort bien cette brèche faite par la *Durandal* de l'illustre *Rolland*, un jour de colère, et nous pensons à un vieil ami qui voudrait, à la tête du gouvernement, un sabre pour calmer les impatiences des anarchistes, possibilistes et agitatistes quelconques ; un sabre comme cette vigoureuse *Durandal* remplirait ce rôle à merveille.

Dans cette enceinte pourraient opérer facilement plusieurs centaines de *Buffalo*, et plusieurs milliers d'*Hippodrome* y trouveraient place ! La lumière électrique n'éclairait pas mieux cette dernière salle que le soleil n'éclaire cet immense hémicycle ; nous sommes éblouis par la réverbération de ses rayons sur la neige qui couvre cette longue muraille et les pics éternellement blancs qui la dominent.

Pendant que l'enragé Macquart, accompagné de quelques autres congressistes aussi vigoureux que lui-même, se précipitent à travers les moraines pour aller se rafraichir sous la chute d'eau pulvérisée qui tombe en cascade dans le fond à gauche, d'une hauteur de 422 mètres, je vais prendre le frais sous une voûte naturelle : les eaux du Gave, pour se faire un passage, minent à la longue ces amas de neige qui remplissent le cirque en hiver et forment ainsi un pont d'une solidité et d'une architecture à faire rêver les plus habiles ingénieurs officiels.

Tandis que je reviens, tout en sautant de roc en roc, j'entends une voix qui crie : « Ne bougez plus », et j'aperçois un amateur (M. James Jakson) qui braque sur moi son appareil photographique ; je prends aussitôt la posture d'un *Tartarin* vainqueur de la nature, et... étais-je au point ? suis-je réussi ? Voilà ce que j'espère et ce que je ne saurai que l'année prochaine.

Je retrouve sans peine mes deux compagnes et, avant de reprendre mon poste élevé, je jette un dernier coup d'œil sur le Cirque.

Mais, c'était certainement un rêve ! car il n'y a plus rien de ce qui, quelques minutes auparavant, nous émerveillait ! Le rideau était tombé et nous cachait les décors ! En effet, un épais brouillard était monté, rapide comme la pensée, du fond du Cirque au sommet des murailles, et la représentation était terminée !!!

Sans cette précaution prise par le régisseur intelligent, beaucoup d'entre nous se seraient abandonnés dans la contemplation, et ne seraient certainement pas revenus à Argelès pour jouir des enchantements qui nous y attendent.

Nous abandonnons avec regret, à trois heures, nos montures et Gavarnie, et nous quittons, au pont Napoléon, la route suivie le matin pour visiter le village de Saint-Sauveur que nous traversons au pas, sans arrêt.

Saint-Sauveur est perché sur une étroite et longue corniche limitée d'un côté par le ravin, de l'autre par les parois de la montagne.

La reine Hortense, en souvenir de son passage, y a fait élever deux colonnes.

Nous remarquons deux établissements de bains alimentés par deux sources dont les eaux sont éminemment diurétiques.

L'anémie et l'épuisement y sont soignés avec succès.

Après Saint-Sauveur, nous reprenons définitivement notre route et, après une course ininterrompue depuis Gavarnie, nous arrivons enfin à Argelès à sept heures.

Malgré les fatigues de cette grande journée, pas un congressiste ne manque au rendez-vous fixé à huit heures et demie au Casino, où la Société des Eaux et la municipalité ont organisé, en notre honneur, une splendide réception.

M. Cénac, maire et conseiller général, nous souhaite la bienvenue, et aussitôt les *Baladins de Saint-Savin*, en costumes moyen âge, entonnent avec un ensemble parfait, la *Cantate Argelésienne* suivante, dédiée aux membres du Congrès des sciences :

CANTATE ARGELÉSIENNE

Dédiée aux Membres du Congrès des Sciences par les « Baladins de Saint-Savin »

Salut, charmans moussus, yen nobla et distinguada !
    Bosta bouna arribada
    Quén sé coumbla d'aonou.
Salut é merci, moundé dé condition.

CHŒUR

Troupa distinguada,
Yén dé sciença et dé condition,
Bosta bouna arribada
Quén sé combla d'aònou
En nousté biey lengatyé,
Recébet nousté haoumatyé
    Viva la libertat !
    Viva l'égalitat !
    Sciença et fratérnitat !

DEUXIÈME SOLO

Q'abét entrépengut ùa pla loungua campagna
    Aòu cò de la mountagna,
    Ta biéné visita
La pittoresqua villa déou Labéda.

TROISIÈME SOLO

Las aygas d'Argelès, l'air pur de la mountagna,
    Lou repos en campagna
    Restauran la santat
Dés malaouts dét pays et de tout estat.

Ce chant exécuté par une trentaine de montagnards ne possédant aucune notion de musique, mais aidés par M. Jorly, le très dévoué et très aimé instituteur de *Saint-Savin*, par leur bonne volonté, leur goût musical naturel, et leurs voix puissantes et sonores, produit sur tous les auditeurs une profonde impression ; ce n'est plus de l'admiration, c'est de l'enthousiasme !

La cantate est immédiatement suivie de quelques pièces de vers écrites en patois bigourdan par M. Jorly, de chansons et de pastorales du célèbre poète local, Cyprien Despourrins.

Nous en donnons le texte et la traduction.

Entre chaque romance, les Baladins, quittant la scène, descendent dans le magnifique parc du Casino pour exécuter les anciennes danses montagnardes. Ces danses qui datent du moyen âge, ont certaines ressemblances avec celles des Cynghalais.

Voici, du reste, le programme de la soirée :

PROGRAMME

De la Soirée musicale et dansante donnée par la ville d'Argelès, avec le concours des « Baladins de Saint-Savin », en l'honneur du Congrès des Sciences, de passage dans la Contrée. (24 Septembre 1892).

Chants au Casino

1. *Cantate argelésienne,* dédiée aux Membres du Congrès des Sciences, par les Baladins de Saint-Sauveur.
2. Discours de M. le Maire d'Argelès.
3. *La Bergère* (Despourrins).

Café — Danses devant le Casino

4. *La Balade avec Aubade* (du moyen âge).
5. *Le Pantalon cadencé avec Bâton* (du moyen âge).

Punch (à la rentrée). — Chants au Casino

6. *L'Anesquette pergude* (Despourrins).
7. *Lo Haoüt sur les Mountagnas* (Despourrins).

Sortie — Danses devant le Casino

8. *Les Abricots de la Bigorre* (du xvie siècle).
9. *Le Rondeau montagnard* (du xviiie siècle).
10. *La Fricassée des Bergers* (du xive siècle).

Clôture — Chant au Kiosque

11. *Peuple et France* (morceau patriotique).

LES TROIS PASTEURS

Ou **LES TROIS FLEURS** (la Rose, le Muguet et l'Immortelle)

PATOIS BIGOURDAN

I

Très pastous à l'oumbréta
Qu'én asen ü bouquét ;
Lü qu'aymaba la rosa
Et laouté lou muguét.
You qu'aymé l'immourtéla
Qui brilla més qué tout ;
Qué né toustem fidéla.
A taou soun mas amous.

II

U bouquét de brioulétas
Qué tu m'abés en biat,
Diou daquéras manétas
Bou n'aben pla troussat !
Dabut courdounet dé séda
Et ua esplinguéta d'or,
Diou d'aquéras manétas
Qu'en balen ü trésor.

III

You quée ta dic, amiga,
U cap et nou pas mey
Qué las miés amourétas,
Nou finiran jamey.
Si abbos mété aresprobo
Nou démandé qu'aco ;
You nou ney pas parola,
Més qu'adéy tout aou co.

NOTA. — Il est à remarquer que la traduction française ne rend pas l'expression patoise qui fait le charme des poésies.

TRADUCTION FRANÇAISE NON RIMÉE

I

Trois bergers à l'ombrette
Faisaient un bouquet :
L'un aimait la rose,
L'autre le muguet.
Moi, j'aime l'immortelle
Qui brille plus que tout ;
Qui est toujours fidèle,
Ainsi sont mes amours.

II

Un bouquet de violettes
Que tu m'avais envoyé,
Dieu, que ces petites mains
L'avaient bien troussé,
Avec un cordonnet de soie
Et une épingle d'or.
Dieu, que ces petites mains
Valent un trésor.

III

Moi, je te dis, amie,
Une fois, et pas davantage,
Que mes amourettes
Ne finiront jamais.
Si tu veux me mettre à l'épreuve
Je ne demande que cela ;
Moi, je ne suis pas pour les paroles.
Mais, j'ai tout dans le cœur.

LA BERGÈRE

CYPRIEN

Bon t'esta, pastourete,
Las oülhes d'aci-noa ?
Nou se t'en bon boutya
   D'este coumete,
De tout l'on die de houé
   Nou‑s hès arré.

CALISTE

N'a-hen certes pas goayre,
Si‑n aqueste moument,
De cap acet estrem
   Courrem coum l'ayre,
Nou las podi bira
   Jamey ensa.

CHOR

Bon t'esta pastourete,
   Etc.

CYPRIEN

Digues-tu, pastourete,
Perqué m'has delexat ?
Si despuix l'an passat,
   Chère brunete,
Non‑n has poudut goarda
   Dap you bestia

CALISTE

Aco soun lous de casa
Qui‑m priben de bie aci,
Sous pene de mouri
   Me‑n han miassade,
D'en ha sortes d'amous
Sustout dapebous.

CHOR

Bon t'esta, pastourete,
   Etc.

CYPRIEN

D'aquere yent maüdite !
Quin priba de bie aci
Au clos de Saint-Sabï
　　Baou da ma bite,
　Pensant à mas amous,
　　Fondent eu plous.

CALISTE

Quoand passetz dap l'anihade
Catsüs acet tuquet,
　Haratz dap lou berret,
　　Bère acoulade
　Dirtz bèt ayroulet
　　Deüs qui sabets,

* * *

CYPRIEN

Tes brebis, bergerette,
Veulent-elles rester ?
Ou bien abandonner
　　La collinette.
　De les sortir d'ici,
　　N'as-tu souci ?

CALISTE

Non, certainement guère,
Puisqu'à chaque moment,
Elles vont s'échappant,
　Elles courent comme l'air,
Je ne puis les retourner
　Jamais de ce côté-ci.

CHŒUR

Tes brebis, bergerette,
　　Etc.

CYPRIEN

Dis-moi, pastourette,
Pourquoi m'as-tu quitté ?
Si depuis l'an passé.
  Chère brunette,
Tu n'as pu garder
  Ton troupeau.

CALISTE

Ce sont ceux de la maison
Qui m'ont privée de venir ici,
Sous peine de mourir,
  Ils m'ont menacée
De toute sorte de maux
  Surtout avec vous.

CHŒUR

Tes brebis, bergerette,
  Etc.

CYPRIEN

Oh ! maudites gens.
Mais j'irai dès demain
Au couvent Saint-Savin
  Vouer ma vie.
J'y pleurerai toujours
  Mes chères amours.

CALISTE

Du haut de l'éminence,
Quand vous m'apercevrez,
Du berret vous ferez
  La révérence
Et l'air que vous saurez
  Le chanterez.

L'ANESQUÈTE PERGUDE

I

De la plus charmante anesquète,
Pastous biénetz me counsoula,
Tantost pinnabe sus l'herbette
Are nou l'ey aü cuyalaa
  Quaonque héraon saubatye
  Bie de me l'enlheba
Ou dilhèu la boulatye
Hè ta sem ha cerca !

II

You l'am goardabi sus la prade
Pendent la secou de las flous,
You la-m hasi la mey bésiade
You la-m minyabi de poutous.
  Caresse nou-n-y-ha nade
  Que n'habousse aü courraü.
  Et coum la mey aymade
  A punhatz qu'abè saü.

III

Dé bèt troupèt de mas anesques
Aquère ben ère la flou ;
Lous qui bedèn sas laas ta fresques
Cribaden : oh ! l'hurous pastou
  Are be l'ey pergude,
  Bet man m'en sabera !
  Si bièn nou m'ey rendude.
  You mourirey doumaa !

IV

Anatz, moutous, à l'abenture
Imitaz l'infourtunat pastou,
Lou ceü pé douè méilhou pasture
Tietz lou saliè, tietz lou bastou,
  Pastous de la ribère,
  Per acets pratz embat,
  Si-m bedebetz l'anhére,
  Que la-m mietz aü cledat.

I

De la plus charmante agnelette,
Bergèrs, venez me consoler ;
Naguère, elle broutait l'herbette,
Je ne sais plus où la chercher,
    Quelque bête sauvage
    Vient de me l'enlever,
    Si ce n'est que la volage
    Ne se fasse chercher.

II

Je la gardais dans la prairie
Pendant la saison des fleurs,
C'était mon agnelle chérie
Je la mangeais de baisers.
    Pour elle mes tendresses,
    Pour elle mon pastel,
    Pour elle, avec caresses,
    A pleine main, le sel.

III

Du beau troupeau de mes agnelles.
Celle-là était la fleur,
Ceux qui voyaient sa fraîche laine
S'écriaient : l'heureux berger.
    Nullement. Je l'ai perdue,
    Oh ! vous, cruel destin,
    Quelle me soit rendue
    Ou je mourrai demain.

IV

Allez, moutons, à l'aventure,
Quittez l'infortuné berger,
Que Dieu vous donne autre pâture,
Voilà le bâton, le salier.
    Le long de la prairie,
    Bergers, si vous trouvez
    Une agnelle jolie,
    A moi seul la rendrez.

PASTOURÈLE

CYPRIEN

Dexpus que tu fréquentes
Les yentz de condition
Qu'has pres'u taa haut bol
   Que ma mayson
Nou-cy prou haute enta tu
   D'u cabirou.

CHOR

Là haüt sus las mountanhes
   U pastou malhurous,
Sedut au peè du haü
   Banhat en plous
Sounyabe aü cambiament
   De sas amous.

CYPRIEN

Encoère que sü praube
Dens moun petit estat,
Qu'ayme mey moun berret
   Tout espelat
Que nou pas lou plus bet
   Chapeü broudat.

CHOR

Coo leeüyé, coo boulatye !
   Disé l'infourtunat,
La tendresse et l'amou
   Qu'é you t'ey dat,
Soun aco lous rebutz
   Qu'ey méritat ?

CYPRIEN

Adiü coo de tigresse,
Pastoure sens amous ;
Cambia, be podès cambia
  De Serbidou
Jamey nou-n trabaras
  U tan coum you.

CHOR

La haüt sus la mountanhes
  U pastou malhurous
Sedut au peè du haü
  Banhat en pous.
Souhyabe aü cambiament
  De sas amous.

* *

CYPRIEN

Depuis que tu fréquentes
Les huppés du blason,
Tes airs sont si hautains
  Que ma maison
Est petite pour toi
  D'un grand chevron.

CHŒUR

Là-haut sur les montagnes
  Un berger désolé,
Au pied d'un hêtre assis,
  De pleurs baigné,
Rêvait à son amour
  Las ! dédaigné.

CYPRIEN

Sans titre ni richesse,
Dans ma médiocrité,
J'aime mieux mon berret,
  Quoique râpé,
Que le plus beau chapeau
  D'or chamarré.

CHŒUR

Cœur léger, cœur volage,
  Disait l'infortuné,
Est-ce là le mépris
  Qu'a mérité
Un amour si constant,
  Si dévoué ?

CYPRIEN

Adieu donc inhumaine,
Je te fuis sans retour.
D'amant tu peux changer,
  Oui, chaque jour,
Sans jamais retrouver
  Si tendre amour.

CHŒUR

Là-haut, sur les montagnes
  Un berger désolé,
Au pied d'un hêtre assis,
  De pleurs baigné,
Rêvait à son amour
  Las ! dédaigné.

PEUPLE ET FRANCE

I

Nos pères, sous la serpe d'or,
Coupaient le gui des plus vieux chênes,
Pour ceindre un front d'augure encor,
Le sang gaulois coule en nos veines.
Plus haut que le clairon bruyant,
Entendez notre coq qui chante ;
Devant lui les revers fuyant *(bis)*
Notre fanfare est triomphante.

CHŒUR

Les meilleurs grains sont aux sillons ;
C'est l'avenir *(bis)*, c'est l'espérance *(bis)*,
Peuple qui fait les légions *(bis)*
Protège de tes bataillons
    La France.

II

Le cœur s'anime et le front bout ;
Commençons le poème épique,
C'est le réveil ; allons, debout !
Place à l'élan patriotique !
Forgerons de la liberté,
Aux accents de la *Marseillaise*,
Donnez-nous la virilité, *(bis)*
Car c'est l'heure de la fournaise.

III

Qu'ils étaient beaux nos vieux tambours
De Sambre-et-Meuse et de Moselle ;
Battant le rappel des grands jours,

Comme alors la France était belle !
Que demain le même drapeau
De notre sang s'inonde.
Il surgira plus d'un Marceau *(bis)*
Pour labourer au bout du monde.

IV

Mais assez de sanglants sillons,
Le naseau du cheval écume
Soufflant la guerre ; nous voulons
Presser son mors sous notre plume.
Beaux-arts, industrie, labour,
Vous êtes la souveraine écorce.
Fleurissons donc quelqu'un toujours *(bis)*.
Notre union sera notre force.

TYROLIENNE DES PYRÉNÉES

Montagnes Pyrénées,
Vous êtes mes amours ;
Cabanes fortunées,
Vous me plairez toujours.
Rien n'est si beau que ma patrie,
Rien ne plaît tant à mon amie.
Oh ! montagnards ! oh ! montagnards !
Chantez en chœur, chantez en chœur
De mon pays, de mon pays,
La paix et le bonheur.

Laisse-là tes montagnes,
Disait un étranger ;
Suis-moi dans mes campagnes,
Viens, ne sois plus berger,
Jamais, jamais, quelle folie !
Je suis heureux de cette vie ;
J'ai ma ceinture et mon béret,
Mes chants joyeux, ma vie et mon châlet.

　　　　Sur la cime argentée
　　　　De ces pics orageux,
　　　　La nature domptée
　　　　Favorise nos jeux.
　　Vers les glaciers, d'un bond rapide,
　　J'atteins souvent l'ours intrépide,
　　Et sur les monts plus d'une fois
　　J'ai devancé la course du chamois.

　　　　Déjà dans la vallée
　　　　Tout est silencieux ;
　　　　La montagne voilée
　　　　Se dérobe à nos yeux.
　　On n'entend plus dans la nuit sombre
　　Que le torrent mugir dans l'ombre ;
　　Oh ! montagnards, chantez plus bas,
　　Thérèse dort, ne la réveillons pas.

　　　　　　　***

　C'est une soirée absolument féerique qui se termine par un chant patriotique en français : *Nos Pères sous la Serpe d'Or* ou *Peuple et France*, lequel chant exécuté dans un kiosque du parc, produit sur toute la foule des congressistes et des Argelésiens fraternellement mélangés un effet indescriptible.

　M. le Maire invite alors les Baladins à un lunch dans le casino où quelques Membres du Congrès les suivent. Pendant qu'invités par les Conseillers municipaux nous prenons quelques rafraîchissements, M. le Maire, sur notre demande, fait chanter par les montagnards la magnifique et populaire romance de *Montagnes Pyrénées, vous êtes mes Amours*, après laquelle le vieux tambourin préludant avec sa flûte à une polka, quelques dames congressistes acceptent, enchantées, l'invitation, l'une d'un *pasteur* avec sa besace sur le dos, l'autre d'un *vacher* au chef garni d'un immense bonnet de coton.

　On formait enfin pour accompagner le très honoré Maire à son domicile, un cortège composé en tête de Baladins, au centre de M. le Maire, des Conseillers municipaux et de quelques congressistes, et derrière les Argelésiens ; on chantait les chansonnettes des montagnes, et dans la grande rue, on réveillait avec la *Marseillaise*, tous les habitants surpris, et on se séparait sur la place de l'Hôtel-de-Ville après une dernière *Marseillaise* et une dernière *Montagnes Pyrénées* chantées par plus de trois cents voix.

Notre passage dans la ville d'Argelès, trop court pour que nous ayons pu apprécier suffisamment les charmes dont l'a gratifiée la nature, nous a laissé un regret, celui de ne pouvoir y venir souvent passer quelques jours.

Quatrième Journée

Le lendemain dimanche, à sept heures du matin, nous nous lançons sur la route suivie la veille jusqu'à Pierrefitte, et nous prenons la route de Cauterets.

Après de longs lacets, la route court en corniche autour de parois de rochers très escarpés.

Nous traversons un petit pont, dominé par un autre plus vieux, au-dessus duquel se trouvent des établissements métallurgiques qui traitent la galène.

A huit heures trente minutes, nous suivons le *Limaçon*, vaste circonvolution de la route ; nous ne pouvons nous lasser d'admirer les nombreuses cascades qu'alimentent le Gave ; au sud, devant nous, se dresse le *Péguère* (2.187 m.). De cette route originale et fort curieuse nous pouvons, pendant une demi-heure, voir au-dessus et au-dessous de nous toutes les voitures composant la caravane.

Nous remarquons que l'Ingénieur en chef des Ponts et Chaussées de cette route, comme du reste de celle de Gavarnie, ne doit être que simple chevalier de la Légion d'honneur, à en juger par l'état absolument parfait dans lequel se trouvent ces routes ainsi que leurs parapets : elles contrastent en effet étrangement avec celle qui relie les cols d'Aubisque et de Soulor.

A neuf heures trente minutes, nous approchons de Cauterêts ; une troupe à cheval de guides en veste bleue nous attend pour prendre la tête du cortège, et nous entrons en ville après avoir passé sous un magnifique arc-de-triomphe élevé par les habitants sans le concours de la municipalité qui, par suite d'un malentendu, brille par son absence ; mais la population de Cauterêts, par son charmant accueil, a bientôt détruit les effets de cette abstention.

Cauterets (925 mètres) possède 24 sources.

A l'ouest, se montre le *Mouné* (2.724 m.), au nord-ouest, le *Viscos* (2.141 m.), si l'on dépasse Cauterets, on aperçoit, au fond de la vallée, la cascade de *Lutour* et les pics de *Culaos* (2.812 m.), à gauche de la cascade, la *Barbe de Bouch* (2.948 m.), et l'*Ardiden* (2.988 m.).

Sans nous arrêter à Cauterets, nous montons à *la Raillère* (1.045 m.) où nous arrivons à dix heures ; c'est la plus célèbre des sources, et elle est précieuse surtout pour les maladies du larynx.

Pendant que quelques intrépides courent à la belle cascade du *Ceriset*, nous nous contentons de visiter les établissements thermaux dont nous dégustons les produits.

Nous descendons ensuite à Cauterets, et, en guise d'apéritif, nous nous plongeons dans les piscines de l'établissement des *Œufs*.

Puis, nous prenons place autour d'une splendide table, dans le grandiose *Hôtel d'Angleterre*, où le déjeuner, militairement servi, est agrémenté de chants et de danses par de nouveaux baladins.

Le docteur Duhourcau, organisateur de la réception à Cauterets, porte, au dessert, un toast d'adieu ; le docteur de Dekterew parle au nom des délégués étrangers ; M. Gariel donne rendez-vous aux congressistes pour l'an prochain à Besançon, et ces messieurs doivent, à tour de rôle, subir d'interminables applaudissements.

Après le déjeuner, nous consacrons une heure à la visite de la ville : de nombreux établissements de bains, les plus remarquables sont certainement les *Thermes de César* et *les Œufs*.

A la mairie, nous admirons le *relief des Pyrénées centrales* si savamment construit par M. Wallon.

A deux heures quinze minutes, nos voitures nous ramènent rapidement à Pierrefitte et nous les quittons à trois heures quarante-cinq minutes, pour nous rendre à Lourdes par la voie ferrée. Nous saluons, en passant, de houras frénétiques cette jolie petite ville d'*Argelès* dont nous aurons toujours à la mémoire, la cordiale hospitalité.

Nous voyons sur notre gauche, la vieille tour de *Vidalos*; nous défilons rapidement dans les communes de *Bôo-silken* et *Lugagnan*, et nous descendons enfin dans la célèbre ville de *Lourdes*.

Nous n'avons garde, naturellement, d'oublier de tremper nos membres fatigués dans les eaux miraculeuses de la fameuse grotte.

Deux mots sur Lourdes : M. Zola ayant jugé à propos d'y faire un séjour prolongé, nous nous étions promis d'y rester quelque temps ; mais à la vue des affiches en gros caractères *prenez garde à vos porte-monnaie* dont sont couverts les murs de la basilique, nous avons éprouvé une vive crainte d'être miraculeusement débarrassés de nos espèces, et nous avons résolu de visiter rapidement et avec précaution ces fameuses attractions qui font venir de tous les coins de l'univers des millions de pélerins ; nous avons donc remarqué la *grotte*, des *cierges* dont la grosseur égale celle des poteaux télégraphiques, la *boîte aux lettres* à destination de la Vierge, lettres dont le *dépouillement* exige une équipe de postiers spéciaux, les murs intérieurs des basiliques garnis d'*ex-voto* dont la lecture et seulement l'addition demanderaient plusieurs jours, et, de chaque côté du cœur, des *étalages d'épaulettes* et de *croix de la Légion d'Honneur !*

A ce propos, nous demanderons à M. le Ministre de la Guerre s'il n'est pas armé pour empêcher que des *Officiers supérieurs* fassent un aussi absurde usage de leurs décorations, et si, dans de semblables cas, ne s'impose pas la dégradation militaire, même *post mortem*.

QUELQUES AUTRES CHANTS PYRÉNÉENS

En publiant ce récit et ces poésies, je n'ai eu qu'une prétention, celle d'être agréable aux membres du Congrès de Pau qui ont eu la bonne fortune de faire comme moi l'inoubliable excursion finale.

J'ai donc fait en sorte de recueillir toutes les romances et poésies débitées à notre intention, et j'espère que les excursionnistes les reliront avec plaisir.

Mais je me suis souvenu que dans un voyage entrepris il y a quelques années dans l'autre extrémité de la chaîne pyrénéenne (Tarascon, l'Hospitalet, Bourg-Madame, Puycerda, etc.), j'avais été frappé de la naïve mélodie des romances chantées en famille, et j'ai conservé, dans mes cartons, quelques types de ces poésies. Je profite de la circonstance pour les exhumer et les offrir aux amateurs érudits qui pourront ainsi faire une comparaison entre les chants basques et les chants de l'Ariège.

LA CANSOU DES SEGADOUS

Ja n'eron très segadous
Qu'anabon sega en Espagno,
Le mes joubenot de tous
A tant debant que nanabo ;
Que pourtabo l'anel d'or
Et la faux suberdaurabo.

La seignouro d'aquel loc
Que s'en es enamourado.
Me l'emboyo cerca
Per uo de sas germanos.

LA GERMANO DE LA SEGNOURO
« Segadou, bel segadou,
La segnouro vous demano. »

LE SEGADOU
« E de tres que nou em nou
Saben pas lequel demano. »

LA GERMANO
« Le que porto l'anel d'or
Et la faux suberdorabo. »
Le segadou d'aquel pas
S'en ba trouba la seignouro.

LA SEGNOURO
« Segadou, bel segadou,
Segarios-me la cibado? »

LE SEGADOU
« Si, segnouro, ambe plase,
Ount la tenets semado?
Se l'abats en camp de Mars
Ou se n'es en terro plano? »

LA SEGNOUROU
« Segadou, bel segadou,
Quantos garbos n'as segados? »

LE SEGADOU
« N'ai fait dessept o desouet
Ambe la que teni encaro. »

LA SEGNOUROU
« Fe leou, fe leou, segadou,
Acabo la bintenado
Te far' uno soupo en croux
Que sira molt empebrade.
Segadou, bel segadou,
Tournaras uno auto annado? »

LE SEGADOU
« Si, segnouro, en boueno fe,
En gagnant double soldado. »

**

Ils étaient trois moissonneurs
Qui allaient moissonner en Espagne,
Le plus jeune de tous
Marchait devant ;
Il portait l'anneau d'or
Et la faux dorée.

La seigneure de cet endroit
S'en est énamourée.
Elle l'envoie chercher
Par une de ses servantes.

LA SERVANTE

« Moissonneur, beau moissonneur,
La seigneure vous demande. »

LE MOISSONNEUR

« Des trois que nous sommes,
Nous ne savons lequel elle demande. »

LA SERVANTE

« Celui qui porte l'anneau d'or
Et la faux dorée.
Le moissonneur de ce pas
S'en va trouver la seigneure ».

LA SEIGNEURE

« Moissonneur, beau moissonneur,
Me moissonnerais-tu l'avoine ? »

LE MOISSONNEUR

« Oui seigneure, avec plaisir,
Où l'avez-vous semée ?
Est-elle en champ de Mars
Ou bien en terre pleine ? »

LA SEIGNEURE

Moissonneur, beau moissonneur,
Combien de gerbes as-tu moissonnées. »

LE MOISSONNEUR

« Dix-sept ou dix-huit
Avec celle que je tiens encore. »

LA SEIGNEURE

« Hâte-toi, hâte-toi, moissonneur,
Achève la vingtième.
Je te ferai une soupe en croix,
Qui sera très poivrée.
Moissonneur, beau moissonneur,
Reviendras-tu une autre année ? »

LE MOISSONNEUR

« Oui, seigneure, en bonne foi,
En gagnant double solde. »

LA MIGO ABANDOUNADO

LE JOUBÉ

Migo, ount es estado
Touto aquesto brespado,
Que sios tant attardado ?
   O moun Diou !
Quant de larmos te costo
   Aquel adiou.

LA MIGO

Jou m'anei repausa
Sus un roc de mountagno.
Ploura la mio coumpagno,
   O moun Diou !
Quant de larmos me costo
   Aquel adiou !
Per un seulet plase
Jou soun abandounado.
   O moun Diou !
. . . .

Se tu n'eros estat,
Jou sirio maridado,
Jou sirio maridado,
    O moun Diou !
. . . .

Ah ! quel éloignement
D'une persouno aimado !
El es dins uo armado.
    O moun Diou !
. . . .

Se jou sabir boula,
Coumo la paloumado.
Fario uno boulado.
    O moun Diou !
. . . .

M'anario repausa
Dessus la seu espalo,
Si fa uo embrassado
    O moun Diou !
. . . .

***

LE JEUNE HOMME

Amie, où as-tu été,
Toute cette après-midi,
Que tu te soies tant attardée ?
   O mon Dieu !
Que de larmes te coûte
   Cet adieu !

L'AMIE

J'ai été me reposer
Sur un rocher de la montagne,
Pour pleurer ma compagne
   O mon Dieu !
Que de larmes me coûte
   Cet adieu !
Pour un seulet plaisir,
Je suis abandonnée,
Je suis abandonnée.
   O mon Dieu !
. . . .

Si tu n'avais pas existé,
Je serais mariée,
Je serais mariée.
    O mon Dieu !
. . . .

Ah ! quel éloignement
D'une personne aimée !
Il est dans une armée.
    O mon Dieu !
. . . .

Si je savais voler
Comme la palombe,
Je ferais une volée.
    O mon Dieu !
. . . .

J'irais me poser
Sur son épaule,
Je lui ferais une embrassée.
    O mon Dieu !
. . . .

LE ROUSSIGNOULET

Roussignoulet, que bas et bies,
Que passos de Franso en Espagno,
Aurios pas bist ou counegut,
U aimat que n'ai en Franso ?
Oui, je l'ai bist e counegut ;

Belo, de bous s'arrecommado,
Que debets cercat u aimat,
Car uo aimado s'a cercado.
Oh ! mal ajo que preso l'a !
Oh ! mal ajo que si l'a dodo !

Alta belo coumo jou soun,
Per uo auto m'ajo quitado !
Jou soun la stelo del dio,
Jou soun mes belo que l'albo ;
Jou fa flouri la roumani,

E fa grana la majourada.
O tu, qu'abio tant aimat,
E que m'as abandounado,
Que sios pla hurous, aimat,
Al-delà de la mountagno !

※※

Rossignolet, qui vas et viens,
Qui passes de France en Espagne,
N'aurais-tu pas vu ou connu
Un amant que j'ai en France ?
Oui, je l'ai vu et connu ;

Belle, à vous, il se recommande,
Vous devez chercher un amant,
Car il s'est cherché une amante.
Oh ! soit maudite celle qui me l'a pris !
Oh ! soit maudit celui qui la lui a donnée !

Se peut-il que belle comme je suis,
Pour une autre il m'ait quittée !
Je suis l'étoile du jour,
Je suis plus belle que l'aube ;
Je fais fleurir le romarin,

Je fais grainer la marjolaine.
O toi, que j'avais tant aimé,
Et qui m'as abandonnée,
Sois très heureux, aimé,
Au-delà de la montagne !

MÉ CAL MOURI

Romance chantée par l'auteur à l'Académie des Jeux floraux (Toulouse) et couronnée de succès.

(Paroles et Musique de Jacques Jasmin, d'Agen).

‖ᴾ 0 0 0 3 3 . 4 | 5 . 1̇ 1̇ 1̇ 7 1̇ | 2̇ . 1̇ 7 6 1̇ . 6 ‖
Déjà la ney encrumis la na - tu - ro. Tout es tran-

‖ 5 . 5 4 . 4 5 . 4 | 3 . 0 5 5 5 | 4♯ . 6 6 6 7 . 1̇ ‖
quillé et tout cargo lou dol. Din lou clou ché la breza-go mur-

‖ 1̇ . 7 0 6 7 1̇ | 2̇ 3̇ . 2̇ 2̇ 1̇ s 1̇ 6 | 5 . 0 5 6 . 5 ‖
muro. Et lou ti - quet succè- do al rossi - gnol. Del mal, hé-

‖ 5 . 7 2̇ 7 5 . 4 | 4 . 3 0 5 6 . 7 | 1̇ 1̇ . 1̇ 3♭ 4♯ 4♯ ‖
las! bé-bi jusqu'à la ligo. Moun cò gé mis sans espouèr déga-

‖ 5̇ . 0 3 3 4 | 5 1̇ . 7 2 . 1̇ 3 . 2̇ | 4̇ . 3̇ 2̇ 1̇ 7 6 ‖
ri Plus dé boun hur ey perdut... moun a mi... go mé cal mou

‖ 5 . 5 4 6 . 5 | 3 . 0 3 3 4 | 5 1̇ . 7 2̇ . 1̇ 3 . 2̇ ‖
ri, mé cal mou ri. Plus dé boun hur ey perdut... moun a

‖ 4̇ . 3̇ 2̇ 1̇ 7 6 | 5 7 . 6 5 4♯ 4 . 2 | 1̇ . 0 0 ‖
mi... go me cal mou ri... Mé cal... mou ri.

Luno d'amour précipito ta courso
Et disparey, car mé fas trop dé mal :
Dé moun bonhur nou sés plus la ressourço
Dé moun bonhur nou sés plus lou signal.
Dé ta clartat la douçou mé fatiguo ;
El mé rappèllo un trot dous soubéni ;
Luno, plano mé, car lèn dé moun amigo.
  Jou baou mouri (*bis*).

Aourès flourits amistouzo hiroundelo.
N'annonnças plus lou rétour del printem,
Dédin tous prats poulido pimparelo,
Moun cò n'es plus dim lou rabissomén,
Res aci-bas, nou res plus nou mé ligo ;
La mort! la mort! tal es moun abéni :
Sey malhurous, ey perdut moun amigo,
  Mé cal mouri (*bis*).

Mijoney sono ; ah! senti din mas benos
Dambé plazo coula lou glas martel ;
Enfin moun cò libré dé sas cadénos,
Boy dèbala din la ney del tombel.
Moun el fehlis.., ma forco m'amatigo...
Astre de ney qui té ser de luzi?
Animes tout, et lin de moun amigo,
  Jou baou mouri *(bis)*.

LA CAOUQUILLA

(*Air Counougueut*)

I

Per vou faïdé choui,
Anan vou beufa l'air dé la Caouquilla ;
 Bavaés dé pleisi,
Car en fait dé can es nostra partiya.
 Per nestré pagamen,
Sé sien ben anas, qué ségués countens,
 Gardaès vostré archen
Mais nous couvriès d'applaoudissaments.   } *bis.*

II

Dé la Caouquilla sien
Lous vaillans souldas é lous fins cantaïdés,
Toutès bons meusiciens
E enréchissen lous apouticaïdès,
Aïmant de s'ameusa,
Dé ryé, saouta é faïdé la rounda.
E sien per arriva
A la fin daou moundé sans sé chagrina. } *bis.*

III

Sé quiquon vou présis.
Pouven vou fourni aou prix de fabriqua ;
D'enguent rouché ou gris,
(Vous avertissen pas per la couliqua)
Savés qu'en caouquilleur
Sans trop lou flatta, car sien pas blagueurs.
Es la granda terreur
D'aquélés cheynans, pichos vouyacheurs. } *bis.*

IV

Sans faïdé trop dé maou
Déraban las dens aou « Club la Caouquilla »
Surtout sés eun caïsaou
Qué fagué souffri euna chouïna filla,
Qué vengué nous trouva
Mémé sans archen, fasen pas paga,
Sans la faïdé ploua
Lé garantissen dé lou déraba. } *bis.*

V

Vèsès qué francamen
Sien dé bons garçous pas michans daou resté,
Nostré gouvernamen
S'éa cheusté qué séguessé hounesté,
Per naoutrés counstruiyé
Eun charmant oustaou qué nou léguayé,
Coum'inscripsioun l'oyé,
Aïsi l'a l'Hôtel daou Grand Caouquillé. } *bis.*

(Ces deux dernières chansons sont de l'Hérault).

Pour finir, je ne saurais mieux faire que de donner ici *La Toulousaine*, chant national du Midi, chanté dans les régiments par des chœurs composés de 60 à 80 voix choisies parmi les plus puissantes.

LA TOULOUSAINE

Chant Languedocien

Paroles de Lucien Mengaud. — Musique de Louis Deffrès

I

Que you soun fier de tas académios
Des mounumens qu'ornon nostro citat,
De toun rénoum et de tas pouésios,
Et de toun cant despey lountens citat;
Aymi tabes nostro lengo gascouno.
Que tant nous douno que tant nous douno de gayetat!

II

Oh qu'ay mi pla de tas brunos grisettos
Le tin flourit, le sourire malin,
Lour pel lusen, lours poulidos manètos,
Lours poulits pés et lour régard taquin.
En las besen moun cor se rébis colo,
Et pey s'embolo, et pey s'embolo tout moun chagrin.

III

A tous entours l'herbo semblo plu fresquo,
Le parpaillol a maytos de coulous,
Tous fruits y soun douces coumo la bresquo,
Et tous pradels sount claousidis de flous;
De tous bousquets you récerqui l'ombratge
Et le ramatge et le ramatge des aouselous.

IV

De tous guerries doun la noblo benjenço
Fasquec pléga le frount des sarrazins.
De ta fierta et de l'indépendenço
Qué dé tout tens regnèe dis le pays.
Oh ! soun pla fier de ma bilo tant bélo
Que tant rappélo que tant rappélo de soubenis.

I

Que je suis fier de tes académies
Des monuments ornant notre cité,
De ton renom et de tes poésies,
Et de ton chant depuis longtemps cité !
Oh ! j'aime aussi notre langue gasconne
Qui toujours donne, qui toujours donne franche gaîté.

II

J'aime surtout de tes brunes grisettes
Le teint fleuri, le sourire malin,
Leurs beaux cheveux, leurs mains si gentillettes,
Leurs pieds mignons, puis leur regard taquin !
Quand je les vois, mon âme se console,
Alors s'envole, alors s'envole tout mon chagrin.

III

Sous ton beau ciel les fleurs sont plus vermeilles,
Les papillons ont plus belles couleurs,
Les fruits plus doux que le miel des abeilles,
Et tous les prés sont émaillés de fleurs :
Dans tes bosquets on entend sous l'ombrage
Tendre ramage, tendre ramage sons enchanteurs.

IV

Gloire aux guerriers dont la noble vaillance,
Faisait courber le front du sarrazin.
Soyons jaloux de cette indépendance.
Que de tout temps aima le Toulousain.
Oui, je suis fier de ma ville si belle,
Qui me rappelle, qui me rappelle nos grands destins.

II

A PROPOS

DES

CONGRÈS

DE

BESANÇON & DE CAEN

À PROPOS

DES

COMICES

DE

BEUQUON près CAEN

HUIT JOURS
EN
SUISSE

HUIT JOURS EN SUISSE

Préface

Tous les ans, à la belle saison, plusieurs centaines de milliers de touristes de toutes nationalités visitent la Suisse ; c'est certainement la contrée du monde envers laquelle la nature a été le plus prodigue : des panoramas changeant à tous les instants, des sites verdoyants, des roches escarpées, une étonnante végétation même dans des endroits abrupts, des multitudes de torrents, de cascades, de lacs, de glaciers, etc., etc., constituent un tout d'un charme et d'un attrait irrésistibles. Quiconque a passé quelques jours en Suisse n'a plus qu'un but : y retourner pour un temps plus long !

Une autre *great attraction*, c'est cette facilité pour les excursions que recherchent les Suisses ; ils n'hésitent pas à exécuter les travaux les plus difficultueux, les plus hardis, pour permettre l'ascension de leurs montagnes les plus inaccessibles : des chemins de fer à crémaillère et des funiculaires, incroyables pour ceux qui ne s'en sont pas servis comme moyen de locomotion, sont établis dans tous les centres intéressants de la Suisse et permettent de faire en quelques heures des excursions pour lesquelles il fallait plusieurs journées ; c'est grâce à ces gigantesques travaux que nous avons pu, en huit jours, faire la magnifique excursion, objet de ce récit.

Que ceux qui n'ont jamais eu la possibilité de visiter la

Suisse suivent notre voyage intégralement, quand bien même ils auraient quinze jours à leur disposition ; il n'est pas nécessaire qu'ils agrandissent ce champ d'exploration ; il est assez vaste, et, en séjournant un peu plus longtemps dans ces jolis sites, dont nous étions obligés de nous arracher trop vite à cause de notre temps limité, ils feront preuve de sagesse et n'auront qu'à me remercier de ce conseil ; ce sera ma récompense !

Mon bonheur sera complet, si, parmi ceux qui me liront, il s'en trouve qui aient déjà parcouru notre itinéraire ; j'espère que mon récit leur rappellera quelques belles heures de leur existence, et qu'ils m'en sauront gré.

Avant-Propos

Pendant la brillante soirée offerte à l'Hôtel de Ville de Besançon le jeudi 3 août 1893, à l'occasion de l'ouverture du Congrès de l'Association Française pour l'avancement des Sciences, je fais la connaissance d'un célèbre *Pomologiste* (je veux dire grand agronome) d'Evreux, dans lequel une conversation ardente et animée me fait trouver un touriste endurci. Il me fait part de son intention formelle de profiter de son passage auprès des frontières de la Suisse pour faire dans l'intérieur de ce féerique pays une tournée de plusieurs jours. Il désire trouver quelques compagnons de route, et je m'inscris ferme, sans plus de réflexion. Je m'abandonne complètement à lui pour le tracé de l'itinéraire à suivre, et il est entendu que, le jour du départ, il nous soumettra son programme que, pour mon compte, je m'engage à observer consciencieusement.

Quelques jours après, il m'apprend qu'il a décidé un de ses compatriotes, chimiste distingué, à faire avec nous ce petit voyage.

Le lundi suivant, nous partons, avec deux cents congressistes, de Besançon, pour visiter Belfort.

Résolus à franchir la frontière dès le lendemain matin, nous laissons, après cette belle journée, nos amis rentrer à Besançon, et nous passons la soirée à Belfort en donnant *le dernier coup* à notre programme.

Nous avons en plus, avec nous, un joyeux compagnon, avocat de Bordeaux, qui s'intéresse beaucoup à nos projets ; il est décidé, lui aussi, à partir dès le lendemain matin pour suivre un itinéraire qu'il a étudié, mais qu'il n'a pas encore arrêté définitivement.

Première Journée

BALE — ZURICH

Donc le lendemain, nous prenons le premier train à destination de Bâle. Chemin faisant, notre bonne humeur décide notre avocat à copier son itinéraire sur le nôtre, et à passer avec nous le plus grand nombre possible de jours.

Nous sommes bientôt à *Delle*, dernière station du réseau de l'Est, et, quelques minutes après, nous quittons la France.

La première station Suisse est *Porrentruy*, où se trouve un ancien château qui, autrefois, servait de résidence aux évêques de Bâle.

De *Porrentruy* à *Delémont*, nous franchissons plusieurs tunnels dont l'un a 2,900 mètres. Après Delémont, nous descendons la pittoresque vallée de la *Birse* que nous traversons plusieurs fois, ainsi que quelques tunnels à la sortie desquels le paysage nous paraît toujours différent ; mais ce que nous ne nous lassons pas d'admirer, ce sont ces inimitables verdures qui s'étendent du fond de la vallée jusqu'au sommet des montagnes ; c'est d'une fraîcheur et d'une poésie à inspirer *les plus naturalistes*, et il est difficile de ne pas lancer à maintes reprises cette exclamation : on en mangerait !

Nous voyons, en passant, le pont restauré de *Mœnschestein*, célèbre depuis une récente et grosse catastrophe ; nous franchissons une dernière fois la Birse, affluent du Rhin, et nous descendons dans la gare centrale de Bâle, rive gauche du Rhin.

Bâle (Basel, en allemand), est la capitale du canton du même nom ; c'est une ville protestante de 80,000 habitants, située dans une vaste plaine entourée de collines et de montagnes : elle est divisée par le Rhin en deux parties : *le Grand et le Petit Bâle*.

En sortant de la gare, dont la façade est fort gracieuse, nous avons en face de nous une immense place en forme d'avenue, avec de splendides hôtels à droite et à gauche ; nous suivons la promenade *Aeschen-Graben*, bordée à droite par des maisons avec grilles, et à gauche, par des jardins-squares.

Bientôt nous sommes sur la *place du marché (Markt Platz)*, où nous remarquons à droite *l'Hôtel de Ville*, monument gothique avec fresques et grilles antiques. Nous trouvons bientôt la rue *Eisen-Gasse* qui nous conduit directement au *vieux Pont* du Rhin.

De ce vieux Pont, qui relie Bâle au petit Bâle, nous voyons les deux nouveaux ponts : *le pont Wettstein*, en fer, en amont, et *le pont Saint-Jean*, en aval.

Au milieu du vieux pont, nous nous arrêtons quelques instants devant une tourelle gothique en grès rouge avec thermomètre et baromètre, à gauche, et une chapelle avec tuiles bariolées, à droite.

Au bout du pont, à droite, se trouve *le Café National*, de la terrasse duquel nous avons une vue splendide sur le Rhin et le vieux Bâle que nous venons de quitter : à gauche, la *Cathédrale* avec ses flèches rouges et élancées ; à droite, *l'Hôtel des Trois-Rois*, les pieds dans le fleuve, et, entre ces deux points, toute une façade de constructions anciennes superposées et formant un imposant fond de décor.

Un artiste peut, sans se lasser, rester plusieurs jours en contemplation devant cet original tableau.

Nous repassons le pont, et par une petite rue montante, dans laquelle se trouve le *Museum*, nous arrivons en quelques minutes *place de l'Eglise (Münster-Platz)*, où se trouve la *Cathédrale*.

Cette cathédrale, élégamment construite en grès rouge, est très curieuse.

Au-dessus du portail, on remarque la statue équestre d'un chevalier, armé de toutes pièces, qui enfonce sa longue pique dans la gueule béante d'un dragon ailé. Mais le dragon est si malingre, et le cavalier, avec son coursier, si massifs, que nous ne pouvons nous dispenser de faire nos réflexions.

« C'est l'illustre Don Quichotte, dit l'un... »

« Il le tue ? dit le Bordelais (Parisien de naissance), allons donc ! il lui donne la becquée ! »

Mais cette église est remarquable, surtout à cause de ses annexes : les *Cloîtres*, remplis de mausolées et d'inscriptions funéraires, et la *Terrasse* (*Pfaltz*), plantée de marronniers et d'où l'on jouit d'une vue magnifique sur le petit Bâle et sur le Rhin qui coule à pic.

C'est du haut de cette terrasse que les Bâlois, pendant la Révolution religieuse, précipitèrent dans le Rhin le Nonce qui les gênait dans leurs excès.

En descendant de la place de la cathédrale nous rencontrons *le monument de Saint-Jacques*, en marbre blanc, élevé, en 1872, en souvenir de la lutte héroïque que les Suisses soutinrent contre les Armagnacs, commandés par le Dauphin de France (Louis XI).

Ce monument représente l'Helvétie couronnant ses enfants vaincus. On y lit cette inscription : *nos âmes à Dieu, nos corps à l'ennemi.*

Dans un de ces combats acharnés, corps à corps, livrés sous les murs de Bâle, les Armagnacs, vainqueurs, dix fois plus nombreux, malgré leur victoire chèrement achetée, durent reculer sous peine de disparaître sous les coups des vaincus.

Les Suisses arrachaient de leurs corps les flèches ensanglantées pour les lancer contre leurs ennemis, et quoique mutilés, ne mouraient pas sans se venger de ceux dont ils avaient reçu le coup mortel.

Quatre Armagnacs s'acharnent sur un homme de Schwyts, le piétinent, tout en le transperçant de part en part ; un compagnon du malheureux saisit une hache, fond sur eux, en tue deux, et, pendant que les autres prennent la fuite, il emporte au loin sur ses épaules le corps sanglant de son ami.

Par ce fait, on peut juger de l'acharnement apporté dans ces combats.

Après une visite sommaire à l'église moderne de *Sainte-Elisabeth*, qui n'offre rien de particulier, nous prenons quelque repos dans l'immense et magnifique salle du *Casino*, et, suivant de magnifiques avenues, bordées de verdoyants squares, nous rentrons à la gare centrale d'où nous allons nous diriger sur Zurich.

Vers cinq heures, nous descendons dans la gare nouvelle de *Zurich* ; c'est un splendide monument, d'un style très élégant, et de colossales dimensions ; à peine sortis, nous ne pouvons pas ne pas nous arrêter au milieu de cette belle place de la Gare, entourée de magnifiques hôtels, luxueux magasins, le tout d'architecture moderne. Le mouvement considérable de tramways, voitures de place et piétons, nous rappelle l'activité des abords de nos grandes gares de Paris ; mais nous n'en possédons pas une seule en France avec un tel décor.

Sur le milieu de la place, nous voyons un monument artistique élevé récemment en l'honneur d'*Alfred Escher*, qui s'est rendu célèbre par ses travaux sur les chemins de fer.

Perpendiculairement au milieu de la façade de la gare, nous voyons aboutir un splendide boulevard, et, nous dirigeant de ce côté, nous sommes assez heureux pour trouver des chambres à l'hôtel du Saint-Gothard ; c'est la *rue de la Gare* (*Bahnhof-Strasse*), bordée de magnifiques maisons avec de larges trottoirs en asphalte.

Zurich, qui possède 90,000 habitants environ, est bâtie sur *la Limmat*, qui sort du lac de Zurich, et partage la ville en deux parties.

En sortant de l'hôtel, nous traversons de nouveau la place de la gare, et, tournant à droite, nous sommes sur le *pont de la Limmat*, que nous franchissons pour prendre place dans le funiculaire dont l'entrée est sur le quai, à côté de l'*hôtel Limmathof* ; quelques minutes après, nous sommes devant le *Polytechnicum*, c'est-à-dire dans le quartier latin de Zurich.

Cette *Ecole polytechnique*, dont la construction date de 1864, est le plus bel édifice de la Ville ; en face, nous voyons l'*hôpital cantonal (Spital)* ; un peu plus loin, le *Laboratoire* et le bâtiment des sections de chimie et de physique ; au-dessus l'*Observatoire*, à peine achevé, entouré de magnifiques terrasses et jardins.

De ce point, la vue est très étendue : le *Lac*, la chaîne de l'*Albis*, l'*Uetliberg* ; à gauche, comme fond du tableau, la chaîne des Hautes-Alpes.

Poursuivant notre promenade, nous descendons, à travers d'innombrables rues étroites, commerçantes, de population dense, le vieux Zurich. Nous accordons quelques minutes à la Vieille cathédrale fondée, paraît-il, par Charlemagne, et nous nous trouvons bientôt sur le *quai de la Limmat*. Ici, des hôtels splendides à profusion ; plus loin le quai s'élargit, et nous nous trouvons dans des squares élégants, rendez-vous des oisifs ; nous passons devant la salle du congrès des socialistes, et, au dessus de la porte, nous lisons cette inscription :

INTERNATIONALER SOCIALISTICHER

ARBEITER CONGRESS

Ce congrès est en pleine activité.

Derrière se trouve l'exposition des Arts Italiens, qui, paraît-il, n'a guère réussi, mais, dans l'enceinte de laquelle nous irons, le soir, entendre de la bonne musique.

Ensuite, belle place et nouveau *théâtre* ou plutôt *Palais de l'Opéra*, presque achevé.

Mais l'heure s'avance ; nous traversons la Limmat et nous retrouvons bientôt notre Bahnof-Strasse que nous remontons dans la direction de notre hôtel, en laissant à gauche, la *poste et le télégraphe*, et à droite, l'*Eglise catholique des Augustins*, et l'*église Saint-Pierre*, facile à reconnaître à son horloge et à sa grosse tour.

Nous nous arrêtons longuement devant les étalages de ces beaux magasins de la rue de la Gare ; nous cherchons à lire les enseignes interminables de plusieurs d'entre eux, et ce n'est qu'en réagissant vigoureusement que nous ne nous endormons pas en lisant, devant le magasin d'un *apotheke,* des réclames dans le genre de celles-ci :

Kazbolquecksilberguttaperchpfnalsternul,

médicament pour la cicatrisation des blessures, ou

Manotrichloracethyledirnethylpemylprayalon !

ce qui indique une substance chimique destinée à provoquer le sommeil !!! Quel succès doit avoir cette substance !

Voici un autre mot qui probablement tient le record :

Juragebirgsgewœsserkorrectionsvorbereitungsgsgesellschaftskom-
missionsbevollmœchtiger,

ce qui signifie : « Chargé de pouvoir de la commission de la Compagnie pour la préparation des travaux de correction des eaux des montagnes du Jura ».

Ce déchiffrage ne satisfait que médiocrement nos estomacs qui ont, nous insinuent-ils, d'autres besoins... que nous allons incontinent satisfaire.

Zurich, par son rapide développement, par le luxe de ses constructions, montre ce que peut faire l'union de la science et de l'industrie. Son activité commerciale et ses nombreux et excellents établissements d'instruction lui ont fait donner le surnom d'*Athènes de la Limmat*.

La physionomie des habitants de cette contrée, comme du reste, de presque toute la Suisse, respirent l'honnêteté ;

on trouve encore le respect de la foi jurée, qui hélas! est bien négligé parmi nous.

Quand un jeune homme et une jeune fille sont fiancés, ils ont aussitôt la liberté de se voir seuls et de sortir ensemble sans qu'on y prenne garde ; il n'y a pas d'exemple que la confiance des parents ait été trompée.

Nous sommes bien loin de mériter une pareille confiance ; c'est, sans doute, affaire de tempérament !

Deuxième Journée

LA CHUTE DU RHIN — LUCERNE

Disposant d'un petit nombre de journées, le but de notre voyage est d'en consacrer la plus grande partie à la visite des glaciers de l'Oberland Bernois ; cependant il n'est pas possible que nous ne dépensions pas quelques heures pour nous rendre jusqu'à la chute du Rhin.

Nous savons, à n'en pas douter, que nous ne trouverons jamais, dans le cours de notre existence, l'occasion d'aller nous extasier devant le *Niagara américain* ; profitons donc de celle qui se présente pour aller admirer le *Niagara européen*, à deux petites heures de Zurich !

Nous partons à sept heures du matin pour *Dachsen*, où nous trouvons un omnibus qui, par une route bordée de vignes en pleine vigueur, nous conduit en moins d'une demi-heure au *château de Laüfen* ; nous traversons plusieurs magasins de photographies, de peintures, de bibelots de toute nature, et nous sommes sur la terrasse du château d'où nous dominons la chute du Rhin. C'est un spectacle inoubliable en même temps qu'étourdissant !

La chute a 120 mètres de largeur et 20 mètres de hauteur.

Au milieu de la cataracte, quatre grands rochers dont le plus élevé porte un pavillon environné d'arbustes et de plantes. Le plus voisin de la rive gauche, la nôtre, est percé par les eaux, et de ce trou dont le percement a exigé des siècles, s'échappe un jet formidable.

Nous descendons le sentier tortueux qui mène au pied de la cascade ; par des galeries creusées dans le roc, des échafaudages en bois, des ponts en fonte, nous arrivons sous la chute ; chaque issue sur les eaux est aménagée pour offrir un point de vue toujours nouveau. Souvent une vague précipitée avec plus de furie nous inonde, et il est prudent de se garantir d'un imperméable, offert du reste, dans un cabinet spécialement installé dans ce sentier.

L'oreille s'habitue aux sourds mugissements des eaux ; on respire, avec un bonheur qui va grandissant, cet air imprégné d'eau fraîche pulvérisée, et on ne quitte qu'avec regret ce site enchanteur.

On raconte qu'un poète allemand, M. Baggesen, a tenté de se décharger du poids de l'existence dans les eaux de la cataracte. Mais il avait si bien calculé son temps que des bateliers se trouvèrent juste à point pour le repêcher.

Il a dû changer d'habits, mais il y a gagné, l'honneur de l'aventure, et ses admirateurs ont eu le plaisir de lire les vers magnifiques qui lui furent inspirés par ce *saut périlleux*.

La chute du Rhin a été mise à toutes les sauces par ses admirateurs artistes : en musique, en vers et même en terre cuite ; un potier a modelé la chute avec ses alentours, et rendait l'illusion complète en y vidant une carafe ; l'eau s'engouffrait dans les rochers et en ressortait en écume et en vapeur.

Cependant, nous reprenons la route de vignes déjà suivie et, en attendant le train de Zurich, nous déjeunons à la gare de Dachsen, fort bien aménagée pour la *restauration*.

De Zurich, le train se dirige vers *Altstœtten*, passe derrière la chaîne de l'*Uetliberg*, à travers les fertiles campagnes du district de *Knonau* ; nous apercevons l'hôtel de l'*Uto-Kulm*, sommet de l'Uetliberg, et nous sommes bientôt à

Zoug (Zug), dont un des faubourgs fut englouti dans les eaux en 1887.

Quelques instants après, nous sommes à *Rothkreuz*, bifurcation pour la ligne directe de *Chiasso-Italie* ; nous traversons *Gisikon*, et *Ebikon*, et après avoir longé le *Rothsee*, petit lac désert, nous entrons dans la ville de *Lucerne*.

En sortant de la vieille gare, à laquelle bientôt succèdera un monument dont l'architecture rivalisera certainement avec celle de la gare de Zurich, nous nous trouvons immédiatement en face, sur un joli pont moderne. Jetant les yeux à droite, nous apercevons, au-delà du lac, et au-dessus d'une longue promenade ombragée, un alignement à l'infini de splendides hôtels aux terrasses artistement fleuries ; à gauche, la vieille ville dont les maisons à pignons et à galeries de bois suspendues, les pieds dans la *Reuss*, rappellent *Venise, la vraie et belle*, ou *Amsterdam, la Venise du Nord* ; au-dessus du tout, à droite et à gauche, des collines fraîches et vertes, où, dans les buissons de fleurs et de roses, se cachent de magnifiques villas.

Ce brillant ensemble fait oublier aux plus actifs amateurs d'antiquités l'origine de Lucerne : un simple et unique couvent sur les bords du lac.

La visite de Lucerne n'est pas de longue durée en ce qui concerne les curiosités dues aux mains des hommes ; à gauche du pont neuf, le *vieux pont de bois*, sur la *Reuss*, avec ses nombreuses et anciennes peintures ; plus loin, un autre *vieux pont*, même style ; dans la vieille ville, l'*église Saint-Léger*, avec ses autels latéraux et son *Campo-Santo*, qui rappelle les cimetières italiens ; le *musée de l'hôtel de ville*, avec ses riches vitraux, les étendards tachés de sang des guerres de Bourgogne, et le drapeau dans lequel le vieux Goldoldingen s'enveloppa pour mourir, comme dans un linceul de gloire, en recommandant à ses concitoyens de ne jamais élire leurs magistrats pour plus d'une année.

Dans le quartier neuf, plusieurs visites s'imposent : le fameux *Lion de Torwaldsen*, bien plus impressionnant que celui de Belfort ; le *glacier* et le *Panorama*, rappelant l'arrivée en Suisse de l'armée de Bourbaki, et qu'aucun Français ne pourra voir sans une vive émotion.

Revenant sur les quais du bord du lac, limpide et bleu, le plus beau du monde, vous avez, devant vous les pics neigeux d'*Uri*, à gauche, le *Righi*, à droite, le *Pilate* dont le bonnet de nuages presque permanents sert de baromètre.

Mais nous n'avons pas, comme des milliers de mortels heureux, le loisir de faire un long séjour à Lucerne et nous décidons de faire immédiatement l'ascension d'une des collines qui encadrent la ville pour jouir du panorama d'ensemble ; nous avisons à l'extrémité ouest une tour élancée, au pied de laquelle nous distinguons une terrasse qui nous paraît aménagée de façon à découvrir sur une vaste étendue les magnificences de cette contrée ; c'est le *Gütsch*, auquel donne accès un petit *chemin de fer funiculaire*.

Par la *Pfistergasse*, et en passant devant la *Caserne*, nous sommes en dix minutes à la gare de ce funiculaire, qui, en deux minutes et demie, nous transporte sur la terrasse du *Gütsch*.

Cette voie ferrée minuscule a 167 mètres de long, mais possède une pente légèrement vertigineuse de 53 pour cent.

De la terrasse, tout en prenant notre apéritif, nous avons, ce que nous supposions avec raison, la vue d'un panorama d'une rare étendue : d'abord, la *Ville* et son *vieux mur d'enceinte* flanqué de tours ; la *Reuss*, rapide, le *Lac*, étincelant ; plus loin, les flancs du *Righi* et du *Bürgenstock* parsemés de gigantesques hôtels, et dominés par les *Alpes d'Unterwald*.

En aval de la Reuss, nous découvrons le charmant lac de *Rothsee*.

Avant de reprendre notre *train*, nous passons quelques minutes dans la promenade de la belle forêt située derrière l'hôtel et la pension du Gütsch.

Le soir, après dîner, nous nous promenons sur le quai-boulevard des hôtels *Suisse* (Schweizerhof-quai) *national* et autres, éblouissants de lumière électrique, et nous nous acheminons lentement vers le *Kursaal* où nous attirent d'alléchantes affiches que nous avons préalablement consultées. Nous y entendons un excellent orchestre qui accompagne de superbes ballets et de charmantes chanteuses de différentes nationalités ; inutile de dire que nous accordons la palme à nos compatriotes, Mlles *Blockette* et *Armand d'Ary*, qui, du reste, par leur entrain endiablé, font sauter de leurs fauteuils les spectateurs les moins bien disposés en leur faveur. Notre amour-propre en est vivement flatté.

Entre temps, c'est-à-dire dans les entr'actes, nous visitons les salons de jeux, dans lesquels les petits chevaux et autres attractions font *florès*. Notre sagesse nous ordonne de regarder — sans toucher — et nous obéissons.

Troisième Journée

LUCERNE

LE RIGHI — LE LAC DES QUATRE-CANTONS

GOESCHENEN

Le lendemain, debout dès l'aurore, nous allons visiter le *Lion de Lucerne* et le *Jardin des Glaciers*.

Il est de toute impossibilité, quel que soit le peu de temps dont on dispose, de ne pas se rendre au Lion de Lucerne. Quant à nous, qui, il y a trois jours, nous trouvions au pied du *Lion de Belfort*, nous sommes bien aises de faire une comparaison ; or, si chauvins que nous puissions être, nous sommes bien obligés de nous déclarer à nous-mêmes qu'il n'y a pas à en faire.

Le Lion de Belfort gagne à être vu — de loin ; — celui-ci vous impressionne d'autant plus qu'on en approche ; les détails sont d'une vérité saisissante, et on voudrait, pour tout au monde, se reposer sur sa croupe, malheureusement inaccessible.

Taillé dans une paroi de rocher, il a neuf mètres de long sur six mètres de haut ; il est étendu mourant, le pied droit de devant encore appuyé sur un bouclier aux armes royales de France, qu'il a défendues jusqu'à la mort ; le tronçon de la lance qui l'a frappé est resté dans la blessure.

La tête de ce lion mourant est d'un caractère sublime ; ses yeux à demi-fermés vont s'éteindre et son regard semble menaçant encore !

Au-dessus de la grotte, devant laquelle se trouve un bassin aux eaux verdâtres, on lit cette inscription :

Helvetiorum fidei ac virtuti

Les Lucernois étaient jadis des guerriers de tempérament. Quand ils n'eurent plus à guerroyer pour obtenir leur indépendance, ils s'enrôlèrent au hasard à l'étranger. Les rois de France se faisaient garder dans leurs palais par des Suisses dont la fidélité était à toute épreuve. Longtemps ce fut pour eux une sinécure, mais le 10 août 1792, ce service anodin devint singulièrement périlleux. Les Jacobins, irrités de ce qu'une armée austro-suisse s'avançât pour protéger le roi, envahirent les Tuileries. Deux bataillons de la garde royale (composée uniquement de Suisses), au nombre de 760, succombèrent, après une lutte héroïque, sous les coups des assaillants, dont le nombre grossissait toujours ; les 2 et 3 septembre, ceux qui avaient survécu tombèrent également.

Au-dessous du monument sont gravés les noms des officiers et des soldats qui ont été massacrés et de ceux qui, miraculeusement sauvés, ont contribué à son érection, à l'instigation du colonel de Pfyffer d'Altishof, un des heureux échappés de la boucherie des Tuileries.

La conception en est due au génie de *Thorwaldsen*, et l'exécution en a été faite par le sculpteur *Ahorn*, de Constance.

L'inauguration du Lion a eu lieu le 10 août 1821. Il y eut une telle affluence d'étrangers et de Suisses, que des milliers de voyageurs, ne pouvant trouver place dans les auberges et les maisons particulières, erraient à l'aventure et s'installaient sur les escaliers et dans les vestibules des maisons dont ils pouvaient forcer l'entrée. On vit même une pension de jeunes filles dans ce piteux état, ce dont s'*esclaffèrent* les mauvais plaisants.

Nous emportons de cette visite une impression inoubliable.

Immédiatement à côté du monument du lion, se trouve le *Jardin des Glaciers*, curiosité unique dans son genre.

Ce jardin renferme de merveilleux débris de la période préhistorique de l'époque des glaciers, connus sous le nom de *Marmites des Géants*.

La découverte de ces vestiges est due au plus grand des hasards. En 1872, en fouillant le sol pour la construction d'une maison, on rencontra, sous la couche de terre, neuf entonnoirs d'un ancien glacier. La plus grosse de ces énormes cuvettes mesure huit mètres de diamètre, et neuf mètres et demi de profondeur. Elles furent creusées, il y a quelques millions d'années, par les eaux provenant d'un glacier, qui, du Gothard, s'avançait par dessus la contrée de Lucerne jusqu'au nord de la Suisse.

Ces eaux, en s'écoulant par les crevasses du glacier, entraînaient avec elles, dans un mouvement giratoire, les pierres charriées par les glaces. On voit encore ces dernières au fond des marmites aux parois polies, qu'elles ont contribué, avec les eaux, à creuser peu à peu dans le rocher sur lequel se trouvait le glacier. Elles y sont demeurées après la fonte des glaces. Ce jardin fournit l'explication d'un fort curieux phénomène géologique.

Mais l'heure de notre départ pour le *Righi* s'avance, et nous nous dirigeons vers l'hôtel National, devant lequel stationne le bateau, *la Germania*, sur lequel nous prenons place, et nous partons quelques minutes après.

Notre promenade matinale nous a mis en appétit, et nous faisons un excellent déjeuner sur le pont du bateau, tout en admirant le charmant paysage qui se déroule de chaque côté de ce splendide *Lac des Quatre-Cantons*.

Nous débarquons à *Vitznau*, en face de la gare du chemin de fer et deux minutes après, nous sommes installés dans l'unique wagon que va pousser devant elle une locomotive de construction spéciale.

Le chemin de fer du Righi, terminé le 27 juin 1873, est établi sur des rampes de 20 à 25 pour cent; il gravit, sur un parcours de sept kilomètres, une élévation de 1,300 mètres. La voie est formée de deux rails, mesurant le même écartement que les lignes ordinaires, et entre lesquels se trouve un troisième rail plus large que les précédents, dans lequel viennent s'engrener les dents d'une roue supplémentaire placée au centre de la locomotive et du wagon.

La locomotive et le wagon sont munis de freins puissants, ce qui permet d'arrêter le train instantanément et empêche, par conséquent, tout accident.

Le Righi est une montagne isolée entre trois lacs, ce qui lui donne l'apparence d'une île. Cette situation est merveilleuse, grâce au charme que prête à la vue le reflet des paysages dans les eaux limpides de ces lacs.

Un coup de sifflet annonce le départ; nous montons à 25 pour cent d'inclinaison, et, après plusieurs courbes, nous jouissons d'une vue féerique sur le lac des Quatre-Cantons. Une autre courbe, et le convoi s'enfonce dans un tunnel de 75 mètres percé dans un rocher rougeâtre, puis, tout à coup traverse un viaduc jeté sur un précipice. Nous sommes suspendus dans l'espace! Encore deux précipices et nous dominons les Alpes Bernoises; mais la végétation a subi une transformation complète, et nous ne voyons plus que des sapins!

Un peu plus haut, nous traversons des pâturages et des amas de rochers, et nous sommes à la station de *Kaltbad*, en face de l'hôtel de *Bellevue* et du grand hôtel de Kaltbad, dont nous apercevons la terrasse.

Quelques kilomètres plus loin, nous contournons le *Righi-Rothstock*, et nous longeons d'affreux précipices sur lesquels la voie est taillée à pic; de là, nous avons une vue magnifique s'agrandissant toujours en montant.

En face, nous voyons le lac de Lucerne, les glaciers et la chaîne de l'Oberland; au fond du précipice, *Küssnacht, la Hohle-Gasse* (chemin creux), où Guillaume Tell, après s'être élancé hors du bateau de Gessler qui l'emmenait prisonnier, vint l'attendre et le percer de sa flèche. Dans une chapelle construite en cet endroit se trouve un tableau qui explique cet événement; puis *Immensée* et le lac de *Zug*.

Encore un quart d'heure, et nous arrivons au *Kulm*, à 1,800 mètres au-dessus du niveau de la mer, et à 1,363 mètres au-dessus du niveau du lac des Quatre-Cantons.

Nous sautons de notre wagon et nous grimpons sur l'espèce de plate-forme qui couronne le monticule, et au centre de laquelle s'élève un petit belvédère en bois.

Mais je ne trouve pas de phrases pour peindre le tableau que nous avons tout autour de nous, et je passe avec empressement la plume à notre ami Alexandre Dumas :

« Du haut du *Righi-Kulm*, ce n'est pas seulement une vue magnifique, mais un panorama splendide, unique et dont rien ne peut donner une idée.

« A vos pieds, le *lac des Quatre-Cantons*, dont les trois premiers bras dessinent les contours d'un trèfle dans la vallée; et, en face de vous, le *mont Pilate*, tantôt visible à l'œil nu, tantôt abîmé dans les nuages. Derrière le Pilate, le lac de *Sarmen* et plus loin, le *Brunnig*, au-delà duquel se déroule toute la chaîne des Alpes. C'est un dédale de pics déchirés, de glaciers, de cimes et de blocs neigeux.

« Il y a des descriptions que la plume ne peut pas transmettre, des tableaux que le pinceau ne peut pas rendre; il faut en appeler à ceux qui les ont vus, et se contenter de dire qu'il n'y a pas au monde de spectacle plus magnifique que ce panorama dont on est le centre, et du milieu duquel, tournant sur son talon, on embrasse, d'un seul coup d'œil, trois chaînes de montagnes, quatorze lacs, dix-sept villes, quarante villages et soixante-dix glaciers parsemés sur cent lieues de circonférence ».

On ne peut avoir tout à la fois. Nous ne pouvons, à cause du ciel pur qui nous couvre, penser à jouir du phénomène du *miroir* que nous raconte un des fidèles admirateurs des beautés du Righi.

Quand les nuages se sont emparés du sommet de la montagne, il arrive que le soleil, traversant les vapeurs, illumine un de ces nuages et y forme des arcs-en-ciel brillant des couleurs les plus vives ; les touristes se réflètent dans ce nuage et rien n'est plus curieux que de voir leurs contorsions, leurs attitudes grotesques reproduites fidèlement dans ce cercle magique.

Nous espérons qu'un jour viendra où nous trouverons les éléments disposés à nous offrir ce spectacle.

Au bout d'une heure de contemplation, nous redescendons par la même voie jusqu'à Vitznau, d'où nous allons continuer notre excursion sur le lac des Quatre-Cantons.

Après Vitznau, nous voyons les *Deux-Nez*, montagnes faciles à reconnaître à leur végétation particulière. Après le cap des Deux-Nez, à gauche, une crête de montagnes, et, après un petit détour, à droite, le bateau aborde à *Buochs ;* un peu plus loin à *Beckenried*. Ensuite *Gersau*, village d'où l'on voit le *Seelisberg ;* puis, le bateau décrit une courbe, et, après avoir laissé à gauche, une petite chapelle appelée *Kindlismord,* élevée en souvenir d'un père infanticide, nous abordons à *Brunnen*, où nous remarquons un grand mouvement de voyageurs.

En quittant Brunnen, le bateau s'engage, à droite, dans la partie du lac appelée lac d'*Uri ;* les rives deviennent plus étroites et de plus en plus encaissées.

A l'angle que fait le lac, à quelque distance du rivage, se détache une immense paroi de rochers, le *Mythenstein*, qui porte, depuis 1860, l'inscription suivante, en lettres dorées :

AU CHANTRE DE TELL, FRÉDÉRIC SCHILLER,

LES CANTONS PRIMITIFS.

Les lettres sont colossales et pèsent trente-cinq kilogrammes.

Une autre inscription sur le même rocher rappelle la mort d'un jeune officier suisse.

C'est là que commence la Suisse historique, où se sont passés les faits relatifs à Guillaume Tell.

A cent pas du rocher isolé, nous remarquons une verdoyante prairie couverte d'arbres : c'est le *Grütli*, berceau de la liberté suisse, la Prairie du Serment, où, pendant la nuit du 7 novembre 1307, se réunirent *Walter Fürst*, *Werner Stauffacher* et *Melchthal*, avec trente hommes dévoués d'Uri, de Schwyz et d'Unterwalde, jurant de délivrer leur patrie du joug des baillis autrichiens.

Bientôt, à gauche, nous apercevons la route militaire de *Brunnen à Fluelen*, avec arcades naturelles, et les tunnels du *chemin de fer du Saint-Gothard*, puis nous sommes à *Sisikon*, d'où nous contemplons devant nous les arides sommets de l'*Axenberg*.

Nous passons devant un écueil et tout à coup, nous avons devant nous la *Chapelle de Guillaume Tell (Tells-Platte)*, construite sur un rocher à fleur d'eau en 1388 et réédifiée en 1881 ; c'est là que Guillaume Tell s'élança de la barque dans laquelle il se trouvait avec le tyran Gessler.

Tous les ans, le vendredi qui suit l'Ascension, on y dit la messe, et les habitants des environs viennent y assister sur leurs bateaux pavoisés, comme aux jours de fêtes, avec fleurs et oriflammes.

Quelques minutes après nous débarquons à *Fluelen*, au bout du lac. Nous flânons quelques instants sur les bords du lac et à l'entrée de ce petit village, en attendant le train qui va nous conduire à Gœschenen, but de notre excursion.

La première station est *Altdorf*, bourg imposant et chef-lieu du canton d'Uri. C'est ici qu'a gouverné Gessler, c'est ici que la flèche a percé la pomme. Deux fontaines indiquent les positions, pendant cette fameuse scène, de Guillaume Tell et de son fils.

Altdorf est protégé contre les avalanches par la forêt sacrée *Bannwald*, où il est défendu de porter la hache.

A la station suivante, *Ertsfeld*, située dans la vallée de la Reuss et surmontée de hauts glaciers, on place en tête du train une locomotive de montagne, qui monte avec bruit jusqu'à *Amsteg*, célèbre par ses truites.

A partir d'Amsteg, les difficultés de la route grandissent

toujours ; le train passe sur la Reuss, dont les flots écument entre deux parois de rochers ; puis, après des tunnels successifs, nous avons de grandioses points de vue sur les sauvages montagnes et sur leurs rugueuses vallées ; puis, toujours des tunnels, toujours des torrents furieux, et nous arrêtons quelques minutes à *Wassen*, dont l'église domine la vallée. Ensuite, par des détours sans nombre, des tunnels de plus en plus fréquents, à la sortie desquels nous voyons cette église de Wassen, qui, tout à l'heure, était à pic au-dessus de nos têtes, tantôt à droite, tantôt à gauche, bientôt au même niveau que la ligne, et enfin bien au-dessous de nous. Après avoir franchi un pont sur la *Reuss*, plusieurs sur le *Rohrbach* et la *Gœschenen-Reuss*, nous descendons enfin au village et à la station de *Gœschenen*.

Ici, c'est du grandiose, du sublime, de l'indescriptible !

Aucune féerie ne pourra jamais multiplier les effets aussi rapidement que vient de le faire la ligne du Saint-Gothard, qui, pendant deux heures, nous a procuré les plus vives et les plus inoubliables impressions !

La ligne du Saint-Gothard est un des travaux les plus gigantesques du xixe siècle ; c'est le chemin le plus direct entre l'Allemagne et l'Italie.

Le grand tunnel, à l'entrée duquel nous sommes en ce moment, a coûté 65 millions, et a demandé sept ans et cinq mois pour son percement. Sa longueur est de 14,984 mètres ; il faut, pour le parcourir, vingt-cinq minutes en train omnibus, et vingt minutes en express.

En dehors de ce tunnel monstre, la ligne complète, inaugurée le 21 mai 1882, a coûté 217 millions.

On vient, en cette année 1893, d'inaugurer à Genève le monument élevé à la mémoire de Louis Favre, dont le nom est si intimement lié au percement du Saint-Gothard.

Sur la façade principale de ce monument, on lit :

TUNNEL DU SAINT-GOTHARD
1872-1880
LOUIS FAVRE
1826-1879
SES AMIS
LUI ONT ÉRIGÉ CE MONUMENT

et sur la façade opposée :

INAUGURÉ LE 26 OCTOBRE
L. LAMBERT, SCULPTEUR
J. GOSS, ARCHITECTE

Du discours prononcé par M. Turrettini, représentant du Conseil administratif de Genève, je détache la phrase suivante :

« Fabre est mort à la tâche, il a succombé au champ d'honneur, au fond du tunnel, à la veille de voir son œuvre accomplie. Il est tombé comme le soldat sur le champ de bataille. Mais son sang répandu était un sang vivifiant pour sa patrie ; son œuvre était une grande œuvre qui a apporté à des contrées entières la prospérité et le bonheur. »

Après un excellent dîner dans l'immense salle du buffet de la gare de Gœschenen, nous rentrons à Lucerne.

Quatrième Journée

LE PILATE — LE BRÜNIG — BRIENZ — GIESSBACH

notre réveil, notre premier soin est d'aller observer le célèbre *Pilate (Pilatus).*
Un proverbe d'almanach dit :

Quand Pilate aura mis son chapeau
Le temps sera serein et beau.

Le chapeau de ce *monsieur*, ce sont les nuages dont sa tête est couverte et qui sont un signe de beau temps. Or, Pilate n'est pas coiffé de son chapeau, donc nous aurons mauvais temps.

Cette désagréable constatation ne nous suggère nullement l'idée de modifier notre programme, et nous prenons le train pour *Alpnach-Stad,* où nous arrivons à neuf heures.

Cependant la pluie tombe dru, et une certaine hésitation se forme dans l'esprit de mes compagnons de route. Quant à moi, je bénis le ciel de ce petit déluge, et je déclare formellement que je veux profiter de l'occasion pour établir une comparaison entre une ascension par la pluie, comme nous pouvons le faire en ce moment, et une ascension par un soleil splendide, comme nous l'avons faite hier.

L'ami de Bordeaux tombe de mon avis ; mais nos deux compagnons continuent à hésiter, et... hésitent encore.

Nous avons conservé toutes vives les impressions ressenties dans cette stupéfiante montée, n'est ce pas, cher Bordelais ?

Mais cette incroyable victoire remportée sur la nature par des ingénieurs de mérite vaut que l'on donne quelques explications.

Ce nouveau chemin de fer a été construit de 1886 à 1888 par MM. Locher et Cie, et Ed. Guyer-Freuler, de Zurich, d'après le système et sous la direction immédiate du colonel du génie (et de génie) Ed. Locher, de Zurich. C'est une véritable merveille !

Aussi, tous les étrangers qui visitent Lucerne viennent se rendre compte par eux-mêmes de ce travail de géant, et il ne faut pas penser à visiter la Suisse sans faire l'ascension du Pilate.

Le ligne du Pilate, d'une sécurité parfaite, a coûté deux millions et demi ; c'est la mieux construite et la plus solidement établie de tous les chemins de fer à crémaillère. Le corps de la voie est construit, d'une extrémité à l'autre, en maçonnerie couronnée par des dalles de granit. Tous les ponts sont en pierres de taille. Les tunnels, au nombre de sept, ont de 10 à 97 mètres de longueur. La voie proprement dite est construite entièrement en fer et en acier, et les rails de la crémaillère sont fixés de la manière la plus solide au corps de la voie. La crémaillère, à double rangée de dents, travaillées en plein des barres d'acier, est placée au milieu entre les rails et un peu au-dessus de leur niveau.

La locomotive et la voiture des voyageurs — pour trente-deux personnes — sont disposées sur le même châssis, au-dessous duquel sont deux paires de roues à axes verticales s'engrenant dans la crémaillère des deux côtés. A la descente, elles peuvent faire fonction de freins automatiques.

La longueur totale de la ligne est de 4,610 mètres; son inclinaison est de 38 p. 100. La durée du trajet de Alpnach-Stad au sommet du Pilate est de une heure vingt-cinq minutes.

Nous débutons par une pente de 49 p. 100, c'est-à-dire que nous sommes à peu près suspendus : la pluie, qui ne cesse de tomber, n'empêche nullement la vue de s'étendre à longue distance, et nous ne savons réellement ce que nous devons admirer le plus des points de vue multiples qui se déroulent sous nos yeux, ou de cette merveilleuse construction réalisée par les ingénieurs.

Quand nous descendons de notre wagon, et que nous sentons sous nos pieds le sol ferme de *Pilatus-Kulm*, nous avons la sensation non pas d'avoir été transporté matériellement dans un vulgaire wagon, mais bien de sortir d'un rêve, et le sentiment de la réalité ne revient en nous qu'après l'échange de nos impressions.

La pluie a cessé en même temps que notre voyage ; le brouillard lui-même tend à disparaître, et pour ne pas gêner ses opérations, nous nous dirigeons immédiatement vers la table garnie qui nous appelle à l'hôtel du Pilatus-Kulm.

S'il est vrai que l'Allemand et l'Anglais sont peu bavards en promenade, et que l'Italien se réserve toujours — en attendant la reine — le Français, lui, cause et bavarde, et ce n'est pas notre déjeuner actuel qui fera perdre à notre nation cette réputation qui lui est faite universellement et avec raison.

La conversation de notre petit groupe est suffisamment corsée pour que les trente ou quarante touristes étrangers qui déjeunent à notre table pensent un seul instant à ouvrir la bouche, si ce n'est pour y déposer tout ce que, dans leurs assiettes, peuvent y trouver leurs fourchettes.

Après déjeuner, de l'hôtel, un sentier en escalier, muni d'une balustrade en fer, conduit en cinq minutes au haut de l'*Esel*, fière cîme, pareille à une tour.

Au premier moment, la vue sur le Pilate nous produit une sorte d'étourdissement ; mais, peu à peu, nous nous remettons. L'air imprégné d'humidité était d'une transparence extraordinaire, et nous pouvons saisir les divers points du panorama. De l'immense ceinture des Alpes se détachent particulièrement les sommets de l'Oberland Bernois, et parmi ceux-ci, le *Monch*, l'*Eiger* et la *Yung-Frau*. Quant au lac des Quatre-Cantons, qui se déploie dans le fond, à une distance considérable, il présente une multitude de perspectives. D'autres lacs apparaissent aussi : ceux de *Zoug*, de *Sempach*, de *Halwyl* et de *Baldegg*. Une multitude de petites villes et de villages se détachent au milieu de cet océan de verdure. Enfin, à l'extrême horizon s'allonge la croupe bleue du *Jura*.

Plus dégagé, plus élevé et beaucoup plus hardi que le Righi, le Pilate peut rivaliser avec les montagnes les plus célèbres. Les voyageurs, qui, comme nous, visiteront le Righi et le Pilate, devront suivre notre méthode : voir, d'abord, le Righi, le doux, le poétique, rappelant nos belles Vosges, et ensuite, le Pilate avec ses sommets escarpés, ses précipices, et sa grandiose sauvagerie.

Une légende dit que Ponce Pilate, poussé par ses remords, est venu de Jérusalem se précipiter la tête la première dans le petit lac qui se trouve au sommet de la montagne; que ce *noyé* déchaînait les tempêtes, accueillait ses visiteurs par les bourrasques, la grêle, le tonnerre, et tirait par les pieds ceux qui osaient se baigner dans son lac.

Il était expressément défendu par les autorités de Lucerne de gravir le Pilate, et les pâtres, qui habitaient au pied, s'engageaient par serment, à n'y conduire et à n'y laisser monter personne sans autorisation.

Ce n'est qu'au seizième siècle que les magistrats de Lucerne autorisèrent le naturaliste Conrad Gessner à faire l'ascension, et lui donnèrent même, pour guide, le héraut de la ville revêtu de son manteau officiel de deux couleurs.

Quelques instants après notre descente du Pilate, nous reprenons place dans un train de la ligne du Brünig, pour poursuivre notre route dans la direction du *lac de Briens*.

Afin de varier un peu les plaisirs, je m'amuse à lire l'avis suivant affiché dans les wagons du Brünig-Bahn :

« Avis aux *Jeunes Voyageuses*,

« Les jeunes filles qui n'ont pas à la gare des amis pour les recevoir, sont priées de ne pas se fier à des personnes qui leur sont inconnues ni d'aller à aucune adresse qui leur serait donnée en voyage par des étrangers. Il arrive souvent que ceux-ci sont des agents envoyés dans le but d'entraîner à leur ruine les jeunes filles. Celles donc qui arrivent aux endroits sus-nommés et s'y *trouvent sans connaissance* sont priées d'aller tout de suite à une des adresses indiquées au bas de cet avis. Elles y trouveront le secours et les renseignements nécessaires.

« Suisse, Belgique, Allemagne, Angleterre, Autriche-Hongrie, Russie, France.

« Paris, Lyon, Marseille.

« *Union Internationale des Amis de la Jeune Fille* ».

Les réflexions que nous suggère cet avis nous font perdre bien des beautés de la ligne sur laquelle nous roulons.

Cette ligne de Brünig a tout pour intéresser les voyageurs : variété de traction, puisque dans différentes stations on change les locomotives selon les pentes que nous avons à parcourir ; défilé des plus beaux sites de la Suisse, ponts, tunnels, travaux d'art.

Pendant l'arrêt que nous avons eu dans la gare de Brünig, nous avons pu lire des tableaux donnant la généalogie de l'illustre *Médor*, dont, en ce moment, deux descendants sont tout disposés, moyennant finance, à voyager avec nous. Ces deux *échantillons* ont environ trois mois, et on les *donnerait* pour *trois cents francs* au choix. A cent francs par mois, si la progression est constante ces sympathiques conservateurs de la race du grand Médor deviendront fort intéressants, et je me promets de leur rendre visite à un de mes futurs voyages dans ces parages. Après avoir quitté la gare de Brünig, nous nous arrêtons bientôt dans celle de Meiringen.

Ici j'ouvre une large parenthèse. Nos deux compagnons, modifiant, à cause de la pluie du matin, le programme arrêté entre nous, poursuivent leur route avec l'intention de visiter les gorges de l'Aar ; la pluie ayant cessé à leur arrivée à Meiringen, ils ont été enthousiasmés de leur excursion, et je ne peux mieux faire que de placer ici les lettres qu'ils m'ont écrites après avoir pris connaissance de ce récit. C'est un complément très heureux de notre belle journée.

« Cher Monsieur,

« J'ai lu avec le plus grand intérêt la relation de notre voyage en Suisse que vous avez eu l'obligeance de m'adresser, ce dont je vous remercie.

« Il est certain que vos lecteurs ne pourront manquer de s'intéresser à la description d'un voyage de huit jours pendant lesquels nous avons pu traverser tant de lacs, gravir tant de montagnes, escalader des glaciers, visiter de nombreuses villes, choses qu'on n'aurait pu faire autrefois avec quatre fois plus de temps.

« Je vous félicite donc d'avoir si bien narré ce voyage qui est, entre tous, le plus instructif et le plus intéressant qu'on puisse faire.

« Vous me dites d'y ajouter mes notes, si je le désire. Je ne sais ce que fera M. Feray ; mais, pour moi, en le faisant, je crains de diminuer, au point de vue littéraire, votre récit.

« Je n'aurais pu d'ailleurs qu'y ajouter quelques anecdotes sur notre voyage, ainsi que quelques études sur les mœurs des Suisses ; mais je suis bien certain que, si vous ne l'avez pas fait, c'est à dessein, pour ne pas allonger votre relation de voyage.

« Pourtant quelques anecdotes, que votre bonne humeur et votre joyeuseté ont souvent fait naître, n'auraient pas été de trop dans votre récit, pour dérider le lecteur.

« Mais, en somme, je suis certain que celui-ci vous saura gré de lui avoir montré qu'il est possible, en peu de temps, et par conséquent, sans grandes dépenses, de visiter un splendide pays, qui n'était guère parcouru autrefois que par les millionnaires.

« Vous parlez de Meiringen, sans en énoncer les curiosités.

« Pourtant il y en a là une qu'on ne rencontre nulle part ailleurs, et que vous auriez pu voir, si vous étiez resté avec nous ; ce sont *les gorges de l'Aar* (au milieu de deux montagnes), larges de 1 à 10 mètres, bornées par de hautes parois escarpées. On y accède par une passerelle, établie depuis deux ans seulement, sur le torrent même. Cette passerelle a 1.250 mètres de longueur et est fixée dans les roches mêmes avec de fortes barres de fer.

« Une gorge latérale permet de joindre en 30 minutes les gorges de l'Alpnach. Il y a en outre de belles cascades à Meiringen.

« En terminant, j'ai une prière à vous faire, c'est de supprimer pour moi le mot « célèbre pomologiste » (*ce qui a été fait au début de ce récit*) et de mettre simplement « agronome » auquel vous ajouterez le qualificatif que vous désirerez (*ce qui a été fait également*).

« Hay ».

« Monsieur et cher compagnon de route,

« J'ai lu votre relation de notre voyage commun, et j'ai constaté que vous n'avez pas renoncé à nous monter le bateau du Pilate. (*Hum ! faites donc au plus tôt cette ascension, cher compagnon !*)

« Mais, encore une fois, et, quoique vous en disiez, *les gorges de l'Aar* valent quelque chose (*ai-je dit le contraire ?*) plus certainement que vous ne le pensez (*pourquoi voulez-vous que je ne pense pas que ces gorges sont merveilleuses !*)

« Je préfère, de beaucoup, me *présenter neuf* devant cette nature absolument épatante, *renversante*, que d'aller chez des auteurs, plus ou moins commerçants, chercher des sensations souvent banales, qui proviennent d'autrui,

« Je regrette que vous n'ayez pu voir ces *gorges* dont on a peine à sonder la hauteur. On dirait d'un rocher fendu par la base à l'aide d'un coin gigantesque manœuvré par un Titan, et sur la longueur de près de un kilomètre et demi. C'est un véritable clivage ; les parties les plus tendres ont cédé, les plus dures ont résisté. En certains endroits, les côtés se touchent presque : deux ou trois pieds au plus les séparent ! le Ciel, on le voit de temps en temps, quand la verticale de la coupe le permet.

« A défaut du Ciel, on a le torrent au-dessous, ce torrent qui frappe, refrappe la roche, égrène de nombreux chapelets de mousse fort écumeuse avec un fracas épouvantable ; misère de celui qui tenterait de prendre un bain dans cette tempête de flots, qui doivent leur couleur savonneuse aux débris désagrégés de ces roches secondaires !

« C'est, dans l'obscurité de ces hautes roches presqu'accolées, l'entrée des Enfers ! on songe au Styx, à Caron ; on cherche Cerbère, quand, tout d'un coup, la lumière vous aveugle, une véritable échappée sur le monde des humains, échappée qui rend plus vivante encore une jolie cascade, dont l'eau pulvérisée paraît descendre des hauteurs stellaires.

« Croyez-moi, vous avez perdu. Si vous voulez nous faire regretter le Pilate, pour votre compte, regrettez les gorges de l'Aar *(eh ! oui, je le regrette)* et que ce soit la punition que vous méritez pour le fameux bateau que vous nous avez monté *(permettez, je proteste encore une fois ; ma description de notre voyage au sommet du Pilate est absolument sincère, sans aucune exagération et sans parti-pris ; j'en suis même à regretter de n'avoir pas votre plume enthousiaste ; ma narration s'en fut certainement ressentie).*

« Et, pour terminer, pardonnez-moi cette confidence ; je regrette de ne pas trouver le gai luron, le boute-en-train que je n'oublierai pas de sitôt, et que j'espérais rencontrer dans votre relation. *(Certains incidents, auxquels vous faites allusion, nous ont récréés ; mais pensez-vous que, sortis de leurs cadres, ils conservent le même intérêt ? M. Hay le dit dans sa lettre ; j'ai craint qu'ils n'allongent mon récit, et* j'ai craint aussi, avec raison, de ne pouvoir les raconter avec cette verve indispensable pour les faire goûter de mes lecteurs).

« Ceci dit, sans rancune (*parfaitement, je suis trop heureux de votre critique !*) et à l'année prochaine.

« FÉRAY. »

Le train, quelques minutes après, descendait vers Brienz, et nous arrêtait bientôt sur la rive du lac du même nom.

Brienz est un village composé de chalets et de maisons de bois, et qui compte 2.800 habitants ; il n'y a qu'une rue, mais d'une demi-lieue au moins de longueur ; c'est ici que nous devons retrouver nos deux compagnons qui ce matin nous ont laissé monter seuls au Pilate.

D'après les renseignements qui nous sont donnés à l'hôtel de la Croix-Blanche, nos deux amis sont à *Giessbach* ; nous nous y rendons immédiatement conduits dans une petite barque, par un habitant de Brienz.

Nous trouvons, en sortant de notre bateau, un charmant petit chemin de fer à ficelle, et cinq minutes après, nous sommes au grand hôtel de Giessbach. Ce nouveau chemin de fer a 360 mètres de long et marche sans locomotive. La terrasse de l'hôtel est le plus beau point de cette excursion, et nous y apercevons nos deux compagnons dans la contemplation des sept cascades qui se précipitent dans le lac d'une hauteur de 330 mètres.

Toutes ces cascades imprègnent l'air d'une poussière d'eau qui procure une suave et douce fraîcheur.

Joignez à tous ces agréments les effets merveilleux produits dans les eaux des cascades par des feux de bengale de différentes couleurs, vous direz comme nous que les fontaines de l'Exposition étaient bien peu de chose, et vous remporterez de cette petite excursion une impression ineffaçable.

Cinquième Journée

GRINDELWAL — LA PETITE SCHEIDECK

LAUTERBRUNNEN

Le lendemain matin, à sept heures quinze minutes, nous quittons l'hôtel de la Croix-Blanche pour prendre place sur le bateau l'*Oberland*, qui, en peu de temps, nous conduit à l'extrémité du lac, c'est-à-dire à Interlaken, d'où nous partons immédiatement en chemin de fer pour *Grindelwald*, centre, pour ainsi dire, de l'Oberland.

L'Oberland, c'est un abrégé de la Suisse ; on y trouve, dans un espace resserré, les différents genres de beautés que l'on admire dans les 22 cantons ; c'est la Suisse concentrée !

Nous arrivons à l'heure du déjeuner dans ce village de 3.200 habitants, où nous trouvons de nombreux chalets, et des hôtels confortables ; au moment de nous installer, nous faisons connaissance d'un jeune couple de notre contrée, qui grossit d'autant notre caravane pour l'excursion projetée dans les glaciers.

Bientôt, après le déjeuner, nous partons à pieds, car c'est une erreur d'employer d'autres moyens de locomotion pour un trajet qui ne demande qu'une heure, partie dans de beaux pâturages, partie dans des sentiers peu fatigants.

Pendant que nous avons en face de nous les glaciers, nous voyons à gauche le *Wetterhorn*, en face le *Mettenberg*, à droite l'*Eiger*. Puis, descendant comme deux mers de glace, les glaciers *supérieur*, à gauche, et *inférieur* à droite ; c'est de ce côté que nous nous dirigeons et que nous allons trouver la *grotte de glace* du *glacier inférieur*.

En effet, après une petite heure de promenade, nous pénétrons dans ce tunnel taillé dans la glace comme dans un tube de cristal ; la réverbération d'une lampe placée dans le fond produit des reflets fantastiques ; nous nous croyons enfermés dans un bloc de saphyr ! Quant à moi, je n'y peux résister, et je pose à maintes reprises mes lèvres sur ces splendides et rafraîchissantes murailles. Avec une montagne de glace d'un millier de mètres sur la tête et d'autant sous les pieds, on peut jouir d'une certaine fraîcheur d'autant plus sensible que nous avons fait cette petite ascension par un soleil superbe. Un petit chemin difficile taillé dans le roc de glace conduit au-dessus de cette grotte les plus intrépides de nos compagnons, parmi lesquels notre jeune et charmante compatriote.

Vers Grindelwald, au milieu de la descente, nous prenons à gauche un sentier qui, en vingt-cinq minutes, au milieu de rochers et de moraines, nous conduit à l'entrée de la *Gorge de la Lütschine,* le vrai type du grandiose et de l'originalité.

Au milieu de rochers gigantesques, la *Lütschine,* qui sort du glacier, bondit comme un tourbillon ; dans le fond de ce décor formé par les immenses parois de la gorge, un bloc monstre de glace étincelant complète un tableau que ne pourront jamais rappeler les plus belles toiles d'opéra ou de féerie. Le bruit fait par un coup de canon tiré dans l'axe de la gorge va se répercutant dans tous les sens et ne s'arrête qu'au centre du globe terrestre.

De retour à Grindenwald, nous profitons de l'ouverture récente de la ligne ferrée qui conduit à *Lauterbrunnen* pour faire sans fatigue et rapidement l'intéressante excursion de la *Yung-Frau !*

Cette ligne étroite (80 centimètres d'écartement) et presque constamment à crémaillère (système Ringgenback) atteint bientôt le col de la *Petite-Scheideck* (2.064 mètres), au pied du *Monch,* dont la cime s'élève à 4.105 mètres.

A cette station, le train séjourne pendant une heure, et les voyageurs en profitent pour s'avancer, tout en l'admirant, vers ce tableau que l'on peut dire unique au monde, et formé par cette trinité de géants : l'*Eiger,* le *Monch,* et la *Yung-Frau,* dont les cimes resplendissent du blanc immaculé des neiges éternelles. On est ici aux premières loges, et on croit pouvoir toucher de la main ces cîmes d'argent mat. (Un des sommets de la Yung-Frau porte le nom de *Silberhorn,* corne d'argent).

L'ascension de la Yung-Frau, plusieurs fois tentée en vain, a été effectuée heureusement en 1812 par deux frères, MM. Mayer, d'Arau.

On ne voulut rien croire de leur récit, et en 1830, ils recommencèrent cette ascension, mais en prenant des mesures pour arriver sur la cîme au vu et au su de tous les habitants d'Interlaken.

Ces hardis explorateurs, que les obstacles et les dangers de toutes sortes ne pouvaient décourager, ont publié la *carte routière* qu'ils ont tracée dans cette ascension, afin de la faciliter aux amateurs.

Une heure de contemplation d'un tel tableau est certainement suffisante pour qu'il reste à jamais gravé dans la mémoire, mais combien j'envie le sort des heureux touristes qui peuvent passer quelques jours sur ce sommet de la *Weingernalp !*

Le train nous conduit ensuite en une heure et demie, par des courbes successives, et des pentes qui nous rappellent celles du Pilate, à Lauterbrunnen.

C'est un village des plus pittoresques, situé dans une fraîche vallée, si on peut ainsi appeler une immense fosse rectangulaire formée par des montagnes à pic d'où tombent, d'un côté, le *Staubbach* (ruisseau de poussière) de 305 mètres de hauteur et de l'autre, le non moins intéressant *Trümmelbach.*

Cette vallée de Lauterbrunnen est resserrée entre un double mur de rochers complètement à pic et vient aboutir à un immense rempart de glaces amoncelées qui descendent des flancs du Monch et du Gletscherhorn.

Bien au-dessus de ces terrasses gigantesques s'élève la cîme de la Yung-Frau, incomparablement plus pittoresque, plus hardie, que ne l'est celle du Mont-Blanc, et surtout bien plus heureusement encadrée.

Ici, les accessoires sont admirables, grandioses, et dignes

en tout de l'objet principal du tableau, dont l'ensemble est sublime.

La vallée de Lauterbrunnen compte vingt ruisseaux limpides, tombant en cascades, et dont la réunion forme la Lütschine-Blanche.

Nous avons, depuis notre départ de Grindelvald, joui d'un magnifique soleil, qui bientôt, va disparaître derrière l'horizon ; nous avons, en quelques heures, pu admirer les plus beaux effets de lumière, grâce à la réverbération qui suit, dans les Alpes, le coucher du soleil. Les pics de la *Yung-Frau* nous paraissent comme éclairés de la lumière de la lune, après avoir, pendant quelque temps, offert à nos yeux émerveillés une splendide teinte de rose pourpre ; ce phénomène se présente dans les beaux jours comme celui-ci, et c'est ce que les Suisses appellent le *feu des Alpes* (*Alpgluth*).

Sixième Journée

MURREN — INTERLAKEN

Dès le matin, nous prenons place dans le chemin de fer funiculaire qui grimpe à la *Grütschalp*, 1.489 mètres en quinze minutes. C'est une pente de 60 0/0 dans presque tout le parcours, la plus forte des pentes de chemins de fer funiculaires de la Suisse ; cette ligne est absolument fantastique !

— Notre existence tient à un *cheveu*, nous dit l'ami l'avocat. Ce cheveu est une corde en fer qui a subi des épreuves sérieuses, je le veux bien ! mais si cette corde cassait, que retrouverait-on de nous ? Je ne me suis jamais trouvé comme en ce moment, dans une situation qui me fasse comprendre combien j'ai eu raison de contracter en faveur des miens, une assurance sur la vie ; j'en éprouve une satisfaction qui me fait rire du danger que nous courons.

— Cette satisfaction, nous la partageons, déclarent mes deux autres compagnons, qui, comme le Bordelais, ont souscrit des polices d'un capital important à nos meilleures compagnies françaises.

— Croyez-vous, leur dis-je, que si l'on ramassait vos débris au pied de cette montagne, vos compagnies seraient assez naïves pour payer aux vôtres le montant de l'estimation que vous avez faite de votre vie ? N'avez-vous pas lu dans vos polices que les compagnies n'admettent ni le suicide, ni le duel, ni la condamnation judiciaire ? Or, comment appeler le genre de mort auquel nous sommes exposés de minute en minute ? Pensez-vous qu'il ne serait pas considéré comme un véritable suicide ?

Eh bien ! moi aussi, je suis assuré sur la vie, et je suis parfaitement tranquille sur les suites de notre voyage. Ma compagnie paiera sans sourciller.

— Comment cela ?

— C'est bien simple ; j'ai une police de la Compagnie *Gresham*, qui, elle, paie, au bout de treize mois, le suicide, c'est-à-dire que, pour elle, tous les genres de mort possibles sont incontestables ; et c'est là une clause d'une garantie considérable et que tous les assurés devraient exiger des compagnies avant de signer un contrat.

— Que ne l'avons-nous su plus tôt ?

— Il est toujours temps, leur dis-je ; et comme assuré et agent général du *Gresham*, je suis à votre disposition.

— C'est entendu.

Le funiculaire est mis en mouvement par un contrepoids d'eau. A quand, en Suisse, un chemin de fer aussi *raide* que celui de la tour Eiffel ? Je trouve, quant à moi, que certaines lignes, celle du Pilate et celle-ci, par exemple, sont beaucoup plus impressionnantes que l'ascenseur de la tour Eiffel, probablement à cause de la disposition des wagons. Là-bas, au Champ-de-Mars, vous êtes enfermés comme dans une boîte, et vous ne pouvez rien voir ; ici, vous pouvez, tout à votre aise, voir la ligne avec ses montées et ses descentes de 50 à 60 centimètres par mètre ! Vous pouvez plonger le regard dans les précipices que vous dominez à pic ; vous ressentez une vive émotion, mais nulle crainte ; vous vous sentez en pleine sécurité, et ces incroyables hardiesses de construction vous paraissent toutes naturelles !

A *Grutschalp,* changement de locomotion ; nous quittons le funiculaire pour prendre un chemin de fer électrique, très bien agencé, qui nous conduit à *Mürren* (1,642 mètres). La longueur de cette ligne est de 4,280 mètres avec station de croisement au milieu. Le mouvement est produit par des conduits d'air. La force électrique est puisée dans le Staubbach, au-dessus de la chute, pour que celle-ci n'en souffre pas. Le maximum de montée n'est que de 5 p. 100. Le trajet, déjà fertile en magnifiques points de vue pendant l'ascension de Grütschalp, devient de plus en plus fantastique ; un panorama grandiose, changeant à chaque tournant de la route nous tient constamment en haleine, et quand nous descendons à la station de *Mürren,* point *terminus* de cette ligne, nous sommes littéralement éblouis !

Devant nous, rangés en ligne de bataille, nous avons, à gauche : le *Wetterhorn,* l'*Eiger,* le *Moine (Monch),* la *Yung-Frau,* le *Silberhorn,* le *Mittag,* le *Breithorn,* le *Tschingethorn,* le *Gspaltenhorn* et, pour clore ce demi-cercle, le massif du *Schilthorn.*

Sur toute l'étendue, à nos pieds, des cascades mugissantes.

On trouve, dans ce petit village, perdu au milieu de tous ces glaciers monstres, des hôtels pouvant recevoir des milliers de touristes, dont le service des cuisines se fait au moyen de tramways, des temples, des églises pour tous les cultes, la poste et le télégraphe, etc., etc.

Nous faisons une promenade d'une heure dans la montagne située en face de cette immense rangée de pics blancs et nous reprenons notre place dans le train électrique.

— Vive Cadet-Roussel ! s'écrie notre Bordelais, et comme nous allions nous demander s'il n'aurait pas, à notre insu, subi le choc d'une avalanche :

— Ne voyez-vous pas ses trois dents?

Et il nous désigne la fameuse trinité de l'Eiger, du Monch et de la Yung-Frau.

Il nous chante alors sur l'air connu les troits dents de Cadet-Roussel.

Les voyageurs qui nous entourent n'entonnent pas le refrain, mais une vive gaieté anime tous les visages ; les uns se tordent, les autres applaudissent; les autres, ceux qui ne rient jamais, sont sur le point d'éclater pour cause d'hilarité rentrée, ce qu'ils trouvent plus correct.

— Sapristi, lui dis-je, si ce sont là les trois dents de Cadet-Roussel, je comprends que, le reste de sa personne étant dans la même proportion, ses trois maisons n'avaient ni poutres ni chevrons ; en mettant bout à bout tous les sapins qui couvrent cette montagne, jamais on n'aurait pu trouver la longueur nécessaire.

Une conversation sur ce ton nous fait trouver bien court notre voyage électrique, et bientôt nous confions à nouveau nos existences à la ficelle.

Cette descente vertigineuse par le funiculaire, au milieu de sapins séculaires, dont beaucoup, méprisant le sol arable, se sont fixés sur des rochers, inspire de nouveau notre ami le Bordelais, très amateur d'aphorismes, notamment celui-ci :

« Le sapin est la chèvre du règne végétal : il se plaît sur les roches escarpées !... »

Trois quarts d'heure après, nous étions à *Interlaken*.

Interlaken (2,000 habitants) est une localité, traversée par la rivière de l'*Aar*, et située entre les lacs de *Brienz* et de *Thun*, qui reçoit annuellement dans ses murs, ou plutôt dans ses nombreux et splendides hôtels, plus de cinquante mille visiteurs de toutes les nations ; ce n'est ni une ville, ni un village, c'est une avenue, le *Hœhenweg*, bordée de noyers séculaires qui, pour la plupart, pour être embrassés, nécessitent au moins cinq ou six paires de bras.

Derrière ces noyers, sont jetés au hasard, et bravant l'alignement, les hôtels *Métropole, Victoria, Yung-Frau, Belvédère, Schweizerhof, des Alpes, National, Beau-Rivage, du Lac, Interlaken, Oberland, du Cygne, Adler, du Cheval,* de la *Croix-Blanche, Berger, du Cerf, Bellevue, du Pont,* etc., etc.

Après avoir pris un verre de *Dennler-Bitter* (une fois n'est pas coutume, et nous jurons bien d'oublier vivement cette marque universellement réputée, disent les prospectus), nous nous mettons en quête d'un établissement réconfortant ; nous avisons un jardin très ombragé, à l'entrée duquel nous avons vu ce mot très significatif : brasserie-restaurant, et nous déjeunons en effet fort bien dans cette brasserie fédérale, dont la bière et la cuisine sont excellentes.

Les murs de la vaste salle dans laquelle nous sommes installés sont couverts de fresques semi-mythologiques qui rappellent certains faits de l'histoire de la Suisse. Mais nous pensons que l'explication de ces peintures pourrait bien être un peu longue, et, peu disposés à nous fatiguer l'esprit, nous nous contentons d'admirer sans comprendre.

Parcourant ensuite le *Hœhenweg*, nous approuvons cette foule cosmopolite, au milieu de laquelle nous circulons difficilement, de choisir comme lieu de repos ce site enchanteur ; nous sommes dans un vrai *Nice*, sans les flots bleus de la mer qui baignent *le nôtre*, le *Nice français*, mais avec un entourage de glaciers beaucoup plus grandioses et plus rapprochés, ce qui fait compensation ; et, toujours, notre amie la Yung-Frau, majestueuse et étincelante au milieu de ses satellites, avec son bonnet de neige posé sur une tête qui domine la mer de 4,167 mètres, attire irrésistiblement nos regards qui voudraient ne s'en détacher jamais !

Toujours suivant la foule, dans laquelle dominent les gracieux costumes des Suissesses, avec leurs corsages ornés de doubles chaînes d'argent en forme de bretelles extérieures, nous arrivons à l'extrémité de l'avenue qui change d'aspect et se transforme en une rue de ville avec, sur chaque trottoir, des magasins richement fournis d'objets d'art et de curiosités de toutes sortes et de toutes provenances.

Le directeur de notre caravane, que nous avions chargé,

après notre déjeuner, du soin de nous trouver des appartements confortables, ce que nous supposions fort simple à cause de cette pléiade d'hôtels, vient enfin nous retrouver deux heures après et nous prie de le suivre dans les chambres qu'il a *trouvées* à l'hôtel du *Cerf*, après un grand nombre de vaines tentatives ; ces chambres ne sont pas de premier ordre, mais nous nous en contentons fort bien.

Le séjour que nous faisons à Interlaken étant consacré au repos le plus complet possible, nous décidons d'aller passer quelques instants au *Kursaal*, auprès duquel nous sommes passés pendant notre promenade dans l'avenue des Noyers. Ce *casino* est pour nous une bonne fortune ; nous nous trouvons dans un fort beau jardin-parc, au fond duquel se trouve une immense terrasse-kiosque d'où nous entendons, bien installés dans un délicieux *far niente*, de la non moins délicieuse musique, tout en dégustant de l'excellente bière servie par de fort gentilles Suissesses en costume national. C'est le *Concert des Kur-Orchesters*, et c'est tout simplement princier !

La table d'hôte de notre hôtel à laquelle nous nous rendons en sortant du *Kursaal*, se ressent beaucoup de la gaieté et de l'animation que nous avons constatées dans Interlaken depuis que nous y sommes.

Effectivement, une conversation générale s'engage sur tous les sujets à la fois. Je crois rêver et me trouver dans une salle à manger française ; c'est du reste la langue qui domine en ce moment.

Un des nôtres soutient, contre plusieurs bavards du milieu de la table, une conversation fort animée sur l'organisation de l'armée suisse. Ne supposant pas qu'il était urgent d'être fort sérieux, j'annonce à cet ami, assez éloigné de moi, et d'une voix puissante, que je venais d'apprendre une singulière nouvelle ; le Conseil fédéral venait de placer à la tête du ministère de la guerre, un amiral ! ma plaisanterie n'a pas paru très goûtée, et je continuai mon repas sans plus m'occuper de ces dissertations.

Après dîner et une promenade dans les rues d'Interlaken, nous retournons au Casino où le programme de la soirée est des plus alléchants : orchestre d'excellents artistes, orphéons de jeunes filles et de jeunes gens, etc. Nous passons, en effet, quelques heures enchanteresses dans un milieu très nombreux et très *select* de spectateurs.

A la sortie du concert, notre ami le Bordelais se trouve rencontré par un de ses interlocuteurs de la table d'hôte ; il paraît que la thèse soutenue par notre ami, n'avait pas plu à ce défenseur de la dignité nationale Suisse. Notre Bordelais avait soutenu que le gouvernement fédéral ne pouvait pas, dans son armée, introduire plusieurs généraux ; qu'il ne pouvait que nommer des colonels ; (1) le Suisse avait trouvé dans ces assertions une allusion à la faiblesse militaire des suisses, tandis que c'est la constitution elle-même qui règle ces nominations. Il n'y a en Suisse qu'un général, qui est le commandant supérieur de l'armée, ce qui ne veut pas dire que, parmi les colonels, on ne pourrait en trouver un certain nombre dignes d'être des généraux ; le *monsieur* suisse attaquait à ce sujet si maladroitement notre ami qu'il a fallu que celui-ci fût doué d'une patience peu commune pour ne pas l'envoyer promener lestement, ce que neuf Français sur dix se seraient empressés de faire. Bref, les deux champions se sont séparés sans duel et sans s'être convaincus.

---

(1) Notre Bordelais avait parfaitement raison. Il suffit pour s'en convaincre, de consulter Larousse, tome XIVe, Suisse, page 1223 :

« Les officiers de l'Etat-major général sont nommés par le Conseil Fédéral.

« Le grade le plus élevé que puissent obtenir ces officiers est celui de colonel. »

D'un autre côté, l'annuaire de Gotha porte, à l'article « Suisse ».
Général : H. Hertzog, du canton d'Argovie.
Délégués des colonels : J.-C. Egloff, du canton de Thurgovie.
Chefs des armes : infanterie, cavalerie, artillerie, génie, quatre colonels.

Septième Journée

THOUNE — BERNE

Le lendemain, à sept heures vingt, un coup de sifflet de la machine du *Beatus*, bateau faisant le service d'Interlaken à Thoune, annonçait notre départ de ce beau village.

Le lac de *Thun*, ou plutôt *Thoune*, pour nous, Français, par ses eaux, d'un bleu d'azur, nous rappelle notre belle Méditerranée, mais en bien petit, comme dimensions. Sa longueur est de trois à quatre lieues au plus, sa largeur d'une lieue, sa plus grande profondeur 216 mètres.

Ce lac, qui est très poissonneux, nourrit, paraît-il, dix-huit espèces de poissons. Jadis, il ne faisait qu'un avec le lac de Brienz ; mais la séparation eut lieu par suite d'éboulements de la Lütschine, et, actuellement, le niveau du lac de Thoune est de 8 mètres plus bas que celui de son ancien associé.

Tandis que le lac de Brienz n'offre que des rives sauvages et à peu près inhabitées, celui de Thoune est bordé par des rives garnies de vignes, d'arbres fruitiers, de gazons sur lesquels sont semés des chalets, et plus loin, des villages, des châteaux, des ruines ; à l'horizon, des rochers nus, escarpés, des forêts de sapins, des pics aigus blancs de l'éternelle neige ; bref, ce lac nous offre d'un bout à l'autre, un tableau enchanteur que la plume est impuissante à détailler.

A huit heures quarante-cinq minutes, nous quittons le bateau à *Thoune* que notre programme nous permet de visiter.

Entre Mürren et Grindelwald

Coin de Spitalgasse et de Zeughausplatz à Berne

Thoune, 4.600 habitants, est une ancienne petite ville, protestante, dont les constructions revêtent un cachet particulier et sont, pour ainsi dire, uniques. Dans les vieilles rues, les maisons en bois ont un étage qui avance, ce qui forme, pour une seule, trois rues, dont deux sont élevées au-dessus de la centrale.

La *Postgasse* est particulièrement intéressante ; si vous vous promenez sur les rues surélevées d'un étage, vous avez sous vos pieds les magasins qui sont en bordure de la rue centrale ; ajoutez que chaque magasin de ces *rues en l'air,* ont sur leur trottoir et dominant la rue inférieure un *buen-retiro,* dans lequel sont, au milieu d'arbustes et de fleurs, des bancs, des chaises et des tables, et vous vous ferez une idée, bien éloignée, de l'aspect poétique que présente une telle disposition.

Nous visitons l'église de Thoune, bâtie sur une colline et à laquelle donnent accès plusieurs escaliers en pierre et couverts, ce qui n'est pas plus désagréable en temps de soleil qu'en temps de pluie.

C'est dans cette église que reposent les notables de la ville. On y lit des inscriptions touchantes qui rappellent l'histoire de l'Helvétie.

De la terrasse de cette église, on jouit d'une charmante vue sur la vallée de l'Aar et sur les sommets des Alpes.

Thoune nous apparaît sortant du sein des eaux et de la verdure, au centre d'un paysage riant et varié, sur lequel la vue erre avec délices.

Nous apercevons, au-delà de la ville, dans une vaste plaine, des points noirs qui s'avancent dans différentes directions, et nous entendons des bruits sourds ; ce sont les soldats qui s'exercent au tir du canon. Thoune, en effet, possède une école militaire très remarquable, et c'est là que se forment tous les officiers suisses.

Thoune, au point de vue industriel, est célèbre par ses poteries artistiques, et nous nous en rendons compte en descendant de l'église ; nous sommes dans le quartier des bazars et des musées céramiques, parmi lesquels le plus intéressant par ses salons d'exposition, est celui de

S. Mack, successeur de *Schoch-Lœderach.* Nous ne pouvons mieux faire que de nous offrir quelques sujets qui nous serviront de souvenir de cette intéressante petite ville.

En nous dirigeant vers la gare du chemin de fer qui va nous conduire à Berne, je remarque quelques ramoneurs en chapeaux haute forme, qui me font penser à la ville de Mulhouse, et c'est, pour moi, une désillusion — pas amère — car, dans ma naïveté, j'avais cru que cette ville alsacienne avait le monopole de ces honorables industriels pareillement affublés ; ce sont des membres de l'*association professionnelle des maîtres ramoneurs* ou, comme disent les allemands, pour simplifier, de la

Schornsteinfegermeisterberufsgenossenschaft.

A peine avons-nous le temps de nous communiquer nos impressions de la matinée, que déjà le train s'arrête dans l'immense et nouvelle gare, à peine achevée de *Berne.*

Quelques instants après, nous étions installés, avec une visible satisfaction devant une des tables d'*Emmenthalerhof.*

Après ce nécessaire déjeuner, nous allons directement vers la terrasse de la cathédrale avec l'intention de prendre notre café à l'ombre des vieux arbres dont elle est couverte.

Chemin faisant, nous sommes frappés de la quantité d'ours que nous voyons partout : ours en bronze, ours en bois, gros et minuscules, ours sur les monuments, ours dans les armes de la ville, etc., et voici l'explication qui nous est donnée :

« Au douzième siècle, le duc de Zœringen, le fondateur de la ville, ne sachant quel nom lui donner, décida, avec ses amis, dans une partie de chasse, qu'on lui donnerait le nom du premier animal sérieux qui serait abattu. Ce fut un ours, en allemand *Bær ;* d'où le nom de *Berne.*

« Depuis cette époque, le grand et le petit conseil ont décidé que l'ours figurerait dans les armes de la ville ».

Telle est l'origine de cette étonnante ville, toujours protestante, qui, actuellement compte environ 46,000 habitants.

Toutes les rues que nous suivons, avec leurs vieilles arcades, leurs fontaines originales, les ruisseaux d'eau vive coulant au milieu, ont conservé le véritable cachet du moyen âge.

« Les guerriers du treizième siècle, dit M. Desbarolles, pourraient, sans discordance, s'y promener avec leurs armures; ils y seraient même plus raisonnables que les gens en habits noirs. Ses maisons renflantes à balcon, ses rideaux à peintures, ses bannes flottantes au-dehors, ses galeries basses et humides, ses fontaines surmontées de chevaliers ou de statues rudes et naïves, sa cathédrale tudesque, dont le porche est orné de grandes figures à draperies cassées, ses ours de bronze, son Hôtel de Ville avec ses deux escaliers extérieurs et ses écussons bariolés, ses portes sculptées, son horloge à personnages mouvants, ces enfantillages du temps, sérieusement consacrés par la sculpture, tout donne à la ville de Berne un charme, un parfum d'antiquité que toutes les villes gothiques s'empressent de gaspiller au plus vite. Ajoutez à tout cela une vue féerique sur les Alpes et les cimes couvertes de neige et de glace de l'Oberland, et vous aurez une idée de Berne. »

En termes concis, tout est dit :

Nous remarquons aussi qu'à toutes les fenêtres sont placés en évidence des coussins sur lesquels se reposent les dames qui, en faisant des siestes prolongées, complètent un agréable décor.

Au coin des rues *Kramgasse* et *Rath-Hausgasse*, je relève l'inscription suivante :

IN DIESEM HAUS
BEFINDET SICH
EINE
APOTHEKE
SEIT
1441

Mais nous sommes bientôt à la *cathédrale* qui, terminée en 1593 et restaurée en 1850, est construite dans un style gothique. Le portail occidental, orné de sulptures représentant le jugement dernier, est d'une beauté remarquable.

La hauteur de la tour, inachevée, est de 72 mètres...

Il paraît qu'au commencement de ce siècle, en 1802, les Bernois ont eu une deuxième édition de l'an 1000 ; il s'était répandu parmi eux une prophétie qui annonçait la fin du monde pour le jour de Pâques, à midi, infailliblement et sans remise.

La chute du clocher de la cathédrale devait annoncer le commencement du dernier cataclyme !

Les campagnards bernois, supersticieux, réalisèrent tout ce qu'ils possédaient pour terminer leur existence dans les bombances. Ils vinrent en foule à Berne afin de jouir du spectacle de la fin du monde et... s'en retournèrent tout contrits.

Cependant, nous dégustons notre café, et, de cette magnifique terrasse, située à 35 mètres au-dessus de l'Aar, nous jouissons d'un coup d'œil féerique sur le Grand Pont, les Alpes, l'Aar et les environs.

Sur cette terrasse, nous voyons la statue en pied de *Berthold de Zœhringen*, le fondateur de Berne.

Au milieu du parapet, sous un bec de gaz, nous lisons une inscription qui rappelle un miracle : le 25 mai 1654, un étudiant nommé *Weinzapfli*, précipité à bas de cheval, tomba du haut de la plate-forme sur les berges de l'Aar, sans se faire aucun mal. Il devint pasteur et ne mourut que quarante ans après.

En quittant cette magnifique terrasse, nous faisons ce que se considère comme obligé de faire tout étranger de passage à Berne : nous allons rendre visite aux *Ours*.

Ces ours, dont nous avons eu à examiner sept spécimens, sont de véritables rentiers ; ils sont entretenus aux frais de la ville et surtout de leurs visiteurs qui, à l'envi, leur jettent des petits pains et surtout des carottes dont ils paraissent très friands.

La fosse circulaire où se prélassent ces aimables Bernois est diamétralement coupée par un mur ; au milieu de chacun des hémicycles, un sapin mort sur les branches duquel grimpent les ours quand la générosité de leurs visiteurs les met de belle humeur. Dans une de ces cours, nous avons compté cinq pensionnaires de différents âges, et, dans l'autre, un couple séparé, probablement pour ne pas être dérangé dans ses fonctions de producteur.

La légende dit que le 3 mai 1861, ces intéressants carnassiers ont agrémenté leurs carottes d'un morceau aussi succulent que rare. Un capitaine anglais, avec ou sans intention de leur faire cette agréable surprise, s'est laissé choir à leurs pieds, et ils n'en ont même pas conservé un débris comme souvenir !

Cette visite de la fosse aux ours nous inspire une critique à l'adresse de l'administration municipale.

Les étrangers contribuant pour la plus grande part aux frais de l'alimentation, il nous semble que la ville pourrait bien offrir à ses pensionnaires un valet de chambre chargé de conserver à leur champ de débats et d'exercices un cachet de propreté suffisante.

A cet effet, nous engageons la municipalité à envoyer à Anvers une délégation qui lui rapportera, de la visite du jardin d'acclimation de cette ville, le goût et les idées de propreté qu'elle est loin de posséder.

Continuant notre promenade, nous voyons le défilé des oursons de la *Tour de l'Horloge*, pendant que l'heure sonne.

Nous passons rapidement devant l'*Hôtel de Ville*, construit en 1406, récemment restauré, et dont nous grimpons les escaliers extérieurs, puis nous prenons une voiture pour visiter la magnifique campagne de Berne.

Nous sommes bientôt au *Schœnzli*, séjour enchanteur, d'où nous avons une vue superbe sur Berne et sur toute la chaîne des Alpes bernoises.

Rentrés en ville, nous passons devant l'immense *Palais Fédéral* que nous ne pouvons visiter, l'heure ne le permettant pas, et nous quittons notre fiacre devant la *Cave du grand Grenier;* c'est une des curiosités les plus visitées de la ville.

Cette cave est un colossal caveau voûté, soutenu, à droite

et à gauche, par des piliers derrière lesquels sont alignés d'immenses tonneaux qui nous ont rappelé ceux bien plus intéressants d'Heidelberg, que nous avons visités il y a sept ans.

Ces tonneaux contiennent de quinze à vingt-cinq mille bouteilles.

Nous trouvons, attablés dans cette cave, soixante enfants environ, garçons et filles, venus sur des chars ornés de feuillages et de drapeaux, du village de Zumholz, de Schwarzenbourg, à dix lieues de Berne environ.

Les deux maîtresses qui les accompagnent leur servent de la limonade et du vin mélangés.

Quoique nous soyons un jour de semaine, cette excursion en dehors du jeudi est offerte aux enfants pour bien finir l'année scolaire et les encourager à bien travailler l'année suivante.

Le soir, nous nous rendons au casino où nous passons quelques agréables instants, grâce à un Tyrolien et trois Tyroliennes, excellents artistes.

Puis, pour faire une comparaison, nous quittons le casino afin d'aller entendre des compatriotes qui, d'après les affiches, donnent une soirée dans un jardin-brasserie, à l'extrémité de la ville.

Arrivés vers dix heures et demie, nous trouvons le jardin de cette brasserie en pleine obscurité, et les artistes français se disposant à regagner leur hôtel.

Nous faisons route ensemble et ils ne nous paraissent pas enchantés de leur tournée dans ce pays.

Ils avaient eu du public pendant deux jours dans une salle située au milieu de la ville ; mais les établissements voisins, jaloux du succès de leur concurrent, avaient prié la police de faire cesser ces représentations qui faisaient le vide chez eux. La police, toujours disposée à procurer à la ville un calme soporifique, traquait les artistes qui ne pouvaient plus donner qu'une seule soirée, et une courte soirée, dans la même salle, et ils se sentaient disposés à quitter cette contrée si peu favorable à leur exploitation.

Huitième et dernière Journée

NEUFCHATEL — LA CHAUX-DE-FONDS

Berne vaut qu'on s'y arrête quelques jours, et c'est bien à regret que nous en repartons le lendemain matin à sept heures vingt minutes.

Dans le même train prennent place une cinquantaine d'enfants des écoles de la ville, munis d'une boîte d'herboriste, et qui descendent une demi-heure après pour faire leur récolte.

Il me semble que ces voyages d'enfants, comme ceux que nous voyons depuis hier, dans la cave du Grand-Grenier et en ce moment, sont assez intéressants pour être signalés. Que les Français prennent exemple sur les Suisses ; c'est ce que, je l'espère, ils vont se hâter — lentement — de faire, quand ils auront lu ce récit !

Après deux heures de marche pendant lesquelles notre regard se repose agréablement sur le lac de *Brienne* et la fraîche campagne accidentée que nous traversons, nous descendons à *Neufchâtel,* bâtie sur le lac du même nom.

Neufchâtel est la capitale du canton et compte seize mille habitants. Cette ville est bâtie en amphithéâtre sur la pente du Jura ; il s'y fait, comme dans toute cette contrée, du reste, et jusqu'aux frontières françaises un grand commerce, d'horlogerie.

Le lac de Neufchâtel est le plus grand des lacs situés au pied du Jura ; il se trouve entre les cantons de Neufchâtel, de Berne, de Fribourg et de Vaud.

Nous visitons avec un grand intérêt l'immense *Musée des Beaux-Arts,* très intéressant par ses riches collections d'oiseaux, de mammifères, de poissons, de minéraux, d'armes, de tableaux, etc.

Après déjeuner, toujours nous éloignant des magnifiques montagnes de l'Oberland, nous faisons route vers *La Chaux-de-Fonds*, et nous descendons dans la gare en même temps que les quarante musiciens de la société d'*Yverdon*, arrivant de France en sens contraire. Cette société s'apprête à défiler en ville avec une couronne d'or de dimensions peu communes, obtenue la veille au grand concours international de Besançon.

Nous faisons, musique en tête, notre entrée dans cette belle ville moderne aux larges artères, qui, tous les jours, s'agrandit, et cela surtout grâce à nos fameux traités de commerce, qui ont décidé les plus importantes maisons françaises à transporter ici une partie de leur fabrication.

De nombreux boulevards, non bâtis encore, sont tracés et aménagés de façon à recevoir à profusion de nouvelles constructions, qui ne tarderont pas à couvrir les trottoirs.

Cette ville, centre de la fabrication de l'horlogerie, est véritablement dans le mouvement...

Quelques heures après, nous prenons place dans un wagon *éclairé à la lumière électrique ;* le chauffage s'y fait à la *vapeur*, ou plutôt s'y fera — à la saison.

Les compagnies françaises attendront — avec impatience — que ces perfectionnements introduits à la grande satisfaction des voyageurs par les compagnies de la Suisse, dans leurs wagons, aient fait leurs preuves pendant quelques années, pour se décider à les imiter.

Ces réflexions et la fatigue de cette longue journée nous procurent une douce somnolence ; mais bientôt, les douaniers, nous arrachant à nos rêves dorés, nous invitent à descendre, bagages en mains, avec l'espoir de rencontrer parmi nous quelque fraudeur. Ce n'est pas notre cas, et nous reprenons — en France — de nos rêves le cours interrompu par ces ennuyeuses formalités douanières.

A PROPOS

DE

CAEN

A PROPOS DE CAEN

Première Journée

EVREUX

Le Congrès de l'A F A S (Association Française pour l'Avancement des Sciences), s'est tenu, en l'année 1893, à Besançon. Après quelques jours de présence dans les sections où nous retiennent de nombreuses et fort intéressantes communications, nous profitions, plusieurs amis et moi, du voisinage de la Suisse pour franchir la frontière et faire un de ces voyages qui ne s'oublient pas, mais dont, au contraire, on évoque les souvenirs avec empressement quand les ennuis de la vie et le tracas des affaires nous en offrent le loisir.

En l'année 1894, le Congrès se tenait à Caen, c'est-à-dire à l'opposé de la France, avec, à peu de distance, une frontière toute différente : la mer.

Nous avons franchi cette frontière pour visiter deux îles formées par de malencontreux phénomènes naturels qui les ont détachées de nos côtes, mais dans lesquelles circule encore le sang français d'origine, jusqu'à ce que, par les agissements constants de leurs protecteurs actuels, ce sang ait été complètement renouvelé.

L'époque des Congrès est, chaque année, impatiemment attendue ; c'est qu'elle est pour nous l'occasion de nous rencontrer avec des amis dont nous sommes séparés par de longues distances.

Pendant les quelques jours des sessions, en effet, le Russe retrouve son ami le Portugais, l'Italien son ami l'Anglais, le Belge son ami l'Espagnol, le Hollandais son ami l'Algérien, et, de tous les coins les plus extrêmes de la France, nous nous dirigeons d'un cœur gai vers ce centre où nous allons revivre avec d'excellents camarades.

Des compagnons que j'avais, l'année dernière, dans mon excursion en Suisse, deux sont habitants d'Evreux. Il était tout indiqué que je devais, en me rendant à Caen, m'arrêter dans leur ville, et ils n'ont pas eu à insister pour m'en faire prendre l'engagement.

Donc, sur le quai de la gare d'Evreux, je trouve mon amphytrion, M. Ferray, accompagné de deux congressistes dont la rencontre me cause une agréable surprise; c'étaient notre fameux Bordelais et M. R. Ellie, ingénieur et photographe amateur, dont l'un faisait, l'an dernier, des aphorismes extravagants autour de la Yung-Frau, pendant que l'autre, avec son appareil, la croquait sous toutes ses faces.

L'ami Fauré et moi, nous ne connaissons pas la ville d'Evreux, et nous sommes surpris, en sortant de la gare, de n'en rien voir du tout qu'un parc dont les beaux arbres forment pour la place comme un fond de campagne. Une grande grille ouverte se présente à nous, et nous pénétrons dans le *Jardin Botanique,* aux allées sinueuses, à pente douce, et, permettant d'atteindre fort agréablement le niveau de la ville, dont nous apercevons, en bas du Jardin, les maisons dominant les magnifiques arbres fruitiers qui constituent comme un musée de ce *Jardin Botanique.*

Notre aimable photographe saisit au vol notre groupe et réussit à en faire un superbe tableau grâce au pittoresque décor qui nous encadre.

A peine entrés dans la ville, l'ami Bordelais m'annonce qu'il va me mettre à même d'apprécier le sens pratique des *Ebroïtiens,* — il paraît que c'est ainsi que l'on distingue les habitants d'Evreux — et, en effet, il me montre un édicule peu luxueux, mais d'une utilité incontestable, en forme de demi-lune, et au milieu duquel se trouve une sorte de fourche courbée en fer et paraissant devoir servir de support, lequel support appelle naturellement la plaisanterie.

Ces Ebroïtiennes, pariodant les Vespasiennes, nous font sourire chaque fois que, dans notre promenade, elles se présentent à nos regards.

La ville d'Evreux est assez importante ; elle compte 16,755 habitants ; elle est le chef-lieu de l'Eure et le siège de l'Evêché ; c'est la rivière de l'Iton qui a la mission de la rafraîchir, mais nous n'en avons pas, dans cette journée, reconnu l'utilité, le ciel s'en étant admirablement chargé.

Après un déjeûner luxueux, pendant lequel nous dégustons certain cidre bien supérieur aux plus grandes marques de vins rouges ou blancs, nous admirons, quoiqu'en pleine eau, certaines belles rues, bien alignées, bordées de riches habitations, et nous nous dirigeons vers la *cathédrale* dans laquelle nous pénétrons en passant sous des échafaudages et en évitant les petits lacs qui l'entourent.

Cette cathédrale, fort remarquable, est en réparation depuis quelques années, et on espère qu'elle sera complètement restaurée dans le courant du xxe siècle. Mais, malgré les échafaudages et les démolitions de l'intérieur, elle forme un ensemble très imposant. Notre ami Ferray nous raconte toutes les vicissitudes par lesquelles est passée cette historique cathédrale, comme du reste, la ville d'Evreux, prise et reprise, assiégée, incendiée tantôt par les Français, tantôt par les Anglais, par Jean Sans-Terre, qui massacra la garnison française avec l'aide des habitants, par Philippe-Auguste qui brûla la ville en punition de cette trahison, etc., etc.

Mais il pleuvait toujours, et il nous fallait bien rentrer dans l'épaisse brume pour arriver au *musée*. Nous y remarquons des antiquités, des sculptures, et diverses sortes d'objets d'art, le tout provenant, pour la plus grande partie, du Vieil-Evreux ; le reste est composé d'objets Gallo-Romains.

Pendant que les visiteurs examinent l'*Hermaphrodite*, j'avise dans un coin, cette vieille enseigne de cimetière :

« Vous qui depuis longtemps rêvez l'égalité,
« C'est ici qu'on en jouit dans la réalité !

Ce qu'il y a de plus remarquable dans ce musée, c'est le tas de pièces de monnaie, un mètre cube environ, 340 kilogrammes en chiffre exact, qui a été trouvé, le 23 août 1890, dans les fouilles faites pour établir les fondations du nouvel Hôtel de Ville d'Evreux ; c'est, paraît-il, le trésor de la guerre, enfoui en cet endroit, au IIIe siècle, au moment des guerres romaines, par l'officier-payeur de l'armée d'occupation, au moment où il s'est vu obligé de fuir précipitamment devant les Barbares victorieux.

Le numismate Ferray a mis au *point* cinq mille de ces pièces, qu'il a patiemment classées, sur les 110 à 120 mille dont se compose cette riche découverte.

Au premier étage se trouvent quelques belles peintures que la pluie persistante nous force à admirer plus que de raison.

Cependant, reprenant d'une main notre courage et de l'autre notre parapluie, nous continuons notre pérégrination à travers cette ville bourgeoise, toujours tranquille, il est vrai, mais paraissant ne posséder, en ce moment, dans ses murs que cinq êtres vivants, ceux qui composent notre caravane. Après un quart d'heure de promenade sous cette pluie diluvienne, nous nous abritons encore, sous prétexte de la visiter, dans l'église *Saint-Taurin,* où se trouve, à l'entrée, ce phénomène singulier, n'ayant pas son semblable dans le monde entier : un escargot monstre soutenant un bénitier !

Nous nous sommes arrachés à la contemplation des vitraux anciens et modernes, des belles boiseries modernes, des bas-reliefs du XVIe siècle, etc., pour nous rendre dans un édifice absolument moderne, celui-là, fort hospitalier, et dont nous profitons de la confortable installation pour nous sécher, tout en nous rafraîchissant, agréable antithèse !

Bref, si j'étais anglais, je résumerais ainsi mes impressions de cette première journée : Evreux, ville bourgeoise, calme, qui fait à ses visiteurs une réception princière, mais où il pleut trop.

Deuxième Journée

CAEN

Nous quittons avec regrets et le plus tard possible cette charmante famille Ferray, et nous arrivons à minuit en gare de Caen.

Nos premiers pas dans cette ville nous procurent, comme à Evreux, une vive émotion, mais combien différente ! Ici la pluie, l'obscurité, pas de voitures, des bagages, un encombrement de voyageurs se bousculant, bref, nous prenons place, comme colis, sur un omnibus déjà surchargé de malles et de valises au milieu desquelles nous nous casons fort difficilement. Nous nous adressons à tous les hôtels que nous rencontrons sur notre route, mais, est-ce un mot d'ordre, est ce pour se rendre intéressants, je ne sais ; partout on nous reçoit avec cette bienvenue : complet.

Outrés de cet accueil imprévu, nous donnons l'ordre à notre cocher de nous conduire au lycée, où nous avons la satisfaction de trouver un grand nombre de lits encore inoccupés, et nous y attendons très impatiemment le retour du soleil ou tout au moins du jour.

Le lendemain, pour nous venger des maîtres d'hôtels, nous retenons en ville des appartements particuliers, et, avec le concours d'un fiacre, nous allons prendre nos valises au lycée.

Nous avions bien remarqué la nuit précédente, en montant au dortoir, que nous passions dans de larges, longs et sonores corridors, que nous gravissions des escaliers aux rampes en fer forgé, et dont les marches peuvent donner passage à une quinzaine de personnes de front, que nous avions pris possession d'un lit dans une salle immense, d'un rectangle parfaitement régulier, avec une multitude de fenêtres larges et hautes, salle comprenant trois rangées d'une trentaine de lits, séparées par un large couloir, mais nous ne nous étions pas doutés que nous avions dormi dans un véritable palais.

Nous visitons en détail ce monument ; nous parcourons ces vestibules spacieux, ce superbe parloir, ces cloîtres, magnifiques galeries dans lesquelles, jadis, conversaient les savants Bénédictins, hôtes de ces lieux.

Immense, le réfectoire avec sa voûte splendide, ses murs revêtus de lambris et de tableaux ; il faut voir aussi la chapelle, la sacristie et la grande salle avec leurs tableaux ! Les cours, les parcs sont immenses ; la façade est majestueuse et peut lutter avec celles des plus beaux palais de Paris.

A gauche, et bordant le lycée, est l'*Eglise Saint-Etienne (abbaye aux hommes)*, remarquable par sa grandiose simplicité.

Commencée en 1066, elle était achevée onze ans après. Guillaume-le-Conquérant, qui l'avait choisie pour lieu de sa sépulture, y fut inhumé en 1087. En 1562, la ville de Caen tomba au pouvoir des protestants qui marquèrent leur passage par des dévastations ineptes, et détruisirent ce tombeau ; les restes de Guillaume furent jetés au vent ; un seul ossement a été recueilli et rapporté plus tard à l'Abbaye ; il est déposé dans un petit caveau placé dans le chœur ; au-dessus se trouve une inscription latine qu'y fit placer, en 1802, le général Dugua, alors préfet du Calvados.

Grâce à l'obligeance du sacristain qui aime *son* église, et le fait bien voir, quand il peut accompagner des visiteurs disposés à entrer dans tous les détails, nous la visitons sérieusement dans toutes ses parties, intérieures et extérieures, y compris la place où était le tombeau de Guillaume-le-Conquérant, le portrait de ce prince dans la sacristie, etc., etc.

Notre visite de l'Abbaye-aux-Hommes, fondée par Guillaume-le-Conquérant, nous inspire l'idée de profiter de notre voiture pour nous rendre à l'*Abbaye-aux-Dames*. *Eglise de la Sainte-Trinité*, fondée en 1066 par la reine

Jardin Botanique d'Évreux

Guernesey. — Congressistes devant le Gouffre-Hotel

Mathilde, femme du Conquérant. Ils avaient failli aux lois de l'Eglise en se mariant quoique proches parents, et, pour expier ce crime, ou en laisser le souvenir aux siècles futurs, ils firent bâtir ces indescriptibles monuments. Cette église ne fut pas épargnée plus que les autres, au temps des guerres de religion ; le tombeau de la reine Mathilde fut également détruit, en 1562, par les protestants, qui le pillèrent et en dispersèrent les restes. L'Abbesse, Anne de Montmorency, put les rassembler et les replacer dans le cercueil de pierre où ils avaient été déposés cinq siècles auparavant.

Détruit de nouveau en 1793, ce ne fut qu'en 1819 que les cendres de la Reine, retrouvées dans leur ancien cercueil, furent solennellement placées au-dessous d'un troisième monument érigé par M. de Montlivaut, préfet du Calvados.

L'Abbaye-aux-Dames, ou église de la Trinité, est un magnifique édifice romain, savamment restauré. Le tombeau de la reine Mathilde se trouve dans la partie de l'église fermée au public et réservée aux religieuses, les quarante-six Augustines-Hospitalières, qui desservent l'Hôtel-Dieu, adjacent. Cet Hôtel-Dieu est l'ancienne Abbaye, dans laquelle sont soignés actuellement environ 250 malades.

A la suite de cours spacieuses s'étend un immense parc réservé aux méditations des sœurs ; à droite de ce parc, a été établi un labyrinthe, couronné par un beau cèdre ; delà on jouit d'une vue superbe sur toute la ville de Caen, sur les jardins potagers de l'Hôtel-Dieu, sur les prairies dans lesquelles paissent huit belles vaches laitières pour le service des malades, sur les deux cimetières spécialement affectés aux Augustines, l'un complet, abandonné, l'autre, *en exercice ;* pour tout ornement, de simples petites croix en bois noir, sans inscription.

Cette visite nous fait regretter bien sincèrement de n'avoir pas à offrir à nos malades une semblable installation, quand bien même ce n'en serait qu'une partie.

Pour répondre à la gracieuse invitation de M. Lebret,

maire-député, nous nous rendons, le soir, à la salle des Fêtes de l'Hôtel de Ville. M. le maire, et les personnages Caennais, qui l'entourent, paraissent affectés de la mort du député de la deuxième circonscription, M. Legoux-Longpré, dont les obsèques auront lieu le lendemain à Lion-sur-Mer. D'autre part, la municipalité actuelle, ayant pris les affaires alors qu'elles étaient fortement brouillées par des novateurs expérimentateurs malheureux, le vent était aux économies, et il est résulté, de ce concours de circonstances, un froid que n'est pas parvenue à chasser la musique pourtant si entraînante du 36e de ligne, placée dans la cour de telle sorte que ses mélodies n'arrivaient jusqu'à nous que comme des échos lointains.

Troisième Journée

CABOURG — DIVES — HOULGATE-BEUZEVAL

Le lendemain, vendredi, nous utilisons le chemin de fer Decauville pour nous transporter au bord de la mer, et, la plume au vent, nous prenons la direction de Cabourg.

Ce tramway, fort confortable, suit la route sinueuse, et nous évite la mélancolie qui résulte toujours des tracés en ligne droite ; les touristes étant fort nombreux, notre voyage y gagne également en gaîté ; notre Bordelais qualifie de *cidreuses* les indigènes qui ont pour la plupart, les cheveux couleur cidre ; il trouve également qu'elles ont le cou *laiteux;* est-ce à cause du lait, principal produit de ces contrées ? nous constatons facilement qu'elles ont, en effet, l'enveloppe du cou d'un blanc laiteux.

Cependant nos nombreux compagnons de route se sont éparpillés et ont peu à peu déserté les compartiments ; nous n'en avons cure, et nous nous laissons glisser jusqu'au point *terminus* de la ligne, à *Dives*. Nous sommes à la porte de l'original *Hôtel de Guillaume-le-Conquérant,* qui a la réputation, injustifiée peut-être, d'écorcher ses clients, ce dont nous ne jugeons pas à propos de nous rendre compte par nous-mêmes ; il est vrai que nous avions deux heures à dépenser avant d'avoir à chercher une table d'hôte quelconque. C'est du port de Dives, ville jadis importante, qu'est parti Guillaume-le-Bâtard, ou *William Bastard de grand vigour,* ou Guillaume-le-Conquérant, pour l'expédition d'Angleterre, et ce souvenir nous inspire l'idée d'aller faire nos dévotions au pied de la colonne qui rappelle cet événement, laquelle colonne a été érigée sur la hauteur entre Dives et Beuzeval.

Chemin faisant, nous pénétrons dans la petite église de Dives, où nous pouvons lire sur un immense tableau les noms des compagnons de Guillaume.

Nous suivons ensuite une belle route en lacets, et, après avoir joui de coups d'œil variés tantôt sur les vallées et les montagnes de l'intérieur, tantôt sur la mer, nous apercevons enfin, après une heure et demie de promenade, la colonne à laquelle nous accédons en traversant de grandes herbes humides.

De cet endroit, nous avons sous nos pieds Houlgate et Beuzeval avec leurs riches constructions modernes ; une côte très raide nous permet d'arriver en peu de temps à Beuzeval et la cloche de l'hôtel Imbert nous invite aussitôt gracieusement à prendre part à la table d'hôte.

Le temps est froid, la pluie menaçante, et nous ne pouvons apprécier, comme elles le méritent, ces longues et belles plages de Beuzeval et Houlgate, du reste absolument désertes.

Continuant notre promenade par la route qui borde la mer, nous arrivons au casino de Cabourg et nous nous installons sur la terrasse en face des bains, au moment où la pluie commence ; nous voyons défiler quantité de voitures de toutes formes, depuis le fiacre jusqu'au mail-coach, et nous apprenons que ce mouvement qui, paraît-il, est inaccoutumé, a pour cause les courses de Cabourg. C'est là une attraction imprévue à laquelle nous ne savons pas résister, et évitant tout véhicule, nous prenons la direction de ce champ de courses, situé à environ trois kilomètres. Nous y arrivons parfaitement rafraîchis, grâce au ciel, et pour nous consoler de cette inclémence de la température, nous soutirons aux bookmakers quelques pièces de cent sous.

Nous reprenons enfin notre tramway et nous rentrons parmi les Caennais après avoir, comme de vulgaires canards, barboté une grande partie de la journée.

Quatrième Journée

COURSEULLES — SAINT-AUBIN — LANGRUNE
LUC

Le lendemain matin, grâce au soleil qui paraît cette fois disposé à ne pas se laisser éclipser par les vapeurs épaisses dont, depuis quelques jours, nous subissons les effets inopportuns, nous partons avec l'espoir de visiter agréablement quelques plages renommées.

Perchés sur l'impériale du train que nous prenons à la gare de Saint-Martin, nous respirons un air pur et réconfortant; nous admirons la campagne, les routes, les villages, les châteaux disséminés et les châlets, et après une demi-heure de marche, nous remarquons un groupement de maisons, simples mais bien bâties, entourant une très belle église qui nous semble neuve, quoiqu'en style XIIIe siècle et flanquée de deux clochers en pierre ; c'est *Notre-Dame-de-la-Délivrande*, bâtie avec les bénéfices d'un pèlerinage fort couru jadis avant la concurrence désastreuse de Lourdes.

Les réflexions que nous faisons au sujet de cet incompréhensible commerce nous empêchent de remarquer ce qu'il pourrait y avoir de curieux dans le parcours de notre train et nous nous trouvons, sans y penser, au point *terminus*, à *Courseulles*.

Ce village est à l'embouchure de la Seulles, et possède un petit port presque spécialement affecté au commerce des huîtres. Quant aux bains de mer, ils ne sont guère fréquentés, d'abord à cause des amas de varech qui se forment sur la plage, ensuite et surtout à cause de la proximité des belles plages sableuses de Langrune, Luc, etc.

A peine sortis de la gare, nous voyons plusieurs parcs à huîtres, au milieu desquels nous nous promenons pour nous faire une opinion sur la beauté de ces crustacés tant renommés.

Nous sommes bien obligés de constater, en déjeunant, que leur réputation n'est pas surfaite, non plus que celle que devrait avoir ce village d'offrir à ses visiteurs des moules pour ainsi dire spéciales.

La plage n'offrant qu'un intérêt très restreint, nous reprenons le chemin de fer jusqu'à Saint-Aubin, afin de gagner du temps et de ménager nos forces pour visiter en détail les plages suivantes.

Saint-Aubin présente une certaine animation ; la plage est fréquentée et nous y voyons de réels baigneurs ; mais en suivant la mer dans la direction de Luc, nous constatons que le nombre en est de plus en plus grand. Nous traversons toute la plage de Langrune et peu après nous étions dans les dépendances de Luc où nous nous trouvions perdus parmi des milliers de femmes et d'enfants se livrant sur cette longue et large plaine de sable à leurs ébats habituels. Il n'y a pas dans ces villages d'autres attractions que la mer ; les nombreux baigneurs qui s'y rendent jouissent de la mer seule, sans prétention et pour leur santé ; nous sommes à quelques minutes de Cabourg, Houlgate, Villers-sur-Mer, etc., mais la composition des baigneurs est absolument différente ; ici, pas de pose, mais au contraire le plus grand sans-gêne, c'est-à-dire les bains de mer tels qu'ils doivent être compris ; là-bas, où nous étions hier, le luxe, la toilette, la pose, et conséquemment le ridicule.

Que les baigneurs de Luc, Langrune et stations voisines restent *naturels*, ils seront logiques et ces plages conserveront leur animation.

Pour varier les plaisirs, nous rentrons à Caen par le chemin de fer Decauville ; la voie suit constamment le canal de Caen à Ouistreham et passe sous les magnifiques arbres qui font de ce canal une merveilleuse avenue.

Cinquième Journée

FALAISE

Le dimanche, jour de repos pour les congressistes, nous nous dirigeons, dès le matin, vers la gare au nombre de cent cinquante environ, et nous partons en train spécial pour Falaise. Cependant, arrivés à *Pont-Erembourg*, nous abandonnons notre train, et nous nous installons dans des voitures de tous styles, de toutes les époques, qui nous conduisent dans la *vallée de la Vère*, fort intéressante et fort pittoresque, et dans laquelle nous trouvons d'importantes filatures de coton chargées d'approvisionner les tissages de Flers, Noireau, etc.

Nous ne connaissions jusqu'alors la Normandie que par la réputation de ses pâturages, et nous nous figurions ne rencontrer dans notre excursion que des troupeaux paissant dans d'immenses plaines vertes et semées d'arbres fruitiers, pommiers, poiriers ; aussi, grande fut notre surprise de trouver dans la vallée de la Vère un véritable coin de la Suisse.

Nous remontons lentement à gauche par Athis, Segrie, Pont-de-Vère, et nous rejoignons la vallée de l'Orne. Après

Segrie, la vue s'étend sur la vallée de la Rouvre, et au-delà sur de hautes collines dont les nuances variées, noires, violettes, entremêlées de la verdure des feuillages, forment un décor ravissant, et nous arrivons émerveillés au *Pont-d'Ouilly,* sur le *Noireau,* et dans ce village de peu d'importance, nous trouvons installée sous une halle une table autour de laquelle nous nous rangeons pour savourer aussitôt de délicieuses anguilles à la sauce crème vraie et absolument délicieuse.

Après le déjeuner, pour nous rendre à la station, nous prenons le chemin des écoliers ; nous suivons la rive du *Noireau,* ainsi nommé à cause de la teinte noire que présensentent ses eaux sur des fonds schisteux, et sur notre route nous voyons, la surplombant, de hautes roches que la nature s'est plu à sculpter de singulière façon ; nous avons en effet au-dessus de nous un colossal chien de pierre.

Bientôt après, nous débarquons à *Falaise,* et nous dirigeant vers l'église du faubourg de Guibray, nous en trouvons les abords encombrés de magnifiques échantillons de la race chevaline. Nous sommes à l'époque de la foire aux chevaux, *la foire de Guibray,* et nous constatons que sa réputation est bien méritée.

La ville de Falaise, qui compte 8,518 habitants, et qui pourrait bien en loger à l'aise le double, est un chef-lieu d'arrondissement du Calvados ; c'est une ancienne ville forte ; dans notre promenade, nous voyons encore les vestiges des anciennes portes ; c'est ici la véritable patrie de Guillaume-le-Conquérant ; c'est ici qu'habitaient Robert-le-Magnifique ou Robert-le-Diable, sixième duc de Normandie, et sa femme qui était la fille d'un pelletier de Falaise, lorsqu'en 1027 naquit de cette union Guillaume-le-Bâtard, qui devait s'appeler plus tard le Conquérant ; on montre la maison où est né cet illustre aventurier et, sur la place de l'Hôtel-de-Ville, se trouve sa statue équestre en bronze, par Rochet, érigée en 1851. Ce groupe est colossal, et le piédestal est en outre entouré des statues des six premiers ducs de Normandie, ancêtres du héros.

Après avoir visité les églises de Saint-Gervais et de la

Trinité, nous montons au ci-devant château dont la construction date du x⁰ siècle. L'emplacement est très pittoresque, soutenu par de hautes murailles, flanquées de tours rondes ; il renferme le collège ; quant au château, il n'en reste que le donjon en réparation, dont on rétablira, dit-on, la toiture complètement absente.

A l'extrémité de l'enceinte, du côté des promenades et où, jadis, il y avait un fossé, on montre la brèche par où passa Henri IV ; si ce n'est une légende, il faut admettre que ce bon roi avait une paire de jarrets spéciale.

Ce voyage nous a fait perdre encore une illusion ; nous avions cru rencontrer ces beaux *gas de Falaise,* dont la trompette de la Renommée a fait retentir tous les échos de l'univers ; nous espérions rencontrer ces fiers gas surmontés du populaire bonnet de coton crânement porté ; hélas ! nous avons bien vu des *gas de Falaise* et, grâce à la foire, beaucoup d'autres de la campagne environnante, mais de casques à mèche, point, si ce n'est dans les boutiques, où beaucoup d'entre nous s'en offrent un exemplaire illustré de dessins plus ou moins artistiques.

En résumé, il nous semble que l'industrie principale, la bonneterie, dont le bonnet de coton était l'emblème, a suivi la fortune politique de cette bonne ville de Falaise, c'est-à-dire qu'elle a bien baissé.

Nous dînons rapidement dans le vaste réfectoire du collège et, avant de reprendre place dans nos wagons, nous faisons le tour de la foire.

Sixième et Septième Journées

CAEN

Nous consacrons aux conférences et à des promenades dans la ville de Caen les deux jours dont nous pouvons disposer avant notre départ pour la grande excursion.

Caen est une ville de 41,181 habitants, chef-lieu du département du Calvados, située sur l'Orne, à seize kilomètres de la mer, et entourée de magnifiques prairies. Le quartier le plus vivant est celui des rues Saint-Jean et Saint-Pierre, à l'intersection desquelles se trouve l'église Saint-Pierre.

Nous avons visité sérieusement l'Abbaye-aux-Hommes et l'Abbaye-aux-Dames et conséquemment Saint-Pierre nous offre un moindre attrait. Il paraît, car je ne suis pas connaisseur, que ce qui domine dans l'architecture, c'est le style *rococo* ; je suis loin d'y contredire ; mais ce qu'il y a de remarquable, c'est le sans-gêne avec lequel on se sert de l'orthographe ; on peut lire en effet, en gros caractères, au-dessus d'un des tableaux du Chemin de la Croix :

JÈSUS ATACHÉ A LA CROIX

peut-être a-t-on voulu simplement *atirer l'atention* des chrétiens.

Dans les rues Saint-Jean, Saint-Pierre, du Mortoir-Poissonnerie, etc., se trouvent de charmantes maisons de bois ; la finesse des sculptures est remarquable, et le propriétaire de l'une d'elles, M. Bouet, marchand de papiers peints, rue Saint-Pierre, a réussi à la restaurer intelligemment ; sa maison offre un très curieux exemple de l'application du plâtre avec incrustation de couleurs.

On rencontre dans la ville beaucoup de petites rues appelées *Venelles*, et, particulièrement dans le centre, beaucoup de corridors toujours ouverts, sombres, peu aérés, où l'on s'imprègne d'odeurs peu poétiques, et servant de passage d'une rue à l'autre, tout en assurant le service des cours intérieures.

A une extrémité du boulevard Saint-Pierre, se trouve la *place de la République*, la plus belle de Caen ; elle est bordée par l'*hôtel de ville* ; on y voit la statue d'*Auber*, en marbre, œuvre de Delaplanche ; dans le square, se trouvent deux groupes en bronze, par Auguste Lechesne, sculpteur caennais, représentant les *Dénicheurs* et des *Enfants mordus par un serpent*.

A l'autre extrémité du boulevard, se trouve le *port* qui se compose de la partie de la rivière d'Orne comprise entre le pont du chemin de fer et le Rond-Point ; d'un bassin à flot rectangulaire (567 mètres de longueur sur 50 mètres de largeur) en communication avec ce port et qui borde la rue des Quais du côté de la ville ; et d'un autre bassin creusé en aval et formé par l'élargissement du canal.

L'ancien bassin, qui peut contenir 80 navires environ, communique par deux écluses à ponts tournants avec l'Orne et avec un canal long de 14 kilomètres et profond de 4 m. 50, bordé de beaux arbres, qui le relie à l'avant-port d'Ouistreham.

La plupart des maisons ont leurs fenêtres garnies de fleurs dont il se fait un commerce considérable. Pendant la belle saison, se tiennent des marchés permanents de plantes ; aux environs de l'église Saint-Pierre, sur le boulevard, les trottoirs sont encombrés de pots de fleurs que des gardiens surveillent pendant la nuit. *Que de fleurs !* auraient dit les illustres Calchas et Mac-Mahon, comme, du reste, nous le disons nous-mêmes ; les horticulteurs, d'ailleurs nombreux, ne chôment pas, et nous sommes loin d'en blâmer les Caennaises, car certaines rues présentent un coup d'œil séduisant ; de ce nombre est la *rue du Vaugueux*, que nous suivons machinalement les yeux irrésistiblement attirés vers les fenêtres complètement garnies de plusieurs gradins de fleurs — seulement — en telle quantité que l'air est rempli de vives senteurs, et nous arrivons ainsi sans fatigue au pont-levis du *château*, ou plutôt de ce que fut le château.

Bâti au xie siècle par Guillaume-le-Conquérant, il a été plusieurs fois modifié, démoli ; d'autres constructions ont poussé sur ce plateau, et maintenant il n'y a plus qu'une caserne ; mais autour se trouvent encore les anciens fossés dont la profondeur donne le vertige.

De ce point, nous avons une vue magnifique sur la ville et les plaines environnantes.

M. Peschard a invité les congressistes à visiter le musée qu'il a installé dans sa demeure. M. Peschard a utilisé les relations qu'il avait avec la Nouvelle-Zélande pour réunir ses collections pour ainsi dire uniques en France, et nous ne sommes pas peu surpris de trouver un grand nombre de types de la faune éteinte et de l'ethnographie de la Nouvelle-Zélande. Un lunch princier qui nous est gracieusement offert au milieu de tous ces magnifiques souvenirs nous permet de féliciter à notre aise M. Peschard sur la richesse de ses collections.

Notre séjour à Caen nous a permis de faire une constatation qui a bien sa valeur. On est porté à croire que les *tripes à la mode de Caen*, connues du monde entier, doivent avoir dans cette ville une saveur enlevante, un arôme irrésistible, une finesse adorable, que la sauce doit en être divine; mais je pense que c'est à l'ironie que ce produit culinaire doit sa proverbiale réputation, car c'est à Paris qu'il faut manger les tripes à la mode de Caen. Encore une illusion perdue !

Huitième Journée

BAYEUX — BALLEROY

LE mercredi 15 août, nos valises bouclées, nous quittons à onze heures et demie la ville de Caen et, trois quarts d'heure après, nous faisons notre entrée dans celle de *Bayeux*. Notre caravane étant fort nombreuse (le nombre a été limité à cent vingt), il s'agissait de s'installer tout d'abord dans les hôtels, ce qui du reste fut vivement fait.

La première visite que nous sommes invités à faire est à M. le maire. Le rendez-vous est donné place de l'Hôtel-de-Ville, où nous nous rendons en suivant, à partir de nos hôtels respectifs, différentes rues, ce qui nous permet d'admirer quelque vieilles maisons en bois parfaitement restaurées. En attendant le premier magistrat, dont l'administration étend ses bienfaits sur 8,347 *Bajocasses,* nous contemplons plus longuement que de raison la statue de M. de Caumont, l'illustre archéologue de Bayeux, qui vécut de 1802 à 1873, laquelle statue fait l'ornement du jardin de l'hôtel de ville.

Enfin, les portes s'ouvrent et nous présentons nos devoirs à la municipalité ; l'édifice, par lui-même, n'offrant rien de plus curieux à l'intérieur qu'à l'extérieur, la cérémonie était terminée aussitôt commencée et nous nous rendons à la *cathédrale* ou *Notre-Dame de Bayeux* qui avoisine l'hôtel de ville.

Je comprends que Bayeux soit le siège de l'évêché ; cette église est en effet très remarquable et par son ensemble architectural gothique et par ses colossales proportions. L'état des sculptures rappelle bien les époques néfastes, mais pourtant toute l'ornementation est fort riche.

L'intérieur a également des proportions majestueuses ; on y remarque des boiseries anciennes et admirables ; cette église possède vingt-deux chapelles et une vaste crypte des VIIIe et XIe siècles, sous le sanctuaire. Dans la salle capitulaire, nous admirons un coffret arabe en argent et ivoire, lequel contient les ornements sacerdotaux de saint Ragobert.

A quelques minutes de la cathédrale, se trouve la *place du Château* ou *Saint-Sauveur* et nous entrons, à droite, dans la *bibliothèque publique* qui comprend, paraît-il, vingt-cinq mille volumes ; on y voit diverses croûtes décorées pompeusement du titre de tableaux remarquables, mais le *clou* de ce musée, la *great attraction*, la *cause* de notre visite et de celle de tous les touristes particulièrement anglais qui s'arrêtent chez les Bajocasses, c'est bien, sans contredit, la fameuse tapisserie de la reine Mathilde.

Pendant que Guillaume conquérait l'Angleterre, sa femme et ses demoiselles d'honneur, pour ne pas être tentées par le diable, formèrent le projet de reproduire par des dessins tous les actes de cette équipée. De là cette phénoménale broderie sur fond blanc de 70 m. 34 de longueur sur 50 centimètres de hauteur ; la reine et ses demoiselles de compagnie ont bien reproduit cinquante-huit scènes, expliquées en latin, des prouesses du conquérant, mais à en juger par beaucoup de détails, on ne peut nier que le diable a été le principal inspirateur de ces artistes d'occasion. On prétend que les Anglais ont offert un nombre considérable de millions en échange de ces fantaisies pornographiques. Mon avis est qu'on aurait dû accepter l'échange ; les millions seraient mieux chez nous et les inspirations de la reine Mathilde ne contribueraient pas peu à maintenir dans la bonne voie ces fils d'Albion si légendairement vertueux.

C'est en riant aux éclats qu'après cette visite au musée, les congressistes, jeunes et vieux, s'installent de façon fort incommode dans des véhicules insuffisants ; mais la provision de gaieté est grande et ne sera pas épuisée après sept quarts d'heure de cahotement.

Nous descendons dans le petit village de *Balleroy*, situé sur une route tellement large qu'il nous paraît difficile que les habitants puissent utilement se faire des grimaces.

Nous suivons une longue et belle avenue au bout de laquelle se trouve le *château de Balleroy*, but de notre voyage. Nous sommes nombreux et il faut parlementer avec la vieille qui, en l'absence de la propriétaire, Mme la comtesse de Balleroy, tient l'emploi de gouvernante ; il est entendu que les visiteurs se diviseront en trois groupes et, pendant que les deux premiers sont admis à l'intérieur, nous nous répandons dans le parc fort joli avec ses avenues d'arbres séculaires, ses immenses pelouses et sa rivière qui coule dans le fond et entretient la fraîcheur.

Le château, d'un style sévère, a été bâti par Mansart au xviie siècle ; à l'intérieur, beaucoup de peintures de Nicolas Mignard, et des scènes de chasse peintes par le le défunt comte de Balleroy. Tous les appartements sont garnis de meubles anciens et modernes, et la vieille qui nous sert de cicerone nous donne de façon prolixe tous les renseignements utiles et même inutiles ; c'est ainsi que faisant jouer devant nous le mécanisme d'une armoire en ébène sculpté, elle nous explique que tous les sujets représentés sur les devants des tiroirs sont tirés de la *mythologie de l'histoire sainte ! que les tiroirs s'ouvrent,* etc.

Après cette visite, nous revenons au village et nous sommes surpris d'y trouver un maître d'hôtel assez actif et assez bien outillé pour nous servir dans les annexes de la mairie, sorte de grange, un dîner somptueux et succulent ; il est vrai que dans ce pays le beurre est exquis, ce qui rend plus facile la confection d'une bonne cuisine.

Nous nous réinstallons ensuite plutôt mal que bien dans nos guimbardes ; à plusieurs reprises nous descendons pour pousser aux roues et nous rentrons à Bayeux vers dix heures.

Nous voulons profiter de cette nuit probablement unique pour nous à passer dans cette ville, pour juger de son animation nocturne ; mais il est sans doute un peu tard, et nous ne rencontrons pas un seul Bajocasse pour nous indiquer les endroits vivants. Nous arrivons cependant à un café confortable, où nous avons le plaisir de rencontrer un indigène qui veut bien nous conduire lui-même au seul établissement qui soit intéressant à cette heure tardive et qui, par faveur spéciale, est mis hors la loi — de la police des cabarets. — Nous y rencontrons quelques paysans des environs qui, pour s'amuser, chantaient à tue-tête ; nous prenons en leur compagnie quelques bolées de cidre à raison de 50 centimes, ce qui le met à un prix un peu élevé : 500 francs la pièce environ, tout en étant d'une qualité peu enchanteresse.

Neuvième & Dixième Journées

CARENTAN — CHERBOURG — CARTERET
GOREY — SAINT-HÉLIER

Le lendemain jeudi, je laisse partir sans moi les infatigables disposés à contempler les creusets, les cornues, les mortiers et autres produits de M. Morlent, et je préfère prendre l'air de Bayeux. Toutes les maisons, neuves ou anciennes, en pierre de taille ou en bois, sont bien entretenues, les rues sont bien alignées ; mais je trouve qu'il y a trop peu d'habitants pour l'étendue de la ville et que, comme à Falaise, la population pourrait doubler sans qu'il soit nécessaire d'avoir recours aux entrepreneurs de maçonnerie pour loger les survenants. J'ai remarqué dans les vitrines de quelques débitants de boissons qui, tous, naturellement, vendent du cidre, une pancarte dont la rédaction est drôlatique : *cidre à asseoir ou à emporter*.

Le grand déjeuner est indiqué pour neuf heures et demie à l'hôtel du Luxembourg, un des principaux et celui qui a l'honneur de donner l'hospitalité à notre groupe ; à l'heure précise tout le monde est présent et à dix heures cinquante-huit nous partons tous par le train. A midi douze, nous descendons dans la gare de *Carentan*, la patrie des bœufs, des vaches, conséquemment du lait et du beurre.

Notre première visite est pour l'église assez remarquable, datant du xve siècle, et dont l'architecte de la ville nous fait les honneurs. Cette église a été reblanchie en 1828 ainsi que l'atteste une inscription placée à l'intérieur. Nous nous déclarons inextasiables et nous en sortons assez vivement pour nous diriger du côté du port qui est relié à la mer par un modeste canal ; ce côté de Carentan est assez pittoresque. Tout près se trouve une importante briqueterie dont les produits sont renommés.

Une cloche qui annonce l'entrée des ouvriers dans l'usine voisine nous fait quitter la pâte qui va se transformer en briques et en tuiles, pour nous transporter vers cette autre pâte, dont nous allons suivre les triturations précédant l'emballage dans des caisses élégantes qui, tous les jours, partent dans toutes les directions pour la grande réputation du *beurre de Carentan*.

Les honneurs de l'usine de M. Lepelletier, qui est âgé de 84 ans, nous sont faits par son gendre, lequel pense faire son beurre aussi bien que son beau-père.

Il entre, et par conséquent il sort, journellement de cette usine 20.000 kilos en moyenne, de beurre ; dans certains moments, la production a été jusqu'à 45.000 kilos, chiffre stupéfiant. Le beurre, acheté sur les marchés ou dans les fermes, arrive brut dans de grands paniers, et est divisé en sept catégories de qualités et de prix naturellement différents.

Le beurre est malaxé, laminé, passe sous deux goulottes, dont l'une fournit un filet de liquide jaunâtre, couleur safran ; c'est là qu'il prend sa couleur naturelle ! Ensuite remalaxé, relaminé, il arrive débarrassé de toute impureté, et est livré aux peseurs et aux emballeurs. Les caisses partent journellement dans toutes les directions : Paris, l'Angleterre, même la Chine ! Le gendre et directeur nous déclare que si un visiteur est disposé à donner un demi-centime de bénéfice net par kilogramme à son beau-père, celui-ci abandonnera son usine. Proposée à l'impromptu, cette offre n'a pas de succès, heureusement pour le propriétaire actuel et peut-être aussi pour l'audacieux qui l'aurait pris au mot ; il y a, en effet un tel mouvement de fonds dans cette affaire, 40 millions au moins par an, qu'il faut être entraîné de longue date pour mener convenablement cette spécialité.

L'hôtel d'Angleterre est chargé d'organiser un lunch pour deux heures trente, et nous sommes reçus sous la vaste halle de la ville ; nous y dégustons le beurre que beaucoup d'entre nous trouvent délicieux, quoiqu'indiqué comme étant de deuxième et troisième qualité.

Le départ étant fixé pour trois heures vingt-cinq, nous nous rendons précipitamment à la gare, où nous arrivons beaucoup trop tôt, le train ayant trois quarts d'heure de retard.

Nous partons pourtant, et nous descendons à Cherbourg vers cinq heures et demie.

L'hôtel du Louvre et de la Marine nous ayant été assigné, notre petit groupe s'y rend à pieds, et se procure ainsi le plaisir de parcourir une grande partie de la ville et des quais.

Cherbourg, chef-lieu d'arrondissement de la Manche, est une ville de 37.013 habitants, bien bâtie, place forte de première classe et troisième port militaire de France.

Aussitôt sortis de la gare, nous sommes à l'extrémité du *Port marchand*, à l'embouchure de la Divette et du Trotebec ; ce port se compose d'un bassin de 408 mètres de long, sur 127 mètres de large, d'un avant-port et d'un chenal de 600 mètres entre deux jetées en granit. Nous passons sur une petite place, bordant l'avant-port devant le buste de *Bricqueville*, colonel du premier Empire, en bronze, par David d'Angers ; quelques minutes après, nous sommes sur *la place Napoléon* bordant la mer avec, à droite, la rade ; sur cette place est érigée la statue équestre de Napoléon Ier, en bronze, la tête tournée vers l'Angleterre, avec l'inscription :

« J'avais résolu de renouveler à Cherbourg *les merveilles de l'Egypte.* »

Poursuivant notre route, nous sommes au bout de cinq minutes, possesseurs de nos chambres.

Invités par M. Liais, maire de la ville, nous nous rendons chez ce magistrat à neuf heures, sans avoir la moindre idée de ce que nous réserve cette réception. Nous franchissons une petite grille donnant sur le trottoir entre deux modestes boutiques, et nous nous trouvons dans un corridor étroit, 1 mètre 50 au plus de largeur, 2 mètres 50 au plus de hauteur, mais dont les murailles et le plafond sont tapissés de verdure et de fleurs ; la longueur de ce *tunnel*, éclairé par des bougies, est d'environ 150 mètres, au bout desquels se trouve la maison d'habitation. Nous sommes reçus par un beau vieillard, de haute stature, aux longs cheveux blancs comme la neige, et qui nous accueille avec une bienveillance qui nous met à l'aise fort à propos, notre costume n'ayant en général rien de commun avec celui qu'exigent habituellement les salons. Autour de M. Liais, gravitent des amiraux, des généraux, tout chamarrés d'or ; de gros personnages de la ville, conseillers municipaux, juges, etc., bref, nous apercevons un escalier dont nous nous servons pour nous rendre dans le jardin. Là, nous sommes en pleine féerie ; nous avons en face de nous une pelouse très étendue ; au milieu de cette pelouse, la musique municipale ; à droite et à gauche d'immenses serres illuminées ; partout dans les bosquets des lanternes vénitiennes, sur les pelouses des verres de couleurs à profusion ; les allées du parc éclairées par des lanternes accrochées à des poteaux ; nous sommes au milieu de 4 à 5 mille bougies éclairant un tableau indescriptible. Nous pénétrons dans les serres, et il n'est pas exagéré de dire qu'il n'en existe pas de comparables. M. Liais, qui a acquis une grande fortune en Amérique, qui est un homme de grande science, ancien directeur de l'observatoire de Rio-Janeiro et ami particulier du scientifique empereur dom Pedro, s'est donné presqu'entièrement, en rentrant en France, à l'installation de ces colossales serres ; il possède des collections inestimables de népenthès.

Il se trouve beaucoup de plantes qu'il a payées des prix exhorbitants, de 3 à 5.000 francs le pied. M. Liais jouit de son œuvre, et il est heureux de la surprise qu'il procure à ses visiteurs.

Au milieu de la pelouse a été construite une haute tour ronde dont M. Liais se sert pour son observatoire particulier.

Nous sortons bien à regret vers onze heures de ce lieu enchanteur. Les noctambules qui font partie de notre groupe jugent à propos de faire une comparaison entre l'agitation nocturne réputée de Cherbourg et le calme plat de la ville de Bayeux ; les cafés ne manquent pas sur les quais et dans les principales rues, mais les consommateurs y sont très rares ; nous rencontrons seulement deux cafés-chantants dans lesquels s'escriment devant une dizaine d'amateurs, presqu'autant de chanteuses dont le principal mérite est dans le maquillage. Bref la vie, la nuit, à Cherbourg, ne nous enthousiasme pas, et nous regrettons bien de n'être pas rentrés dans nos chambres sous l'unique et forte impression que nous avait produite la soirée de M. Liais.

Le lendemain vendredi, 17 août, à sept heures du matin, tous les congressistes sont exacts au rendez-vous donné au port du commerce pour une promenade sur la rade et la visite de la digue en attendant l'heure fixée pour leur entrée dans l'arsenal.

Le petit bateau à vapeur le *Korrigan* lève l'ancre et nous fait parcourir, tout en louvoyant, cette rade, qui ne compte pas moins d'un millier d'hectares de superficie. A environ quatre kilomètres de la ville, se trouve la digue, longue de 3.780 mètres et large à sa base de 150 à 200 mètres, que nous suivons parallèlement, à peu de distance, défilant ainsi devant les quatre forts qu'elle supporte. Sur cette jetée a été construite également une muraille de 9 mètres d'épaisseur et 9 mètres de hauteur, le tout ne formant, grâce aux ciments hydrauliques, qu'un seul bloc de pierre qui oppose aux fureurs de la mer une résistance invincible.

A neuf heures précises, le *Korrigan* s'amarre dans l'avant-port, à l'intérieur de l'arsenal, qui forme comme une ville dans la ville de Cherbourg.

Les visiteurs se divisent par petits groupes à la disposition desquels se mettent des officiers de marine et même de simples marins.

L'arsenal occupe une superficie de 22 hectares ; il a été commencé sous Napoléon Ier et terminé en 1858 ; l'inauguration en a été faite par Napoléon III, en présence de la reine d'Angleterre qui a ainsi vu, par elle-même, que le temps était passé où les Anglais pouvaient, sans coup férir s'emparer de Cherbourg, et brûler les vaisseaux qui s'y trouvaient.

L'arsenal comprend trois bassins principaux creusés dans le roc, et où peuvent mouiller commodément quarante vaisseaux de ligne.

Notre guide nous conduit d'abord vers deux immenses hangars, sous lesquels nous voyons en construction un croiseur d'escadre de 2e classe, le *Duchayla* ; nous arpentons les deux carcasses en fer, qui seront plus tard fixées l'une sur l'autre, et nous trouvons une longueur d'environ 96 mètres, ce qui représente un poids fort respectable. Nous visitons ensuite les magasins, les ateliers immenses dans lesquels travaillent à l'aise des milliers d'hommes ;

nous voyons aussi un grand nombre de cafés, plusieurs casernes et des bassins secondaires. Entre le bassin à flot et la mer se trouve la direction de l'artillerie, vastes bâtiments dans lesquels se trouve une salle d'armes ; c'est ce qu'il y a de plus curieux pour le simple touriste : les 50.000 armes dont 20.000 fusils, que l'on peut compter dans cette salle, sont disposées de façon à former des tableaux artistiques.

Notre cicérone nous conduit ensuite sur le croiseur le *Latouche-Tréville* que nous visitons longuement; ce croiseur est en réparation pour cause d'insuffisance de vitesse ; nous faisons jouer — à blanc — toutes les pièces qui constituent l'armement, depuis le canon-revolver jusqu'aux grosses pièces tournantes qui sont mises en mouvement par la force électrique.

Nous passons deux heures dans l'arsenal, et deux jours ne suffiraient pas pour l'explorer en entier ; c'est dire que nous l'avons parcouru à la hâte.

Notre groupe dédaigne le retour par le *Korrigan* ; nous sommes d'ailleurs bien près de notre hôtel, et nous rentrons en ville pour consacrer quelques instants à la visite du *Musée* installé dans l'Hôtel de Ville, sur la place d'Armes, entre la place Napoléon et l'hôtel du Louvre et de la Marine. Ce musée contient beaucoup de tableaux anciens fort intéressants.

Après déjeuner, pendant que beaucoup d'entre nous vont faire une nouvelle visite aux serres de M. Liais, nous nous dirigeons vers la montagne du Roule, dont nous prenons le sentier en lacets qui conduit jusqu'auprès du fort. De cette hauteur, nous découvrons toute la ville et toute la rade ; ce point de vue est très beau.

Nous gagnons ensuite la gare en traversant une partie de la ville, du côté du nouveau théâtre, bel édifice, de style sérieux, la place du Marché, et après avoir, sur l'avenue, en face de la gare, absorbé pour dix centimes une *moquée* de cidre, nous prenons à trois heures trente-cinq le train à destination de Carteret, où, après avoir fait dans notre wagon, un excellent dîner, nous arrivons à six heures quarante-cinq, pour nous embarquer à sept heures quinze ;

nous avons à peine le temps de nous offrir, dans le parcours de la gare au port une *moquée d'ber* ; autrement dit un bock de cidre.

Le *Cygne* est sous pression et prêt à s'envoler ; c'est un vieux bateau à roues qui, fatigué de faire le service du Havre à Honfleur, a pris un service moins dur. C'est un *mauvais cygne*, assurément, mais il se tire encore assez bien d'affaire. En sept quarts d'heure, il nous conduit au port de Gorey.

Le vent est vif, mais la mer est fort belle, le temps très clair, et, malgré le crépuscule, nous distinguons les récifs, qui ont résisté à l'affaissement survenu en 709, et ont conservé la direction de la bande de terre qui reliait à la France l'île de Jersey où nous débarquons.

Une suprise nous est réservée ; nous nous attendions à faire en chemin de fer le trajet de Gorey à Saint-Hélier, mais c'est dans d'immenses chars à bancs, très élevés, que nous sommes invités à prendre place. Le ciel est constellé la lune donne en plein, et nous acceptons avec enthousiasme cette modification au programme.

En attendant le signal du départ, nous distinguons fort bien au-dessus de nous la silhouette, aujourd'hui inoffensive du *Castel de Montorgueil*, qui domine le port de Gorey. Ce château a pris le nom de Montorgueil (mont Orgueil), vers 1368, quand Duguesclin qui était venu l'assiéger, dut se retirer devant la résistance opiniâtre de cette place.

Mais l'installation dans les voitures est terminée et le signal est donné ; nous passons devant les quelques maisons bâties au pied de la montagne et en face de la mer et nous sommes aussitôt dans la campagne.

La route est étroite, sinueuse ; des côteaux successifs et des plaines qui ressemblent à des jardins ; nous traversons plusieurs petits hameaux, et de temps à autre, nous rencontrons des groupes sympathiques sur lesquels notre cocher attire notre attention en nous les désignant comme des amoureux : nous trouvons la chose toute naturelle ; la nuit est splendide, la température est printanière, la lune conduit les pas et éclaire les ébats, tout pousse aux explosions sentimentales.

Au bout d'une heure, nous descendons devant l'hôtel de la Pomme-d'Or, près du port de Saint-Hélier et, tout en prenant possession de nos chambres, opération assez difficile, à cause de l'affluence des arrivants, nous pensons au *brave* général, qui avait fait de cet hôtel son premier refuge avant de s'installer à Sainte-Brelade, lorsque, par une fuite précipitée, il avait mis cette distance de Paris entre lui et ceux qui auraient pu le poursuivre.

Malgré l'heure tardive, nous remarquons aux environs de notre hôtel beaucoup de groupes dans lesquels dominent des petites Jersiaises fort avenantes mais qui posent moins pour la poésie que celles de la campagne.

GUERNESEY

ET

JERSEY

GUERNESEY & JERSEY

Onzième & douzième Journées

Le lendemain samedi, à sept heures du matin, par un temps magnifique, nous prenons place sur le *Lydia,* bateau de la *South-Western-Company,* déjà encombré de touristes, parmi lesquels dominent les Anglais et les Anglaises.

Nous quittons le port de Saint-Hélier au milieu des hurrahs d'une foule de promeneurs qui avaient tenu à nous saluer au départ, et ce n'est que longtemps après que les mouchoirs reprennent leur place habituelle.

Parmi les voyageurs nous reconnaissons M. Lockroy qui se rend à Guernesey, auprès d'un parent malade. Ce voyage au milieu des Congressistes lui a inspiré l'article suivant, paru dans l'*Eclair* du 28 août :

« Ces jours derniers, la Société pour l'Avancement des Sciences, qui avait tenu son congrès à Caen, s'est presque tout entière embarquée sur le vapeur *le Cygne,* dans le petit port de Carteret, à destination des îles de la Manche. Il y avait là Trélat, Alglave et beaucoup d'autres personnages très décorés et très connus. C'est le soir. La longue théorie des savants s'engouffra gaîment dans le bateau, au grand ébahissement et à la grande joie de quelques pêcheurs normands réunis sur la jetée. On partit au moment où le soleil se couchait.

« Ces messieurs et ces dames, car la Société pour l'Avancement des Sciences paraît compter un certain nombre de dames parmi ses membres, avait projeté de visiter, avant de se séparer définitivement, ces deux morceaux de la Normandie (cassée par le bout) qui s'appellent Jersey et Guernesey et qui appartiennent à l'Angleterre ; voyage d'agrément, voyage d'instruction en même temps, qui devait admirablement terminer une longue et laborieuse session consacrée tout entière aux grands problèmes de l'hygiène, de la physiologie et même — ce qui est tout à fait actuel — de la vélocipédie transcendentale.

« Ces îles ne sont peut-être pas assez connues en France. Ce sont des petites îles intéressantes, très curieuses, très pittoresques, très sauvages d'aspect et très civilisées en même temps. Si elles demeurent très attachées à leur grande patrie, elles sont restées françaises par la langue, par les habitudes, par l'esprit, et elles offrent le très amusant spectacle de pays placés sous le protectorat anglais. En devenant anglaises, elles n'ont rien perdu, en effet, de leur autonomie. Elles sont régies, comme autrefois, par la coutume normande. C'est en qualité de duchesse de Normandie que S. M. la reine Victoria règne là. Elles possèdent une justice particulière, dont les arrêts sont rendus en français. Elles battent monnaie. Elles se gouvernent et s'administrent à leur guise sous la haute surveillance d'un résident, exactement comme Malte, l'Inde ou le Canada.

« Elles vont plus loin : elles ont chacune un journal officiel écrit en français, comme les arrêts de la magistrature, et qui contient, comme autrefois le nôtre, une partie littéraire et une partie commerciale fort bien rédigées et très élégamment d'ailleurs. C'est dans ces feuilles qu'on lit des annonces de ce genre qui, d'abord, étonnent un peu par leur caractère primitif : « A vendre une vache ainsi qu'un piano, les deux en bon état » ; ou encore : « On demande une institutrice et on céderait un vieux cheval pour un prix peu élevé ».

« Tout ce qui intéresse l'île y est soigneusement relaté : les faits et gestes du gouverneur anglais, les décisions du bailly, du sheriff et des connétables. Le territoire est divisé en seigneuries, comme aux temps féodaux et les seigneurs exercent dans tout leur canton une sorte de police effective. Leurs droits sont parfois très étendus. Dans l'île de Lerck, par exemple, entre Jersey et Guernesey, ces droits, consignés dans la charte d'investiture, n'ont pas plus de limites qu'au moyen âge. Ils seraient même très désagréables aux jeunes gens mariés si les seigneurs de Lerck ne les avaient pas laissé tomber en désuétude depuis fort longtemps.

« Les pays anglais se transforment sans cesse et ne détruisent jamais rien. Ce sont des pays d'évolution et non de révolution ; en cela, ils sont admirables.

« Prenez leurs lois ou leurs coutumes ; lisez-les : vous croirez vivre il y a quatre ou cinq cents ans. Allez habiter le pays : vous y trouverez une liberté aussi grande, une civilisation aussi raffinée et certainement plus active que chez nous.

« Le sentiment de l'égalité, par exemple, y est beaucoup moins vif. Ce sont des pays très profondément aristocratiques. Il y a une noblesse à Guernesey qui ne se mêle jamais au reste de la population. Elle est composée de soixante familles qu'on appelle « les Sixtis ». Presque toutes portent d'anciens noms normands : on y trouve des Carteret, des Corbin, des de Patron, etc. Les jeunes gens se font soldats, clergymens, agriculteurs ou quelquefois médecins. Les jeunes filles, quand elles n'épousent pas quelqu'un de leur classe, vont se marier en Angleterre. Je n'ai jamais entendu parler de mésalliance.

« Par le beau temps, on voit les côtes du Cotentin et l'on se croirait cependant transporté dans un autre monde. Ce sont d'autres idées, d'autres mœurs, une autre société, une autre façon de comprendre la vie. Ce n'est pas que la population ne soit pas très douce, très honnête, très laborieuse, au contraire. Mais elle a des traditions et des habitudes très différentes de ce que nous pouvons imaginer. Profondément religieuse, comme toutes les populations protestantes, elle est cependant très tolérante et très libérale.

« Les clergymens vivent en parfaite intelligence avec les prêtres catholiques et ceux-ci s'habillent, pour sortir, d'une redingote, d'un pantalon noir, d'une cravate blanche et d'un chapeau haut de forme, comme les clergymens. Ils se réunissent pour faire l'aumône et mettent leurs pauvres en commun. L'évêque de Portsmouth, qui vient quelquefois dans les îles, racontait devant moi qu'il était au mieux avec le rabbin. Il est vrai qu'à Guernesey comme à Jersey les sectes religieuses sont presque aussi nombreuses que les habitants. Rarement, le père, la mère et les enfants appartiennent à la même Eglise. L'un est wesleyen, l'autre salutiste, l'autre anglican, l'autre papiste. Le dimanche, ils sortent tous ensemble pour assister à l'office divin. Mais chacun prend une route opposée.

« Comme Wellesley autrefois, l'Armée du Salut a fait à Guernesey de nombreuses conquêtes. Elle y a acheté une grande maison, à l'aspect de caserne, qui domine la capitale.

« Le soir, vers cinq heures, le travail quotidien terminé, les salutistes, accompagnés d'un orchestre vêtu de rouge, se promènent dans les rues. Ils s'arrêtent aux carrefours, se rangent en cercle et là, devant la foule toujours silencieuse, même alors qu'elle est intérieurement hostile ou indifférente, ils prêchent, chantent des cantiques ou se confessent. Les femmes surtout apportent à cet exercice une passion extraordinaire. Elles prononcent de longues harangues, les yeux fermés, les mains crispées, le visage pâli, avec de grands gestes automatiques. Leurs invraisemblables chapeaux, leurs robes étriquées et sombres leur donnent l'air des femmes d'un autre temps. Tandis qu'elles parlent, la musique les accompagne en sourdine. Quelquefois, on apporte un piano au milieu du parc qu'on juche sur le socle de la statue du prince Albert.

« J'ai dit que la coutume de Normandie avait encore, dans les îles, toute son autorité. On en a vu, il y a quelques années, un curieux exemple. C'était au temps où l'on construisait à Jersey le petit chemin de fer de Saint-Hélier à Saint-Aubin. Ce chemin de fer devait rogner la propriété d'un Jersiais qui tenait fort à ses terres et qui, ni pour or ni pour argent, ne voulait céder un pouce de son bien à la compagnie concessionnaire. Il plaida ; il épuisa toutes les juridictions et finalement fut exproprié.

« Le jour où la ligne devait être inaugurée arriva et, comme pour toutes les inaugurations, les autorités : gouverneur, bailly, sherif, connétables, ingénieurs, etc., prirent place dans un train spécial que traînait une locomotive pavoisée. Notre Jersiais se souvint alors qu'il avait le droit de pousser la « clameur du haro ». Il se posta à l'entrée de sa propriété éventrée, se mit à genoux et à l'arrivée du train, étendant les bras, il s'écria trois fois : « A moi ! à moi ! mon prince, on me fait tort ! »

« Que croyez-vous qu'il arriva ? Eh bien ! le train s'arrêta. Le mécanicien fit machine en arrière et les autorités revinrent à la gare du départ. L'affaire fut évoquée au banc de la Reine. Le Jersiais obtint une rectification de la voie. N'y a-t-il pas quelque chose d'étrange et, à un certain point de vue, quelque chose d'imposant dans ce cri d'autrefois qui arrête les locomotives et qui oblige la science moderne à reculer ?

« A Guernesey, les jeunes gens partent presque tous pour les Indes ou pour les colonies anglaises. Il s'ensuit qu'il y a dans l'île beaucoup plus de femmes que d'hommes. C'est un grand inconvénient pour les jeunes filles obligées de chercher des maris parmi les officiers et les soldats du régiment anglais qui tient garnison dans les forts de la côte. Ce régiment est changé tous les deux ou trois ans. Parfois il a des tendances matrimoniales : il est alors fort bien accueilli. Parfois, aussi, il tient au célibat et, dans ce cas, deux ou trois jours avant son arrivée, il prie la *Gazette officielle* d'insérer l'avis suivant : « Le régiment n°... prévient les « familles que ni officiers ni soldats n'ont l'intention de se « marier dans l'île ». La réception est plus froide.

« Cette pénurie de jeunes gens n'empêche pas Guernesey d'être une île très laborieuse. Rendez-vous de tous les yachts qui croisent dans l'Océan ou dans la Manche, elle améliore tous les jours son port d'où partent, chaque matin, cinq ou six grands paquebots à vapeur. Elle commerce et elle cultive. Elle est même un centre agricole important. Toute couverte de grandes serres en bois blanc, éparse dans la campagne, elle fournit de tomates et de raisin la cour d'Angleterre et la moitié de Londres. Ses pêcheurs sont toujours en mer. Ses ouvriers travaillent avec une habileté surprenante. Ils savent tous les métiers et ils les exercent dans la perfection : à la fois ébénistes, menuisiers, peintres, tapissiers, etc., etc. On peut les employer à ce qu'on veut. L'île entière vit d'une vie très intense. Et cette activité contraste singulièrement, hélas ! avec la torpeur de nos petites villes du littoral.

« Je ne sais si la Société pour l'Avancement des Sciences aura vu tout cela. Si oui, elle a pu rapporter, dans notre pays de bons renseignements et des leçons utiles.

« Edouard LOCKROY ».

Le vapeur longe toute la baie de Saint-Aubin, passe devant Noirmont et au large de Sainte-Brelade, puis près de hautes falaises brunes perpendiculaires, trouées de cavernes au niveau de la mer et, plus haut, creusées de carrières de granit. Nous doublons la pointe de la Moye et nous avons devant nous les récifs de la Corbière ; nous suivons la côte occidentale et nous voyons successivement la large baie de Saint-Ouen, les beaux rochers et le petit port de pêche de l'Etat, le haut promontoire de Gros-Nez, au-dessus duquel quelques débris de château. Le cap à peine doublé, nous avons à notre droite une masse noire, c'est l'île de Sercq ; à gauche se montre Guernesey, par sa côte sud, la plus ardue de l'île ; nous distinguons également la grosse pointe d'Icart, et l'ouverture de la baie du Moulin-Huet ; puis nous passons au pied de la pointe de Saint-Martin, extrémité sud-est de Guernesey, bientôt après en face de la baie de Fermain que dominent les murs et les créneaux de l'important fort George ; nous voyons les maisons grimpant les collines, des jardins cultivés et déjà des serres, dont nous trouverons plus tard un nombre considérable ; nous doublons enfin la pointe des Terres, et nous avons en face de nous Saint-Pierre-Port, la capitale de l'île, avec son immense amphithéâtre de hautes maisons à toits rouges, sur les hauteurs, vastes demeures qui forment le quartier aristocratique ; nous débarquons enfin dans le nouveau port, très étendu, dont le bassin à flot est accessible à toute heure et en toute circonstance.

La traversée avait duré une heure et demie environ.

Des voitures en nombre suffisant nous attendent sur le quai, et la distance n'étant pas grande, nous arrivons quelques minutes après au Channel-Islands-Hôtel. Il y a place pour peu d'élus, et le plus grand nombre, au moins quarante sur les cinquante-deux qui composent notre caravane, sont éparpillés un peu partout dans la ville. Quant à notre groupe, il est destiné à prendre ses quartiers à l'*Hôtel des Highlands,* au même propriétaire.

Nous ne parvenons pas à être fixés sur la position géographique de notre hôtel, et nous décidons, pour éviter des marches et des contremarches inutiles, de nous y faire conduire en voiture ; bien nous en prit ; on nous envoyait à une demi-heure de route, par des rues tortueuses et grimpantes, dans lesquelles il nous eût été impossible de suivre une direction indiquée. Notre voiture nous conduit le plus près possible, et nous avons encore au moins dix minutes de sentes et d'escaliers à gravir avant de trouver l'enseigne tant désirée : bref, nous poussons une porte et nous nous trouvons sous une voûte dont le plancher est *dallé* en pierre battue, avec des entailles imitant des marches pour éviter le recul inévitable sur une pareille pente. Nous ne pouvons nous contenir plus longtemps, et nous nous affalons littéralement pâmés et nous tordant dans des rires convulsifs. Cette entrée bruyante et inaccoutumée fait sortir le personnel des jeunes miss, qui, du haut de cet invraisemblable escalier, ne songent, pour nous sortir de notre fâcheuse posture, à ne rien faire de mieux que de rire encore plus fort que nous, mais d'un rire sonore et anglais, auquel nous ne comprenons rien.

Cependant, comme tout a une fin, même les situations les plus drôles, nous reprenons notre équilibre et nous parvenons enfin dans des chambres neuves et fort agréables. Cet hôtel comprend plusieurs bâtiments entre lesquels est une cour presqu'entièrement couverte par une grande serre pleine de vignes. Nous sommes sur le plateau dominant la ville, nous sommes les plus haut perchés de tous les touristes passés, présents et futurs ; nous sommes les aigles de l'A.F.A.S. !

Nous descendons vers nos voitures en étudiant consciencieusement ce dédale de sentiers, d'escaliers, de rues, afin de pouvoir être à peu près sûrs de retrouver nos chambres, et nous arrivons au quartier général. Une partie des voyageurs casés s'y trouve déjà, et nous partons sous la conduite du docteur Constantin, le médecin le plus réputé de l'Ile, notre cicérone, pour visiter une partie de la ville, en attendant l'heure du déjeuner.

L'île de Guernesey a 35.218 habitants, dont 16.467 pour Saint-Pierre-Port ; la superficie de l'île est de 65 kilomètres carrés.

Saint-Pierre-Port est bien plus pittoresque que Saint-Hélier. La ville est bâtie pour ainsi dire sur des falaises ; au pied, on trouve la cité aux rues étroites, en pente, bordées de maisons hautes, dont quelques-unes avancent leurs pignons sur la voie publique ; c'est le quartier du peuple et du commerce. Un peu plus haut, par des rues ou des escaliers raides, c'est le quartier moyen, de la petite bourgeoisie, des petits rentiers, avec très peu d'animation. Plus haut enfin, et jusqu'au sommet de ces falaises, maisons immenses, demeures seigneuriales : c'est le quartier aristocratique, qui semble désert.

Nous visitons rapidement le *Château Cornet*, forteresse qui défend l'entrée du port et qui, bâti en 1672, et restauré plus tard, a conservé néanmoins des restes des constructions antérieures. Nous entrons ensuite dans l'*Eglise paroissiale* (Town Church, — près du port), dédiée à Saint-Pierre, et consacrée en 1312 ; elle a été récemment restaurée ; on remarque dans l'intérieur de nombreux monuments funéraires, dont quelques-uns ont une certaine valeur artistique.

Nous visitons ensuite les arcades longues et immensément élevées dont l'ensemble forme le grand marché de la ville ; nous avons peine à circuler au milieu de tous ces étalages de légumes, fruits, œufs et volailles, gibier, impor-

Maison de Victor-Hugo à St-Pierre-Port

Grève, Falaise et Grotte de Plémont à Jersey

tés de Bretagne et de Normandie, de toutes ces tables recouvertes de poissons, parmi lesquels dominent les maquereaux à la queue retroussée en trompette, de toutes ces ménagères qui se hâtent de faire leurs provisions.

La disposition architecturale de ce marché en fait un type très intéressant, et je ne pense pas qu'un seul d'entre nous ait jamais remporté de visites de ce genre un souvenir aussi agréable.

En face de ce marché, se trouve la bibliothèque Guille-Allès. Le docteur Constantin nous groupe autant que possible au pied de l'escalier et nous dit que si la langue française tend de jour en jour à disparaître de l'île, si elle est à l'agonie, elle est néanmoins soutenue vigoureusement par une poignée d'indomptables patriotes, à la tête desquels se trouvent MM. Guille et Allès. Ces messieurs ont réussi à fonder cet établissement qui comprend une bibliothèque considérable, des musées, des salles de conférences ; le tout est destiné à perpétuer la langue française et est à la disposition de ceux qui s'y intéressent moyennant une cotisation insignifiante. Le total des recettes ne peut suffire même à couvrir les frais d'éclairage.

Nous ne marchandons pas les applaudissements que nous adressons à ces honorables amis de la France pour les encourager à persévérer dans cette voie.

MM. Thomas Guille et Frédéric Mansell Allès sont deux enfants de Guernesey ; ensemble, ils ont grandi, ont fait, par leur travail acharné, une fortune en Amérique et ensemble ont conçu, dès leur jeunesse, le projet maintetenant exécuté, de doter leur ville natale de cette belle institution, à l'instar de celles qu'ils ont étudiées en Amérique et dans lesquelles ils ont trouvé tous les éléments nécessaires pour parfaire leur instruction.

A l'entrée de la grande salle, nous sommes reçus par M. Guille lui-même, beau vieillard de soixante-seize ans, très modeste et très sympathique.

Cette bibliothèque, installée dans un magnifique local, près des marchés et au centre de la ville, comprend des salles de lecture et de conférences, soixante mille volumes, tant anglais que français, des cours de langues modernes : français, allemand, italien, de sténographie, un musée de peinture, d'histoire naturelle et de curiosités locales. Les conférences sont très fréquentes et très fréquentées, surtout en hiver ; notre ami R. E... en conclut que l'on doit désigner ces deux francophiles et philanthropes guernesiais par le titre de sirs-conférences (!).

Après cette visite, nous nous rendons à l'hôtel et nous nous entassons dans une salle occupée en grande partie par un phénoménal billard, couvert, bien entendu. Les charmantes miss qui font le service de garçons, nous empêchent de nous rendre compte que le service est assez mal fait ; il est vrai que, comme de vulgaires ministres français, elles sont en butte à des interpellations successives et même simultanées qui partent de tous les points de la salle ; chacun lance à tort et à travers les quelques mots d'anglais qu'il possède ou qu'il croit posséder. C'est la tour de Babel. Malgré tout, le déjeuner commencé par un potage à la queue de bœuf, sans pain, avec des débris de la viande seulement, assaisonné comme une bisque d'écrevisses, s'est déroulé à peu près suivant le menu et nous pouvons, à l'heure convenue, nous installer dans de grandes voitures, et partir, sous la direction du docteur Constantin qui, pour la circonstance, a orné sa boutonnière d'un bouquet tricolore, délicate attention !

Nous prenons l'avenue Saint-Julien plantée d'ormeaux et dominée par des parterres de fleurs en terrasses. Devant la plupart des villas, se trouve un petit jardin au milieu duquel poussent des araucarias de cinq et jusqu'à dix mètres de hauteur. Nous passons sous la tour Victoria et longeons un cimetière ; puis dépassant, à gauche, Saint-James et Elisabeth-Collège, à droite, nous entrons dans la campagne qui nous semble un peu sauvage ; nous voyons déjà quelques serres ; du reste cette île en comprend un nombre infini. On y cultive principalement le raisin, mais aussi des primeurs, des tomates, des choux-fleurs ; ces serres sont pour la plupart chauffées. Les fermiers s'y consacrent presqu'entièrement en négligeant l'élevage.

Nous traversons le fort Saint-Georges et bientôt après, quittant nos voitures, nous descendons un petit sentier qui nous conduit à la base du Petit-Bot; les falaises sont à pic. Reprenant nos voitures, nous les laissons de nouveau devant le Gouffre-Hôtel, pendant que nous nous dirigeons vers ce gouffre; nous descendons difficilement de roche en roche jusqu'au niveau de la mer, et nous sommes à l'entrée de cavernes profondes creusées par la mer; nous y rencontrons quelques pêcheurs parlant le vieux français et qui nous montrent le produit de leur pêche qui consiste principalement en gros crabes désignés sous le nom de chancres. Nous remontons cette dure falaise et nous sommes à l'endroit qui fut témoin, il y a quelques années, d'un triste accident : la femme de M. Guille s'est laissé glisser sur les roches et s'est tuée.

Nous continuons ensuite notre excursion et nous visitons les serres de M. Guérier, immenses et bien entretenues ; puis nous passons devant la *baie de Cobo,* très large en certains endroits, hérissée de rochers dans d'autres, formant plage à sable fin où l'on peut se baigner sans danger.

Traversant l'île de l'ouest à l'est, nous revenons à Saint-Pierre-Port. La route est fort jolie ; elle offre une succession de culture, de prairies, de vergers, de fermes, de cottages et de terres ; elle est souvent fort agréablement ombragée. De nombreux rhododendrons, araucarias, tamaris, eucalyptus, en pleine terre, nous indiquent que la température est constamment douce.

Chemin faisant, le docteur Constantin nous donne quelques renseignements intéressants sur *son* île. Elle est composée de dix paroisses, administrées par des conseillers élus, lesquels élisent des connétables. Le conseil des Etats est composé de conseillers élus, de membres du clergé, de fonctionnaires, sous la présidence du bailli. Dans les paroisses, les femmes ont le droit de vote. Les femmes mariées sont dites *sous couvert de mari ;* celles qui ne le sont pas sont réputées en *désastre*. Tous les deux ans, le conseil de paroisse vote un *remède* pour les pauvres, ce qui consiste en soins médicaux. Le *Journal officiel* est imprimé en français ; le *Bailliage* a des articles en français et en anglais. Il y a dans l'île, pour ses trente-cinq mille habitants, quarante médecins, dont sept ou huit seulement ont une assez bonne clientèle.

Nous dînons à sept heures dans la salle du billard du matin, et par conséquent aussi mal installés. Des chanteurs guernesiais, groupés près des fenêtres, en dehors de la salle, nous donnent une sérénade qui se perd dans le bruit des conversations ; au dessert, le docteur Constantin ne peut résister au désir qu'il a de nous déclarer sa satisfaction de se trouver au milieu de tant de Français ; il a fait ses études de médecine à Paris, et depuis vingt ans qu'il habite l'île, il n'a plus guère vu la France ; mais cette journée lui donne vingt ans de bonheur. Il a fait ses efforts pour nous recevoir collectivement le mieux qu'il a pu, mais si le hasard nous amène individuellement, frappons à sa porte qui s'ouvrira toujours pour nous accueillir.

Ce petit discours de M. Constantin se termine sous des applaudissements frénétiques suivis de plusieurs bans.

Le président porte un toast aux jeunes miss si aimables et si correctes.

Après le dîner, je monte sur un tramway électrique qui passe sur le quai devant l'hôtel, et je vais au hasard ; au bout de dix minutes, j'entends une musique de saltimbanques, et je vois un cirque en représentation ; je m'installe pour voir quelques *numéros* et je regagne ensuite à pied le quartier commerçant encore plein d'animation. Je m'égare dans le dédale des ruelles et sentes qu'il me faut suivre pour arriver à mon hôtel, et je finis par faire comprendre mon embarras à deux jeunes gens qui m'accompagnent jusqu'à la fameuse lanterne indicatrice des *Highlands*.

Le lendemain dimanche, nous devons partir à six heures quinze pour Saint-Hélier ; nous nous réveillons mutuellement à cinq heures, et nous nous empressons de quitter les hauteurs où nous aurions pu finir par nous croire des aigles véritables ; nous n'avons pu, à cause de circonstances spéciales (la maladie d'un des occupants, nous a dit M. Constantin) visiter la maison de Victor Hugo, mais nous voulons du moins en voir la façade ; pour ce faire, nous formons un petit groupe dont le Bordelais prend la direction et nous trouvons sans peine *Hauteville-House,* qui contient tant de souvenirs chers aux Français ; pendant que nous nous en gravons la façade dans la mémoire, notre photographe posant sur trois parapluies en faisceau son appareil, le met instantanément au point et réussit admirablement ce tableau, bien précieux pour nous, de trois personnages : le Bordelais, Fauré et moi, avec, comme fond de décor, la maison de Victor Hugo. Nous regrettons bien que le photographe n'ait pas pu se placer devant son objectif afin de compléter ce groupe, et que nos autres compagnons n'aient pas jugé à propos de nous accompagner.

Nous arrivons légèrement essoufflés au port, à l'heure indiquée, et presque aussitôt arrive le *Lydia*, retour d'Angleterre ; nous lançons de longs hurrahs en l'honneur du docteur Constantin, qui assiste, très ému, à notre départ, de toutes les miss de nos hôtels et d'un grand nombre de Guernesiais.

Le temps est beau, la traversée est splendide ; les mouettes ne nous quittent pas et se précipitent à tour de rôle dans les flots pour saisir les croûtes et les bouts de cigare qui leur sont jetés. En moins d'une heure et demie, nous arrivons frais et dispos dans le port de Saint-Hélier.

La réunion générale avec les amis oubliés la veille dans l'île de Jersey, pendant que nous poussions plus loin nos investigations, est fixée à onze heures et demie pour le déjeuner qui doit être expédié rapidement afin que le départ pour la grande excursion ait lieu à midi et demi au plus tard.

Nous avons quelques heures de liberté et nous en profitons pour visiter une partie de la ville.

Jersey (Jerry, en patois insulaire, l'antique *Césarée,* en souvenir de Jules César qui en fit la conquête, et auparavant encore *Augia*) possède 54,518 habitants et une superficie de 116 kilomètres carrés ; sa plus grande longueur est de 19 kilomètres et sa largeur moyenne de 9 kilomètres ;

sa distance aux ports les plus rapprochés de France, Portbail et Carteret, est de 28 à 30 kilomètres. Il y a seulement six siècles, la côte orientale de Jersey n'était séparée du rivage du Cotentin que par un simple ruisseau d'eau salée que l'évêque de Coutances, dans ses visites pastorales, franchissait sur une planche obligatoirement fournie par le seigneur normand de Hambye.

Une négligence impardonnable de Philippe-Auguste permit aux Anglais de s'emparer de Jersey et depuis, malgré plusieurs retours plus ou moins heureux des Français, les îles de la Manche restèrent définitivement à l'Angleterre, ou pour mieux dire sous son protectorat. La langue française est restée la langue officielle, mais les habitants la perdent rapidement et le jour est proche où les Français ne s'y feront plus comprendre et où notre langue sera supprimée même dans les actes officiels; ce jour ne sera retardé que par la multiplication des touristes qui, du reste, paraissent, depuis quelques années, prendre le chemin de ces îles. Espérons donc, comme l'a dit Victor Hugo, qu' « un jour viendra où Paris mettra ces îles à la mode et fera leur fortune; elles le méritent. Une prospérité sans cesse croissante les attend le jour où elles seront connues. Elles ont ce singulier attrait de combiner un climat fait pour l'oisiveté avec une population faite pour le travail ».

Et puis, tout attire à Jersey : le climat y est fort doux, les hommes y sont bons et les femmes y sont belles; les Anglais qui s'y connaissent, appellent ces îles : îles aux jolies femmes !

Les ressources de l'île sont puisées dans l'exploitation des primeurs, de l'élevage et des... touristes.

Sur de larges plateaux couverts d'une herbe fine, appétissante, imprégnée d'émanations salines, paissent de nombreux bestiaux; la nourriture y est abondante et fait des vaches les premières laitières du monde; elles donnent par jour trente litres d'un lait gras, parfumé, de couleur jaunâtre et dont on tire un beurre comparable à la crème d'Isigny ou de Carentan. L'élevage seul peut donner quelques bénéfices aux insulaires; les terres se louent environ

930 francs l'hectare, et l'épuisement de la richesse primitive du sol oblige l'emploi d'engrais fort chers. Aussi les cultivateurs agrandissent-ils leur exploitation en détruisant les arbres et en défrichant; le pittoresque ne gagne pas à ce change, mais les Jersiais ne posent pas pour la poésie, et ils préfèrent les pommes de terre qu'ils échangent contre les centaines de mille livres sterling d'Albion; ce tubercule représente en effet un chiffre d'affaires de dix millions! Les légumes abondent, surtout les choux, dont on laisse monter les tiges pour en faire les gros rotins arrachés dans les bazars de Saint-Hélier par tous les touristes.

Ces îles sont de vrais jardins; les champs sont des parterres; on n'y rencontre pas d'animaux malfaisants; on n'y connaît pas la vipère. Jersey possède des crapauds qu'on n'a pas réussi à acclimater dans Guernesey; aussi, les Guernesiais appellent-ils les Jersiais des crapauds et, par réciprocité, les Jersiais appellent leurs voisins, les Guernesiais, des ânes.

Les religions y sont nombreuses, et il n'est pas rare de voir dans la même famille tous les membres en avoir chacun une différente; du reste, la tolérance est grande et les directeurs de chaque culte fraternisent très bien. C'est grâce à ces divergences de religions que les *salutistes* ont pris une extension si rapide.

Les Jersiais sont sobres ou le contraire. Le gin et le whisky étant à bon compte dans les îles, des alcooliques de la Grande-Bretagne sont venus s'y fixer expressément pour s'offrir, avec les mêmes revenus, quatre ou cinq fois plus de libations; malheureusement, ils ont servi d'exemple à de jeunes insulaires qui se sont trouvés pris par la passion de l'alcoolisme, laquelle passion les conduit au *delirium tremens,* à l'hôpital et au suicide.

Ce vice a amené sa contre-partie, et beaucoup de sociétés de tempérance se sont fondées, qui emploient tous les moyens pour enrôler sous leurs bannières les ivrognes endurcis.

Les mêmes extrêmes se retrouvent pour la morale; alors que, circulant toute la journée, vous ne pourrez recueillir nulle œillade amoureuse, le soir, au centre de la ville et particulièrement dans *King Street* ou *Queen Street*, les miss, laissant chez elles leur proverbiale pudeur, envahissent la rue qui est à elles sans partage, et les touristes qui ont à leur cuirasse le moindre défaut deviennent infailliblement la proie de ces démons pour la plupart, d'ailleurs, charmants.

Saint-Hélier, la capitale de l'île, est une ville de 27.990 habitants, située à l'extrémité Est de la baie de Saint-Aubin et abritée du côté du sud par les escarpements du *Mont-de-la-Ville*, sur lequel est bâti le *Fort-Régent*. Au fond, un amphithéâtre de collines dont, à l'ouest, le *Mont-Patibulaire*, aride, et à l'Est les hauteurs boisées de *Victoria College*.

Ces collines sont couvertes de magnifiques villas. A l'intérieur de la ville, toutes les maisons sont bâties à l'anglaise; elles ont deux ou trois étages au plus avec des fenêtres rectangulaires, sans persiennes, mais percées par des châssis mobiles; c'est ce que l'on appelle des fenêtres à *guillotine*. Nous visitons successivement et au hasard l'hôtel de ville, la place Royale, pavée de dalles en granit, avec la statue du roi *Georges III* ; plus loin, la *Parade*, grande et magnifique place, avec la statue du général *Don*, inaugurée en 1885; à gauche, l'*hôpital général* ; à droite, l'église de Tous-les-Saints, fermée à cette heure (dix heures du matin environ), quoique ce soit aujourd'hui dimanche; en quittant la *Parade*, nous passons devant l'*hôtel de la Tempérance* au moment où en sort un de ses clients, M. Alglave père, célèbre « alcooliste, » ce qui provoque naturellement nos sourires et bientôt nous sommes dans *King-Street*, la rue la plus fréquentée pour les affaires et les plaisirs; mais à l'occasion du dimanche tous les beaux magasins sont fermés ; les gens affairés sont absents, et nous nous réfugions dans un grand café dont nous sommes surpris de voir la porte entre-baillée; nous nous attendons à être poussés doucement dehors, mais il n'en est rien; nous sommes accueillis d'aimable façon ; c'est un des rares établissements qui, par faveur, ou plutôt par patente spéciale, a le droit de tenir ses portes ouvertes.

Après un repos réparateur, nous nous disposons à continuer notre promenade dans la direction de la *Pomme-d'Or,* lorque nous entendons une musique criarde dans la direction de laquelle nous nous précipitons, et nous nous trouvons bientôt devant l'*Eglise paroissiale ;* nous voyons environ deux cents soldats de la garnison du Fort-Régent, revêtus de leurs plus beaux atours, pénétrant avec un ordre parfait dans l'Eglise, pendant que les musiciens jouent une marche enlevante.

Les musiciens assistent également à l'office, mais sans leurs instruments qu'ils laissent à l'entrée de l'Eglise, dehors, sous la garde d'un des leurs, lequel est affublé d'une peau de tigre destinée à protéger son uniforme contre le frottement de la grosse caisse, son instrument.

Je prends place dans l'Eglise à la suite des soldats, qui, au signal donné par leur chef placé dans le chœur, chantent les psaumes avec un ensemble parfait ; tout en faisant ma partie comme ces soldats-chanteurs, je tâche de comprendre la musique, ne comprenant rien aux paroles que je traduis en un français approximatif qui amuse beaucoup une dizaine de dames et demoiselles placées derrière moi et à ma droite. A leurs manières, je les suppose françaises et même parisiennes, mais comme elles ont dû souffrir de la gravité du lieu qui les obligeait à éclater en dedans quand elles auraient eu tant de bonheur à ne pas se contenir !

En quittant quelques minutes avant la fin du service, à cause de l'heure tardive, l'Eglise paroissiale, j'aperçois, au moment d'entrer à l'Hôtel, en face, sur le port, un groupe de l'Armée du Salut ; je m'approche curieusement, et je peux contempler les officiers et les soldats de l'Armée, en grand uniforme, les hommes avec le gilet rouge marqué S. A. (*Salvation Army)* les femmes avec le fameux chapeau que nous avons vu porté, à Paris, par les jeunes vendeuses du journal de cette secte (« En Avant ! » *Go ahead !)*

Au milieu du groupe, une musique de saltimbanques écorche les oreilles, en jouant probablement l'ouverture de

14

la comédie ; après le morceau, le silence s'établit, et nous voyons un *citoyen* qui fait le discours suivant avec gestes et contorsions *à la clef* :

« Mes frères, je suis un grand criminel ; j'ai volé, j'ai parjuré, j'ai commis tous les forfaits ; mais la grâce du Seigneur Jésus m'a touché et je suis maintenant converti, pur comme le lys immaculé, blanc comme la neige. Faites comme moi, mes frères. Venez à nous, car nous sommes l'armée du Seigneur Jésus, et nous combattons pour son triomphe et pour sa gloire. *Amen !* »

La foule répond : *Amen, Alleluia,* la musique pousse un nouveau rugissement suivi d'une semblable déclaration faite par un autre individu, et quand le programme est épuisé, l'Armée des Salutistes se forme en colonnes, et, précédée des cymbales, des cuivres et des tambours qui font rage, vont se remiser dans leurs quartiers spéciaux.

Ces incidents nous ont mis en retard et nous arrivons à l'Hôtel quand le déjeuner est à moitié servi ; mais nous rattrapons vivement le temps perdu, et à midi et demi nous prenions place dans d'énormes voitures parmi lesquelles resplendit le *Royal-Paragon*. Nous traversons ainsi une grande partie de la ville, mais les rues sont désertes ; c'est dimanche ! et nous nous en consolons en nous racontant des histoires de brigands *vues* par les uns dans Guernesey, par les autres dans Jersey.

Nous sommes sur la route de *Saint-Aubin,* les brigands rentrent dans leurs repaires, et nous tendons nos regards vers la baie qui offre un incomparable panorama ; c'est un point de vue qui rappelle aux heureux touristes qui l'ont visitée, la baie de Naples.

Un peu plus loin une échancrure nous indique la baie de Saint-Brelade, mais quoique et parce qu'illustrée par le séjour de deux de nos compatriotes, amoureux célèbres qui sont venus gazouiller dans les beaux et frais cottages de Saint-Brelade, nous *brûlons* cette ville — et du sucre.

Nous suivons la *vallée de Beaumont* et à huit kilomètres environ, nous descendons de voiture dans la paroisse de *Saint-Pierre,* les uns pour y visiter des serres à raisin, chauffées, et y apprendre que, quoique assez mauvais et à la saison du mois d'août, il se vend 1 fr. 25 la livre, les autres pour visiter l'*église de Saint-Pierre*, dont le clocher à pignon quadrangulaire est, paraît-il, le plus élevé de l'île ; un congressiste s'est mis au piano, pardon, à l'orgue, et pendant que de sons mélodieux il emplit les voûtes de l'église, je me promène dans le cimetière adjacent.

Les pierres tombales sont garnies d'inscriptions qui me rappellent certains de nos cimetières et particulièrement celui de Nogent-les-Vierges, maintenant désaffecté, et je ne peux résister au plaisir d'en copier quelques-unes au hasard :

MODÈLE DE VERTUS, DANS CE SIÈCLE PERVERS
JOYEUX DANS SES SUCCÈS, TRISTE DANS SES REVERS,
D'UNE PROBITÉ CONSOMMÉE,
TENDRE ÉPOUX, BON PÈRE, DE TOUS AIMÉ VIVANT,
IL EUT LA RARE DESTINÉE
DE NE CAUSER JAMAIS DE CHAGRIN QU'EN MOURANT

Au-dessous, pour sa femme qui occupe le même tombeau :

LA MORT LES RÉUNIT DANS UNE ÉTERNITÉ

Autre inscription :

A LA MÉMOIRE DE JEANNE
FEMME BIEN-AIMÉE DE
PHILIP VAUTIER
SOIS FIDÈLE JUSQU'A LA MORT
ET JE TE DONNERAI LA COURONNE DE VIE

Mais ce qu'il y a de plus remarquable dans ce cimetière, c'est la longévité de ceux qui l'habitent ; en majorité, ils dépassaient soixante-quinze ans lorsqu'ils sont venus s'y fixer définitivement.

Bientôt après nous passons devant le *manoir de Saint-Ouen*, ancienne résidence de la puissante famille des Carteret, massive construction entourée de futaies de chênes séculaires ; puis nous laissons à droite l'*église de Saint-Ouen*, centre politique de cette paroisse, la plus étendue de l'île ; nous entrons ensuite dans cette fameuse avenue de *Vinchelez*, qui doit sa réputation aux arbres qui la bordent de chaque côté, rabougris, aux formes tortueuses et bizarres, et dans tous les cas, ce qui n'ôte rien à son charme, procurant une ombre que ne peuvent dissiper les plus chauds rayons du soleil.

Nous faisons halte au *Plémont-Hôtel*, où les chevaux sont dételés et réconfortés, pendant que, suivant un sentier en zig-zag, nous descendons au bord de la grève ; mais les roches graniteuses qui forment un escalier aussi glissant qu'irrégulier me permettent d'emporter un souvenir de cette excursion ; en effet, de la dernière *marche*, haute de 60 centimètres environ, je tombe de mon long dans une mare d'eau salée, juste de ma dimension et d'une épaisseur suffisante pour tremper la moitié longétudinale de mon individu, côté droit; le fond sableux étant presque moelleux, je n'ai gagné dans cette chute qu'une demi-fraîcheur.

La base des falaises de *Plémont* est percée de grottes, et la mer qui, à marée haute, y pénètre avec furie, roule les débris de granit dont elle forme des galets. Dans les photographies qu'a faites notre ami Ellie de ces merveilleuses caves, j'ai eu le plaisir de me retrouver, visible, quoique bien petit et sur un immense fond noir. Cette photographie sera pour moi un souvenir bien plus durable que celui de mon demi-bain forcé.

Un compatissant congressiste, M. Herran, qui, à l'hôtel Plémont, m'aperçoit sec et mouillé, me fait préparer, pour me remettre de mes émotions, une chope de whiskette ; c'est un mélange de citronnade, d'eau et de whisky, assez agréable et que les vingt-cinq sous demandés par le maître d'hôtel rendent délicieux.

Nous remontons en voiture et notre cocher qui a dû se délier la langue pendant le ravitaillement de ses chevaux, entretient avec ses clients une conversation fort animée. Il nous dit s'appeler *Congar*, ce qui ne nous semble pas français ; mais il a dû prendre un nom de guerre, car, par ses réparties instantanées, il ne se laisse pas prendre facilement, et il a bien le caractère vraiment gaulois.

Nous suivons de la sorte la longue route qui nous sépare

de la *grève de Lecq* où nous sommes surpris d'arriver aussi vite. Nous y faisons une halte d'une heure ; les chevaux sont de nouveau dételés, et, après avoir exploré cette immense et belle plage sableuse, nous nous réconfortons dans un très beau restaurant dont les salles sont, à cette saison, insuffisantes pour recevoir les milliers de touristes qui visitent cette partie de l'île ; nous remarquons en face un poste militaire établi dans une primitive cabane en bois.

Au départ, nous nous trouvons aussitôt dans une longue montée, et la plupart des congressistes font venir les échelles pour descendre et faire cette route à pied. Nous passons dans des chemins creux d'un bel effet, et nous avons des points de vue charmants ; puis nous arrivons à un groupe de maisons entourées de vergers ; là nous descendons encore de voiture, mais pour la dernière fois, et nous allons au *Trou-du-Diable*.

On passe dans une cabane, on descend un escalier primitif avec des rampes en corde, qu'il est prudent de ne pas lâcher, et on arrive au fond d'un immense entonnoir dominé d'un côté par des escarpements de plus de 100 mètres de haut : nous voyons à gauche une large galerie horizontale qui traverse le promontoire de part en part et au-delà de laquelle nous apercevons la mer.

En remontant, nous voyons dans un compartiment grillé de la baraque le diable lui-même, et les indigènes qui l'exploitent en même temps que son trou, nous offrent, moyennant finances, un bol de lait.

Nous retrouvons nos voitures dans le petit village, et nous roulons par le val Sainte-Marie, le val Saint-Pierre, suite ininterrompue de pâturages, de champs cultivés comme des jardins, de parties boisées rompant la monotonie, et où, de temps à autre, nous voyons des groupes de lapins qui ne sont pas trop surpris à l'aspect de toutes ces voitures.

On nous fait remarquer la résidence de M. Cornu, assistant général ; puis, la vallée de *Saint-Laurent* et son église construite en 1199, et enfin, laissant derrière nous l'église des non-conformistes de Saint-Mathieu, nous arrivons à la *Pomme d'Or*.

Après un dîner supérieurement servi, nous nous disposons à faire quelques emplettes, et, malgré la pluie, qui commence à tomber, nous prenons la direction de King Street ; or c'est toujours dimanche, et tous les magasins sont fermés, même le *Paradis des Touristes,* en face du grand café que nous avons visité dans la matinée ; mais il est avec le ciel des accommodements, et au moyen d'un « *Sésame* » timide, la porte s'entr'ouvre et on pénètre dans un beau magasin inondé de lumière ; le commerce est défendu, mais il est permis néanmoins de vider son porte-monnaie dans les tiroirs de la caisse en échange de bibelots qui ont une valeur relative, nullement proportionnée aux sommes qu'il faut abandonner pour les avoir. C'est cependant bon de faire un croc-en-jambe à la loi ! On achète, on paie vite, dans la crainte — vaine — qu'un *fonctionnaire* vienne apporter son malencontreux véto.

Nous rentrons enfin à l'hôtel accompagnés par la pluie et un vent violent qui nous fait frémir ; c'est qu'en effet dans quelques heures, nous devons reprendre le bateau pour rentrer en France, et beaucoup déclarent qu'ils ne quitteront pas l'île, si le vent n'est pas tombé au moment du départ.

Cependant, dès quatre heures du matin, la plupart des voyageurs sautent en bas du lit, opération peu dangereuse, ces immenses lits carrés étant très bas ; ils consultent le ciel et le trouvent d'une pureté satisfaisante ; d'un autre côté la bourrasque s'est changée en une brise accentuée, mais supportable, et personne ne manque à l'appel, excepté notre groupe, qui a décidé depuis longtemps de prendre une autre direction, ainsi que quelques autres compagnons pareillement intentionnés.

Treizième Journée

SAINT-MALO — DINARD — SAINT-SERVAN — PARAMÉ

Nous laissons donc partir les voyageurs pour Gorey et Carteret, et une heure après nous nous dirigeons vers le port pour prendre à six heures et demie le bateau en partance pour Saint-Malo.

Ce bateau, le *Laura,* quoique à vapeur, étend ses voiles, pour profiter du vent, et nous fendons les flots avec une rapidité telle que nous gagnons sur la durée habituelle du trajet près d'une heure.

Nous remarquons que le roulis et le tangage agissent désagréablement sur beaucoup de passagers; mais quant à nous, nous avons le pied marin, et le reste à l'avenant. Nous apercevons l'archipel des *Chausey,* propriété particulièrement française, comptant plus de 300 îlots, dont un seul est habité par des pêcheurs; nous piétinons sans y prendre garde, sur d'anciennes bourgades englouties par les eaux et nous débarquons vers neuf heures; nous subissons sans encombre les formalités douanières de Saint-Malo, quoique porteurs de boîtes d'allumettes et de *cigares heureusement* inaperçus.

Saint-Malo, chef-lieu d'arrondissement d'Ille-et-Vilaine, est une ville de 10.500 habitants; elle est bâtie sur un rocher, jadis une île, maintenant presqu'île, à cause de cette chaussée nommée le *Sillon,* longue de 200 mètres et large de 45 mètres, qui la relie à la terre ferme; cette disposition et quelques travaux spéciaux en ont fait un port fortifié. Le port actuel sépare Saint-Malo de Saint-Servan, et, au delà de l'embouchure de la Rance se trouve Dinard.

Mais des amis compétents nous assurent qu'à cette époque de bains de mer, de touristes et surtout de courses, il est à peu près impossible de trouver à se loger dans les hôtels; avant de nous risquer à en faire l'essai en ville, nous prenons la résolution d'aller frapper à la porte du Grand-Hôtel, récemment construit sur le bord de la mer, en dehors de la ville, et qui s'offre à nos regards comme un palais isolé. Nous inspirons assez de confiance aux directeurs de cet immense établissement pour qu'ils nous offrent un appartement de deux pièces au rez-de-chaussée, communiquant ensemble, et chacune de dimension telle qu'on peut y installer à l'aise une quinzaine de lits. Nous regrettons que notre groupe soit aussi réduit, et surtout de ne pouvoir, à cause de ce confortable, faire un long séjour dans cette contrée.

Rassurés sur notre gîte, et la table d'hôte ne pouvant nous accueillir que deux heures après, nous nous dirigeons vers la ville ; à l'extrémité du *sillon*, c'est-à-dire à l'entrée de Saint-Malo, nous prenons un escalier construit dans l'épaisseur du mur d'enceinte, et qui nous conduit sur les *Remparts*, dont la plus grande partie date du XVIe siècle. Ces remparts dallés, et sur lesquels on peut faire, à pieds secs, par tous les temps, le tour de la ville, sont bien la promenade la plus curieuse que l'on puisse rêver, et forment la principale attraction de Saint-Malo ; ils permettent de voir le port du côté de Saint-Servan, la Rance du côté de Dinard, le golfe qui offre les coups d'œil les plus variés ; nous y voyons plusieurs îlots, et de notre observatoire, nous distinguons très bien sur l'un d'eux, le *Grand Bey*, à 500 mètres, le tombeau de Chateaubriand qui y a été construit en 1848. On peut, du reste, à basse mer, s'y rendre par la grève.

La ville, dont les remparts indiquent la superficie, ne peut s'étendre ; aussi ses rues sont elles étroites, tortueuses, et bordées de hautes maisons ; les plus animées et les plus commerçantes sont celles de Saint-Thomas et de Saint-Vincent, que nous suivons, et nous visitons l'église paroissiale, ancienne cathédrale, dont la jolie flèche moderne est le principal ornement. A quelques pas de l'église, nous rencontrons la statue de Duguay-Trouin, dont nous voyons l'antique maison en descendant vers la place Châteaubriand, située à l'entrée de la ville, et rendez-vous de tous les touristes. C'est sur cette place que sont les plus beaux hôtels et les plus grands cafés ; puis, nous regagnons notre Grand-Hôtel, en admirant, à l'entrée du port, le *Sainte-Barbe,* croiseur garde-côte superbe.

Après déjeuner, nous traversons de nouveau la ville, et nous prenons un canot pour gagner *Dinard,* en face. Là, changement complet de décor : Dinard, bâtie dans un site pittoresque, très accidenté, est une ville absolument moderne ; de magnifiques villas y sont jetées au hasard, entourées de fleurs, de verdure ; nous faisons une fort jolie promenade en voiture dans cette bourgade riche en avenues ombragées ; nous voyons deux plages bien fréquentées que nous devons, hélas ! nous contenter de traverser ; puis, nous nous embarquons sur le bac à vapeur qui fait le service régulier entre Saint-Malo et Dinard.

En débarquant, nous suivons le port jusqu'au *Pont-Roulant,* qu'on a dû faire de 12 mètres de hauteur, à cause des marées très fortes qui l'atteignent parfois ; ce pont roule sur des rails placés au fond de l'eau ; il offre toute sécurité aux passagers ; cependant il a eu son heure dramatique ; il y a quelques mois la femme d'un colonel tomba et fut tuée.

Après un trajet de deux minutes au plus, nous sommes à *Saint-Servan,* pour nous rendre à la *Tour-Solidor* ou *Tour-Triple,* puisqu'elle est composée de trois tours juxtaposées ; nous traversons la ville qui n'offre rien d'intéressant, et nous rentrons *chez nous* par la route de la gare, très animée à cause surtout du retour des courses qui ont eu lieu dans les environs.

Après-dîner, nous prenons le tramway à vapeur qui nous conduit à *Paramé,* dont les bains sont sans prétention, quoique pourvus d'un monumental casino ; puis nous finissons notre soirée sur la *place Châteaubriand* couverte de touristes qui circulent autour de la musique militaire installée au milieu.

Quatorzième & quinzième Journées

DOL — LE MONT SAINT-MICHEL — AVRANCHES

Le lendemain mardi, dès le matin, nous nous rendons à la gare, située dans le faubourg de *Rocabey,* près du port, à un quart d'heure de Saint-Malo, et nous prenons le train pour *Dol.*

Cette petite ville, de 4.524 habitants, possède une ancienne cathédrale des XIIIe et XIVe siècles fort intéressante ; mais ce que j'ai trouvé de plus curieux, ce sont au milieu de la ville dans la plus belle rue, certaines boutiques de boucherie et de boulangerie ouvertes dans de vieilles maisons à arcades extrêmement originales, et datant du XIIIe siècle ; elles me paraissent n'avoir jamais été dénaturées par aucune réparation.

Une bonne soupe à l'oignon, suivie d'une bolée de cidre, le tout servi dans la principale auberge de Dol, nous donne une nouvelle vigueur, et, c'est en faisant le tour de la ville que nous regagnons la gare pour prendre le train qui va nous conduire à *Pontorson,* c'est-à-dire à neuf kilomètres du *Mont-Saint-Michel.*

Nous nous emparons aussitôt d'une des nombreuses guimbardes dont les conducteurs s'arrachent les voyageurs. Nous partons à travers Pontorson, bourgade fort ordinaire, et bientôt nous sommes au milieu de luxuriantes cultures, faites sur des terrains conquis sur la mer, et appartenant encore en grande partie à la société des *Polders*. Tous ces terrains doivent la teinte grise qui frappe la vue à la *tangue,* sable léger, riche de phosphate de chaux, constituant par conséquent un excellent engrais, et amené par les marées et les courants fort nombreux dans cette baie.

A gauche de la route est une rivière appelée *Couësnon,* dont le lit est dans le sable et qui a plusieurs fois, pour ce motif, changé de direction ; c'est le Couësnon qui sépare la

Bretagne de la Normandie, et sa mobilité a donné à la Normandie le mont Saint-Michel qui, autrefois, était en Bretagne ; de là ce vieux dicton :

> Le Couësnon,
> Par sa folie,
> A mis le mont
> En Normandie.

Il y a quelques années, les touristes devaient quitter leurs voitures à deux kilomètres environ du mont ; mais le corps des Ponts et Chaussées a bâti depuis une large digue de deux kilomètres de long sur laquelle nous nous engageons. Cette disposition gâte bien le pittoresque, mais elle facilite beaucoup les excursions qui, comme la nôtre, doivent être faites rapidement ; aussi ne nous sommes-nous préoccupés ni de la marée haute, ni de la marée basse, ni du vent, toutes choses intéressantes jadis.

Suivant cette route élevée et entourée en ce moment d'immenses grèves (1), dans quelques heures de flots violents, nous arrivons jusqu'à la *Porte-du-Roi*, une heure après notre départ de Pontorson.

Madame de Sévigné appelait le mont Saint-Michel, *la huitième merveille du monde,* et ce n'est pas exagéré ; pour faire la description de tous les détails qui constituent cet incroyable ensemble, il faudrait un volume spécial ; beaucoup d'auteurs s'en sont du reste chargés, et les quarante mille étrangers qui, chaque année, visitent cet incomparable rocher, ne savent pas en revenir sans se procurer l'histoire du mont, histoire fort intéressante à tous les points de vue. Le cadre de ce récit d'un voyage rapide, ou, pour mieux dire, d'une véritable promenade, ne me permet pas d'entrer dans les détails approfondis, que d'autres,

---

(1) Les touristes qui se promènent sur ces grèves tout autour du mont Saint-Michel agiront prudemment en prenant un guide ; dans certains endroits, en effet, et alors que rien ne l'annonce, ils pourraient s'enliser, c'est-à-dire s'enfoncer dans le sable à des profondeurs insondables et sans espoir de retour ; il y a peu de temps une vieille pêcheuse, qui n'ignorait cependant pas ce danger, a disparu à tout jamais.

plus compétents ont bien mieux developpés que je ne saurais le faire.

Mon seul but, en publiant ces simples notes, est de pousser mes concitoyens, en situation de faire des excursions, à suivre notre itinéraire et à se fixer pendant trois jours où, nous autres, n'avons pu rester que trois heures.

Une seule rue composée d'hôtels et de vieilles maisons, pour ne pas dire de huttes en pierre, donne asile à une population fixe de 211 habitants, pêcheurs, maîtres d'hôtels ou marchands de bibelots sacrés et profanes. Ces cabanes sont construites au hasard des roches, et cette unique rue ne brille pas par la régularité ; les mails-coach, les tramways et les simples fiacres y sont totalement inconnus et ne franchissent pas la Porte-du-Roi ; les chevaux seuls sont admis à l'intérieur.

Deux hôtels, dont les propriétaires, Poulard aîné et Poulard-Ridel, qui, quoiques proches parents, cherchent à se subtiliser les clients, s'offrent tout d'abord aux touristes qu'un voyage assez long a mis en appétit ; nous subissons le sort commun et.... l'omelette soufflée de proverbiale réputation ; nous pensons à Cancale, dont, en venant, nous avons vu la côte formant à gauche de notre route le fond de la baie, et nous en dégustons les excellents produits.

Puis, nous suivons cette rue bizarre, et nous passons devant la maison récemment restaurée que Du Guesclin fit bâtir en 1356 pour sa femme Tiphaine de Raguenel ; nous arrivons bientôt au *Grand-Degré*, escalier à larges marches de pierre qui conduit au *Châtelet*, dont l'entrée est formée de deux grosses tours ; nous traversons la *salle des Gardes*, et, par une série d'escaliers et de paliers, nous parvenons à l'*Eglise haute,* qui couronne le rocher.

Nous prenons l'*Escalier de dentelle,* en haut duquel nous avons un panorama immense ; au nord, la pointe de Granville, et vers l'est, en suivant la côte normande, la ville d'Avranches ; au midi, Pontorson ; au sud-ouest, le mont Dol, et la ville de Dol, en Bretagne ; au couchant, le havre de Cancale, enfin, au nord-ouest, quoique éloignée de seize lieues, l'île de Jersey qui, à l'œil nu, apparaît comme un nuage.

En redescendant au niveau de l'église, nous sommes sur la grande plate-forme, qui servait de promenoir aux prisonniers et d'où nous découvrons l'immensité des grèves, la pointe de Carolles, derrière laquelle se trouve Granville, le phare, les îles Chausey, le phare de Cancale, la pointe du Grouin-Cancale, le Vivier, le mont Dol, Roz-sur-Couësnon et tous les terrains conquis sur la mer par la compagnie des Polders.

Ensuite, en descendant, nous circulons entre les gros piliers qui forment la crypte de l'église et la supportent et nous entrons un peu plus bas dans la *Merveille*, bien nommée et composée de trois étages superposés.

Cette *Merveille* est un ensemble de constructions gigantesques, audacieuses et, pour moi, indescriptibles ; d'abord, un modèle d'architecture claustrale, le *cloître*, avec ses fines colonnettes de granit ; le *lavatorium*, où les religieux se lavaient les pieds ; puis le *dortoir*, malheureusement bien dénaturé par les dispositions qu'on a dû prendre pour le séjour des prisonniers ; puis, au-dessous, la *salle des chevaliers* et le *réfectoire*, puis enfin l'*aumônerie* et le *cellier*.

Entre temps, nous visitons le *charnier*, cimetière de 150 mètres de superficie, à côté duquel se trouve une immense *roue en bois*, que tournaient les prisonniers en marchant à l'intérieur, et qui servait à monter les provisions. Nous entrons dans différents *cachots*, et nous ne négligeons pas l'horrible réduit où fut enfermé Barbès. Nous passons près de la *cage de fer*, sorte de niche ménagée dans l'épaisseur du mur, et où les patients étaient dévorés par les rats.

Ces trois étages de merveilles, surmontés de l'église, demandent plusieurs visites ; on peut être certain d'y découvrir chaque fois de nouveaux sujets d'admiration ; tout est surhumain, et il est impossible de comprendre la conception et l'exécution de semblables travaux.

Après cette visite architecturale, une autre s'impose qui la complète ; c'est celle du *musée*, situé près de l'*abbaye ;* ce musée renferme un grand nombre de documents et d'objets historiques d'une très grande valeur et forme la reconstitution presque vivante des principaux épisodes de l'histoire du mont Saint-Michel.

C'est d'abord la *vue dioramique* représentant un des combats qui eurent pour théâtre les tangues voisines du mont, dans le cours du XIIIe siècle ; puis différents caveaux : d'abord, *Bertrand du Guesclin et sa femme Tiphaine de Raguenel* (1356) ; *Barbès au cachot* (1839) ; *le Masque de fer ; l'Arbalétrier dans l'échauguette des remparts du* XIIe *siècle ; Robert de Thorigny au milieu de ses manuscrits* (1154) ; *Gautier sculptant les stalles de l'abbaye* (XVIe siècle); *la prison de Blanqui* (1832); *la prison de Raspail* (1831) ; *le comte de Gilles condamné à mourir de faim et secouru par une paysanne* (1450) ; *Dubourg mangé par les rats dans la cage de fer* (1745); *Colombat dans l'In Pace* (1845).

On voit aussi des objets naturels et historiques recueillis, soit au mont Saint-Michel, soit à Tombelaine, soit dans les grèves, soit sur le littoral voisin : des coffres-forts, des épées, des fusils, des pistolets, des pièces de monnaie ; puis des instruments de supplice : une ceinture de force en fer, des chaînes pour les chevilles, etc., etc.

Aux impressions de vive admiration que nous rapportons de notre excursion au mont Saint-Michel, s'en joint une de grande tristesse. L'isolement au milieu d'une immense grève à marée basse, d'une immense mer à marée haute doit disparaître dans un avenir prochain !

Le mont Saint-Michel qui, selon la belle expression de Victor Hugo, « est à l'Océan ce que la pyramide de Cheops est au désert » se trouvera bientôt entouré de champs de carottes et de navets !

La construction de la digue routière qui relie le mont à la terre ferme, a déjà beaucoup fait perdre de son pittoresque (1) ; mais les *Polders*, par la construction de digues

---

(1) Une décision qui, paraît-il, vient d'être prise, est bien autrement inquiétante : il ne s'agirait de rien moins que de construire au mont Saint-Michel, une gare de chemin de fer.
Nous voulons croire que nos gouvernants n'ont jamais eu une telle pensée ! Qu'on ne continuera pas la mutilation systématique

destinées à arrêter les flots de la marée haute, ont déjà conquis d'immenses terrains, et si l'on n'y prend pas garde, ils seront bientôt sous les remparts du mont.

En vertu d'une concession octroyée par l'empire, en 1856, cette compagnie est propriétaire des grèves qui bordent la baie de Saint-Michel ; la mer ne demande qu'à se retirer, et les Polders, par l'établissement de leurs digues, n'ont pas de peine à l'arrêter dans ses reflux ; ils ont déjà obtenu ainsi plusieurs centaines d'hectares et bientôt ce sera par milliers qu'il faudra compter ; ces terrains neufs, saturés de matières fertilisantes, donnent des récoltes surprenantes ; matériellement ils acquièrent une valeur considérable, mais l'art y perd beaucoup et perdra tout. Nous n'aurons plus ce mont Saint-Michel, que Guy de Maupassant définissait ainsi :

« Un château de fées planté dans la mer, un bijou monstrueux, grand comme une montagne, ciselé comme un camée et vaporeux comme une mousseline. »

Nous ne pourrons plus dire encore comme lui : « rien au monde, peut être, n'est plus étonnant et plus parfait. »

Et, quand on pense que notre administration des Beaux-Arts pourrait empêcher un pareil crime, ne doit-on pas agir énergiquement auprès d'elle pour la faire sortir de son inaction ?

faite jusqu'à ce jour, et que le mont Saint-Michel conservera ce qu'on n'a pu encore lui enlever de son ancienne grandeur et de sa poésie, qu'on ne détournera pas, de ce point unique dans l'univers, les milliers de touristes Anglais, Français, de toutes les nations !

En 1884, Victor Hugo écrivait cette déclaration solennelle, lue à la Chambre des députés, lors de l'interpellation contre la digue de Couësnon :

« Le mont Saint-Michel est pour la France ce que la grande pyramide est pour l'Egypte.

« Il faut le préserver de toute mutilation. Il faut que le mont Saint-Michel reste une île ; il faut conserver à tout prix cette double œuvre de la nature et de l'art. »

Victor Hugo n'a pas été écouté ; une compagnie financière obscure a vu couronner ses efforts, malgré cet appel à la raison.

Nous espérons bien qu'il se trouvera un nouveau Victor Hugo assez énergique pour se faire entendre.

C'est en regagnant la gare de Pontorson que nous nous livrons à ces sombres réflexions au travers desquelles, cependant, nous jouissons encore de ce décor féerique qu'est le mont Saint-Michel.

Nous arrivons à *Avranches* vers le soir, assez tôt pour visiter une partie de cette ville de 8,000 habitants, chef-lieu d'arrondissement de la Manche.

Avranches est située sur une colline de la rive gauche de la *Sée,* et, en sortant de la gare, pour éviter la longue route en lacets que suivent les omnibus, nous prenons à pieds une grimpette fort raide et cailllouteuse.

La ville nous paraît assez animée ; les rues y sont généralement droites, bordées de maisons bien bâties ; de beaux boulevards bien ombragés procurent une agréable promenade.

Le lendemain matin, nous visitons les églises, peu intéressantes, sauf *Notre-Dame-des-Champs,* dont la reproduction est à peine achevée et qui est fort belle ; elle est d'un style gothique mélangé des XIIIe et XIVe siècles et possède de magnifiques vitraux modernes.

A l'ouest de la grande place qui précède cette église, se trouve le *Jardin des Plantes,* bien entretenu et formant une attrayante promenade ; mais le plus curieux est la terrasse de laquelle nous découvrons cet immense hémicycle, verdoyant, qui va s'inclinant insensiblement vers la grève et sur la baie de Cancale, autrement dit la baie du mont Saint-Michel et nous avons sous les yeux, le dominant, ce nid de merveilles devant lesquelles hier nous nous trouvions si petits ; nous découvrons aussi le rocher de Tombelaine et quelques autres roches qui font comme des points noirs presque imperceptibles jetés au hasard sur cette immense grève.

Ce panorama grandiose nous retient longtemps, et c'est avec peine que nous nous en arrachons pour descendre vers le train qui, pendant de longues heures va nous rappeler à la réalité de la vie humaine par les constantes trépidations dont il va nous gratifier jusqu'à Paris.

III

A PROPOS
DU
CONGRÈS
DE
BORDEAUX

DE

BORDEAUX

A

BILBAO

BORDEAUX ET LE MÉDOC

Première Journée

L'an 1895 fera époque dans l'existence de la ville de Bordeaux.

Grâce à l'exposition fort réussie, autour de laquelle ont gravité les congrès de toutes les sociétés scientifiques et même libérales, les étrangers, par centaines de mille, ont afflué à Bordeaux, animant ses magnifiques promenades, et, de jour et de nuit, inondant de types variés les 130.000 mètres carrés que couvrent les palais, les chalets et les jardins de cette exposition.

Les décentraliseurs, qui ont vu Bordeaux dans ces circonstances, n'ont pu qu'y puiser une nouvelle vigueur pour défendre leurs idées. Cette exposition est, en effet, l'œuvre d'une société particulière, la Société Philomathique, dont le but est de se consacrer aux progrès et à la diffusion des arts et de la science.

A en juger par l'élégance des constructions, par la variété des décors, par les éléments de distraction qui vous arrêtent à tout instant, vous penseriez que cette étonnante transformation des Quinconces est l'œuvre de la jeunesse. Combien vous vous tromperiez ! La Société Philomathique, qui en est à sa treizième exposition, a vu le jour le 5 août 1808, il y a donc bien longtemps qu'elle est majeure, et cependant toutes ses conceptions respirent le moderne, même le fin de siècle.

L'Association Française pour l'Avancement des Sciences (l'A F A S), ayant accepté avec joie l'invitation qui lui en avait été faite, tenait son congrès dans cette ville qui, en 1872, avait guidé ses premiers pas dans la vie ; et le dimanche 4 août, de nombreux congressistes se réunissaient, à trois heures et demie, à l'Athénée, rue des Trois-Lapins, pardon, des Trois-Conils.

M. Daney, maire de Bordeaux, occupait bien entendu, le fauteuil de la présidence, ayant à ses côtés M. Trélat, président de l'Association, MM. Hausser, président de la Société Philomathique, Gariel, secrétaire général de l'A F A S, Baysellance, ancien maire de Bordeaux, président du comité local, et Bergonié, son secrétaire, Delcurrou, premier président, Berniquet, préfet, Dezemeiris, président du Conseil général, etc., etc.

M. Daney, dans d'excellents termes, nous souhaite la bienvenue, et nous démontre qu'on peut être tout à la fois marchand de morues et orateur.

Il rappelle aux membres présents qu'ils sont déjà venus à Bordeaux en 1872 pour tenir leur premier congrès. Par toute la France, l'Association Française n'a cessé d'encourager les vocations scientifiques.

Depuis cette époque, la ville de Bordeaux a créé un centre universitaire; elle a édifié de nombreuses facultés, doté l'enseignement supérieur d'établissements fréquentés par plus de 2.000 étudiants.

Bordeaux a fait une œuvre de décentralisation scientifique en tête de laquelle marche la Société Philomathique.

M. le Maire déclare ensuite que c'est grâce aux indications de la science que les vignobles de la Gironde ont pu être reconstitués ; puis il pousse une pointe très aiguisée et très applaudie contre le régime suranné de la protection douanière qui enlève aux quais leur fiévreuse activité d'antan ; il termine en assurant que la ville de Bordeaux est prête à offrir aux congressistes une hospitalité dont ils garderont — il l'espère du moins — un bon souvenir.

M. Trélat fait ensuite sur l'hygiène publique et privée un long discours, fort étudié, mais qu'il serait trop long de résumer.

Le 23e congrès de l'A F A S est ouvert !

Deuxième Journée

Le lendemain, à deux heures, invités par la Société Philomathique, nous nous rendions à l'exposition.

Il s'en faut qu'on soit unanime pour approuver les expositions : il semble au contraire que le flot opposé grossit de plus en plus. Je crois pour mon compte, que les expositions internationales ont nui beaucoup au commerce, en ce sens surtout qu'elles ont avancé et facilité la création de la plupart des industries dans des contrées qui auraient continué pendant de longues années à se croiser les bras en nous laissant le soin de leur procurer tous les objets utiles et agréables ; mais le mal est fait, il faut s'incliner, et je pense que nous ne pouvons plus qu'aider au succès, non pas de ces *grandes assises du travail*, ce qui est une véritable fumisterie, mais de ces grandes fêtes, ou foires, ou kermesses internationales. Ce n'est pas le côté « produits manufacturés » qu'il faut soigner ; on ne s'y arrête plus, et on a raison, car il n'y a rien de sincère. Il n'est pas rare de voir un fabricant dépenser 50 francs pour produire, en vue d'une exposition, un objet qui se vend 4 fr. 95 ; on ne cherche qu'à flatter l'œil ; or, si bien qu'on fasse, ces objets ne seront jamais attractifs ni amusants. Ce n'est donc pas ce côté qui doit tenir dans nos futures expositions la première place, c'est le côté « distractions », et la grande fête de 1900 ne devra son immense succès qu'à l'application de cette théorie.

A ce propos, j'ai trouvé, dans *Le Journal* du 12 septembre, le récit fait par François Coppée d'une visite à l'exposition de Bordeaux ; je m'en empare avec empressement, et j'espère que mes lecteurs goûteront, comme moi, ce récit d'un maître de la plume, et ses commentaires :

« En revenant des Pyrénées, je me suis arrêté à Bordeaux et j'ai visité l'Exposition.

« On dit, en ce moment, beaucoup de mal des expositions ; il semble même qu'un courant d'opinion s'établisse contre la kermesse internationale dont nous sommes menacés pour l'année 1900. De farouches décentralisateurs, qui trouvent que Paris n'a pas été sage, voudraient le mettre en pénitence et le priver de fontaines lumineuses et de danses du ventre. Je suis de ceux qui subiraient ce châtiment, non seulement sans murmurer, mais même avec un certain plaisir ; car ces « admirables fêtes du travail », comme disent les discours officiels, sont une terrible corvée pour le Parisien.

« Deux ou trois ans à l'avance, on lui bouleverse sa ville et on l'enlaidit de quelques ridicules monuments en ferraille et en papier mâché ; puis, pendant la durée du fléau, c'est-à-dire tant que l'Exposition reste ouverte, Paris devient absolument inhabitable, et le malheureux indigène doit renoncer à trouver un fiacre ou une table au restaurant. Ceux qui peuvent prendre la fuite s'empressent alors de le faire. En 1889, pendant que nos hôtes du monde entier s'écrasaient réciproquement les cors dans la rue du Caire, j'étais au bord du Loing et je regardais les libellules d'azur se poser sur les roseaux. Si Dieu me prête vie jusqu'en 1900, je me réfugierai, de nouveau, dans quelque asile champêtre. Mais, pour fuir le mal, on n'en évite pas toutes les conséquences, et je prévois, au retour, mainte surprise déplorable. A coup sûr, le beurre sera hors de prix, et l'absurde tour Eiffel aura peut-être un pendant.

« Ne m'opposez pas, s'il vous plaît, l'ancienne rengaine : « Il faut de l'ouvrage pour les ouvriers » Car on pourrait, on devrait leur en donner tout de suite et leur faire exécuter des travaux utiles et durables. Paris est la seule grande capitale qui ne soit pas pénétrée par ses lignes de chemin de fer.

« La Ville-Lumière manque d'eau et exhale une odeur infecte tous les étés. Qu'on y songe, avant de reconstruire le kiosque en carton de la Belle Fatma.

« Je suis, on le voit, sans enthousiasme pour les expositions ; mais je me résigne. Je les considère comme quelque chose d'inévitable et de périodique, dans le genre du choléra. Que les décentralisateurs ne se fassent pas d'illusions. Ils n'empêcheront point Paris de clore le siècle par une foire géante. D'ailleurs, pourquoi ne pas dire le fin mot ? La véritable raison d'être des expositions, c'est que tout le monde veut du ruban rouge. En 1889, on a décoré un épicier, et l'année dernière, à Lyon, on a donné l'étoile des braves à un déménageur. Croyez-moi. Jamais nous ne renoncerons à d'aussi solennelles manifestations de nos mœurs démocratiques et de notre amour de l'égalité.

« Donc, pour tuer une après-midi, pendant mon séjour à Bordeaux, je suis allé faire un tour sur la place des Quinconces, maintenant encombrée par toutes sortes d'édifices provisoires sur qui flottent des centaines de drapeaux et de banderolles ; et, à ma grande surprise, malgré mon peu de goût pour ce genre de spectacles, j'ai passé là quelques heures charmées.

« Je vous assure que je n'éprouve pas, en parlant ainsi, cette indulgence sottement dédaigneuse, qui est un des travers du Parisien hors de chez lui et qu'exprime si joliment l'alexandrin fameux :

Ce sont d'assez beaux yeux pour des yeux de province.

« Non, l'Exposition de Bordeaux, qui a pour premier principe de n'être pas trop vaste, offre, en vérité, beaucoup d'intérêt et d'amusements, et se recommande par un caractère d'élégance et de bon goût, qui lui est spécial.

« Nous y ferons, si vous voulez, une courte promenade.

« Entrons d'abord, bien entendu, dans le Palais des Vins. Jamais je n'aurais cru qu'avec cet unique objet et ce seul ornement — la bouteille — on pût édifier tant de monuments, et si gracieux, et si variés ! Palais des Vins ? Les Bordelais sont trop modestes. C'est « Temple des Vins » qu'il fallait dire. Un temple d'architecture bizarre, de style extravagant et fantasque, dont les murailles, les colonnes et les autels sont exclusivement faits de flacons. On voudrait voir triompher ici, au milieu de ce magnifique appareil de buverie, quelque divinité symbolique. Non point Bacchus chevauchant un tonneau, ni l'ignoble Silène mal d'aplomb sur son âne. La légère et aristocratique ivresse que donne le vin de Bordeaux — le seul qui se digère facilement — eût mérité une allégorie plus délicate, quelque jolie et svelte bacchante, par exemple, un peu folle, mais à peine en désordre, nue sans doute — c'est l'uniforme des déesses — mais portant décemment sa feuille de vigne, pareille, en un mot, à ces femmes d'esprit qui, lorsqu'on leur parle dans le cou, à la fin d'un souper, disent : « Vous me faites perdre la tête », mais ne la perdent qu'à moitié et réservent ce qu'il faut pour l'amour et pour le caprice.

« Ce Palais des Vins est un temple, vous dis-je. C'est avec une émotion religieuse qu'on pénètre dans cette église des bouteilles et qu'on fait ses dévotions aux hôtels placés sous l'invocation de Saint-Julien, de Saint-Estèphe et de Saint-Emilion. Mais lâchons bien vite la métaphore. Les « chateaux » du Médoc me reprocheraient de les oublier. Et ils sont là, les illustres, les vénérables : — Yquem, Margaux, Laffite, tant d'autres, — et je vois briller, sous le verre, leurs topazes et leurs rubis !

« Pour tout dire, c'est un peu mélancolique, cette exhibition de fioles célèbres, mais si bien cachetées. Je me monte l'imagination devant elles parce que je vais souvent à Bordeaux, que j'y compte des amis, très hospitaliers, qui vont chercher, quand j'arrive, quelques fines bouteilles au fond de la cave ou du chai, et que j'ai, en cette matière, quelque expérience et de savoureux souvenirs. Mais je me mets à la place d'un dégustateur inconnu qui se promène dans cet arsenal de flacons. Voilà le supplice de Tantale ! Regardez, mais n'y touchez pas. Un bibliophile qui verrait des Aldes et des Elzevirs derrière la vitrine d'une bibliothèque fermée à clef, ne serait pas plus à plaindre.

« Au fond, une exposition vinicole devrait se composer d'une série de dîners, avec La Tour-Blanche au potage, Léoville pendant les entrées et Haut-Brion après le rôti, ou tout autre programme dans le même goût. Je connais les mœurs magnifiques des Bordelais, et je suis certain que des repas mémorables, arrosés de crus extraordinaires, ont été déjà donnés et le seront encore aux commissaires, aux membres du jury, à tous les gros bonnets de l'Exposition. Je conseille même, en passant, au lord-maire de se surveiller pendant les banquets qu'on va lui offrir là-bas, tous ces jours-ci. Je le suppose solide buveur et à l'épreuve du « claret » alcoolisé d'Outre-Manche. Qu'il se méfie néanmoins des grands Médoc, s'il veut retrouver, en rentrant à l'hôtel, le trou de sa serrure.

« Oui, il s'est bu et se boira des choses délicieuses, à propos de l'Exposition de Bordeaux. Mais cette pensée est plutôt faite pour augmenter les regrets du pauvre diable qui visite le Palais des Vins et ne peut goûter d'aucun. Le seul parti qu'il doive prendre, c'est de ne pas lire les alléchantes étiquettes et de s'imaginer que toutes ces bouteilles ne contiennent qu'une matière insignifiante, telle que le cirage ou de la sauce aux anchois.

« Un attrait moins décevant de l'Exposition, ce sont les salles d'objets anciens. Grâce à l'obligeance des riches familles de la ville et de toute l'Aquitaine, on a pu réunir là une admirable collection d'art rétrospectif. Le choix fut sévère ; l'arrangement est exquis. Tableaux, sculptures, meubles, armes, étoffes, livres, manuscrits, objets et bibelots de toutes sortes, forment momentanément un riche et précieux musée, qui souffrirait très bien la comparaison avec notre Hôtel de Cluny. Le plaisir de voir ce splendide bric-à-brac vaut seul le voyage. Je ne sais qui a pris soin de grouper et de présenter toutes ces belles choses ; mais celui-là est un véritable artiste. On ne l'oubliera pas, je l'espère, sur la liste des récompenses. Il mérite une des premières ; car il a contribué plus que personne au succès de l'Exposition en mettant sous les yeux du public un trésor d'art et de curiosité.

« Tout le reste — ou à peu près — nous l'avons déjà vu ailleurs, aussi bien l'arc de triomphe en tablettes de chocolat représentant la production quotidienne d'une seule usine, que le formidable piano du dernier « cri » espèce de mitrailleuse à musique qui vous crible au passage des valses et des polkas.

« Fuyons plutôt vers ces paillotes, où bourdonnent plus discrètement les gongs de l'Annam et les tambourins du Soudan. Ce n'est pas non plus du nouveau, cette pouillerie africaine et asiatique ; mais il paraît qu'elle est obligatoire dans toute exposition qui se respecte. Pour ma part ce spectacle me répugne. Je trouve quelque chose de barbare dans cette habitude que nous prenons de montrer, comme des bêtes, quelques exemplaires des exotiques que nous avons vaincus. Entre nous, l'idée est même assez indigne d'un peuple chrétien et civilisé.

« Et qu'on ne parle pas d'instruction, de leçons de choses. Je vous assure que, l'autre jour, les badauds qui regardaient avec des yeux ronds, les négresses callipyges, n'étaient nullement préoccupés d'ethnographie, et ce n'était pas non plus dans un intérêt scientifique que les cocottes en chapeaux à panaches s'extasiaient devant le beau Soudanais couleur de bronze, qui dansait en faisant tournoyer son canjiar au-dessus de sa tête crépue.

« J'ai tort peut-être ; mais je sens, dans de pareilles exhibitions, un mépris de l'humanité, qui me choque et m'attriste. Devant les baraques où les Annamites, maigres et simiesques, travaillaient et maniaient agilement leurs outils primitifs, j'ai eu ce singulier cauchemar. Les races, dites inférieures, avaient pris le dessus ; l'Occident était conquis par les Jaunes, et ils avaient envoyé là-bas, à l'Exposition de Pékin, en guise de trophées humains, — comme nous le faisons, précisément, — quelques Européens de professions diverses. J'en étais. Je me voyais, la plume à la main, dans mon échoppe, sous un écriteau portant le mot : « homme de lettres » ; et la foule des Chinois à longue queue défilait devant moi et me regardait avec étonnement faire de la copie.

« Sous l'impression de ce facheux rêve, je suis sorti de l'Exposition de Bordeaux. (1) Elle est, je le répète, fort

(1) L'Exposition de Bordeaux a reçu plus de deux millions de visiteurs.

jolie et amusante. Mais décidément, j'aime peu le charlatanisme, les décors bâclés, les splendeurs de boue et de crachats destinés à disparaître et ce que j'ai encore vu de mieux là-bas, c'est Bordeaux, c'est l'admirable ville elle-même ; ce sont les clochers gothiques, les nobles architectures de Tourny, le pont du Grand-Empire, la large Garonne aux flots blonds, et, devant la forêt des mâts, épousant la courbe gracieuse du fleuve, la majestueuse façade des Chartrons.

« François Coppée. »

***

Nous étions reçus dans la grande salle du Dôme par MM. Hausser, président, et Avril, secrétaire général de la Société Philomathique. M. Hausser, dans une chaude allocution, insiste sur la grande et noble part que l'Association française a prise dans le relèvement de la France, et il termine en disant que la Société Philomathique n'oublierait jamais l'honneur que lui faisaient les congressistes en visitant l'Exposition.

M. Trélat répond en quelques paroles empreintes d'une spirituelle et fine bonhommie, et « de tout cœur, dit-il en terminant, l'Association française pour l'Avancement des Sciences salue la Société Philomathique. »

Les congressistes quittent alors cette salle et se répandent dans le palais des vins, qui est tout simplement merveilleux, puis, au premier étage, visitent les galeries qui renferment des tableaux anciens et modernes, parmi lesquels j'ai remarqué le n° 1,144, Adam et Eve dans le Paradis. Mais je ne sais si l'artiste s'est inspiré de la vue des milliers de bouteilles qui garnissent ce palais ; il m'a semblé que nos ancêtres avaient l'air bien plus aviné que poétique ; la digestion d'une simple pomme ne peut donner à la physionomie un aspect aussi étrange !

L'Exposition de Bordeaux nécessite plusieurs jours pour être sérieusement visitée ; aussi, nous contentons-nous, en ce moment, de la parcourir rapidement ; nous traversons donc les bâtiments qui renferment les Expositions d'Agriculture et d'Horticulture, du Génie civil, des Transports, des Colonies, du Commerce, etc., etc.

La première des galeries qui s'offre à nous en sortant du bâtiment central est celle de l'enseignement ; là s'entremêlent les travaux des écoles les plus humbles et ceux des plus hautes facultés ; les admirables petits objets des cours professionnels, depuis la poupée en papier jusqu'à la serrure la plus compliquée ; les 4,444 (quatre mille quatre cent quarante-quatre) traductions d'un même texte français faites dans les patois de toutes les communes du sud-ouest, région gasconne et pyrénéenne ; je ne les ai pas examinées, pas même comptées, je vous l'assure ; mais ce nombre m'a fait frémir en me faisant penser à ce qu'il pourrait être si cette traduction avait été faite dans tous nos dialectes nationaux.

Je remarque aussi certains bocaux dont les étiquettes m'indiquent qu'ils contiennent de la graine de microbes et, en effet, dans chacun de ces récipients se produit la culture d'un microbe différent ; je ne m'endors pas dans cette contemplation et je poursuis très rapidement ma visite à travers toutes ces écoles. Mais je m'arrête tout à coup en voyant ce mot magique et inattendu : Creil, qui fait disparaître instantanément de ma pensée l'obsession des microbes. Aussi j'examine consciencieusement l'exposition de mes concitoyens, et je remarque :

1º Des modelages signés Cagnet, Ballureau, Cézilly, anciens élèves de l'école, modelages exécutés en 1892-1893 ;

2º Une série de croquis cotés, de dessins industriels avec étude des ombres et du lavis, série fort appréciée et d'une certaine valeur au point de vue de la préparation professionnelle de nos futurs ouvriers ;

3º Des cahiers de roulement de 1892 à 1895 pour les huit classes. Chaque élève, à tour de rôle, a écrit ses devoirs sur ce cahier spécial. Ainsi le travail de 450 enfants se trouve réuni et permet les comparaisons d'élève à élève, d'une classe à une autre de la valeur de l'école d'une année à une année ;

4° Des cahiers de compositions et de devoirs soignés avec croquis, cartes, dessins, comptes-rendus de visites d'usines, etc. ;

5° Correspondances interscolaires échangées aux deux bouts de la France entre élèves dont les habitudes, le milieu sont très différents, procédé qui permet aux enfants de Creil de se rendre compte de la vie, du mouvement d'une ville maritime, en même temps qu'il donne à ceux de Boulogne, ou de Trouville, l'idée de notre localité industrielle ;

6° A côté de ces travaux récents, des devoirs faits par des écoliers d'il y a vingt ans, permettent de faire sur la marche de l'enseignement des programmes de rapprochements et les comparaisons les plus intéressantes.

Puis comme travaux du maître : un cours de dessin élémentaire, un album pour l'enseignement de la morale par l'image, une table-banc modèle, des mémoires pédagogiques ; telle est, en résumé, cette exposition considérable, par la quantité des matériaux et justement appréciée puisque le jury lui a décerné une médaille d'argent.

Dans une des galeries industrielles, nous nous trouvons au milieu d'infiniment lourds et d'infiniment légers : les pièces de milliers de kilogrammes alternent avec des objets d'un gramme et au-dessous ; c'est l'industrie métallurgique dont les modèles sont extrêmement nombreux et intéressants. Mais tout à coup un écriteau nous saute aux yeux, et ce n'est pas sans une réelle émotion que nous nous arrêtons devant un *salon* dont les murs sont garnis de tableaux absolument artistiques et formés avec les produits de la plus belle usine de France dans ce genre : *Les Forges, Tréfileries et Pointeries* de Hennau, de Creil.

L'exposition faite par ces établissements modèles n'est pas un des moindres ornements de ces galeries où se révèle dans toute sa splendeur, le génie industriel français, et elle pourra, avec un succès certain, être reproduite, sans modification, sur une *scène* plus grande, celle de 1900.

Par un effet du plus heureux hasard, nous étions quelques instants après, au milieu de la famille Ginouvès, dont le chef, M. Charles Ginouvès, est représentant de la maison veuve de Hennau (1), en même temps qu'il est l'ami de M. Constant, maire de Soulac. Cette circonstance nous permettra, dans quelques jours, de nous trouver, comme en pays de conaissance, dans ce coin retiré, le village de Soulac, pour ainsi dire perdu dans les sables expectorés par l'Océan, au-delà de la pointe de Graves...

Dans les jardins, nous nous arrêtons, à chaque instant, devant des pavillons élégants, de tous styles, comme ceux de la Presse, des Arts religieux, de l'Amer Picon, du Gaz, de Maggi, du Syndicat ouvrier, de la Maison Electrique, du Kinétoscope, des Brasseries, des Ombres chinoises, de Sem, de l'Escarpolette magique, puis devant le Labyrinthe, les couveuses d'enfants — naturels, — le Panorama de la bataille de Nuits, le Casino, la Bouteille colosse, l'Aquarium, les huîtrières d'Arcachon, les cigarettières, les vendeuses de boulettes en chocolat, les marchandes de gaufres, costumées d'une façon très originale; puis les villages Annamites et Africains, qui nous font oublier Bordeaux, la France... et nous nous reposons enfin dans un magnifique chalet-brasserie, en nous rafraîchissant aux sons mélodieux d'un orchestre composé d'une dizaine de Roumaines, en costume national — de leur pays.

Mon secrétaire-photographe-ami, Raoul Ellie, à cause du départ de son frère pour Luchon, qui doit lui rendre la santé, nous invite, Fauré et moi, à un petit dîner intime.

Un cinquième personnage, ami des deux frères, se trou-

---

(1) Cette importante maison a été mise *hors concours*.
Nous sommes heureux de pouvoir enregistrer les récompenses accordées à ses excellents collaborateurs dont les noms suivent:
MM. Michel Reichelin, directeur, diplôme de médaille d'or; Albert Arnoult, contremaître, médaille d'argent; Camille Lequeux, ouvrier, médaille de bronze; Jules Fourmy, ouvrier, médaille de bronze; Charles Ginouvès, représentant, ayant trente années de services dans la métallurgie, a obtenu une médaille du Gouvernement.

vait à notre table. Nous nous attachons instinctivement à étudier ce type étrange, représentant, indubitablement, d'une race que nous supposions éteinte, et avec raison, puisque nos amis, pour nous sortir d'incertitude, nous déclarent que leur compagnon est un *abonné du Constitutionnel !* Ils auraient pu dire : *l'abonné !*

Il est bien regrettable que la ville de Bordeaux ait ignoré la présence dans ses murs d'un pareil phénomène. Elle aurait imaginé en son honneur de telles fêtes que tout ce qu'elle a pu faire lors de la visite du lord-maire eût été bien pâle !

Depuis cette mémorable soirée, M. Ellie est revenu de Luchon d'où il a rapporté la santé.. et les palmes académiques qu'il a trouvées sur sa cheminée ! Pendant son absence, et à l'occasion du Congrès de la Ligue de l'Enseignement, il avait été l'objet de cette distinction en récompense du zèle avec lequel il remplit ses devoirs de secrétaire général du Cercle Girondin de la Ligue.

Et cet *abonné du Constitutionnel*, ce *rarissima avis*, qui n'est pas *palmé !* c'est à peine croyable ! J'espère qu'en lisant ces lignes, M. le Ministre compétent comprendra qu'il est de son devoir de réparer une telle injustice, et qu'il enverra d'office à cet étonnant *porte-drapeau* un large ruban d'un vif violet !

Pendant que notre ami Ellie se rend à la gare Saint-Jean, accompagné de son frère et du *futur officier d'académie*, nous nous faisons conduire au *Moulin Rouge,* qui nous avait été spécialement recommandé comme jardin de distractions.

Singulier *jardin*, et non moins singulières *distractions* dans ce *Moulin*, qui ne nous rappelle que de bien loin son homonyme de Paris !

Troisième Journée

La ville de Bordeaux doit son importance à son mouvement commercial qui attire sur ses quais et dans ses docks des marchandises de tous les points du monde. Elle s'étend le long de la rive gauche de la Garonne sur une longueur de sept kilomètres, tandis que sa plus grande largeur est de deux kilomètres et demi, c'est-à-dire que si, comme dans beaucoup d'autres villes, ses maisons étaient toutes à plusieurs étages, elle pourrait loger un million d'habitants, tandis que les 252,415 qu'elle possède sont à l'aise, et occupent pour une assez grande partie, des maisons à un seul étage et même à un rez-de-chaussée seulement, accompagnées d'un jardinet, surtout aux extrémités de la ville.

Les archéologues y trouvent une suffisante pâture dans la visite des anciens monuments : telles la *cathédrale de Saint-André*, une des églises les plus importantes du Midi, bâtie sur cent vingt-neuf mètres de longueur ; l'église *Saint-Michel*, fondée en 1160, avec son clocher isolé, à trente mètres de distance, bâti en hexagone, de 1472 à 1492. Du haut de la tour, qui a cent huit mètres, on jouit d'une très belle vue sur la rade. Dans le sous-sol de cette tour sont exposés soixante-quinze à quatre-vingts cadavres retirés d'un cimetière voisin dont le terrain avait la propriété de conserver les corps. Cette visite est certainement fort intéressante ; on ne peut se figurer les résultats produits par ce terrain chimique naturel ; non seulement ces corps sont dans un état de conservation que n'obtiendrait pas la main de l'homme malgré ses préparations et ses précautions, mais même le linge est en partie conservé. Je n'avais garde de ne pas visiter ce souterrain, dans lequel j'étais cependant déjà descendu il y a vingt-trois ans, et j'y ai retrouvé la même impression.

L'Eglise *Sainte-Croix*, complètement remaniée depuis le XIIe siècle et entièrement restaurée, est également intéressante; puis les églises *Sainte-Eulalie, Saint-Pierre*, etc., qui brillent surtout par la quantité.

Le nombre des édifices civils n'est pas moins considérable, et il faut compter plusieurs jours pour les visiter, ainsi que les musées et collections.

Malheureusement l'Exposition, avec ses palais modernes, ses élégants chalets dans lesquels trônent de charmants représentants des temps actuels, ses jardins si animés, l'Exposition enlève à tous ces vieux souvenirs de l'histoire de Bordeaux beaucoup de leur attrait; et puis, ils ne sont pas éphémères, et on pourra toujours les retrouver.

La ville de Bordeaux est non seulement commerçante, mais encore industrielle; on y trouve des chantiers de construction de navires, une manufacture de faïence et porcelaine, une importante filature de laines et fabrique de tapis et couvertures, des fabriques de conserves alimentaires, des fabriques de produits chimiques, des distilleries; une raffinerie de pétrole, etc., etc.

Le commerce dominant est, bien entendu, celui des vins; le port en embarque chaque année plus d'un million d'hectolitres et plus d'un million de bouteilles; ajoutons un million d'hectolitres expédiés par les chemins de fer, et nous arrivons à un chiffre approximatif de trois millions d'hectolitres exportés annuellement.

La visite d'un des entrepôts de vins de Bordeaux s'imposait et nous nous sommes rendus aux *chais* ou *caves* de M. Calvet, cours du Médoc.

Ces caves éclairées par l'électricité, couvrent une superficie de dix mille mètres carrés; les pièces, au nombre de trente-cinq à quarante mille, sont par rangées de cinq superposées; le courant des bouteilles prêtes à expédier est de un million six cent mille à deux millions. M. Calvet a dans sa cave particulière des bouteilles de vin de 1846, année que, pour des raisons particulières, je considère comme la meilleure.

On trouve dans ces caves quelques vins que le commerce de gros peut s'offrir à raison de 300 francs le tonneau, soit 75 francs la pièce, mais il ne faut pas qu'ils aient traversé le territoire de Château-Laffite; ils pourraient s'y assimiler au passage un petit *bouquet* qui changerait radicalement l'estimation des dégustateurs. Dans cette heureuse partie du Médoc, en effet, le petit vin 1891, par exemple, est coté seulement dans les 1,100 francs la pièce.

Dans ces chais se trouvent répartis environ cent cinquante ouvriers, ce qui n'est pas étonnant eu égard aux soins dont il faut entourer ces *enfants,* sous peine de les voir malades.

Les cicérones qui nous ont guidés dans ces curieux dédales nous avaient bien fait déguster plusieurs tasses puisées directement dans les tonneaux; mais il ne nous autorisent à remonter sur le cours du Médoc qu'après avoir échantillonné quelques châteaux, tels que Margaux 71, Yquem 81, etc., etc.; ce n'est plus du vin, c'est le nectar des dieux; cette maison a du avoir jadis la confiance de l'Olympe !

Nous sortons gais, satisfaits, mais cependant avec un regret : celui de n'avoir pas osé nous faire inscrire comme clients des grands crus.

Quoique sur l'impériale d'un tramway, nous étions bien, après cette visite, un peu dans les nuages, quand je lis tout à coup sur la façade d'un marchand de vin — sur le zinc — cette inscription : « On trempe la soupe. » Quelle soupe trempe-t-il, ce négociant? la sienne, ou celle des voisins ? Nous discutons en vain pour éclaircir cette question que nous laissons de côté en arrivant sur le bateau transporteur *la Plata,* que nous sommes invités à visiter des pieds à la tête ; le bâtiment étant vide et la cale à sec, cette visite, rapidement faite, se termine très agréablement dans le salon où nous est offert un lunch sans façon.

Nous étions invités à assister, le soir, à l'Athénée, à une conférence de M. Labat, député de la Gironde, sur la « circulation de la richesse et de l'impôt. » Grâce à la fatigue de cette longue journée, nous nous jugeons suffisamment savants sur ces points d'économie politique, et nous décidons de ne pas nous risquer à affronter les effets soporifiques du brillant orateur bordelais; nous préférons une promenade à l'air libre, et un tramway, pris au hasard, nous conduit jusqu'au boulevard Caudéran. Nous voyons un jardin dont l'entrée est éclairée à l'électricité; des flots de lumière nous arrivent à travers les feuillages des grands arbres, en même temps que les sons attractifs d'un orchestre lointain. Nous ne cherchons pas à lutter contre ces appels suggestifs et nous pénétrons dans ce parc; c'est le *Café des Ambassadeurs* de l'endroit, mais avec promenade facultative. Nous assistons à un concert dont le programme est très chargé; les entr'actes sont inconnus.

J'ai eu l'occasion, sinon le plaisir d'entendre la scie à la mode — de Paris : — « En voulez-vous, des z'homards ? » chantée par un artiste endiablé et dont la verve a soulevé parmi les nombreux assistants *un* ou *deux* applaudissements; j'étais, bien entendu, du côté de la majorité, des non-remués !

Continuant ma promenade dans les allées de ce parc, j'aperçois dans un fond, une lumière vers laquelle je me dirige par simple curiosité, et je me trouve bientôt à l'entrée d'un salon. Au milieu une longue table autour de laquelle se trouvent réunies une quarantaine de personnes appartenant en majorité au beau sexe; à chaque bout de la table, se trouve un tapis vert divisé en cases au milieu desquelles je vois inscrits les mots : Russie, ou France, ou Angleterre, ou Belgique; sur ces carrés tombent les pièces de 50 centimes, ou de 1 franc, ou de 2 francs; qui sont ramassées chaque fois qu'une boule de caoutchouc, lancée dans un compartiment en tout semblable à un jeu de macarons, s'arrête dans un des trous qui s'appellent tous, comme les carrés du tapis vert : France ou Russie, etc. Je place quelques fonds en Russie qui, naturellement, me sourit et me les rend avec gros intérêts. Mais je m'aperçois bientôt que ma belle monnaie est remplacée par d'autres pièces qu'on ne rencontre plus que dans les collections des numismates;

je n'avais bientôt plus, tout en gagnant, une seule pièce contre laquelle je pusse prendre même un bock. Ne voulant pas être empoisonné de ces fausses pièces jusqu'à la fin de mes jours, je les jetai au hasard sur le tapis vert et en quelques minutes, elles avaient repris leur place primitive. Je quittai ce salon, allégé de mes pièces démonétisées et de quelques bonnes que j'avais eu le grand tort de sortir de ma poche.

Ceci se passe à Bordeaux, en France, c'est-à-dire dans un pays civilisé, où les jeux d'argent et de hasard sont rigoureusement interdits !

Quatrième Journée

La journée du mercredi 7 août était réservée aux excursions générales dans les grands crus bordelais : le Médoc et le Saint-Emilionnais. Les uns se décident pour la visite des vignobles reconstitués de Pomerol et de Saint-Emilion, l'église monolithe de Saint-Emilion, ses catacombes et ses momies ; mais, quant à nous, nous jetons notre dévolu sur le Médoc, et à six heures et demie du matin, le sifflet du bateau *Gironde-et-Garonne n° 2* annonçait notre départ du quai des Quinconces.

Nous avons à parcourir environ cent kilomètres avant d'arriver à la pointe de Graves, juste en face Royan ; mais ce voyage paraît bien court par un temps splendide comme celui dont nous jouissons, et qui nous permet de découvrir, à gauche, les châteaux du Médoc et, à droite, ceux des Entre-deux-Mers. Le fleuve va s'élargissant, les châteaux vont diminuant, et bientôt ce ne sont plus que des points imperceptibles. Nous nous installons vers dix heures devant une table fastueusement garnie, et c'est à peine si nous avons le temps d'allumer nos cigares avant de sauter sur la rive du Verdon.

Là, nous attendaient MM. Constant, maire de Soulac, du Périer de Larsan, député de Lesparre, et le docteur Faucher. Nous suivons la longue jetée de la pointe de Graves et nous voyons en pente, de chaque côté, de gros blocs de moellons agglomérés et glissant les uns à la suite des autres, selon le tassement qui s'opère au fond de la mer.

Ces blocs de quinze à vingt mètres cubes agglomérés sur place, ont pour but de faire à la digue une ceinture défensive. Les flots s'acharnent furieusement et constamment contre cette pointe et cherchent, à n'en pas douter, à ouvrir une nouvelle bouche à la Gironde, en coupant cette presqu'île. Il en résulterait un ensablement qui fermerait l'accès des ports de Bordeaux et de Pauillac à tous les grands navires; il s'agit de lutter sans cesse contre ces tendances funestes de l'Océan, et c'est ce que font, avec une énergie depuis de longues années maintenue, nos ingénieurs aidés par les millions mis à leur disposition.

L'homme remportera la victoire dans ce combat contre la nature, mais ce sera une victoire chèrement achetée.

Nous nous installons ensuite dans des wagonnets traînés par des chevaux, et à peine avons-nous fait quelques mètres que nous voyons, à notre droite, trois ou quatre jeunes dames ou demoiselles affublées de chapeaux ridiculement anglais, s'avançant en avant et en arrière de la tête d'une vingtaine de centimètres, pas assez cependant pour interdire à nos regards de pénétrer avidement sous ces singuliers abris, ce qui nous permet de constater que c'est avec raison que ces frais et gentils minois ne sauraient prendre trop de précautions pour ramener à Paris leurs pâles couleurs.

Elles seraient, en effet, sans ce protecteur, bientôt cuivrées, si elles habitent réellement pendant toute la saison les deux ou trois cabanes que nous apercevons dissimulées dans des creux de sable et à peine garanties contre les vents chauds et violents qui soufflent presque constamment sur cette pointe.

Ce nouveau chapeau, à la mode il y a quelques siècles, commence à être adopté dans ces contrées de bains de mer, puisque nous en avons rencontré ensuite à plusieurs reprises.

Nous faisons, dans la forêt de sapins rabougris, aplatis par les vents violents qui attaquent sans cesse cette pointe de Graves, de nombreux détours jusqu'aux sables de la plage de Soulac. Nous parcourons à pied environ deux kilomètres de cette plage et nous grimpons l'escalier qui nous conduit au niveau de cette petite ville balnéaire.

En haut de cet escalier, se présente à nous la principale rue de Soulac, semblable à toutes les rues des petites villes, et je suis d'abord surpris de la rencontre de plusieurs corbillards ; je ne puis croire à une épidémie dans un pays aussi aéré, d'apparence aussi saine, et je me disposais à m'informer s'il ne s'était produit aucune catastrophe, quand un ami, mieux renseigné que moi, m'apprend que ces voitures-corbillards sont tout simplement destinées à porter le pain chez des vivants. Singulier modèle !

Mais dix minutes se sont écoulées, et nous sommes au bout de la rue ; nous voyons alors devant nous l'église bâtie dans une sorte de cuvette en sable ; nous en avons bientôt l'explication que nous écoutons avec le plus vif intérêt.

Il paraît que la ville actuelle de Soulac est une deuxième édition ; c'est pour ainsi dire une résurrection.

Il y a trois ou quatre cents ans, les monticules de sable du bord de la mer, repoussés par les vents, gagnaient la terre ferme, faisant fuir devant eux les habitants, dont ils remplissaient les maisons ; au bout d'un certain temps, il ne restait plus que l'Eglise, qui disparaissait elle-même complètement sous ces vagues solides, et c'est seulement trois siècles après cet abandon complet de leur village par les habitants, que leurs descendants, par hasard, découvrirent cette église engloutie, et entreprirent son dégagement. Quelques réparations suffirent pour lui rendre son ancienne destination et c'est elle qui, actuellement, sert d'abri aux amateurs du culte.

A deux pas de cette église, sur la place publique, se trouve le marché couvert où la municipalité nous convie à un lunch cordial.

Nous continuons ensuite notre promenade dans la direction de la gare située à 1500 mètres environ de la halle, et nous prenons place cette fois dans un vrai train attelé de vrais chevaux-vapeur. Une heure après, nous descendions à Saint-Estèphe où nous attendait une longue file de voitures.

Pendant une heure et demie, nous roulons sur des routes étroites et tortueuses avec, de chaque côté, des vignes faisant la haie, des vignes d'un vert splendide s'étendant jusqu'à l'horizon. De temps à autre, nous traversons des parcs princiers, pour nous retrouver quelques instants après entre deux nouvelles haies toujours aussi verdoyantes, malgré les nombreux ennemis qui s'abritent sous leurs rameaux ; c'est que la lutte est sérieusement engagée entre les microbes et les produits chimiques ; des millions de kilogrammes de sulfate de cuivre, la plupart de provenance anglaise, intelligemment préparés et distribués en temps opportun sur les *sujets*, paraissent avoir raison de ces voraces destructeurs ; mais une surveillance de tous les instants est nécessaire pour empêcher la concentration des forces ennemies, qui profiteraient rapidement de la moindre relâche pour donner l'assaut.

Cependant nous voici au Château-Laffite, domaine du Roi des Vins.

M. Mortier, représentant de MM. de Rotschild, les heureux propriétaires des vignes que nous venons de parcourir, nous souhaite la bienvenue, au nom des princes de la finance, et nous ouvre bientôt la porte du salon des Foudres. Nous sommes absolument éblouis, nous croyons être dans un palais de fée : une table se présente à nous à perte de vue, magnifiquement surchargée et quelques minutes se sont à peine écoulées qu'une musique délicieuse, douce d'abord, allant *crescendo*, emplissait cette salle rectangulaire de 120 mètres de longueur ; les foudres en résonnent ! c'est le bruit des fourchettes, du choc des verres qui se vident à mesure qu'ils se remplissent de ce vin renommé qui nous est d'abord présenté jeune, puis adolescent, puis dans l'âge fort, et enfin dans la vieillesse ; plus son âge augmente, plus nous l'aimons ! C'est le contraire de ce qui se passe avec d'autres objets que notre nature nous pousse à chérir également ! Bref, le Château-Laffite 1870 et 1869, presque introuvable, sinon au poids de l'or, coule à pleins bords, et nos estomacs stupéfaits, mais satisfaits, font passer sur nos visages la joie qu'ils éprouvent. Au diable les gastrites et les gastralgies ! au diable le lait, les jus de viande, l'eau de Vichy ! aucun de nous n'est malade, ne l'a jamais été, ne le sera jamais ! Jamais nous n'avons eu de nausées, ni d'indigestions, et jamais nous n'en aurons ! Les médecins rient jaune, mais nous, nous rions de bon cœur ! un rédacteur de la *Libre-Parole*, assis en face de moi et qui a toujours l'air de réfléchir profondément, devient expansif et presque aimable avec ses voisins !

Nous regrettons bien de quitter aussi vite ce paradis, mais nous avons une provision suffisante pour atteindre le bateau. Nous reprenons place dans nos voitures, et, pendant qu'une partie d'entre nous se dirige vers les appontements de Pauillac et les travaux exécutés par nos compatriotes Daydé et Pillé, les autres se dirigent, toujours au milieu des vignes, jusqu'à la ville de Pauillac, notre lieu de rembarquement.

Chemin faisant, nous visitons le château de Pontet-Canet, dont le propriétaire lui-même, M. Cruse, nous fait les honneurs ; c'est au milieu des cuves béantes que nous dégustons les produits de différentes années. Ce vin est excellent, mais n'est guère comparable à son voisin ; cependant, il y a compensation : il est d'un prix abordable.

Arrivés à Pauillac, nous assistons en attendant l'heure du départ, à un spectacle bien réconfortant. Les nombreux propriétaires de ces plaines privilégiées n'ayant pu, à nos regrets réciproques, avoir notre visite, avaient déposé à la mairie des caisses de bouteilles portant les étiquettes des bonnes années. M. Périer, maire de la ville, avait reçu du ciel une inspiration sublime, et, pour que nous puissions déguster à notre aise, faisait embarquer toutes ces caisses, pendant que, dans les airs, nombre de bombes, lancées par les habitants, éclataient avec un fracas fort réjouissant. Le dîner qui nous attendait à bord, corsé de ce renfort inattendu, a été bien trop court ! certains propriétaires nous ont présenté leur vin dans des *magnums,* bouteilles fort élégantes, mais qui contiennent au moins deux litres !

Pour donner une idée de la munificence avec laquelle nous avons été accueillis dans cette contrée, je livre aux méditations de mes lecteurs le menu suivant du déjeûner offert à Pauillac, le 10 août 1895, à ceux d'entre nous qui ne prenaient pas part à la grande excursion, par MM. les propriétaires des crus de Pauillac, Saint-Julien et Saint-Estèphe, sous la présidence de MM. L. Périer, maire de Pauillac, et G. Merman, président du Comité Girondin.

COMITÉ GIRONDIN
DES EXPOSITIONS UNIVERSELLES

MENU

HORS-D'ŒUVRE VARIÉS
Poisson, Homards, sauce Tartare.

ENTRÉE
Poulet Marengo

LÉGUMES
Laitues Farcies

ROT
Filet de Bœuf piqué sauce Cresson

ENTREMETS
Moka

Desserts Assortis — Café, Liqueurs

VINS
Blancs 1890
Ch. Loupdat, tête, Médoc (A. Hilaret)

Rouges 1890
Le Vigneau Saint-Estèphe (Grazillon) Mège, Saint-Estèphe (Mège)
Cru de Bages (Broqua). Ch. Haut-Bages (E. Desse).
Ch. Montrose (Hostein).

1889
Ch. Pibran (Bichon). Ch. Colombier, Monpelou (E. Adde).

1888
Saint-Estèphe (B. Dumas). Ch. Pibran (J. Bichon). Milon (Ribeau)
La Garosse (E. Adde). Ch. Bellevue-Cordeillan (A. Hilaret).
Ch. Pontet-Canet (veuve Cruse).

1887
Saint-Estèphe Marbuzet (L. Raymonet). Saint-Estèphe (B. Dumas) Château-le-Bosq, Saint-Estèphe (Grazillon). Ch. Morin. Saint-Estèphe (Alibert). Ch. Le Crock. Saint-Estèphe (Merman). Ch. Balac (A. et L. Carrère). Ch. Mousset. Pauillac (Saintout-Pierre). Ch. Clos Padarnac (L. Lescure). Cru Milon (Ribeau) Haut-Pauillac (Moreau). Ch. Malécot (E. Desse). Haut-Bages (E. Desse). Ch. Lynch-Bages (Cayrou). Ch. Colombier (E. Adde). Ch. Bellevue-Cordeillan (A. Hilaret). Ch. Mouton d'Armailhacq (de Ferrand). Pontet-Canet (veuve Cruse). Ch. Duhart-Milon (Castéjà). Ch. Montrose (Hostein). Ch. La Tour de Flers (Beaumont de Courtivon).

1881
Ch. Beau-Site (Grazillou). Haut-Bages (E. Desse)
Ch. Malécot (G. Desse). Ch. Anseillan (Mondon). Ch. Léoville-Las-Cases (de Las-Cases). Ch. Caronne (veuve Ferchaud).

1878
Ch. Bellevue (veuve Ferchaud). Saint-Louis du Bocq Saint-Julien (Sevaistre). Pichon-Longueville (Pichon-Longueville).

1874
Ch. Pomys (Charmolue). Ch. Ségur (héritiers Fhélan).

1870
Pichon-Longueville (Pichon-Longueville).
Cos d'Estournel retour de l'Inde (Charmolue).

1869
Cru Lacaussade Milon (S. Mortagne).

1865
La Tour de Flers (Beaumont de Courtivon).
Haut-Pauillac (J. Moreau).

1864
Cru Lacaussade Milon (S. Mortagne).

Je crois que, perdus au milieu de ces cinquante-et-un crus, les convives se sont trouvés fort embarrassés pour se faire une opinion sérieuse, et pour accorder leurs suffrages à un ou plusieurs de ces vins, de préférence aux autres, tous excellents du reste ; ils n'ont pu que s'en faire une idée un peu *brumeuse,* mais que cependant il ont pu éclaircir en prolongeant leurs visites de quelques jours.

A neuf heures et demie, nous quittions notre hospitalier bateau, en face du palais des Vins, et nous pénétrions aussitôt dans les jardins de l'exposition. La soirée étant superbe, nous ne sommes pas surpris de l'extraordinaire animation qui règne dans toutes les avenues ; ce n'est qu'à grand'peine que nous trouvons une chaise au pied de la colonne à peu près achevée des *Girondins,* qui ne sera pas le moindre ornement des Quinconces, quand ils seront revenus à leur destination habituelle.

Cinquième Journée

Le lendemain matin, je passais une heure calme et rafraîchissante dans le magnifique *Jardin Public,* créé par M. de Tourny, agrandi en 1858, et possédant actuellement une superficie de 11 hectares.

Dans ce jardin, disposé en parc anglais, on trouve de larges allées, de belles pelouses, une rivière, un lac, une cascade, et surtout des arbres touffus. Ensuite, je gagnais le quai, et, le remontant, je passais devant le Palais de l'Exposition, la place Richelieu, la Bourse, le vaste bâtiment de la Douane, la Fontaine des Trois-Grâces, la porte du Palais, la belle porte de Bourgogne ou des Salinières, servant d'entrée au large cours Victor-Hugo, et, en face, le Pont-de-Pierre, but de ma promenade.

Ce pont, bâti de 1819 à 1821, se compose de 17 arches en pierre et en briques, reposant sur 16 piles et 2 culées en pierre ; il mesure 486 mètres 68 de longueur ; sa largeur est de 14 mètres 86.

Cette masse de pierre est allégée intérieurement par une multitude de galeries semblables à des salles de cloître, et communiquant entre elles d'une extrémité à l'autre du pont.

Du milieu de ce pont, la vue sur la Garonne est admirable ; on ne se fatigue pas à contempler ces innombrables navires et bateaux et ces forêts de mâts ; le quai est découvert à une grande distance, et le décor change à chaque minutes grâce à l'animation qui y règne.

Derrière, en amont, se trouve à proximité le pont en fer du chemin de fer reliant la gare d'Orléans à celle du Midi.

Dans l'après-midi, nous nous dirigeons à pied, sous un chaud soleil, vers le village de Bègles, situé à quatre kilomètres environ de la place de la Comédie ; c'est une longue promenade, au bout de laquelle se trouvait la manufacture d'allumettes. A peine avons nous pénétré dans cette usine que nous reconnaissons la main du patron, le patron modèle (style ministériel) : désordre complet, propreté douteuse, en un mot, rien qui puisse nous retenir. Quand donc se décidera-t-on à rendre à ces usines leurs anciennes directions ? Les visites seront alors intéressantes.

Nous nous rappelons fort à propos que la raffinerie de pétrole de MM. Fenaille et Despeaux est installée à quelques minutes de là sur ce même boulevard de Bègles.

Aussitôt entrés dans cette immense usine, nous reconnaissons que le monopole n'y a pas encore lancé son grappin. En effet, tout est bien en ordre, l'aération est parfaite sur tous les points ; aucune odeur n'indique que des millions de litres de pétrole brut et distillé circulent au-dessus, au-dessous, et tout autour de nous.

Cette usine produit journellement de 650 à 700 tonnes de distillation ; nous ne devons donc pas être surpris de rencontrer un magasin dans lequel nous pourrions compter de 30 à 40 mille futailles vides ; il est bon d'ajouter qu'à certaines époques on est obligé d'en empiler une semblable quantité dans la cour. Tous ces fûts réexpédiés par les clients, sont nettoyés à l'eau bouillante, grattés et regrattés, complètement mis à neuf, avec autant de soin que s'il s'agissait d'en faire des locataires du Château-Laffite.

Le pétrole brut, semblable à de la boue liquide verdâtre, arrive, pour la grosse part, d'Amérique, dans des navires *ad hoc,* lesquels s'amarrent aux quais situés à 3 kilomètres. Des pompes refoulent par des tuyaux ce liquide jusque dans les réservoirs de l'usine d'où ils passent dans une série d'alambics jusqu'à épuration parfaite, et perte absolue de toute odeur.

C'est alors un liquide clair, plus clair que de l'eau de roche ; on en boirait ! on peut en boire ! et on en boit ! on nous assure qu'après l'absorption de plusieurs petits verres de pétrole ainsi purifié, les estomacs les plus délicats éprouvent une extrême satisfaction !

C'est de cette usine que partent journellement des milliers de cruchons de *Saxoléine.*

Il est consommé environ 20 tonnes de charbon par jour ! on peut donc éprouver, avec une apparence de raison, la crainte de se promener sur un volcan ; mais l'installation est si ingénieuse que quand, par hasard, un incendie se déclare, il se trouve de lui-même localisé et facilement éteint avec du sable.

Nous passons, dans la cour, devant une phénoménale cuve d'une capacité de 4 millions de litres ; elle sert de réserve pour le cas où les navires ne se succéderaient pas assez rapidement ; les appareils de distillation ne doivent pas chômer.

En plus de cette importante installation, MM. Fenaille et Despeaux ont encore d'autres raffineries de pétrole : à Aubervilliers, au Havre, à Marseille, etc.

M. Despeaux, neveu, nous précédant dans le jardin de l'usine, nous offre gracieusement un lunch auquel nous faisons le plus grand honneur.

Pour clore cette journée, nous nous rendons, le soir, à neuf heures, sur l'invitation de la municipalité, à l'hôtel de ville.

Cet édifice, qui forme un immense rectangle entouré de

rues, a été bâti de 1770 à 1781 ; c'était alors le siège de l'archevêché. Détruit en partie en 1862 par un violent incendie, il fut très sérieusement restauré. Les façades de devant et de derrière sont illuminées comme aux soirs de grandes fêtes ; des gardes municipaux à cheval protègent contre la foule des curieux les invités qui pénètrent dans la cour d'entrée ; ils se trouvent alors en face d'un vaste et beau bâtiment flanqué de deux ailes réunies par deux péristyles. Nous gravissons l'escalier d'honneur en haut duquel nous saluons MM. le maire et ses adjoints, et nous nous répandons dans les luxueux salons étincelants de dorure sous les lumières des magnifiques lustres. Nous descendons ensuite dans le jardin éclairé par l'électricité, et nous remarquons à droite et à gauche deux grands corps de bâtiments formant retour d'équerre ; nous pénétrons dans celui de droite, côté nord du jardin, et nous sommes dans une magnifique galerie inondée de flots de lumière électrique, pour la première fois, paraît-il. Cette galerie forme le musée de peintures appartenant à l'Ecole française ; dans l'autre galerie, contruite sur le même plan, côté sud du jardin, sont exposés les tableaux appartenant aux Ecoles Flamande, Hollandaise, Allemande, etc.

La promenade dans le jardin est agrémentée de deux musiques militaires : celles du 144e et du 57e de ligne, dont l'une est réputée l'égale de celle de la garde municipale de Paris ; avec des éléments aussi artistiques, on en arriverait à aimer Meyerbeer !

Un millier d'invités se coudoient dans ce féerique décor, et jouissent franchement de cette superbe soirée bien digne de la ville de Bordeaux ; mais nous quittons — trop tôt — ces Champs-Elysées dont nous ne pouvons, hélas ! emporter que le souvenir d'un beau rêve !

Sixième Journée

Le vendredi matin, nous nous laissons aller, Fauré et moi, au gré d'un tramway, jusqu'aux *boulevards extérieurs* et nous descendons à l'intersection de celui de *Talence,* que nous parcourons à pieds. A la suite, se trouve le boulevard du *Tondu,* et plus loin, celui de *Caudéran.* C'est une longue et belle promenade, ombragée, calme, où l'on respire à son aise, et où les méditations ne sont pas troublées par les passants.

Je consacre mon après-midi à la visite de l'Exposition *permanente* de Bordeaux, c'est-à-dire de ses magasins. La rue *Sainte-Catherine* est certainement de toutes la plus animée ; mais le *cours de l'Intendance,* depuis la *Comédie* jusqu'à la place *Gambetta* est extrêmement luxueux. *Les allées de Tourny* forment une longue et large place, mais qui n'est guère praticable sous le soleil ; le feuillage y fait complètement défaut, et les groupes de promeneurs ne s'y arrêtent volontiers que quand leurs ombres ont pris d'immenses proportions.

Invités à dîner, le soir, par la charmante famille Rousset, dont le chef est le secrétaire-général de la corporation des dentistes de Bordeaux, et un des promoteurs du Congrès des Dentistes de France, nous avons le grand bonheur de trouver, à notre arrivée, la maîtresse de céans devant son piano. Avec sa grâce habituelle, elle nous offre une audition remarquable ; sa voix claire, puissante, nous impressionne vivement et, si le hasard veut qu'un jour, elle puisse se faire entendre concurremment avec Rose Caron, je suis bien persuadé que les plus fins connaisseurs trouveront bien difficilement la supériorité de l'une sur l'autre.

Nous ne pouvons mieux faire que d'aller terminer notre soirée au Casino de l'Exposition qui a annoncé à grand tapage, la *dernière* de Paulus.

Cette soirée, a été pour nous pleine d'émotion ; les affiches n'avaient pas menti ; c'était bien la dernière soirée de Paulus. Presque atone, les cordes vocales absolument détendues, les applaudissements de ce brave public, acclamant une étoile qui file, file et va disparaître, le poussent cependant à redonner, pour une fois encore, une partie de son répertoire ; sa grande scène *mimée* était la plus réussie !

Oui, Paulus est mort !

Requiescat in pace !

Ou autrement !

DE BORDEAUX A BILBAO

Septième Journée

Le lendemain, samedi matin, nous nous dirigeons, vieux, jeunes, dames, demoiselles, tous du même pas alerte, vers la *gare Saint-Jean*, où nous attendait un train spécial. Nous pouvons, avant le départ, jouir d'une rare antithèse, celle qui résulte des deux gares parallèles : l'une, à gauche, direction Midi, vieille gare en bois, construite provisoirement (!) depuis la création de la ligne, et ressemblant à un immense et vilain hangar, sans goût, et, en face, une sorte de palais en *pierre fine*, construit sans hâte et qui pourtant sera mis, dans un avenir prochain, au service des voyageurs...

Mais il est six heures cinquante-huit et le sifflet annonce notre départ.

Adieu Bordeaux! ou plutôt : au revoir !

A huit heures précises, nous étions au point *terminus* de la ligne, à *Arcachon*, la première étape de la grande excursion que nous ne craignons pas d'entreprendre malgré la chaleur qui, tous les jours, augmente et augmentera, puisque nous nous dirigeons vers l'Equateur.

J'ai visité Arcachon il y a environ vingt-trois ans et j'en ai conservé un vague souvenir : une forêt de pins avec quelques chalets disséminés au hasard, sans ordre. Les pins y sont toujours peut-être en même quantité, dans tous les cas les mêmes, mais si mes chalets y sont aussi, ils se trouvent perdus dans des milliers qui, depuis, ont poussé de chaque côté de routes sinueuses, serpentant dans cette interminable forêt, et que nous suivons dans de confortables landaus.

Arcachon, dont la population permanente est de 8,102 habitants, est une ville en partie double : la *ville d'été*, entre la mer et la base des dunes, le long du boulevard de la Plage ; c'est celle que nous visitons tout d'abord ; et la *ville d'hiver*, assemblage de villas disséminées au milieu des pins et abritées contre les vents par une triple rangée de dunes.

La ville d'Arcachon est visitée chaque année par une moyenne de deux cent cinquante mille personnes.

De nos voitures, nous assistons à un véritable défilé de villas, toutes fort jolies, dont pas une ne sert, quant à l'architecture, de modèle à une autre. C'est une exposition de villas, mais une exposition dans laquelle le jury des récompenses serait bien embarrassé pour élaborer le *palmarès*.

Nous nous arrêtons enfin devant le *sanatorium maritime et de forêt* de Moulleau, fondé par le docteur Armaingaud, et dans lequel sont reçus les enfants pauvres et chétifs de deux à quatorze ans, spécialement ceux qui sont affectés de lymphatisme, scrofule, anémie, faiblesse de constitution, ceux qui sont nerveux, et qui sont particulièrement prédisposés à la phtisie par des antécédents héréditaires, mais non encore atteints.

Le prix unique de la pension est de 2 francs par jour, payés soit directement par les familles, soit par les administrations qui ont la charge des enfants.

Il y a actuellement cent trois lits et il y passe quatre cents enfants par an.

Les enfants paraissent impressionnés par ces nombreux visiteurs qui envahissent les dortoirs, les cuisines, les salles à manger normalement si calmes, et nous ne sommes pas moins émus par la constatation des résultats d'une œuvre aussi philanthropique réalisée, après une louable ténacité, avec un si réel succès.

Ce sanatorium est complètement isolé dans la forêt de pins et en face se trouve une avenue que suivent les enfants pour aller prendre leurs bains dans la baie, à deux cents mètres environ. Nous visitons cette belle plage sur laquelle nous trouvons quelques cabanes rustiques à l'usage des enfants du *sanatorium*.

Chemin faisant, nous voyons fixés sur les branches des pins, à quelques mètres au-dessus du sol, une grande quantité d'amas de mousse en forme de nids ; ces amas sont formés par des chenilles qui s'y développent pendant l'hiver. Au printemps, on les voit descendre le long des troncs des pins et, en un *monôme* interminable, se répandre dans la forêt. Ces agissements les font désigner sous le nom de *Processionnaires* ; mais malheur aux touristes qui, rêvant aux pieds des sapins, se trouvent sur le passage de ces *processions* : ils se voient, à leur réveil, de vilaines traînasses boursouflées sur toutes les parties du corps qui se sont trouvées en contact avec ces désagréables et malpropres rampants.

Reprenant nos landaus, nous entrons bientôt dans la ville d'hiver, bâtie sur les dunes fixées. Parmi ces innombrables et luxueuses villas, nous distinguons, sur une dune élevée, celle des Pereire, propriétaires d'une grande partie de la forêt.

Bientôt, nous passons devant le casino qui domine Arcachon ; c'est un charmant palais mauresque, mais qui, à cause de sa destination, aurait bien plus de succès à proximité de la mer.

Nous saluons le buste de Brémontier, le fixateur des dunes, placé dans un rond-point encadré de riches villas, et à dix heures et demie, nous quittons, dans la cour du Grand-Hôtel, nos équipages pour faire honneur au déjeuner.

Ce déjeuner était tout simplement un splendide banquet de plus de cent cinquante couverts. Grâce au voisinage d'un fort aimable congressiste, M. Herran, nous avons agrémenté le menu, pourtant fort confortable, de Haut-Brion 1881, de Château-Lagrange 1882, arrosés légèrement d'eau d'Apollinaris, le tout suivi de champagne de la veuve Clicquot.

Le plaisir éprouvé par les visites et les promenades de la matinée, suivies de cette superbe réception, fait épanouir toutes les physionomies, et notre président, M. Trélat, est certainement l'interprète de tous en adressant à M. le Maire nos bien sincères remerciements. Nous jouissons alors d'une véritable conférence dont le programme est le discours du maire, M. de Damrémont, l'allocution du docteur Lalesque, et un long exposé, par le docteur Armaingaud, de tout ce qui a été fait dans cette contrée au point de vue philanthropique.

Le docteur Armaingaud est le fondateur des *sanatoria* d'Arcachon et de Banyuls ; il professe aussi au cours municipal d'hygiène de la ville de Bordeaux et, à cette occasion, je crois utile, avant de le quitter, de donner aux mères de famille, aux jeunes surtout, le tableau suivant des conseils sur l'*hygiène des enfants du premier âge ;* je ne saurais trop engager les mères et les nourrices à les lire et les relire attentivement afin de les bien graver dans leur mémoire :

I

Pendant la première année, la seule nourriture doit être le lait, celui de la mère surtout, qui est toujours préférable, ou, à son défaut, celui d'une nourrice. Le sein doit être donné toutes les deux heures pendant le jour, et moins souvent pendant la nuit.

II

A défaut de lait de femme, se servir de lait de vache ou de chèvre, tiède et coupé par moitié, puis quelques semaines après, par quart, d'eau légèrement sucrée.

III

Pour faire boire ce lait, se servir de vases de verre et les nettoyer avec soin toutes les fois qu'on s'en est servi ; ne jamais se servir de vases d'étain qui contiennent toujours du plomb ; éviter les suçons de linge ou d'éponge que l'on met quelquefois entre les lèvres de l'enfant pour calmer sa faim ou ses cris.

IV

S'abstenir des compositions diverses que le commerce recommande pour remplacer le lait.

V

Se rappeler que la nourriture au biberon ou au petit pot sans le secours du sein, augmente de beaucoup les chances de maladies et de mort des enfants.

VI

Il est dangereux de donner à l'enfant, dès les premiers mois surtout, une nourriture solide, pain, gâteaux, viandes, légumes et fruits.

VII

Ce n'est qu'à partir du septième mois que l'on peut commencer à donner des potages si le lait de la mère ou de la nourrice est insuffisant ; mais, à la fin de la première année, il est toujours utile de donner des potages légers faits avec du lait et du pain blanc, de la farine séchée au four, du riz, des fécules, pour préparer l'enfant au sevrage.

Ce sevrage ne doit avoir lieu qu'après la percée des douze ou treize premières dents, lorsque l'enfant est en bon état de santé, et pendant le calme qui suit la sortie de plusieurs dents.

VIII

Chaque matin la toilette de l'enfant doit être faite avant la mise au sein ou le repas.

Cette toilette doit se composer : 1° du lavage du corps et surtout des organes génitaux qui doivent toujours être tenus très propres, du lavage de la tête sur laquelle il ne faut pas laisser accumuler la crasse ou les croûtes ; 2° du changement de linge. La bande du ventre doit être maintenue pendant le premier mois.

IX

Il faut rejeter absolument l'usage du maillot complet qui enveloppe et serre ensemble les membres et le corps, car, plus l'enfant a de liberté dans ses mouvements plus il devient robuste et bien conformé.

X

L'enfant doit être vêtu plus ou moins chaudement, selon le pays qu'il habite et selon les saisons, mais il faut toujours le préserver avec soin du froid et des excès de la chaleur, soit au dehors, soit dans l'intérieur des habitations, dans lesquelles cependant l'air doit être suffisamment renouvelé.

XI

Il n'est pas prudent de sortir l'enfant avant le quinzième jour, à moins que la température ne soit très douce.

XII

Il est très dangereux de coucher l'enfant dans le même lit que sa mère ou sa nourrice.

XIII

Il ne faut pas trop se hâter de faire marcher l'enfant ; on doit le laisser se traîner à terre et se relever seul, il faut donc rejeter l'usage des chariots, paniers, etc.

XIV

On ne doit jamais laisser sans soin, chez l'enfant, les moindres indispositions (coliques, diarrhée, vomissements fréquents, toux, etc.); il faut appeler un médecin dès le début d'une maladie si elle se prolonge au-delà de vingt-quatre heures.

XV

En cas de grossesse présumée, toute mère ou nourrice doit cesser immédiatement de donner le sein, sous peine de compromettre la vie ou la santé de l'enfant.

XVI

Il est indispensable de faire vacciner l'enfant dans les trois premiers mois qui suivent sa naissance, ou même dans les premières semaines s'il règne une épidémie de petite vérole. Le vaccin est le seul préservatif de cette maladie.

Je crois utile d'ajouter à l'instruction de l'Académie de Médecine une Notice sur le *contrôle de la santé des enfants par le pesage et par l'examen des selles.*

L'examen général du nourisson, la fermeté de ses chairs, la couleur de son teint, la vivacité de ses mouvements, la fréquence ou l'absence de cris peuvent fournir les renseignements précieux sur son état de santé et sur la bonté ou les défectuosités de son allaitement.

Mais les apparences sont quelquefois trompeuses, et le meilleur moyen de se rendre compte de la santé de l'enfant est de le peser régulièrement et d'observer ses selles.

1° *Pesées*

Une simple balance, comme il y en a dans tous les ménages, suffit pour des pesées qui remplacent les *à peu près* fournis par le coup d'œil, par des résultats précis.

On perd chaque année un grand nombre d'enfants parce qu'on a négligé de les peser, et parce qu'un dépérissement inaperçu a trompé la surveillance. C'est donc un préjugé absurde, de croire, avec beaucoup de bonnes femmes, que la pesée a une influence fâcheuse sur la santé de l'enfant.

Voici des données numériques qui doivent servir de guide aux mères, sans oublier que ce ne sont que des moyennes, et qu'il n'y a lieu de se préoccuper et de prévenir le médecin que dans les cas où les pesées s'écarteraient trop des chiffres suivants :

Pendant les trois ou quatre premiers jours après sa naissance, l'enfant, qui pèse en moyenne trois kilogrammes et demi, perd de son poids, puis il regagne chaque jour et il revient, vers le septième jour, au poids de sa naissance.

A partir de ce moment, il augmente de quinze à trente-cinq grammes par jour, en moyenne vingt-cinq grammes jusqu'à l'âge de cinq mois. A cinq mois, il doit peser à peu près le double qu'à sa naissance.

A partir de cet âge, il n'augmente plus, en moyenne, que de dix à quinze grammes par jour.

Ces pesées doivent être faites toutes les semaines pendant les premiers mois, puis tous les quinze jours.

La pesée des nourrissons, avant et après la tétée, permet également de reconnaître les cas où l'enfant fait seulement mine de sucer et ne tête pas.

2° Nature des selles

Les selles d'un enfant bien portant et bien nourri sont homogènes, de couleur jaune, ressemblant à des œufs brouillés.

Dès que l'alimentation pêche, soit par suite d'une maladie du nourrisson, soit par le fait d'un lait mauvais ou insuffisant, les selles changent d'aspect, elles prennent une teinte *vert-épinard*, elles sont hachées, souvent parsemées de grumeaux blancs qui sont des fragments de lait non digérés.

On cite des nourrissons qui n'ont eu que des selles vertes pendant les premiers mois de leur vie, quoiqu'ils eussent une bonne nourrice, et qui ont bien prospéré. Mais ce sont là des exceptions assez rares. La règle générale, c'est que les enfants qui rendent des selles vertes sont ou malades ou menacés de le devenir.

Mes lecteurs savent qu'à la façon rapide dont nous faisons nos excursions, je ne peux leur en faire qu'un récit superficiel, sorte de guide pouvant leur être utile, quand ils se trouvent placés dans des circonstances qui leur permettent de s'en servir ; mais si je suis sorti, pour cette fois, de mes habitudes, c'est que les soins à donner à l'enfance sont souvent si mal compris que beaucoup de ces petits êtres, si ardemment désirés, disparaissent au grand désespoir des mères, quand un rien suffirait à leur rendre la santé — ou à les empêcher de la perdre. —

A la sortie du Grand-Hôtel, notre ami Fauré qui ne peut nous accompagner dans notre excursion, se joint à nous avec notre amphytrion de la veille, la charmante Mme

Rousset, de Bordeaux, et nous visitons ensemble les Laboratoires et leurs annexes, qui ont aidé bien des travailleurs dans leurs recherches. Mais l'*Aquarium* attire plus particulièrement notre attention. Nous y voyons vivre des animaux qui ne nous sont pas inconnus, et d'autres espèces spéciales au bassin d'Arcachon, animaux vraiment singuliers, tels que l'Hippocampe ou Cheval marin, les limules, les torpilles, etc., etc.

Dire que l'A. F. A. S. a, par ses subventions, aidé la Société scientifique d'Arcachon, c'est reconnaître une fois de plus l'utilité de notre société.

A midi, à l'embarcadère de l'Aquarium, nous prenons place sur un bateau à vapeur, qui va, pendant quelques heures, nous faire parcourir en long et en large les 15.529 hectares superficiels du bassin d'Arcachon. Nous louvoyons ainsi jusqu'au cap Ferret, formant le côté Nord de l'entrée du bassin ; à la main, — si nous avions le bras assez long — nous pourrions retirer des huîtres de ces 5 à 6 mille parcs, que nous côtoyons, entreprenant 4.000 hectares ; nous n'y ferions pas un vide sensible, puisque chaque année il est expédié de ces parcs une moyenne de 300 millions d'huîtres.

Du reste, pour donner une idée de la progression remarquable de l'industrie ostréicole dans le bassin d'Arcachon, je rappellerai seulement que le nombre des parcs existant en 1865 était de 297, exportant plus de 10 millions et demi de mollusques, qui représentaient une valeur de 340 mille francs. En 1872, on comptait 1.132 parcs exportant 10.800.000 mollusques pour un prix de 537.515 francs. Il faut remarquer que, malgré l'augmentation du champ de travail, qui est le quadruple environ de celui de 1865, l'exportation est sensiblement la même, mais que la valeur est plus forte. Les huîtres produites à Arcachon, en effet, furent, à cette époque, achetées par les nouveaux parqueurs du pays qui s'installaient ; aussi le prix des sujets était-il fort élevé.

En 1879, le nombre des parcs était de 4.115 qui exportaient 160 millions de mollusques valant 4 millions de francs.

Cependant l'exemple des fortunes réalisées, facilement en somme, par leurs concitoyens, excite de plus en plus les appétits des Arcachonnais ; l'Etat fournit sans cesse de nouvelles concessions, les terrains se couvrent de parcs, même aux endroits peu propices au développement de l'huître, et, en 1893, on constate l'existence de 5.887 parcs exportant 453 millions de mollusques, pour une valeur de 6.400.000 francs.

Les expériences de Coste ont coûté autrefois 7 millions à l'Etat. Aujourd'hui, le bassin d'Arcachon rapporte seul presque cette somme, annuellement, à ses riverains ; et l'ostréiculture produit tous les ans 19 millions de salaires à la population maritime. L'argent qu'on prétendait avoir été gaspillé a donc au contraire, été placé par la France et pour les marins, dans des conditions particulièrement intelligentes et fructueuses.

En quittant ce productif bassin, nous rencontrons une vingtaine des nôtres qui, à la promenade en bateau, avaient préféré faire en voiture la visite des dunes et de la vieille forêt, en revenant par la Teste.

Cependant, l'heure du départ est proche et, un certain nombre d'entre nous rentrant le soir à Bordeaux, nous nous faisons de touchants adieux. L'amie Mme Rousset a su gagner tous les cœurs, et la plupart des voyageurs lui font ressentir par une pression significative de la main, le plaisir qu'ils auraient éprouvé en la possédant plus longtemps.

A cinq heures vingt, un train spécial partait d'Arcachon, emmenant 95 des nôtres. Pendant deux heures, même décor qu'avant notre arrivée à Arcachon, toujours des pins, des landes, aucun monticule : à plusieurs reprises, comme variation, de vastes étendues de pins brûlés, d'herbes roussies ; les incendies sont fréquents dans cette contrée et détruisent des milliers d'hectares.

Enfin à sept heures cinq, nous descendons dans la gare de Morcenx où nous attendait au buffet une confortable table d'hôte.

Une heure après, le train nous emportait vers Dax où

nous arrivions à huit heures et demie. Des voitures nous prennent à la gare et nous nous installons rapidement qui, dans les hôtels de l'Europe, du Poisson-Frais, qui, moi, par exemple, chez Madame Touchard, derrière les grands établissements Thermaux et nous faisons notre entrée dans les salons du Casino où nous étions reçus par la municipalité, la société de Borda et les directeurs des principaux établissements thermaux et salins de Dax. Entre deux verres de Champagne — marque anonyme — nous écoutons respectueusement le discours de M. Denis Martin, maire et député, de notre président et du président de la Société de Borda ; ensuite M. Gariel nous rappelle en quelques mots très émus que son père ayant habité Dax, il a conservé de cette ville un pieux souvenir.

Du balcon de ce salon, notre vue plonge dans les jardins et jusque sur la place publique ; toute la ville est réunie sur ce point autour de la musique municipale ; c'est en effet une grande fête pour les habitants : d'abord, notre arrivée depuis longtemps annoncée, et puis aussi la promesse d'un *toro de fuego,* spectacle nouveau dans cette ville où siègent cependant des arènes furieusement fréquentées, comme dans tout le Midi. Ce *toro de fuego* est fort en honneur à Bayonne, à Saint-Sébastien et autres lieux ; il est exhibé le soir qui précède les courses ; c'est une façon de retraite aux flambeaux, comme la mode en existe dans des contrées plus septentrionales, les veilles des grandes fêtes.

Ce spectacle du *toro de fuego,* qui malheureusement rappelle des goûts bestiaux professés par des gens qui pourtant ne manquent pas de poésie, choses contraires, nous paraît, malgré tout, fort intéressant.

Ce *toro* est un simulacre en zinc porté sur quatre épaules dissimulées sous la carcasse et porte sur le dos, placées horizontalement, des centaines de fusées, qui sont successivement allumées par un artificier et lancent des milliers de grosses étincelles dans la foule au milieu de laquelle il évolue difficilement. Après avoir fait quelques circuits, le taureau vient enfin se placer, nous faisant face, à l'entrée du jardin. L'artiste-allumeur fait enfin partir, entre les cornes de l'animal, plusieurs motifs très réussis : soleils, moulins tournants, etc., et lance enfin le bouquet qui éclate de tous côtés *inondant* de flammèches cette foule en délire et *insatiable*. Ce spectacle est fort amusant, et même pendant quelque temps après l'*extinction des feux ;* je m'étais rendu en effet, auprès de l'animal pour me rendre compte de sa structure, et j'ai joui d'un coup d'œil fort récréatif : les dames et les demoiselles tirant à tour de rôle la queue du *toro* avec l'espoir d'en tirer encore *quelque chose*.

Une journée aussi variée ne paraît pas longue, et nous jugeons à propos de la terminer... un peu plus tard. A cet effet nous entrons dans l'intérieur de la vieille ville ; nous faisons le tour de la *Fontaine-Chaude,* qui sert à l'alimentation des ménages ; mais bientôt arrivent à nos oreilles des chants accompagnés de musique et nous découvrons une baraque en planches à la porte de laquelle se trouve un lampion ; c'est l'*Alcazar* de l'endroit ! nous y entendons quelques artistes d'occasion, qui nous font regretter de n'avoir pas continué notre promenade sous la voûte céleste. Très heureusement, les vieux remparts se dressent devant nous, nous y grimpons et nous nous trouvons sur un original boulevard, au milieu de plusieurs rangées d'arbres séculaires ; nous sommes bientôt devant une autre *salle* de concert, en plein air, et nous nous y arrêtons avec plaisir, perdus parmi les indigènes Dacquois et Dacquoises..

Voulant faire le lendemain matin nos dévotions sous le fameux *chêne de Quillac,* dont le tronc a neuf mètres de circonférence, mais célèbre surtout par ses relations avec un grand Saint-Vincent ou autre, nous nous enquerrons, auprès d'un vieux propriétaire de l'endroit, de la direction à suivre et de la distance du pont de l'Adour. Après de grands efforts pour tâcher de nous être agréable, il finit par nous comprendre, et s'écrie joyeusement : « la chêne ! la chêne ! c'est à vingt minutes d'ici, dans cette direction », et il nous montre le pont. J'ai regretté de ne lui avoir pas fait écrire ce renseignement pour connaître l'orthographe de *la chêne* à la mode de Dax.

Huitième Journée

Le lendemain dimanche, à sept heures et demie, nous nous réunissions sur la place du Marché, plantée de beaux arbres, à proximité de l'ancienne cathédrale, et autour de la statue de Borda, célèbre mathématicien, enfant de Dax ; là nous attendaient les voitures qui devaient nous conduire à la Saline.

Nous longeons l'Adour, par une belle route bordée de vieux platanes, et à six kilomètres nous faisons halte dans l'intérieur d'une grande usine. A quelques kilomètres plus loin se trouve une importante carrière de sel gemme que l'on extrait pour le faire fondre dans l'eau jusqu'à saturation ; cette eau est alors refoulée dans des tuyaux jusqu'à l'usine. Par l'évaporation le sel est extrait de l'eau, et par différents procédés se trouve classé en sel fin très blanc, ou cristallisé, suivant les commandes, en sel de cuisine ou pour salaisons. Les eaux-mères suivent ensuite une autre canalisation et vont alimenter les établissements de Dax, rendant ainsi cette ville célèbre par ses boues hyperthermales.

Rentrés en ville, nous visitons d'abord l'établissement de bains le plus ancien, les *Baignots*, dans le jardin duquel se trouvent deux sources d'eau sulfatée, dont la température est de 64 degrés. Près de cet établissement et au bord de l'Adour se trouve un réservoir dans lequel on recueille précieusement la boue, les microbes s'y développant à leur aise.

Nous nous rendons ensuite aux Grands-Thermes du docteur Delmas, alimentés par les sources de Bastion et de Sainte-Marguerite; dans chacun de ces établissements se trouvent des piscines et des baignoires contenant une épaisseur de 40 centimètres de boue, boue *souveraine* qu'on se garde bien d'enlever après les bains (comme à Lourdes !) ;

on y ajoute 40 centimètres d'eau pour permettre aux milliers de microbes, qui circulent alors plus librement de se précipiter sur la proie qui leur est offerte et de lui enlever ses rhumatismes dont ils sont très friands.

A dix heures et demie, nous rentrons dans l'établissement des bains salés, ressemblant à un luxueux palais moderne et dans les salons duquel nous étions si gracieusement accueillis la veille; les larges corridors sont transformés en salle à manger et nous y sommes fort bien installés.

A midi, nos voitures nous prenaient dans nos hôtels respectifs et nous transportaient jusqu'à la gare d'où, à midi trente-cinq, un train spécial nous conduisait en une heure à Bayonne.

Malgré un petit voyage fait, il y a trois ans, de Bayonne à Saint-Sébastien, ce n'est pas sans plaisir que je le recommence et, à peine entré dans le faubourg Saint-Esprit, je crois sentir le même arôme de la *garbure* et des œufs flanqués de cet excellent jambon de Bayonne, arôme du reste inoubliable. Bientôt je franchis le pont de 200 mètres qui traverse l'Adour, toujours sous le même chaud soleil ; puis, au-delà de la porte fortifiée, le pont Mayou, sur la Nive, et j'utilise, sans en perdre une minute, les deux heures qui nous sont octroyées pour circuler dans toutes ces rues, dont beaucoup d'étroites, ombreuses par conséquent, et plusieurs avec arcades, parmi lesquelles la plus belle et la plus fréquentée est celle du Port-Neuf, qui monte de la place de la Liberté à la cathédrale. A l'intérieur de cette dernière, on trouve des sculptures fort intéressantes, mais à l'extérieur nous remarquons que le porche a besoin d'être sérieusement restauré. A gauche de la cathédrale, se trouve le palais de justice, avec, au frontispice, ces mots : *Lex, Pax, Jus.*

Je rencontre quelques chevaux singulièrement caparaçonnés et conduits à la main, et je ne tarde pas à les retrouver dans une cavalcade bruyante composée de toréadors, de picadors, et mêmes de femmes *toreras ;* cette cavalcade a pour but de stimuler les amateurs de courses de taureaux qui vont avoir lieu à quatre heures.

Dispersés pendant deux heures dans tous les coins de Bayonne, nous nous retrouvons tous, à trois heures trente, au lunch qui nous est offert, rue Thiers, à l'Hôtel du Commerce.

Une demi-heure après, nous étions tous au point *terminus* du chemin de fer B. A. B., et nous partions par un train spécial, ou plutôt qui devait l'être, de la ligne d'Anglet, train qui nous déposait à quatre heures trente sur le quai de la gare de Biarritz. Le directeur du tramway, M. Arduin, lance d'une voix émue une allocution pleine de patriotisme ; le président Trélat répond sur le même ton : deux vieilles barbes, quoi ! qui sympathisent !

Nous prenons rapidement nos *numéros* la plupart à l'hôtel d'Angleterre.

Ce luxueux hôtel, dirigé par l'aimable et active Mme Campagne, reçoit une clientèle très *select*. A cette époque où la saison ne bat pas encore son plein, il n'y a qu'un petit nombre d'occupants, et c'est ce qui nous a permis de trouver place dans ce splendide établissement.

Cependant, quand j'irai faire une saison à Biarritz, ce n'est pas chez Mme Campagne que je prendrai mes quartiers ; je n'admets les bains de mer que comme moyen de délassement : je prétends qu'on doit y vivre à l'aise, sans prétention et sans pose, et il me paraît que la prétention, la pose, la morgue, ou, pour simplifier, la bêtise, élisent domicile à l'hôtel d'Angleterre, si les clients habituels sont du même genre qu'une certaine petite dame qui s'est livrée à des observations fort niaises en m'apercevant en *manches de chemise* à la fenêtre de ma chambre.

Passe pour la salle à manger ; mais ne pouvoir pas retirer sa jaquette dans sa chambre sans faire horreur à cette charmante personne, cela dépasse tout ce qu'on peut imaginer de plus sot.

Je regrette bien d'avoir négligé de prendre le nom de cette espèce de *marquise* qui mérite de passer à la postérité.

Ceux d'entre nous qui n'ont pu trouver place à l'hôtel d'Angleterre sont dirigés sur l'hôtel du Casino, limitrophe, et, de cet hôtel, perché sur une falaise, presque à pic, nous descendons par des sentiers fort raides jusque sur la plage.

Ce n'est pas aujourd'hui, comme le 18 septembre 1892, le retour des courses de Labarre, mais c'est bien le même concert de toilettes à fonds clairs, chatoyantes, costumes parisiens, chapeaux excentriques mélangés aux chignons si tentateurs, forme fromage, des basquettes ! C'était la bonne heure pour les baigneurs et baigneuses, et le spectacle de ces vagues violentes, écumantes, mugissantes, engloutissant, — momentanément, — tous ces amants de la mer, est vraiment fort attrayant.

Ces vagues se brisent contre des rochers détachés de la falaise ; sur le sommet de l'un d'eux, isolé, accessible par une estacade en bois, nous remarquons une statue de la Vierge.

Tout en suivant cette plage, si luxueusement occupée, nous sommes bientôt au pied de l'ancienne résidence impériale, la villa Eugénie, aujourd'hui Palais Biarritz, et nous arrivons à un kilomètre plus loin à l'Etablissement des Bains Salés de Briscous-Biarritz que nous sommes invités à visiter.

Ce Palais des Thermes-Salins a 60 mètres de façade, et contient 100 cabines de bains, des salles d'hydrothérapie et de massage agencées d'après les derniers perfectionnements ; nous y voyons aussi une grande piscine d'eau salée. Il y a trois ans, la reine Nathalie présidait à la pose de la première pierre ; il a été dépensé 1.800.000 francs ; les eaux salines viennent de Briscous par une canalisation de 17 kilomètres avec un débit de mille mètres cubes par jour. Les prix d'un bain varient entre 75 centimes et 10 francs selon la classe et le luxe dont on veut jouir.

Biarritz, que l'on surnomme la Perle de l'Océan, n'avait, il y a un demi-siècle, qu'un millier d'habitants, pêcheurs ou marins ; quelques espagnols en ayant, par hasard, apprécié la douceur du climat, prirent l'habitude d'y venir, et du nombre des visiteurs s'était trouvée la belle Eugénie de Montijo qui, plus tard, devenait l'impératrice des Français. C'est en cette qualité qu'elle fit bâtir la villa Eugénie qui a donné l'élan définitif, et les chalets, les villas, les hôtels, les avenues ont surgi comme par enchantement.

Ces renseignements nous sont donnés à notre retour des bains de Briscous, pendant que nous laissons, sur notre droite, la Chapelle Russe, et à côté l'ancienne villa Eugénie transformée en riche hôtel.

Nous arrivons enfin à l'hôtel d'Angleterre à huit heures et demie, heure fixée pour le dîner. La salle est splendide avec une large table dans le sens de la longueur et quelques autres tables rondes sur les côtés ; notre groupe s'empare d'une de ces dernières : *Le Souvenir de Biarritz,* brochure dédiée aux membres du congrès par le Comité des fêtes, est placée devant chacun de nous ; de même qu'un *album des principales vues de Biarritz,* qui nous est offert par l'hôtel d'Angleterre et une magnifique gravure, encadrant un *menu artistique,* gravé spécialement sur cuivre pour la circonstance par M. d'Aubépine, un de nos cicérones.

A défaut de la gravure si fine de ce menu en voici le texte :

BIARRITZ

MENU BASQUE
1895

POTAGE
Croûte au Pot

POISSON
Soles Colbert

ENTRÉE
Filet de Bœuf Jardinière

LÉGUMES
Petits Pois Paysanne

ROT
Dindes et Volailles

SALADE

GLACE PRALINÉE

DESSERT - CAFÉ - LIQUEURS

Au dessert, discours traditionnel de M. Trélat, lequel discours a pour principale raison d'être d'appeler les réponses : c'est ainsi que nous dégustons les allocutions de M. Arduin, de M. d'Aubépine, et de M. Détroyat, président de la Société des Sciences, Lettres et Arts de Biarritz.

Invités à prendre le café dans la cour-jardin de l'hôtel nous avons à peine le temps de saisir notre tasse que la pluie commence à tomber. Nous sommes surpris que le ciel, si pur avant le dîner, ait aussi rapidement changé ses dispositions, mais il paraît que ce fait est commun ici ; nous n'avons qu'à nous incliner — sous nos parapluies — et à nous sauver jusqu'au Casino où M. Hézard, directeur des Thermes de Briscous, nous attend sur la terrasse pour nous offrir un punch.

Cependant, dans les salons du Casino, la musique appelle les danseurs ; ce sont les vieux qui comprennent le plus vite ce que leur dictent leurs devoirs de galants chevaliers, et ils se lancent dans des valses tourbillonnantes, tandis que les jeunes dégustent punch ou champagne, ou vont s'atteler dans la salle des petits chevaux. Par une heureuse combinaison qui m'est indiquée par un ami à qui elle ne réussit pas, je récolte une dizaine d'écus ; je constate avec satisfaction que la ficelle de Bordeaux n'est pas utilisée ici et que si ma poche se garnit de pièces d'argent je pourrai toujours les placer avec facilité.

Cependant la pluie cesse — trop tard ; — nous profitons de l'accalmie pour pénétrer dans les rues de la ville ; elles sont absolument désertes, et nous ne trouvons rien de mieux à faire que d'aller assister, sur la terrasse du café de la gare, à un superbe concert, qui est offert aux consommateurs, quand le temps le permet, et ce n'était pas le jour !

Neuvième Journée

Le lendemain matin, à huit heures et demie, la cour de l'hôtel d'Angleterre est encombrée de voitures ; landaus, mails-coachs, que nous escaladons et qui nous portent à la gare de la Négresse, distante de la ville d'environ trois kilomètres. Les éternels pins, au milieu desquels nous circulions, presque sans désemparer, depuis Bordeaux, ont disparu, et sont remplacés par des pâturages, des bois de chênes, et surtout par les deux rangées de superbes platanes qui tiennent cette route en état de fraîcheur constante, un peu exagérée peut-être en ce moment, à cause du déluge de la nuit.

A neuf heures dix-huit, nous quittons la Négresse, et marchons rapidement vers la frontière Espagnole. Nous saluons, au passage Saint-Jean-de Luz, que nous apercevons au travers d'une nouvelle averse ; c'est la dernière, et pour longtemps, et si nous contemplons avec mélancolie cette petite pluie, c'est peut-être par intuition. A partir de ce moment, et jusqu'au 1er octobre, époque à laquelle se détacheront de la voûte céleste les premières nouvelles gouttes, nous serons condamnés à vivre sous des rayons solaires, qui maintiendront en permanence, à l'ombre, le thermomètre entre 25 et 30 degrés.

Nous entrons dans la vallée de la Bidassoa, après un arrêt de deux minutes dans la gare d'Hendaye, dernier village français, nous suivons côte à côte la voie espagnole, plus large que la nôtre, et nous arrivons à Irun, au moins un quart d'heure *avant* notre départ d'Hendaye ; cette anomalie ne tient pas à des horloges mal réglées, mais l'heure de Madrid, sur laquelle il nous faut maintenant nous baser, est en retard de vingt-cinq minutes sur celle de la Bourse.

Cette année le choléra n'est pas fort heureusement à l'ordre du jour, et nous ne sommes pas, comme il y a trois ans, obligés de passer individuellement devant cette magistrale commission de descendants du Cid, docteurs compétents, s'il en fut, pour nous faire délivrer un *certificat de Sanitad;* grâce à l'obligeance de M. Estrabeau, vérificateur des douanes françaises et la bonne cordialité de MM. les officiers des douanes espagnoles, nous n'avons pas à déboucler nos valises, et par conséquent nous ne courons pas le risque de laisser dans les mains espagnoles nos plumes, c'est-à-dire nos chemises plus ou moins défraîchies, ainsi qu'il en a été pour le docteur Fayard, lors de notre précédent voyage.

Précédés de M. Ramillion, consul de France, et d'une délégation de l'*Ayuntamiento* d'Irun, nous nous dirigeons vers le déjeûner qui nous est offert dans la grande salle du buffet et nous voyons défiler dans nos rangs quelques jeunes demoiselles espagnoles chargées de deux énormes bouquets aux couleurs Franco-Espagnoles, qu'elles vont offrir à notre Président, avec accompagnement d'un charmant petit discours. M. Trélat embrasse en nos lieu et place, ces charmants délégués, et nos fourchettes reprenant la position horizontale, nous remercions à notre tour par un ban magistralement exécuté, et suivi de plusieurs autres allant toujours *crescendo*.

Après le déjeuner, nous trouvons à la porte de la gare, des vieilles guimbardes en nombre suffisant pour nous transporter à Fontarabie, distant seulement d'une demi-heure.

Le temps est magnifique, le soleil radieux ; aussi nos amateurs photographes se préparent-ils à surmener leurs objectifs plus ou moins instantanés. Mon ami-secrétaire m'assure une belle collection !

Fontarabie est une petite ville de 3.000 habitants, dont la principale industrie est le passage dans ses murs de milliers de touristes. L'entrée en est curieuse ; c'est une vieille porte étroite construite dans de vieilles murailles. Par ses toits qui se rejoignent presque au-dessus des rues, par ses portes chargées d'écussons gigantesques, ses grosses corniches, ses balcons en fer ouvragé, ses maisons noircies par le temps, ses boutiques sombres, Fontarabie est un modèle de vieille ville espagnole ; au milieu de cet état de ruine, de solitude, qui procure à ses habitants un calme parfait, la reproduction s'y fait dans des conditions merveilleuses et la beauté des sujets n'y est pas rare ; les jeunes filles ont les traits d'une finesse remarquable, qui les rendent très séduisantes.

Nous suivons cette belle rue montante dont tous les balcons sont garnis de curieux visages, et nous visitons, sous la conduite de l'Alcade (1), la vieille église gothique, garnie de statues peintes ; nous voyons au travers d'une glace, le christ étendu dans une sorte de cercueil, et dans la vaste sacristie, on nous fait admirer la chasuble qui a servi au mariage de Louis XIV. Nous croyons plus aisé-

(1) Les plus vigoureux d'entre nous, ceux qui se sont attachés sans désemparer à M. l'Alcade et aux quelques membres de la municipalité qui l'escortaient, ont pu visiter successivement :

Le palais ancien de la rue des Obispo, qui remonte au IX° siècle et où est né l'archevêque de Séville Sandoval, en 1502.

La maison Iriarte, de ce capitaine navarrais qui prit Baeza en 1230, avec Ferdinand III ;

La maison de Salvador de Sesaco, qui se rendit célèbre aux Philippines ;

La mairie, construite de 1677 à 1740 ;

La maison du héros don Diego Butron, alcade de la ville en 1638, qui donna 1,500 livres de son argenterie pour faire des balles et obligea Condé à demander la paix ;

La maison noble des Juan et Miguel Casadevante célèbres capitaines qui se rendirent illustres pendant le siège de 1638 ;

Le palais de Gabriel-José Zuloaga de Torreala, le vainqueur de Puerto-Cabello en 1743 ;

La maison de Ladron de Guevara : « ladron », qui signifie voleur, est devenu un titre de noblesse pour les de Guevara, parce que l'un d'eux, en 891, sauva le roi de Navarre, Sanche Abarca, des mains des Maures ;

L'église ogivale de l'époque de transition, fin du XII° et com-

Entrée des Congressistes à Fontarabie

Jeu de la Pelote à Fontarabie

ment à l'authencité de cette chasuble relativement moderne, qu'à celle de la houppelande de Jésus-Christ exploitée depuis trop de siècles à Argenteuil et autres lieux.

A la sortie de l'église, un spectacle réjouissant nous attend : une centaine d'enfants, garçons et filles se roulant au milieu de la chaussée les uns sur les autres sous une pluie de sous ; ils ont dû tous en faire une ample récolte, et nous espérons bien qu'ils conserveront toujours dans leurs archives ces pièces françaises en souvenir de notre visite.

Un peu plus haut, nous sommes au Palais de Jeanne la Folle, vieux château du XII° siêle, bâti par Charles-Quint et plus remarquable par l'épaisseur de ses murailles que par son architecture ; ce château est toujours à vendre : on m'en a demandé, il y a trois ans, cent mille francs ; mais on a moins de prétentions paraît-il, maintenant, et je ne me suis pas risqué à en offrir le moindre prix dans la crainte de me le faire mettre sur le dos.

Du haut de la terrasse, splendide panorama : vers l'Est, Hendaye et la Bidassoa, ensablée en ce moment, mais avec quantité de petits lacs ; on nous montre l'île historique des *Faisans* ou *de la Conférence,* célèbre par les conférences du traité des Pyrénées, en 1659, et le mariage de Louis XIV. Au Sud, filée de montagnes fortifiées, sur certains pics

mencement du XIII° siècle, malheureusement mutilée et abîmée par le mauvais goût de la Renaissance, qui s'est greffé sur l'ogive ;

La sacristie, qui a quelques fresques anciennes, des objets du culte de grand prix ;

Le château de Charles-Quint et de Philippe II son fils, et qu'on appelle, par erreur, le château de Jeanne la Folle. Commencé vers la fin du XVI° siècle par Charles-Quint, il fut achevé par Philippe II et Philippe III. C'est un mélange de château-fort, de caserne et de palais. Les rois d'Espagne y ont séjourné depuis Charles-Quint et François Ier, Philippe III avec sa fille Anne d'Autriche, Philippe IV avec sa fille Marie-Thérèse ;

Les rues anciennes, dont l'une porte les ruines du palais de Ubilla, célèbre capitaine qui perça les lignes ennemies avec trois cents hommes, et une dépendance de la maison de Machin Arsu, qui, en 1370, tua cinq chevaliers ennemis de sa main.

desquelles nous distinguons des restes de tours carlistes ; nous voyons fort bien aussi la chapelle de la Guadalupe et des casernes à proximité. Des forts situés sur ces sommets, on pourrait bombarder Saint-Jean-de-Luz et Biarritz ; cette éventualité n'est heureusement pas à craindre.

M. Ramillion, que nous entourons sur cette plate-forme nous fait l'historique de la contrée, et nous l'écoutons religieusement malgré les distractions forcément amenées dans nos esprits par cet immense panorama.

Continuant notre promenade, nous descendons dans une partie de la ville qui n'offre pas le même intérêt architectural que l'autre versant ; nous suivons les boulevards extérieurs, c'est-à-dire les vieux remparts ; nous passons devant les arènes, et nous pénétrons dans un enclos fort singulier : trois côtés de cet enclos sont bornés par des murs parfaitement unis, et de la hauteur d'un cinquième étage à peu près ; le quatrième côté, sur le boulevard, est formé de larges gradins de pierre de taille, sur lesquels prennent place les spectateurs ; nous voyons alors quelques jeunes gens convoqués, nous dit-on, spécialement pour nous offrir le spectacle d'une partie de *pelote ;* c'est un jeu de balles au mur, qui nécessite beaucoup d'adresse et d'agilité ; la balle, lancée d'une *main* sûre, mais longue et creuse, en osier, va frapper un des murs qui la renvoie pour être reçue dans une autre main, qui la relance également contre le mur ; il s'agit de ne pas rater la balle au bond, ou plutôt sans bond, pour gagner la partie. Cet exercice, qui est une des formes de la gymnastique, passionne les Fontarabiens qui, malgré la faiblesse de leurs ressources, n'ont pas craint de dépenser cinquante mille francs pour construire ce *jeu de paume.*

J'avais, il y a trois ans, visité Fontarabie, m'y rendant d'Hendaye en barque, par la Bidassoa, à une heure où, à cause de la marée, il nous fallait faire des détours multiples pour emprunter l'eau des petits lacs formés au milieu des sables. Or, je viens de lire un récit fait dans le *Journal* du 2 octobre par M. Jean Lorrain, de son voyage fait à Fontarabie en suivant cette même route ; il m'a fortement intéressé, et, comme d'un autre côté, il se place à un point de vue différent; je pense que mes lecteurs le liront également avec plaisir. Cet admirable récit complète le mien :

FONTARABIE

« Le charme et la puissance d'un nom, Fontarabie ! Il y a dans celui-là de la mélopée et de l'incantation, une fierté âpre aussi.

« Prononcé à l'espagnole, *Fuenterrebia,* il exhale un parfum violent de poussière et d'œillet, d'anisette et de sang. Oh ! la vision de minarets et de mosquées, de ruines roses sur un ciel d'or qu'il évoquait dans ma pensée, depuis qu'à Biarritz le peintre William Dannat l'avait prononcé devant moi, l'autre automne ; Fontarabie et ses corridas au pied de Jaiz-Guibe, un nom féroce et sanguinaire qui a tenté Victor Hugo, voilà un an qu'elle m'attirait, la petite ville de Jeanne la Folle. Comme devant toutes les choses lointaines, merveilleuses parce que lointaines, étranges parce qu'étrangères, je m'étais imaginé dans cette petite ville de frontière une antique cité maure, rongée de vieillesse et de soleil, aux flancs calcinés d'une sierra.

« Biarritz, Saint-Jean-de-Luz, Ghetary, nous approchons d'Hendaye. Le train nous emporte à travers des campagnes tristes, plaines ou plateaux, plantées de tamaris : parfois, dans une échancrure de terrain, apparaît une bande d'azur pâle, mais si pâle qu'elle en a des luisances d'étain ; c'est l'Océan : nous longeons la côte des Basques, et rien de plus morne, sous ce ciel blanc de chaleur, que cette mer figée, mer de métal sous un ciel de plomb. Tout à coup, au détour d'une colline aride, une vision nous arrache un cri.

« Nous sommes tous à la portière, les terrains se sont brusquement abaissés, et de la voie ferrée, nous dominons maintenant une étrange et vaste vallée qu'attriste à l'horizon l'infini de la mer, la mer grise et luisante de ces plages de sable. Des montagnes dénudées, tour à tour brunes ou bleuâtres, se dressent et puis fuient devant nous; leurs derniers mouvements vont se perdre dans les dunes, au fond de la baie mélancolique ; une rivière dolente, ensablée, aux eaux couleurs d'ardoise, et très large, presqu'un fleuve, coule à nos pieds. Les montagnes sont sur l'autre rive, et cette rive est l'Espagne, la rivière aux eaux lentes est la Bidassoa, la mer au lointain entrevue le golfe de Gascogne, et, à l'ombre de cette haute montagne, la plus élevée de la chaîne cette petite ville rougeâtre, tassée sur une colline, au pied d'une énorme cathédrale, cette fantasmagorie de granit rouge raviné de clair obscur et de lueurs, c'est Fontarabie, au pied du Jaiz-Guibe. Fontarabie qui vit l'agonie d'une reine d'Espagne prisonnière de son fils. Fontarabie, vraie ville de sorcières, d'autodafés et de la sainte Inquisition, entre ses remparts démantelés et ses vieux palais s'étouffant autour de sa cathédrale aux contreforts géants.

« Ils dominent et écrasent toute la ville de leur ombre ; ces contreforts d'ocre rouge étreignent entre leurs arrêtes, des amas de toits et de maisons et semblent les tentacules de quelque monstrueuse araignée accroupie au pied du Jaiz Guibe, au flanc d'un mamelon. C'est une vision violente et romantique, et sur cette cathédrale effrayante, pareille à une bête de destruction, pèse aujourd'hui un ciel sinistre, un gros nuage noir, arrêté au-dessus de la montagne et dont l'ombre immobile aggrave le fantastique de cette ville-apparition.

« Mais l'inoubliable estampe a déjà disparu. Hendaye, nous sommes à Hendaye ; l'armature de fer d'un intérieur de gare vibre et bruit autour de nous ; Hendaye, quarante minutes d'arrêt, buffet ; c'est ici qu'il faut descendre.

« Hendaye, les dix bateliers en bras de chemise et jambes nues qui assaillent le voyageur à la descente du train, les douze cents mètres de route poudreuse de la gare au village, les petites rues de banlieue triste de cette plage en création, tout cela est déjà loin.

« Nous voguons à la rame sur la Bidassoa, le dos tourné à la rive française, les yeux fixés sur la grandiose et terrible estampe de Fontarabie, dont les détails se précisent et dont l'épouvante s'atténue à mesure que nous approchons. L'impression qui nous domine est une tristesse sans borne, une angoisse infinie vous étreint devant cette petite ville déchue, s'effritant lentement au milieu de ces sables ; la mer est basse et le vaste miroitement des dunes ajoute un deuil de plus à toute cette détresse, à tout cet abandon.

« Oh ! cette enceinte de murs ruinés, ces hautes maisons qui furent des palais, lézardées, décrépites, aux façades aujourd'hui pavoisées de loques, cette misère ensoleillée d'Espagne, cette agonie d'une ville autrefois somptueuse et puissante devant une mer houleuse et grise, dans un paysage de sables et d'eaux.

« Nous contournons l'enceinte à demi-écroulée des remparts pour aborder au pied d'une petite jetée s'avançant assez loin dans la vase. Un garçonnet, demi-nu, un sourd et muet tient notre barque et nous aide à descendre ; un douanier espagnol nous accueille d'un sourire au haut de l'escalier ; il surveille l'arrivée des voyageurs en tricotant des bas avec, pendu à sa tunique, un enfant en bas-âge.

« Les pieds nus de notre batelier courent le long de la jetée ; il a consenti à nous servir de guide et écarte de nous deux ou trois mendiants. Cette petite villa blanchie à la chaux, et donnant au soleil au milieu des yuccas en fleurs, c'est le casino ; une terrasse à balustres, des escaliers embaumés de jasmins sous de mauves retombées de glycines, une pelouse déserte où tournoie sur lui-même un chien affollé, résument les plaisirs de cette petite ville morte.

« Notre guide nous fait prendre à droite ; nous traversons un petit quinconce planté de sycomores où filles et garçons viennent danser le dimanche aux sons du violon d'un ménétrier ; de larges bancs de pierres aux dossiers de fer forgé, des bancs de parc royal ornent la promenade ; le flot, à marée haute, en vient lécher les murs de soutènement, mais à l'heure présente, c'est la morne étendue des flaques d'eau et des sables ; la Bidassoa coule, très loin, au milieu, dans un blême scintillement, et là-bas, à l'horizon, c'est la fuite bleuâtre de la vallée brûlante au pied de ses montagnes.

« Il y a dans l'air des odeurs de vase et de jasmin pâmées de chaleur.

« Une ancienne porte de ville sculptée, effritée, bossuée d'écussons et dont une vigne étreint le cintre ; nous passons sous la voûte et le décor change comme par enchantement.

« C'est une vision unique : la seule rue, la grande rue de Fontarabie, s'ouvre là, devant nous, pavée de larges dalles, entre une double haie de palais Renaissance et de vieux logis de nobles, étageant très haut au-dessus de nos têtes de lourds balcons de pierre et l'énorme avancée de grands toits ouvragés ; de misérables boutiques occupent les rez-de-chaussée et, bordée de fruiteries et d'étal de légumes, elle monte raide et tortueuse, la grande rue de Fontarabie, baignée toute d'un côté par l'ombre de la cathédrale dont le clocher en dôme, usé, doré, sauri par les siècles, le vent, le soleil et la pluie, apparaît d'un ton de vieil ivoire entre des toits de tuiles et des murs en ruine.

« Des loques pittoresques, de longs rideaux de calicot à franges, comme en a toute l'Espagne, pendent en dehors des fenêtres à grillages, des lourds balcons à jour jusqu'au fronton ornementé des portes ; des femmes causent accroupies sur les seuils, des hommes attroupés devant un péristyle qui est la maison de la ville, y écoutent l'aubade de trois musiciens, musiciens officiels, un tambour et deux fifres, dont le tapage aigu, cruellement monotone, fait se cambrer et trémousser sur place, avec des grâces offertes et des mouvements de femmes, deux étonnantes petites filles en haillons. La façade du bâtiment, badigeonné de jaune cru, est aujourd'hui tendue d'une étoffe cramoisie, fanée, tachée, devenue lie de vin, et des drapeaux aux allures d'étendards flottent au premier étage, baignant de reflets de soie les lions sculptés d'une loggia. Toutes les cloches de la cathédrale sont en branle, un carillon de joie nous accueille à notre entrée dans la ville du roi don Sanche, c'est aujourd'hui fête ; dimanche, il y avait corrida à la plaza des taureaux ; aujourd'hui, après la sieste, il y aura office des morts, bénédiction et procession.

« Oh ! toutes ces façades timbrées de blasons gigantesques, ces larges toits sculptés débordant sur la rue et ces brusques avancées de balcons! J'avais rêvé d'une cité arabe et c'est dans une ville du xive siècle, de la plus belle époque espagnole, que nous montons dans l'allégresse de cloches sonnant à toute volée, entre deux rangs d'anciens logis princiers.

« Une odeur d'anis, d'œillet et de latrines, l'odeur même de l'Espagne, sort de tous ces logis ; à nos pieds des écorces de melon, des tomates trop mûres, des alberges pourries jonchent l'épais dallage et, au bout de la rue, séparé de l'église par une allée de platanes, le château impérial, la haute forteresse où Charles-Quint tint vingt ans enfermée l'ambition de sa mère, le palais de don Sanche dresse son formidable cube de pierre grise, couronné au sommet de ronces et de soleil.

« Jean LORRAIN. »

Au moyen de nos antiques véhicules, nous regagnons Irun, d'où nous partons à trois heures précises (heure espagnole).

Ce n'est pas sur le modèle des secondes classes de chemins de fer espagnols que nous conseillons à la Compagnie du Nord de faire des voitures pour remplacer son trop primitif matériel ; nous pouvons lui en indiquer de moins mauvais. Nous entrons bientôt sous un tunnel de 489 mètres et, à la sortie, nous faisons halte dans la station éminemment basque de Gaïnchurisqueta, village arrosé par la rivière l'Oyarzum. Nous sommes, quelques instants après, dans la gare de Pasajes, à onze kilomètres d'Irun. Pendant les cinq minutes que nous passons sur le bord de cette baie, abritée de tous côtés et qui fait de Pasajes le port le plus sûr des côtes de la Biscaye, je revois, non sans émotion, dans le fond du port, de chaque côté de cet étroit goulet formé par la séparation du Mont-Ulia à l'ouest et du Jaizquivel à l'est et servant de communication avec la mer, les deux villages de San Pedro à gauche, et de San Juan à droite, et il me semble apercevoir encore, comme il y a trois ans, l'embarcation, avec ses dix rameurs, la rame au pied et au port d'armes, dans laquelle, après notre rencontre dans le village de Saint-Jean, la reine et ses enfants prirent place au milieu des acclamations bruyantes des femmes et des enfants du village.

Laissant, à droite, les quais couverts de fûts de vin, de balles de coton, etc., nous remarquons sur notre gauche, plusieurs établissements industriels : fonderies, distilleries, dont certaines ne manquent pas d'audace : elles s'intitulent modestement : *fabrique de cognac !*

Un de nos compagnons nous rappelle que c'est du port de Pasajes que le marquis de Lafayette s'embarqua pour l'Amérique.

Nous descendons enfin à trois heures quarante-et-un dans la gare de Saint-Sébastien.

Nous nous trouvons immédiatement dispersés dans la foule qui encombre les quais ; nous passons au milieu de groupes de civils en grande tenue, de militaires tout chamarrés d'or, et nous nous croyons la cause de cette affluence quand nous apprenons que nous précédons de quelques instants la reine et sa famille. Nous sortons difficilement de la gare et prenons aussitôt la direction de l'hôtel qui nous a été assigné. Cet hôtel n'est point banal, c'est le collège des Marianites que des Français patriotes viennent de construire sur un mamelon. Site splendide qui domine, à gauche de la gare, toute la ville de Saint-Sébastien, la capitale du Guipuzcoa ; M. Bacquier, l'intelligent directeur, nous conduit à notre chambre, un des dortoirs, et qui est située à cent marches au-dessus du niveau du sol ; on a négligé de prévoir l'utilité d'un ascenseur, et c'est à nos jarrets qu'il nous faut avoir recours pour reconnaître nos lits, mais nous sommes réellement indemnisés par la vue que nous découvrons des fenêtres de notre chambre ; d'un seul coup d'œil, nous embrassons toute la *Concha*, baie d'une largeur de deux kilomètres, depuis le château de Miramar, résidence de la reine, jusqu'au casino, qui lui fait pendant, à l'autre extrémité de ce demi-cercle. Toute la ville, neuve et ancienne, est à nos pieds et nous aurons l'illusion de dormir sur Saint-Sébastien !

Nous descendons rapidement et facilement nos cent marches et nous retrouvons le cicérone qui, depuis la gare, s'est attaché à nous pour nous mener dans les bons chemins.

Près du collège, dans un terrain vague, nous voyons en préparation trois *toros de fuego* destinés à lancer demain soir leurs jets de feux sur la foule, à l'occasion des grandes courses de taureaux annoncées pour le jeudi. Notre conducteur est précisément un des employés de la maison José Arana, Boulevard n° 13, directeur de la Plazza de Toros de San Sebastian. Décidés à nous arrêter, pour jouir de ces courses, à notre retour de Bilbao, nous nous assurons de suite des places *Sombra en lo tendido* n° 6 et suivants (coût 5 fr. 50, pourboire compris).

En remontant ce splendide boulevard, composé de plusieurs avenues parallèles, j'ai le plaisir de serrer la main d'un compatriote de Senlis, M. Lefèvre, habitant depuis trois ans Saint-Sébastien et directeur d'une importante maison de chemiserie de luxe, 27, Alameda.

Nous entendons la musique qui joue devant le casino et, nous dirigeant de ce côté, nous nous trouvons au milieu d'une foule élégante dans laquelle dominent les belles espagnoles avec ou sans mantille, et surtout les nourrices avec leurs nourrissons sur les bras. C'est un admirable tableau que celui formé par toutes ces mères et nourrices, élégamment costumées et faisant tourner et danser dans leurs bras les bébés selon la mesure ; avec de tels principes, qui leur sont inculqués à peine entrés dans la vie, je ne serai plus surpris de rencontrer tant d'adolescents, garçons et filles, se livrant avec entrain à des danses autrement gracieuses que les nôtres.

Continuant notre promenade par cette plage splendide de la Concha, nous arrivons à l'hôtel Continental, centre du rassemblement pour le dîner. En sortant de ces splendides salons, nous saluons la Reine et les Infants dont la voiture passe derrière l'hôtel, et nous nous dirigeons au hasard par petits groupes.

Quelques minutes après, la Reine et le fidèle duc de

Médina-Cœli, repassent au galop de leurs mules auprès de nous, et nous pouvons à notre aise échanger nos saluts. Suivant de très belles rues de la ville neuve, larges boulevards, nous nous trouvons à l'embouchure de l'Uruméa ; au milieu de la large avenue qui en forme le quai, nous voyons en construction une petite place sur laquelle vient d'être érigée la statue du grand amiral Antonio de Oquendo, *(Almiraute Oquendo)*.

C'est un grand homme de guerre, mort de la fièvre, il y a deux cents ans. Il est représenté debout, saisissant son épée de la main droite, serrant de l'autre, un drapeau contre sa poitrine. Sur le piédestal, on lit :

« Au grand Amiral don Antonio de Oquendo, chrétien « exemplaire, que le suffrage de ses ennemis déclara invin- « cible, la ville de Saint-Sébastien, orgueilleuse d'un tel « fils, offre ce tribut d'amour. Saint-Sébastien, 1577, la « Corogne, 1640 ».

Son dernier mot, sur son lit de mort, le peint tout entier : dévoré par la fièvre, il demande un verre d'eau fraîche ; il l'approche de ses lèvres, le regarde; ne le boit pas : « Je l'offre à Dieu », fit-il ; il repose le verre sur la table, et rend l'âme.

Suivant à gauche ce luxueux quai, nous pénétrons dans la vieille ville, partie de Saint-Sébastien, qui, en 1815, échappa à l'incendie commandé par le général anglais Graham.

Toutes les rues de ce quartier sont étroites avec maisons de trois à quatre étages, bien alignées, se coupant à angles droits. Nous pénétrons sur la place de la Constitution, immense carré entouré de maisons avec arcades, avec balcons aux trois étages dont toutes les fenêtres sont numérotées ; en face de nous se trouve l'hôtel de l'Ayuntamiento ; nous sortons par une voûte de cette place monotone par son excès de régularité, et reprenant par la droite notre excursion dans la vieille ville, nous nous trouvons devant une caserne, et au bout de la rue, en face d'un immense terrain sur lequel sont édifiées quelques maisons ; c'est une partie de l'ancienne baie de Zurriola qui, étant impraticable aux navires à cause de la barre de l'Uruméa, a été en partie remblayée ; c'est sur ce remblai que se trouve construit actuellement un nouveau quartier. La vieille ville va donc se trouver escortée de chaque côté par une ville neuve. Nous nous installons sur la terrasse de la plage, annexe du café Fornos, et, la mer battant à nos pieds, une menthe glacée dans nos verres, nous nous délectons au frais sous un ciel étincelant, et loin des bruits de la ville dont nous sommes séparés par le mont Orgullo d'une altitude de 150 mètres, et sur les flancs duquel nous apercevons, du côté de la mer, et malgré la pénombre, les tombeaux des officiers anglais qui périrent en 1836, en défendant Saint-Sébastien contre les Carlistes.

Cependant nous contournons ce monticule, et bientôt nous sommes sur un des côtés de la jolie baie de la Concha qui, à cette heure, reflète les lumières de milliers de becs de gaz ; nous sommes bientôt derrière le Casino, et par conséquent au boulevard, où le tout Saint-Sébastien élégant et les étrangers se réunissent pendant ces belles soirées autour du kiosque, d'où de neuf heures à minuit, s'échappent les sons mélodieux d'une excellente société musicale.

Certaines parties, entre les quatre chaussées et avenues de ce boulevard, sont garnies de chaises occupées par des essaims de dames et de jeunes filles en brillantes toilettes ! c'est un tableau absolument admirable. Quant aux promeneurs, il leur est impossible de s'arrêter, à moins de sortir du boulevard ; il leur faut quand même suivre le courant montant ou descendant, qui ne s'interrompt qu'après trois heures de cette promenade. Il est évident qu'à plusieurs reprises nous nous échappons de l'écoulement pour nous reposer soit au café de la Marine, soit dans un autre, sur le boulevard Hernani.

Je ne crois pas qu'il existe au monde une promenade comparable à celle du boulevard de Saint-Sébastien, pendant les belles soirées de la saison d'été.

Malheureusement, il faut nous arracher à ces splendeurs ; il nous faut aller chercher, au bout des cent marches construites au-dessus de la montagne, le repos nécessaire pour poursuivre dans quelques heures notre excursion ; mais cependant, sur l'insistance de l'employé de José Arana, qui ne nous quitte pas, et qui nous sert de guide, nous explorons encore quelques coins fort intéressants du vieux quartier.

Dixième Journée

Vers cinq heures, plusieurs d'entre nous, suffisamment reposés et rafraîchis, jugent à propos de sauter en bas de leur lit, et sans pitié pour ceux qui voudraient bien s'oublier dans les bras de Morphée, se mettent à se raconter leurs impressions. Ne pouvant les envoyer au diable, nous les imitons, et c'est bientôt un branle-bas général.

Mais le départ n'ayant lieu qu'à sept heures et demie, je propose à l'ami Ellie une promenade matinale sur tout le pourtour de la Concha ; nous avions fait en partie cette promenade dans la foule ; il me semble que la solitude ne doit pas la rendre désagréable. Bien nous en prit ; nous avons défilé ainsi devant tous les établissements de bains, à la suite desquels se trouve le pavillon spécial de la Reine, style mauresque et composé de trois salons ; ce pavillon, posé sur des rails, glisse de lui-même à la mer au moment opportun, et est ensuite remonté au moyen d'un cabestan. En avant, à gauche de ce châlet, et planté dans la mer, nous voyons une sorte de tremplin, ou plate-forme d'un mètre carré, de deux à trois mètres de hauteur ; c'est sans doute de cette plate-forme que la Reine se livre à un exercice pour lequel elle a une grande prédilection : piquer des têtes dans la mer.

Insensiblement nous nous trouvons sous une longue voûte dont l'écho est prodigieux, et au-dessus de laquelle est bâti le château de Miramar ; au bout de cette voûte, un immense champ de manœuvre pour les soldats dont nous voyons, en face de nous, dans le fond, la caserne ; quelques milliers de soldats font l'exercice, exécutant des marches et des contre-marches.

Mais l'heure du départ s'approche, et nous reprenons la direction de la gare ; nous côtoyons un certain nombre de paysannes se rendant au marché de Saint-Sébastien. Toutes ces braves femmes, jeunes et vieilles, marchent allégrement, les bras ballants, avec leurs paniers de denrées sur la tête ; c'est là un singulier moyen de transport, économique, sans doute, mais qui, s'il procure des rentes, doit avec bien plus de certitude encore, amener la calvitie ; ce n'est qu'une supposition de ma part, puisque je n'ai pas trouvé convenable de m'en assurer par moi-même.

Nous terminons enfin cette promenade matinale et intéressante à la gare, où nous arrivons avec assez d'avance pour nous offrir, avant le départ, une excellente tasse de chocolat.

A sept heures et demie, nous quittons Saint-Sébastien, non sans espoir de retour ; nous passons fort agréablement les deux heures qui nous séparent de notre première station. D'abord, chacun raconte sur la soirée passée à Saint-Sébastien des histoires plus ou moins drôlatiques, plus ou moins arrivées ; on ne franchit pas impunément les contrées méridionales, le froid Picard se laisse entamer par les idées Gascones, et tel, qui aimerait mieux, à son ordinaire, écouter que de raconter des fantaisies, devient loquace. Mais, aussi, tout pousse aux expansions : un ciel superbe éclairé par un splendide soleil, qui n'en est encore qu'à préparer ses feux, et un paysage fort accidenté. Nous passons, en effet, d'une colline boisée à une autre colline en traversant successivement de jolies plaines bien garnies dans lesquelles domine le maïs ; nous descendons à neuf heures vingt-trois à Zumarraga surpris d'avoir vieilli de deux heures !

Les cinq quarts d'heure que nous avons à passer dans cette gare vont également s'écouler fort vite, puisqu'ils sont destinés au déjeuner.

Zumarraga est la bifurcation de la ligne de Madrid que

nous avons suivie depuis Saint-Sébastien, et que nous quitterons pour prendre celle à voie étroite qui va nous conduire par les montagnes jusqu'à Bilbao ; un train spécial pavoisé aux couleurs Espano-Françaises nous attend. Après avoir quitté l'hôtel Ugalde qui sert de buffet pour les deux gares nous faisons une courte promenade dans ce petit village, et aux environs, d'où nous découvrons sur les côteaux des ruines qui nous rappellent les guerres carlistes, et, à dix heures quarante-cinq, installés dans nos wagons à couloirs centraux, nous entendons le signal du départ.

Cette ligne passe d'une montagne à une autre variant les points de vue ; parfois nous sommes à pic au-dessus des vallées au fond desquelles coulent des torrents d'eau claire ; souvent dans des tunnels assez longs, pour nous retrouver aussitôt sur d'autres torrents ; nous remarquons plusieurs vieux ponts délabrés, qu'on laisse peut-être dans un triste état pour compléter le pittoresque de cette contrée. Notre train, à cause des nombreuses courbes et pentes, ne peut prendre une allure bien rapide, et, pour obvier à cet inconvénient, nous brûlons la plupart des stations y compris celle de Placencia ; c'est un village qui nous paraît d'une certaine importance ; le train passe comme dans une rue, avec, de chaque côté de la voie, des maisons vieilles, délabrées, baignant dans un torrent, dont l'impétuosité est calmée par des barrages. A en juger par les hardes qui pendent aux fenêtres, ce n'est pas le quartier des bourgeois que nous traversons.

La voie étant unique, nous faisons halte plus loin, à Malzaya, pour laisser passer le train venant de Bilbao. Cette petite gare est organisée de façon à distraire les voyageurs ; nous y trouvons des marchands de bijoux plus ou moins riches, des carabines exposées dans une vitrine ; mais ce qui obtient le plus de succès, c'est l'eau claire, fraîche, distribuée aux amateurs moyennant un pourboire qui est accepté avec reconnaissance ; *il paraît* que cette eau est très bonne.

Nous nous arrêtons aussi quelques instants à *Durango*, gare la plus importante de ce réseau, mais peu intéressante, et, à deux heures vingt, nous descendons sur les quais de la gare de Bilbao.

Nous sommes chaleureusement accueillis par une délégation de l'ayuntamiento, l'alcade en tête, M. de Churraca, ingénieur en chef du port, M. le Consul de France, MM. Etchas et Gill, directeurs des grandes Compagnies minières, MM. Villalonga et Fay, qui se sont spécialement occupés d'organiser notre séjour à Bilbao, *y otras respetablos personnas* accourues pour recevoir *los 95 individuos pertenecientes a la Asociacion francesa para el adelento de las Ciencias.*

Un petit programme de l'emploi de notre temps nous est remis. Je remarque bien que ce programme est rédigé en français comme une *personne* espagnole peut le faire : ainsi, la deuxième ligne : *allée* à l'hôtel Terminus dans le *tranway*; plus loin, *lever* à sept heures : *l'husine;* mais en somme il n'y a guère autre chose à reprendre, et cette imperfection est bien largement corrigée par l'intention. Du reste, le vieux proverbe : *la critique est aisée et l'art est difficile,* est encore vrai dans ce cas, car beaucoup d'entre nous, moi le premier, nous voudrions bien recevoir chez nous ces aimables Espagnols, en leur délivrant un programme rédigé dans leur langue, et sans plus de fautes.

En dehors de la gare, c'est la foule qui nous acclame ; notre visite et l'heure de notre arrivée ont été annoncées par *las Noticias, el Nervion, el Noticiero Bilbaino* et autres journaux à 5 *centimos*, distribués en ville par les crieurs — comme à Paris, s'il vous plaît ; — aussi, c'est avec une grande difficulté que le tramway, formé spécialement pour nous, quitte la place de la gare pour nous conduire à l'hôtel Terminus.

Cet hôtel est tout flambant neuf, vaste, luxueux, avec ascenseur hydraulique, comme dans nos plus modernes hôtels. Cependant, le nombre de chambres est insuffisant, et le gérant a dû se préoccuper de trouver en ville les numéros manquants. Mais là se trouve pour lui une grande difficulté : beaucoup des nôtres, grincheux, refusent les logis qui leur sont assignés, les uns, parce qu'ils ont peur d'y être assassinés — ils ne savent pas encore que Paris, la ville-lumière, devrait copier la police de Bilbao, — les autres, enfin, parce qu'ils remarquent ou croient remarquer que les lits qui leur sont attribués sont déjà occupés par des milliers de pensionnaires sautant — de joie, probablement — à leur approche, comme s'il n'était pas agréable d'être chatouillé délicatement pendant son sommeil.

Pour mon compte, je suis invité à aller présenter mes respects à une propriétaire de *Barren Calle* n° 27 ; je prends un *chasseur* de l'hôtel pour me conduire ; mais il ne savait guère lui-même comment réussir dans sa mission puisque je n'arrivais à mon domicile qu'au bout de trois quarts d'heure, tandis qu'en réalité il ne fallait que douze minutes. J'avais ma valise à la main, il faisait chaud, aussi je prends incontinent la ferme résolution de manquer le rendez-vous fixé au programme pour trois heures et quart sur l'embarcadère de la *Sendeja* (près de l'arsenal).

Je m'efforce, mais en vain, de m'expliquer avec ma propriétaire qui, cependant, comprend que je vais être son locataire et met à ma disposition le nécessaire, même le superflu.

Je remarque sur mon lit haut et large, dépourvu de tout traversin, édredon, oreillers (les Espagnols occupent, paraît-il, en dormant, une position absolument horizontale), deux sortes de jambes de pantalon de dame avec dentelle grossière à un bout ; j'examine ces objets que je suppose oubliés, mais je m'aperçois que ce sont des sacs destinés à recevoir les traversins, quand on en exprime le désir, ce que je n'ai pas eu besoin de faire, grâce à la délicatesse de mon hôtesse qui n'ignore pas que le Français aime bien dormir la tête plus ou moins relevée.

Je me mets à mon aise et, de mon balcon couvert d'un grand store, j'explore les environs de mon domicile. Je suis dans une longue rue, parfaitement droite, large, pour une rue d'Espagne (quatre à cinq mètres), avec, de chaque côté, des maisons à quatre étages, à balcons, à stores, tout comme la mienne. Je laisse passer sans regret l'heure du rassemble-

Transbordeur de Portugalete, sur le Nervion

Courses de Taureaux à St-Sébastien : Guerrita et Mazzantini

blement et une demi-heure après je descends pour explorer cette populeuse cité.

Cependant, la chaleur est fatigante et je me décide à utiliser un des nombreux tramways qui sillonnent les abords de la promenade du *Campo Volantin*, situé sur la rive droite du *Nervion*. Par un heureux hasard, ce tramway suit la route du Nervion ; tout d'abord, je me crois aux Champs-Elysées ; je suis entre cette belle promenade et de magnifiques hôtels parmi lesquels se distingue celui de l'Ayuntamiento. Bientôt l'aspect change ; je suis sur le quai avec, à droite, des maisons moins luxueuses, à gauche, le Nervion, étroit, jaune, profond, couvert à droite et à gauche de vapeurs chargeant ou déchargeant ; sur la rive gauche, au pied de la montagne qui recèle les mines de fer, beaucoup de chantiers de construction, d'usines métallurgiques parmi lesquelles l'usine *Altos Hornos* (Hauts-Fourneaux) ; plus loin, encore des vapeurs et toujours des vapeurs déchargeant le charbon anglais pour s'emplir ensuite de minerai. J'en remarque un auprès duquel s'agitent une centaine de femmes ou filles qui viennent vider dans ses profondeurs des paniers de minerai qu'elles portent sur la tête. Nous roulons toujours au milieu du même décor, mais tout à coup, après avoir fait ainsi au moins six kilomètres, j'aperçois sur la rive que je parcours des drapeaux français et des détonations arrivent jusqu'à mes oreilles. Je suis, en effet, quelques minutes après, à *Aspe*. Je quitte mon tramway et je vais me confondre avec mes compagnons de voyage qui sont descendus de leurs bateaux pour visiter les chantiers de construction des blocs, *las canteras de Axpe y la fabricacion y carga de bloques de 100 y 60 toneladas*. Nous voyons construire ces blocs qui sont ensuite transportés, au moyen de machines hydrauliques mues par l'électricité, jusque dans des bateaux spéciaux.

Je monte sur le remorqueur *Siglio (a bordo del remolcador el Siglio)* et je remarque à côté le joli yacht *el Cano (el yate el Cano)*, sur lequel ont pris place également des congressistes et particulièrement les dames. Ces deux bateaux sont pavoisés aux couleurs franco-espagnoles *(engalanados con flores y banderolas)*.

A companaban à los expedicionarios el ingenioro director de dichas obras senor churruca, el alcade de Bilbao, senor Olano, representates de la Diputacion, varios ingenioros y otras distinguidas personas.

Bientôt, nous sommes entre *Portugalete*, à gauche du Nervion, et *Las Arenas*, à droite ; la première, ville industrielle au pied des mines, avec deux ou trois rues et un quai couvert de maisons de luxe pour les baigneurs ; la seconde, simple station balnéaire moderne, composée de villas dispersées au milieu de pins. Ces deux villages sont reliés par un pont transbordeur *(el puente transbordador Vizcaya)* fort original et tel que j'en voudrais voir un, en 1900, sur la Seine ; il ferait à la tour Eiffel un pendant qui aurait un vrai succès.

Figurez-vous, sur chaque rive, une tour en fer, à charpentes très légères, supportant, à 40 mètres au-dessus des plus hautes eaux, des rails sur lesquels glisse un train actionné par l'électricité ; de ce train pendent des fils de fer légers d'apparence, lesquels sont armés à leur extrémité inférieure de griffes qui soutiennent une grande cage à banquettes dans laquelle prennent place les passagers.

Ce pont extraordinaire a été lancé sur le Nervion en 1893 par un ingénieur français, M. Arnodin, sur les indications d'un architecte espagnol, M. de Palacio qui, lui-même, nous explique le fonctionnement de ce transbordeur près duquel nous sommes arrêtés pendant que la *nacelle* suspendue conduit les voyageurs de *Las Arenas* à *Portugalete*.

Quelques instants après, nous sommes dans la baie ; les lames deviennent violentes et ceux qui n'ont pas le pied marin s'empressent de chercher un appui. Nous rions de voir notre compagnon *el Cano* qui a l'air de danser sur les vagues. Nous assistons alors à l'immersion de deux blocs chargés à Aspe : l'un pèse cent mille kilogrammes et l'autre soixante mille ; ils disparaissent dans l'abîme comme deux vulgaires cailloux.

Ces blocs, comme à la pointe de Graves, sont destinés à

empêcher l'envahissement du port par la mer ; c'est là un travail difficile et toujours à recommencer ; la mer roule ces immenses blocs comme des galets ; M. de Churruca, qui a conçu les plans de ces travaux, M. Allard, français, qui en a entrepris l'exécution, nous expliquent les difficultés à vaincre ; elles sont grandes, mais la main de l'homme triomphera de la nature ; c'est une question de temps et d'argent.

Un spectacle qui n'est pas dans le programme nous est offert dans le même moment : c'est l'échouage inattendu, mais momentané, nous assure-t-on, d'un steamer français, sur les blocs submergés de la jetée.

Nous reprenons la direction de Bilbao, et, avec plaisir, auprès du pont transbordeur, *el Cano* se dirige vers le quai où il débarque quelques-unes de nos compagnes qui n'ont pas trouvé de leur goût la danse des vagues ; elles vont se rapatrier par l'intermédiaire du tramway.

Chemin faisant, je remarque des bateaux de forme singulière et je demande à leur sujet un renseignement à un de nos aimables *cicerones* espagnols. Ces bateaux sont des dragues qui aspirent l'eau et le sable du fond, lesquels sont déversés sur de longs bacs à fond et à parois criblés qui laissent retomber l'eau dans la rivière et retiennent le sable : à cause de ce travail spécial, ces dragues sont désignées sous le nom expressif de *succuses*.

Il est près de huit heures quand nous arrivons à l'Arsenal et nous débarquons au milieu de nombreux Espagnols, armés de torches, et qui nous accompagnent jusqu'à Terminus-Hôtel, de l'autre côté du pont.

Malgré les fatigues de cette longue journée, nous dînons fort bien et le plus vite possible afin de continuer nos excursions dans la ville, mais cette fois au hasard et par groupes sympathiques. Pendant le dîner, la musique municipale, *la banda municipal*, faisait entendre ses sons entraînants, sur la place, devant une des façades de notre hôtel ; mais le public espagnol seul en a profité ; cependant nous pouvons encore, mélangés à cette foule de cinq à six mille personnes, entendre deux morceaux réellement enlevants de cette *serenata*.

El gentio era immenso en la Plaza Circular, donde se situo la banda.

Rien de curieux comme le spectacle qui s'offre à nous, quand nous nous trouvons à l'entrée d'une large rue débouchant sur cette place : plus de cent couples de jeunes gens profitent de la musique pour danser joyeusement et surtout gracieusement, ce qui me fait regretter l'apparition d'un sergent de ville dont la seule présence arrête ces ébats ; il est vrai que sans s'émouvoir, il reçoit les huées des garçons et des filles qui, quand il a le dos tourné, se risquent à reprendre leurs danses.

Quelques-uns d'entre nous, surtout les dames, se sont rendues au théâtre, où des loges leur étaient galamment offertes par la municipalité. Quant à nous, à cause de l'heure tardive, nous nous contentons d'une promenade au milieu des Espagnols qui, par cette belle soirée, circulent sur le *Campo Volantin*, et nous nous reposons enfin sur la terrasse d'un café, auprès du pont et du Grand-Hôtel-Cercle des Propriétaires.

Je n'avais pas pris la précaution de me fournir de *pesetas* et je donne au garçon une pièce de 20 francs pour 2 francs de consommation ; il juge à propos de me rendre 18 pesetas ; or, la pièce de 20 francs étant échangée pour 24 pesetas, je tâche de lui faire comprendre que ce n'est pas mon compte ; peine perdue. Je suis obligé de faire venir le gérant avec lequel je m'explique en français. Mais, soit calcul, soit ignorance, il ne veut rien entendre, et tout ce que je puis obtenir, c'est la remise de 2 pesetas, de sorte que j'ai payé quatre bocs 4 pesetas. J'ai promis à ce monsieur qu'il n'aurait plus ma visite et j'ai tenu parole. Quand donc notre système monétaire sera-t-il adopté par tout l'univers ?

Cependant il est l'heure de se séparer, expression fort juste, puisque nous avons chacun un hôtel particulier. Quant à moi, je connais ma direction : je n'ai qu'à suivre la rue qui conduit à la gare, et dans dix minutes je rencontrerai Barren-Calle qui lui est perpendiculaire.

Je compte bien arriver sans encombre, mais fort heureusement j'avais eu par hasard quelques renseignements sur la manière de rentrer chez soi la nuit, et qui n'est pas la nôtre.

Les portes d'entrées des maisons espagnoles sont garnies d'un lourd marteau en fer qu'il faut soulever et laisser tomber trois fois sur un clou qui forme comme une enclume et ressemblant à une demi-orange. Si on ne répond pas de l'intérieur, on frappe trois fois dans les mains et le *sereno* du quartier vient ouvrir la porte ; je suppose qu'une seule clef lui suffit pour toutes les maisons.

Voici d'où vient ce nom de *Sereno*. Ces veilleurs de nuit font habituellement leur service de dix heures du soir à six heures du matin ; il y a certainement exception à cette règle, puisque j'en ai rencontré avant la nuit ; ils se promènent et assurent le repos des habitants ; en cas d'incendie, ils préviennent les intéressés et les pompiers ; en cas de maladie, ou de menaces d'accouchement, ils vont chercher le médecin ou la sage-femme ; si vous les priez de vous réveiller, ils frappent à votre porte à l'heure indiquée ; ils vous accompagnent même à la gare, si vous le désirez. Ils servent d'horloge publique ; je ne les ai pas entendus, mais ils crient, comme en certains endroits de la Suisse, les heures et le temps qu'il fait, en commençant par adresser une invocation à la Sainte-Vierge : *Ave, Maria Purissima!* et en finissant presque invariablement par *Sereno*, ce qui veut dire que le temps est beau ; ils lancent, par hasard, puisqu'il fait toujours beau dans ces favorisés pays, le mot *malo*, qui veut dire : *mauvais temps* ; donc le mot *Sereno*, qui résonne constamment la nuit dans les rues, sert à désigner ces *véritables* gardiens de la paix.

Le *sereno* est, par conséquent, un agent de police avec des attributions spéciales ; nous avons rencontré des sergents de ville comme les nôtres, armés comme à Paris ; mais le *sereno* porte un revolver, un bâton terminé par une sorte de baïonnette et une lanterne ; il est chargé d'obtenir des tapageurs le silence, et si le raisonnement n'est pas suffisant, il passe sa lance au travers du corps du récalcitrant, et continue sa ronde de surveillance ; on ramasse le cadavre le lendemain, et tout est dit. Du reste, ce moyen est rarement employé ; la présence seule du *sereno* et la connaissance de ses *privilèges* suffisent amplement pour mettre à la raison les plus rebelles.

J'ai vu un groupe de sept ou huit personnes au milieu desquelles s'agitait avec fureur un espagnol convenablement vêtu ; un sereno s'est présenté, et le monsieur a quitté le groupe, en maugréant, mais il a aussitôt disparu.

Bref, reconnaissant mon numéro, je prends le marteau que je laisse retomber trois fois, et personne ne bougeant à l'intérieur, je frappe dans mes mains les trois coups d'appel ; mon sereno ouvrait probablement d'autres portes, puisqu'il ne paraît pas. Je fais quelques pas sur mon trottoir, et je me trouve en face d'un petit débit où se tenaient encore quelques consommateurs. Cette circonstance que je n'avais pas observée l'après-midi me fait penser que je pouvais bien m'être trompé de numéro, et en effet, un peu plus loin, je reconnais le mien : c'était le 27, et j'avais frappé au 37 ! Je recommence les trois coups de marteau, suivis, une minute après, des trois coups dans les mains, quand, en même temps que le sereno accourait vers moi pour m'ouvrir la porte, ma bonne l'ouvrait elle-même : je ne pus que remercier ce zélé *fonctionnaire*.

En gravissant mes deux étages, je frémissais à la pensée de ce que pouvait me coûter le n° 37 ; si le sereno avait répondu à mon appel avec autant d'empressement que devant le n° 27, il m'ouvrait la porte et ce qui pouvait m'arriverait de moins fâcheux c'eût été de passer la nuit dans l'escalier.

Cette émotion et un nouveau lit dans une ancienne maison vraiment espagnole m'empêchent de dormir malgré les fatigues de cette longue journée et je pense à cette ville de Bilbao qui, il y a vingt ans, possédait 20 à 25 mille habitants, en a aujourd'hui 70 à 80 mille, 100 mille même, si on compte la population ouvrière des bourgades construites dans les montagnes et dans les environs, et qui ne sont que des faubourgs.

Les maisons s'y élèvent comme par enchantement, et sont prises d'assaut ; c'est la fièvre de l'or, pardon du fer, fièvre qui, dans vingt ans, commencera à se calmer, les mines n'étant pas inépuisables. Et que sera Bilbao dans vingt-cinq ans, trente au plus ? Ce qu'elle était jadis, avec cette différence qu'elle aura une immense étendue et qu'elle paraîtra déserte ; et alors, adieu le mouvement ! plus de ces gens qui marchent, comme des Américains, avec une seule pensée, plus de ces crieurs de journaux, qui assourdissent, plus de ces tramways, toujours bondés, toujours pressés, plus de ces fils téléphoniques, télégraphiques, qui interceptent, pour ainsi dire, les rayons solaires !.....

Je suis sans doute le seul habitant de la capitale de la Biscaye qui voit, à cette heure, l'avenir aussi sombre, et je m'endors en me promettant de venir dans trente ans ! pour juger par moi-même de la véracité de ces sinistres pronostics !

Onzième Journée

Le programme de la journée est fortement compliqué ; le rassemblement est annoncé pour sept heures et demie devant la gare du chemin de fer de Portugalete, d'où nous partons par le train de huit heures ; à huit heures et demie nous descendions à Luchana, où un train spécial, pavoisé aux couleurs franco-espagnoles, enguirlandé de fleurs *(engalanado con flores, banderas y ramajo)* nous attendait pour nous conduire dans la montagne.

Pas banal, notre train ; il est composé d'un nombre plus que suffisant de wagons qui n'ont jamais transporté que du minerai, mais que la Compagnie anglaise de l'Orconera a proprement transformés spécialement pour cette circonstance ; c'est bien ce que l'on peut appeler un train de plaisir ! La montée est si belle, le ciel, dont nous pouvons jouir à notre aise, est si beau, que nous aurions circulé de longues heures sans nous apercevoir que nos banquettes n'étaient que des planches dissimulées sous des cretonnes aux vives couleurs.

Nous descendons à neuf heures et demie au pied des fours à calciner, dans lesquels on traite les roches de carbonate de fer, et, un peu plus loin, nous sommes au point *terminus* du funiculaire sur lequel circulent constamment des wagonnets pleins de minerai qui viennent se déverser dans les wagons, pour remonter ensuite vides jusque dans la mine ; nous chargeons de nos personnes ces wagons vides et nous avons la satisfaction de faire contrepoids aux wagons chargés que nous rencontrons à mi-chemin.

Il descend ainsi journellement de la montagne de 2.800 à 3.000 tonnes, et la production a même atteint le chiffre de 3.600 tonnes ; on peut juger par ces chiffres de l'animation produite par le transport d'une telle quantité de kilogrammes.

Au milieu de tous ces wagonnets qui sillonnent la mine en exploitation, de la foule des femmes et des enfants de mineurs, des fusées et des pétards qui éclatent de tous les points, nous arrivons, précédés de M. Gill, l'aimable directeur, au village de *Matamoros,* où un lunch nous est offert. La foule est compacte, les pétards et les fusées partent à profusion ; c'est absolument renversant et étourdissant.

L'impression que nous cause ce grouillement d'enfants est que le travail d'un mineur ne saurait suffire pour éloigner de son toit la misère ; il n'en est rien : la Compagnie, comme du reste ses voisines, a organisé l'assistance publique de telle sorte qu'il n'y a pour ainsi dire pas de malheureux ; il y a, dans ce village, une école avec crèches, et un hôpital où tous les ouvriers malades sont admis gratuitement ; tous ont pour eux et leur famille le médecin et les médicaments gratuits.

Toujours accompagnés de MM. Etchas et Gill, nous continuons à pieds par des sentiers qui nous permettent de franchir, sans fatigue, une série de petites collines, et bientôt nous sommes sur la concession de la société Franco-Belge ; plus nous avançons, plus le panorama grandit ; le temps est clair, le soleil superbe, et nous plongeons sur Bilbao, le Nervion, la baie que nous avons parcourue la veille, la mer, les champs de bataille de la guerre carliste ; et les lointaines montagnes. C'est un merveilleux spectacle.

A midi, nous arrivons au sommet du *Somorostro,* au milieu de l'exploitation Franco-Belge. Les pétards qui n'ont cessé de nous acclamer, reprennent avec une nouvelle intensité ; les coups de mine se succèdent, désagrégeant des milliers de tonnes du sol tout autour de nous, et, en prenant place sous un hall coquet construit tout exprès pour nous, nous avons la sensation de déjeuner sur un volcan.

— « Cavalier s'en redonne, me dit un des ingénieurs de la Société.

— « Quel cavalier, lui dis-je ?

— « C'est le chef des mines, le directeur des explosifs ».

Il est impossible d'oublier un tel déjeuner dans une *salle* aussi merveilleusement aménagée ; pendant que nous nous restaurons avec des mets supérieurement préparés, que nous dégustons un cidre excellent, du bon vin *Rioja-Clarette, Compagnia Vinicola del Nerte de Espana* et, du champagne *français,* huit guitaristes, — dont trois aveugles — nous charment des doux accents qu'ils savent tirer de leurs cordes ; ils nous jouent successivement : *La Marche Espagnole, l'Hymne de Riego, l'Hymne Basque, le God Save the Queen,* et... *la Marseillaise,* le tout mélangé d'airs de danses espagnoles.

Il ne faut pas s'étonner si, dans de telles circonstances, les toasts ont été plus nombreux que jamais : après celui de M. Trélat, ceux de MM. Olano, l'Alcade, de Churruca, Gill, directeur de la mine anglaise, Etchas, directeur de la Franco-Belge, de Palacio, Roig-Torrès, espagnol de Barcelone, membre de notre Société.

Le maire de Bilbao a prononcé son discours, en espagnol, mais d'une façon si détachée que nous avons tout compris ; de même de MM. de Palacio et Roig-Torrès, qui a insisté pour que ses compatriotes fondent une société sœur de l'Association Française.

Mais nous apercevons tout à coup un groupe de danseurs qui, au son des guitares et des mandolines, nous offrent la gracieuse *Jota Aragonesa ;* ce sont deux de nos aimables amphytrions qui accompagnent les deux non moins aimables filles de M. Gill.

Il faut hélas ! quitter ces merveilleux gîte et site, et nous continuons notre promenade à travers les mines en activité et les mines épuisées. Par une délicate attention de la direction, nous rencontrons sur notre chemin les différents échantillons de minerai. Cette exploitation ne cherche pas les débouchés ; elle se contente ou à peu près de fournir les quelques sociétés qui l'ont fondée par leurs capitaux, telles que Denain, Montataire et autres ; le minerai de cette contrée est d'une qualité absolument supérieure, et nous comprenons l'ancienne réputation qu'a acquise dans la métallurgie la société des forges et fonderies de Montataire dont les fumées noires qui s'échappent de ses nombreuses cheminées s'étalent sur nos campagnes.

Nous descendons le chemin de la montagne avec, au-dessus de nos têtes, des transporteurs aériens qui, sans cesse, vont de la mine jusqu'aux bords du Nervion, circulant ainsi sur des fils de plusieurs kilomètres de longueur. Nous rencontrons plusieurs chariots, à roues pleines, attelés de bœufs, et transportant également le minerai. Dans un village, à moitié de la distance qui nous sépare d'Ortuella, les enfants pullulent encore ; une petite de huit à neuf ans roule entre deux bœufs, et nous la ramassons, non sans émotion, sous le chariot, à peu près engloutie dans la poussière ; nous la portons à sa mère, qui se contente de la secouer, sans se préoccuper de l'accident ; l'enfant n'a du reste aucun mal ; on y est habitué, paraît-il, — et les bœufs aussi, heureusement !

A *Arboleda,* en bas de la montagne, nous faisons une visite à un comptoir d'auberge borgne, où nous nous offrons un Xérès-Moscatelle, apéritif rafraîchissement ; d'autres font fondre une sorte de meringue (forme bec Auer), en sucre très spongieux et légèrement acidulé ; mais de cette boisson je ne ferais pas une habitude.

Enfin, à quatre heures, nous prenons à *Ortuella* le chemin de fer de la Députation (ligne Triano) pour nous rendre à *El Desierto,* où nous arrivons à quatre heures et demie.

Nous sommes aussitôt dans l'usine des *Altos Hornos,* dont le directeur, M. de Villalonga, nous fait les honneurs avec ses fils. Cette usine possède deux immenses hauts-fourneaux, et nous assistons à un véritable travail d'enfer, fourni par 3,000 hommes : coulées de fonte, pluies de feux, Bessemer en activité, laminoirs puissants, etc.

On nous distribue des brochures luxueusement imprimées et qui, quoique écrites en espagnol m'apprennent que

ESTA SOCIEDAD DE ALTOS HORNOS
Y
FABRICAS DE HIERRO Y ACERO
DE BILBAO

a été constituée le 2 décembre 1882 avec un capital de 12 millions 500 mille pesetas, divisé en 25 mille actions de 500 pesetas, et par une émission de 25 mille obligations formant également 12 millions 500 mille pesetas, à 3 0/0, mais sur lesquelles il a été versé 60 0/0. Ces obligations sont amortissables en 50 ans ; en 1893, 2.540 étaient remboursées : en outre, il fut créé 1.250 parts qui furent attribuées aux fondateurs au *prorata* de leurs apports.

La *produccion* approximative moyenne de cet établissement est de cent mille tonnes de lingots, lesquels sont transformés en fer à planchers, en rails de chemins de fer, en acier, etc., etc.

A la fin du rapport de l'exercice 1894 :

MEMORIA
LEIDA EN LA
JUNTA GENERAL DE ACCIONISTAS
DE LA
SOCIEDAD DE ALTOS HORNOS
Y
FABRICAS DE HIERRO Y ACERO DE BILBAO
CELEBRADA EL 29 DE ABRIL DE 1895,

je trouve un chiffre qui indique l'importance des affaires : bénéfices nets 887.426.51.

Voici, du reste, la

Liquidacion de Beneficios
del Año 1894

Detalles	Pesetas	Cts
Beneficios de fabricacion.	1.643.040	61
Id. de minerales vendidos	143.645	22
Id. de las minas de Saltacaballos.	7.724	36
Id. de descargaderos hidraulicos	39.545	20
Id. de estadias de vapores.	12.437	90
Consejo de Administracion, cesion por este ano de una parte de su 15 0/0 de los beneficios de 1893.	17.891	72
Total.	1.864.285	01

A Deducir

Amortizacion del valor de fabrica.	270.049	88
Diferencia en la amortizacion de 310 obligaciones.	62.000	»
Amortizacion del Mobiliario	1.000	»
Intereses de obligaciones.	332.550	»
Id. diversos	93.415	99
Subvencion à Sociedad de Socorros à obreros	27.606	26
Subvencion à la Escuela de Artes y Officios de Baracaldo.	4.000	»
Pensionistas de la Societad.	3.677	50
Gastos de viajes y comisiones.	32.838	25
Contingencias de creditos.	21.051	78
Gastos generales.	110.558	10
Gerencia 2 0/0 s/ los beneficios	18.110	74
Total.	976.858	50
Beneficios liquidos :	887.426	51

V.º B.º

El Jefe Administrativo   *El Jefe de Contabilidad*
MOLINA   EMILIO DE IRIGOYEN

M. de Villalonga, qui se rend bien compte que sa réception a été chaude, nous conduit, avant de nous rendre notre liberté, dans une salle agréablement rafraîchissante ; en effet, ce sont maintenant des *coulées* de Xérès (Jerez), de groseille en syphon, de nanjana glacé ; des glaces d'arômes divers circulent à profusion, et nous font oublier le feu qui tout à l'heure nous rendait haletants.

Nous reprenons le train de Portugalete, et à sept heures et demie nous étions à l'hôtel Terminus.

A table, prennent place avec nous MM. Fay, consul de France, de Churruca, Olano, l'Alcade, et quand, au dessert, M. Trélat donne l'accolade à l'Alcade, alors nous ne nous contenons plus ; ce sont bans doubles, triples bans, c'est du délire !

M. Olano nous a offert le café à la *Casa Consistoriale*, autrement dit l'Hôtel de Ville, et nous en profitons pour visiter ce magnifique monument ; nous pénétrons dans les salons luxueux, d'un style mauresque, dans la salle des délibérations du Conseil municipal, garnie de luxueux fauteuils et de — crachoirs, — et dans le cabinet richement décoré de l'Alcade.

Le Conseil est composé de trente-six membres, et est loin d'être homogène ; nous sommes ici en pays Carliste, et la composition du Conseil s'en ressent naturellement ; il y a plus d'un tiers de conseillers carlistes ; mais tous professent pour la Reine le plus profond respect ; elle a visité récemment ce Palais Municipal et y a été reçue avec une extrême déférence.

Nous prenons enfin notre tasse de café accompagnée d'un excellent havane (Flor de Cuba de M. Walle y Cª de Cuba) que nous obtiendrons peut-être pour deux francs à Paris, et nous prenons congé du très aimable Alcade.

Quoique le départ soit fixé pour le lendemain à cinq heures et demie, nous décidons d'aller assister à quelques danses espagnoles dans certains établissements spécialement affectés à ce genre de distraction.

C'était bien mal finir cette splendide journée !

Et nous avons été punis comme nous le méritions ! malgré les indications d'un complaisant *Sereno* qui, moyennant un léger pourboire, nous conduit jusqu'aux portes de plusieurs cafés dansants, nous avons été désillusionnés : dans l'un, les danseuses étaient absentes, dans les autres, la *Société* laissait beaucoup à désirer où les danseuses se livraient sans conviction à leurs exercices, se jugeant probablement insuffisamment rétribuées par leurs admirateurs.

Je regagne ma Barren-Càlle ; l'expérience que j'ai acquise hier soir, sans mauvaises conséquences, va me servir, et, en effet, je ne me trompe pas de numéro. A peine ai-je laissé le marteau retomber trois fois sur l'*enclume* que j'aperçois une lumière qui descend l'escalier ; ma bonne m'attendait et le *sereno* ne pouvait m'être utile.

Avant de souffler ma bougie, je parcours le journal *El noticiero Bilbaino*, et j'ai le plaisir d'y trouver sous le titre *Bien Venidos* le compte-rendu succinct de notre séjour à Bilbao. J'ai conservé la dernière phrase que voici de cet article.

Sean bienvenidos los senores expedicionarios à los cuales agradecemos vivamente el honor que dispensan à Bilbao al elegirle para esta expedicion cientifica, que deseamos les sea tan agradable como satisfactoria nos es à nosotros la visita de tan ilustres huèspedes.

Douzième Journée

Après un séjour de quelques heures dans mes appartements, je me trouvais à cinq heures et demie à la gare pour reprendre la direction suivie l'avant-veille ; nous espérions déjeuner tranquillement à Saint-Sébastien, mais nous comptions sans notre hôte ; en effet, à Zumarraga, nous attendons le train venant de Madrid ; il a un retard de trois heures, ce qui n'est pas, paraît-il, surprenant, mais ce qui nous déplaît fortement. Cette fois, notre séjour à l'hôtel Ugalde n'est pas prévu, et c'est avec beaucoup de difficultés que nous parvenons à déjeuner assez mal.

Nous avons suffisamment visité ces parages, il y a deux

jours, et nous flânons dans la gare ; tout à coup nous voyons s'installer sur un quai quelques musiciens en bérêts, et nous apprenons que c'est la musique locale qui vient saluer la Reine se rendant à Vittoria à l'effet de passer la revue des troupes prêtes à s'embarquer pour Cuba. Et, en effet, le train royal est bientôt signalé ; il stoppe quelques minutes pendant lesquelles l'Alcade et la municipalité de Zumarraga saluent la Reine ; la fanfare entonne vigoureusement *l'Hymne de Riego*. Je suis à deux pas de la Reine régente et du Roi qui se tiennent à la portière pendant l'allocution de l'Alcade : le petit roi écoute, sans avoir l'air de goûter les compliments qui lui sont adressés, avec, sur la tête, son béret que sa mère empoigne à pleine main pour le jeter dans le wagon aux pieds des deux Infantes.

Les wagons suivants sont bondés de grands personnages splendidement chamarrés ; cependant le train royal s'éloigne et nous continuons à attendre.

Le train de Madrid arrive enfin, mais complètement rempli d'*afficionados* allant aux grandes courses de Saint-Sébastien ; il nous est impossible de trouver à nous caser, et nous nous consolons en apprenant que ce train est dédoublé, et qu'un autre va suivre bientôt, qui nous emportera.

Ce « bientôt » dure une heure. Enfin nous débarquons à Saint-Sébastien vers deux heures, avec trois heures de retard.

C'est à ce moment que s'accomplit la dislocation de notre caravane : une partie continue sa route vers la France ; l'autre, qui veut assister aux combats de taureaux annoncés pour quatre heures, ne repartira que dans la soirée. Quant à nous, notre opinion est faite depuis trois jours, puisque nous avons en poches nos places numérotées.

Nous avons deux heures de liberté, et j'en profite pour remplir une mission dont je m'étais chargé et que je n'avais pu accomplir à mon premier passage, à cause de l'heure tardive de notre arrivée. Un ami m'a prié de le rappeler au souvenir du Senor Capdeville, chef des cuisines royales, ayant rang de ministre. Mon *secrétaire* Raoul veut bien refaire avec moi cette promenade de la Concha jusqu'au château de Miramar ; nous revoyons donc avec un nouveau plaisir cette gracieuse baie en forme de coquille, étincelante sous ce beau soleil ; mais, au château, déception ! M. Capdeville accompagne la famille Royale à Vittoria, et ne rentrera que dans la soirée ; il était parmi les personnages chamarrés que nous avons salués au passage dans la gare de Zumarraga ! Je laisse à son adresse ma lettre d'introduction avec un mot, dont il m'a accusé réception, en m'exprimant tous ses regrets de cet incident qui l'avait privé de faire ma connaissance.

Nous revenons tranquillement par le même chemin, puisque les arènes sont construites dans la gare, et nous ne sommes pas surpris de voir cette foule se dirigeant dans le même sens ; les toréadors, matadors, etc., en voiture, les picadors sur leurs chevaux étiques, qui se rendent également aux arènes, peuvent compter sur une bonne journée (1).

C'est du reste, pour les Espagnols, une grande course ; il s'agit tout simplement du célèbre Mazzantini et surtout de Guerrita, le roi des toréadors, désigné dans un journal comme le *Monstre de Cordoue* — *el Monstruo Cordobès* — qui a abandonné le *jeu* classique pour s'en faire un spécial : il est vrai qu'il joue avec le taureau comme avec un vulgaire bélier.

Son frère, qui jouissait d'une réputation égale, a dernièrement fini ses jours d'une façon splendidement tragique ; il est certain qu'elle lui vaudra les honneurs d'une statue. Touché à mort par une corne qui lui traverse la poitrine, il conserve assez de sang-froid pour ajuster son ennemi de son épée qui disparaît jusqu'à la garde ; le taureau tombe foudroyé, Guerrita de même, et ces deux ennemis confondent nez à museau leurs derniers souffles. N'est-ce

---

(1) Cette Plaza de Toros de Saint-Sébastien a été détruite le 29 décembre 1895, par un violent incendie ; la perte est de 500,000 francs. Un taureau s'est échappé et a parcouru les rues de la ville, puis s'est jeté à la mer.

pas véritablement beau ? et quel spectacle trop rare pour ces charmantes et distinguées Espagnoles !

Le *Guerrita* que nous allons *admirer*, trouve, par ses exercices, le moyen de faire de petites économies : il possède de quatre à cinq millions et fait en grand l'élevage des taureaux de combat ; aussi connaît-il bien son sujet (1).

Si le train de Madrid est passé à Zumarraga avec trois heures de retard, c'est bien à cause de ce fameux toréador ; il fallait bien installer ses nombreux admirateurs ; et il en était de même dans toutes les directions. Le cirque contient quatorze mille places, et les billets se paient avec des primes qui en doublent le prix ; on paie 10 francs et même 15 francs les places de 5 francs ; bref, c'est un grand jour !

Quant aux impressions que j'ai rapportées de ce spectacle, je les donne telles qu'elles sont reproduites dans le journal *la Semaine de l'Oise*, du 25 août :

« Un noble et illustre personnage (marquis de Sade), dont une plume qui se respecte tant soit peu ne saurait tracer le nom sans horreur, raconte dans ses écrits et cherche même à prouver par des exemples que la souffrance est une cause indéniable de jouissance ; il est impossible d'en donner les preuves qu'il invoque à l'appui de ce dire, et je n'ai pas l'intention de convaincre mes lecteurs de la légitimité de son opinion.

« Cependant, cette erreur, le croirait-on? est terriblement répandue : des milliers de nos semblables en sont pénétrés, et la preuve en est dans la fureur qui les pousse dans les arènes où ont lieu les courses de taureaux.

« Ceux qui n'ont jamais assisté à un de ces combats ne peuvent s'imaginer la passion qui anime les spectateurs,

---

(1) Guerrita fait, du reste, un noble emploi de cette fortune ; dernièrement il offrait son concours gracieux à une représentation donnée à Madrid, en faveur d'une œuvre de bienfaisance, c'était là un bel acte de générosité. Le comité d'organisation, reconnaissant, a offert à Mme Guerrita un petit cadeau comme souvenir : c'était tout simplement une paire de pendants d'oreilles en diamants estimée.... huit mille francs ! ! !

leurs violentes exclamations, la férocité de leurs gestes, en un mot, leur bestiale sauvagerie.

« Les anthropophages dansant et chantant autour d'un ennemi rôtissant, sont des anges pleins de douceur en comparaison des amateurs de cet incroyable sport ; et, chose effroyable, les plus enthousiastes sont des femmes et même des prêtres !

« Quelle aberration !

« Je me trouvais, jeudi 15 août, de passage dans une ville à l'heure où une cavalcade composée de musiciens, de toréadors, de picadors montant de misérables chevaux, annonçait l'heure prochaine d'un combat de taureaux ; la foule s'entassait bientôt dans une vaste enceinte qui contient quatorze mille places, et je peux affirmer sans crainte qu'il y avait *au moins* quatorze mille personnes. Un balcon courant autour de cet immense cirque, au milieu de sa hauteur, était absolument garni de dames et demoiselles faisant, par l'éclat de leurs toilettes et de leurs pierreries, pâlir le soleil qui pourtant brillait dans toute sa splendeur.

« Du reste, il n'y a pas à le nier, il est impossible de se figurer une aussi *belle salle* à laquelle est loin d'être comparable celle de l'Opéra, même *un soir de gala*.

« Six courses étaient annoncées et par conséquent six taureaux devaient être mis à mort alternativement par deux illustres toréadors.

« Je vous assure qu'il ne fait pas bon de retarder de cinq minutes le *lever du rideau ;* ces quatorze mille spectateurs se précipiteraient sur la *scène* comme un seul homme !

« La piste est encerclée de toréadors, chamarrés d'or, de matadors et de quelques picadors à cheval, quand le taureau se précipite comme une bombe. Immédiatement harcelé, il bondit sur un premier cheval qui hélas ! les yeux bandés ne peut s'échapper et reçoit le choc toujours mortel ; le cheval et le picador culbutent ; on les remet l'un sur pieds l'autre sur le cheval, et, le sang coulant à flots, ou les intestins s'échappant et s'égrenant, la malheureuse bête trotte et galope jusqu'à la chute finale ; et alors trépignements enthousiastes de la foule des spectateurs et surtout des belles dames et demoiselles si jolies, que l'on pouvait, quelques minutes avant, admirer dans la rue pour leur belle tenue modeste, leur apparente candeur, et leur imposante timidité.

« Ne croyez pas qu'un seul cheval sortira indemne de cette lutte inégale ; les belles dames se précipiteraient dans les écuries et ramèneraient elles-mêmes dans l'arène ces représentants de *la plus noble conquête que l'homme ait jamais faite*.

« C'est absolument infect !

« Et quand je pense que si l'on se servait vis-à-vis de ce beau sexe d'une expression un peu crue ou même à moitié cuite, on se verrait traité de grossier personnage !

« A mon humble avis, c'est à prendre une trique bien noueuse, pour caresser ces jolis minois !

« Quant à la fin de la course, c'est la parodie de l'abattoir : le taureau complètement abruti, épuisé, campé bien d'aplomb devant le toréador, attend son dernier moment ; un coup d'épée bien appliqué le cloue sur place, mal appliqué en appelle un second qui lui est administré quelques pas plus loin.

« J'ai vu ainsi, de mes yeux vu, éventrer dix-neuf chevaux, et saigner six taureaux. A la première course, le superbe toréador, Mazzantini, qui venait de planter son épée entre les deux épaules du taureau, a roulé sous les pieds de l'animal ; c'était alors du délire ! les belles dames espéraient voir leur idole les tripes au vent ; malheureusement s'il était couvert de sang, quand il a *fini* le taureau, ce n'était pas du sien.

« Ceci se passait à Saint-Sébastien, a deux pas de notre frontière, et ceci se passe avec peut être moins de fracas dans notre beau pays de France qui, d'après nous, marche à la tête de la civilisation !

« Je suis d'avis que la liberté est une très belle chose mais quand on s'en sert de cette façon, on mérite d'être mis en cage et d'être caressé avec des piques en fer ; et, puisque le gouvernement a eu le bon esprit d'interdire les combats de taureaux, qu'il agisse donc énergiquement pour que cette interdiction ne soit pas purement platonique ; dans le cas contraire, l'appât du fruit défendu aidant, nos méridionaux en arriveront à faire *mieux* que les Espagnols !

« Si *le midi bouge* seulement pour nous obliger à boire son vin quand il en est encombré, ou pour se précipiter dans les arènes, il est bien préférable que nous le forcions à faire le mort.

« P. S. — Le sixième taureau tué, les aimables jeunes gens espagnols sautent sur la piste, et, au son de la musique qui remercie le public, dansent dans le sang comme dans un salon, et avec beaucoup de grâce, hélas ! ! ! »

A la deuxième course, Guerrita réussit à tuer net le taureau ; c'est un succès formidable ! toute la foule se lève, agite mouchoirs, éventails, etc. ; la piste se couvre de toutes sortes d'objets : oranges, chapeaux, cigares, éventails (mon ami Raoul en sait quelque chose : un exalté Bordelais, hélas ! s'empare du sien pour le jeter au triomphateur) ! et aussi des mouchoirs, et surtout des gourdes (on a même vu bien souvent des paletots, des gilets, tomber sur la piste). Guerrita ramasse tous les objets qu'il rejette dans la direction de ceux qui lui manifestent ainsi leur admiration ; il boit poliment à chaque gourde. C'est le seul de ses trois taureaux qu'il ait si bien réussi ; quant aux deux autres, il fut obligé de plonger son épée à différentes reprises.

A propos de ces combats de taureaux et de ces tueries de chevaux, M. Oscar Comettant adressait à M. Dombasle, sous forme de lettre publiée dans le *Siècle* du 3 octobre dernier, les observations suivantes que j'approuve pleinement et qui compléteront les miennes :

« MON CHER DOMBASLE,

« Ce n'est pas seulement pour donner satisfaction aux âmes sensibles, comme vous dites, que le gouvernement vient sagement d'interdire les courses de taureaux, c'est surtout pour donner satisfaction à la morale publique. C'est par cette même raison qu'avant la loi Grammont, on a interdit en France les combats à coups de bâtons entre compagnons, les combats de boxeurs, les combats de chiens et d'autres animaux, le jeu de l'oie, celui qui consistait, dans des baraques de saltimbanques, à brûler des lapins vivants, etc.

« Ce n'est pas parce que l'on tue quelques taureaux dans les cirques du midi de la France que les courses sont enfin interdites ; on en tue infiniment plus chaque jour dans les abattoirs ; c'est parce qu'on les tue sans nécessité, pour s'amuser à les voir percer par les lances, par des dards, à les voir rôtir par des *banderillas* garnies de fusées et de bombes, à leur voir couper les jarrets de derrière par la *media luna* quand ils refusent de se battre, prélude obligé de leur assassinat. Suivant la règle, après leurs tortures on doit les achever d'un seul coup d'épée ; mais il arrive et souvent qu'on leur en donne dix, vingt et même plus avant qu'ils ne tombent pour ne plus se relever. On en voit qui courent dans les cirques baignés de sang avec deux et jusqu'à trois énormes épées qui traversent leurs corps.

« Pour les âmes sensibles, c'est pénible ; pour tout le monde, excepté pour les *aficionados,* c'est écœurant, c'est sale.

« Comme tout est lâche, démoralisateur, vraiment ignoble, dans ces amusements sanguinaires où on voit éventrer de pauvres vieux chevaux qui, eux, ne peuvent pas se défendre, qui, toute leur vie, ont mené le dur labeur qu'on sait au service de l'homme, dont quelques-uns ont peut-être, par leur sérum, sauvé la vie à plusieurs enfants.

« Les chevaux ne sont là que pour fatiguer le taureau qui les soulève en leur plongeant les cornes dans le ventre. Quand les tripes du cheval embarrassent ses jambes, un garçon d'écurie armé d'une serpette, coupe les boyaux au ras du ventre. Ainsi allégé, il se tiendra debout encore un peu de temps et supportera un nouvel assaut du taureau abruti et rendu furieux par les tortures qu'on lui inflige dans le *toril* avant de lui ouvrir les portes de l'arène.

« Tout est répugnant, tout est lâche dans ces tueries. C'est ainsi qu'on a la perfidie de bander les yeux des chevaux, pour que, ne voyant pas le taureau qui va les frapper, ils ne fuient pas devant lui. Pour qu'ils ne l'entendent pas courir sur eux, on leur tamponne les oreilles avec de l'étoupe humectée d'huile. Rendu aveugle et sourd, le cheval, qui, d'ailleurs, est sans nulle défense, est ainsi mis traîtreusement à la merci de la bête à corne. Cela répugne à tout sentiment de générosité et de justice. C'est révoltant.

« L'inconscience des entrepreneurs de courses de taureaux dépasse ce qu'on pourrait croire. Pour favoriser ce spectacle démoralisateur aux enfants, ces sanguinaires *impresarii* ne leur font payer que demi-place. C'est honteux. Ne croyons pas que la vue de ces scènes de boucherie affolées, pour le seul plaisir de voir martyriser et tuer des animaux, puissent raffermir le courage. Le courage a d'autres sources que la cruauté. Il nous vient du sentiment de l'honneur, du sentiment de justice pour la défense des faibles, de notre bon cœur, pour sauver ceux que nous voyons en péril, pour obéir aux devoirs que nous inspire notre conscience, de l'amour de la patrie pour la défense du territoire menacé, et pour notre défense.

« Le courage ne vient pas plus de l'habitude de voir couler le sang que le repentir des fautes commises et le retour à la vertu ne viennent aux esprits pervertis qui vont voir les exécutions capitales de criminels. C'est bien plutôt le contraire : les amateurs d'exécutions capitales sortent plus viciés de ces horribles spectacles et les méchants plus lâches, après avoir assisté aux jeux sanguinaires. Cruauté et lâcheté sont des mots qui ne hurlent pas de se trouver ensemble.

« *Panem et circenses*, un peu de pain trempé dans le sang, voilà ce que demandait à ses maîtres le peuple dégénéré de Rome sous le joug des Césars. Sachons sous une noble et fortifiante liberté, gagner notre pain par un travail honnête et fuyons les spectacles de douleur et de mort. Comme la peste, le goût des jeux sanguinaires est contagieux. C'est par le cœur plus encore que par la raison que l'homme achèvera son éducation morale, qu'il achèvera de se civiliser.

« Le temps est passé où les belles dames de la cour et de la ville se pressaient aux fenêtres des maisons de la place du Châtelet pour voir supplicier un condamné. La boxe, ce jeu national des Anglais, est depuis quelque temps déjà interdite en Angleterre. On ne se divertit plus à la Saint-Jean à jeter des chats vivants qu'on allumait dans les rues. La torture est abolie. On ne cloue plus aux portes des chaumières, dans nos campagnes, des chouettes vivantes. La guerre même, l'affreuse guerre qui se fait de plus en plus rare partout, a ses lois d'humanité.

« Les parents n'ont pas le droit de vie et de mort sur leurs enfants. L'esclavage avec ses horreurs est à peu près aboli partout et il n'y plus que la crapule qui va s'esbaudir en chantant des chansons obscènes, voir guillottiner quelque assassin. L'humanité s'humanise, l'homme se perfectionne. Il ne se passera pas longtemps avant que nos excellents compatriotes du midi de la France ne s'étonnent avec quelque embarras d'avoir tant aimé les triperies des arènes.

« Recevez, mon cher Dombasle, ma cordiale poignée de main.

« Oscar COMETTANT. »

Vers sept heures, à l'issue de cette *représentation*, nous sommes sur le quai de la gare au moment où le train Royal de retour de Vittoria fait son entrée : la Reine-régente, le Roi, les Infantes et leur suite sortent de la gare aux accents de l'Hymne Espagnol joué par une musique militaire, et nous voyons s'ébranler au milieu de cette foule compacte le cortège des grands personnages précédés de la reine et de ses enfants dans leur voiture attelée de mules.

L'air national se termine par un motif qui nous rappelle le « sera puni par son sous-officier », la fin de notre populaire chant de retraite, que nous fredonnons quand, après avoir dîné tranquillement au buffet, nous nous entassons gaîment dans les wagons qui doivent nous transporter jusqu'à Hendaye, c'est-à-dire en France !

IV

A PROPOS
DU
CONGRÈS
DE
CARTHAGE

EN ROUTE

POUR

TUNIS

Mars-Avril 1896

PREMIÈRE PARTIE
**Philippeville — Constantine — Biskra
Tébessa — Souk-Arras**

DEUXIÈME PARTIE
**Tunis — Carthage — Bizerte — Sidi-Tabet
Enfidaville — Sousse — Monastir — Kairouan
Zaghouan**

TROISIÈME PARTIE
**Palerme — Naples — Pompéi — Rome — Gênes
Nice et le littoral**

PREMIÈRE PARTIE

PHILIPPEVILLE

BISKRA — CONSTANTINE

TÉBESSA

SOUK-ARRAS

Première Partie

PHILIPPEVILLE — CONSTANTINE — BISKRA
TÉBESSA — SOUK-ARRAS

Parcourir en vingt-cinq jours plus de 6,000 kilomètres, ce n'est pas là une excursion : c'est bien un véritable voyage.

Cependant, le siège du congrès de l'Association française pour l'Avancement des Sciences (A. F. A. S.) étant Tunis, ne nous trouvons-nous pas moralement obligés de prendre le chemin des écoliers ? C'est ce que nous avons compris et décidé, mes compagnons et moi.

Donc, nous chargions un des nôtres, un Marseillais, qui avait brigué l'honneur d'entrer dans notre groupe, d'établir un itinéraire de huit jours dans la province de Constantine, de façon à arriver à Tunis le 1er avril, jour de l'ouverture du congrès de 1896 ; il était tout indiqué pour cette mission, puisqu'il pouvait, sans dérangements, connaître les départs des paquebots des différentes compagnies, et retenir nos places sur celui qui nous permettait d'exécuter notre programme.

Je me suis encore engagé cette fois à faire la relation de ce long voyage, mais je l'ai bien regretté ; c'est un véritable travail que j'ai bien peur de ne pouvoir mener à bonne fin ; aussi, il y a bien longtemps que j'hésite. Ce n'est pas que je ne sache, selon l'expression vulgaire, par quel bout commencer ; mais, pour retrouver les impressions ressenties par cette course vertigineuse au milieu d'une nature si différente de celle de nos contrées, par les observations faites au galop sur les mœurs de ces multitudes d'arabes, par toutes ces ruines qui rappellent une civilisation disparue depuis deux mille ans, et aussi par les différents moyens de locomotion que nous avons dû employer, il faut être revenu à un calme difficile à retrouver, et si j'entreprends aujourd'hui ce récit, c'est parce que je compte que si ma plume s'égare, mes compagnons sauront la remettre dans le droit chemin et que mes quelques lecteurs m'accorderont leur indulgence.

S'il en est parmi eux que les circonstances ou l'amour des voyages conduisent dans les contrées que nous avons parcourues, qu'ils veuillent bien suivre notre itinéraire, moins rapidement s'ils le peuvent, et ils reconnaîtront que, si j'ai un mérite, c'est celui de l'exactitude, de la vérité.

Arrivés à Marseille à onze heures vingt-cinq minutes du matin, le mercredi 24 mars, ce n'est pas sans émotion que nous nous dirigeons vers la sortie de ce magnifique hall de la gare sous lequel circulent plusieurs milliers de voyageurs. D'abord, par la pensée, nous nous reportons, mon compagnon et moi, de quelques années en arrière, à l'époque du congrès de Marseille, qui a été pour nous si fertile en incidents heureux, et, ensuite notre Marseillais va-t-il nous tendre les bras ? A peine ai-je le temps d'exprimer mon inquiétude que, dans le lointain, j'aperçois un chapeau de soirée dominant de nombreuses têtes ; c'est lui, sûrement, dis-je, et je ne me trompais pas.

Quelques minutes après, nous roulions vers la Canebière et les bureaux de la Compagnie de Navigation mixte, afin de régler notre passage et de déposer ensuite nos valises.

Notre bateau, l'*Oasis*, ne partant ce même jour qu'à cinq heures, nous utilisons nos loisirs à revoir Marseille, avec ses rues animées, sa Canebière et les boulevards qui lui font suite, et surtout ce que nous ne connaissions pas : le musée de notre hôte. *Musée* n'est pas exagéré, puisqu'on peut admirer chez lui : tableaux anciens, gravures de grande valeur, minéraux de toutes essences, monnaies de tous les pays, meubles et tapis antiques, sans compter les invisibles : timbres-poste, tickets de chemins de fer et de tramways universels ; bref, nous sommes chez un archéologue, minéralogiste, philatéliste, numismate, antiquaire omnibus ! Nous prenons congé de cette aimable famille, et, par le Vieux-Port et la Joliette, nous nous rendons à notre *Oasis* qui levait l'ancre à cinq heures vingt minutes.

Le temps est splendide, la mer est calme et, confiants dans une belle traversée, nous quittons le port, les yeux fixés sur ce grandiose panorama de Marseille, de son port couvert de navires formant une forêt de mâts, sur ses monuments, sur Notre-Dame-de-la-Garde, sur la Corniche, sur la côte si pittoresque, sur le château d'If, et seule, la cloche annonçant le dîner nous arrache à cette contemplation et à nos réflexions.

Le plaisir d'une traversée qui s'annonce aussi belle est peint sur les visages de tous les passagers ; la conversation est générale ; on parle de tout et principalement des absents, et nous d'un compagnon que nous devions présenter à notre Marseillais et qui n'est pas là ! Nous devions partir tous les trois de Paris, mais ne l'ayant pas trouvé au rendez-vous, nous avions pensé qu'il nous avait précédés à Marseille ; il n'en était rien, et l'occasion de ce voyage qu'il avait tant désiré faire avec nous était perdue pour lui.

Cependant, après un séjour prolongé sur le pont, nous nous décidons à nous reposer des fatigues de la nuit précédente, et nous prenons possession de nos cabines, relativement très confortables. Mais tout à coup, je suis pris par un cauchemar fatigant ; il me semble que je suis furieusement secoué, que tout craque, que tout autour de moi, ce ne sont que mugissements et cris d'effroi... J'ouvre les yeux ; hélas ! je ne rêve pas ! Notre oasis a perdu son calme ; elle est agitée par des soubresauts inquiétants pour sa stabilité ; les passagers eux-mêmes ont eu un fort mauvais réveil, et le personnel fait des efforts impuissants pour les consoler et les rassurer. De la cabane d'en face partent des soupirs désespérés ; c'est celle de notre Marseillais et j'ai la douleur de constater mon impuissance à lui rendre sa belle humeur. Le jour, heureusement, paraît sur ces entrefaites, et je me rends difficilement sur le pont ; le ciel est nuageux et le soleil paraît et disparaît alternativement. Mais quel spectacle! et combien différent de la veille! Nous ne sommes plus sur un lac, nous sommes à travers une suite ininterrompue de montagnes d'eau dont nous suivons les sinuosités au grand détriment de l'équilibre. Je suis, hélas! le seul à admirer cette imposante fureur! Je débaptise notre bateau, et de l'*Oasis*, je fais le *Désert*.

A table, plus de convives; la gaieté a disparu; seuls, avec moi, le capitaine Barrau et le médecin de Pérignon, ce dernier acceptant philosophiquement la situation, le premier furieux de ce vent funeste qui va nous procurer cinq à six heures de retard, et qu'il n'a pas eu à subir une seule fois depuis l'automne. Ces messieurs me complimentent de ma bonne tenue à leur table, et cherchent à me persuader que j'ai manqué ma vocation.

Nous arrivons pourtant au quai de Philippeville le jeudi 26 mars à huit heures du matin avec environ cinq heures de retard, et notre itinéraire porte que nous devions prendre à cinq heures quarante le train pour Constantine!

Il nous faut attendre jusqu'à trois heures quarante du soir, et nous en prenons facilement notre parti; nous laissons tomber la furieuse averse qui s'abat sur nous pour notre bienvenue, et nous nous dirigeons sans hâte vers la ville de Philippeville, qui ne fait pas partie de notre programme.

Cette omission est parfaitement naturelle; nous cherchons, dans nos excursions, des singularités, et Philippeville n'est pas plus intéressante qu'une de nos villes de province; elle ne peut que l'être moins à cause de son excès de régularité. Elle sortait à peine de terre, il y a soixante ans, puisque c'est en 1833, le 7 octobre, que le maréchal Valée posait la première pierre des fondations du Fort-de-France, le berceau de Philippeville. C'était après la prise de Constantine; Valée trouvant que l'éloignement de Bône était une difficulté pour le commerce de l'intérieur, achète, moyennant 150 francs aux Kabyles le terrain de Skikda, sur le littoral, à deux kilomètres de l'embouchure du Safsaf. A la suite de ce terrain s'étendaient deux mamelons séparés par un ravin ; c'est sur ces deux mamelons que continue à se construire Philippeville ; le ravin est devenu la rue Nationale, avec arcades, la plus belle et la plus fréquentée, partant de la mer, place de la Marine, et aboutissant à la porte de Constantine, près de laquelle, sur un vaste terrain, la place des Chameaux, se tient le marché.

Philippeville est le chef-lieu d'une sous-préfecture et d'une commune de 22.000 habitants, dont un tiers de Français ; le reste est composé d'indigènes et d'étrangers : Italiens, Maltais, Espagnols, etc. Elle est fortifiée par un mur crénelé que nous avons aperçu le matin de la mer, malgré la brume, nous nous promenons pendant une heure dans ces rues droites, se coupant perpendiculairement ; nous remarquons à droite et à gauche des escaliers permettant de gagner rapidement les collines ; mais, si nous avons la sensation de fouler le sol Africain, ce n'est pas la population que nous coudoyons, ni l'architecture des monuments, ni surtout la température en tout semblable à celle d'une de nos mauvaises journées d'automne, qui nous la procurent, c'est le souvenir de notre séjour de trente-neuf heures sur l'*Oasis*, amarré à quelques minutes de nous.

Nous trouvons bien quelques petites places et petits squares, dont l'un situé devant le Palais de Justice a pour principal ornement la statue de Brennus, mais nous ne nous sentons pas le courage de continuer ces peu intéressantes pérégrinations, et, sur le conseil d'un ami, M. Bresson, ex-directeur de l'usine à gaz de Philippeville, et frère de l'ex-directeur de celle de Senlis, nous prenons une voiture pour nous conduire à la campagne. Nous allons visiter la propriété d'un de nos compatriotes, M. Landon de Longeville, propriété située à environ trois kilomètres de la ville ; nous y passons une heure fort agréable au milieu d'une véritable forêt de bananiers, de palmiers, de bambous ; nous nous arrêtons devant un réservoir dans lequel des crocodiles se livrent aux délices du *fare-niente,* et nous sommes bientôt devant le chalet habité par les employés du propriétaire absent. Attenant à ce chalet se trouvent les appartements de Saboul, magnifique lion capturé non loin de Philippeville, à Jemmapes, il y a seize ans. Saboul avait avec lui sa compagne, morte depuis quelques années, et il n'a plus, pour toute consolation, que ses promenades solitaires dans sa cour, ses causeries avec les perroquets voisins, et les visites que lui rend un jeune employé de M. Landon ; c'est plaisir de voir le bonheur qu'éprouve ce roi des animaux à avoir auprès de lui son gardien qu'il lèche ainsi que le ferait un jeune représentant de la race canine.

Devant le chalet s'étend une vaste plaine, et à quelques minutes se trouve le Safsaf, qui coule dans la propriété ; un bac conduit en une minute d'une rive à l'autre.

Nous revenons par les petits sentiers odorants, au milieu des bambous et des lianes, et nous retrouvons notre voiture dans une des grandes avenues.

Rentrés en ville, nous ne tardons pas à nous apercevoir que nous sommes l'objet de l'attention générale des habitants ; les sergents de ville eux-mêmes nous rendent les honneurs militaires. Qu'avons-nous donc d'extraordinaire ? Rien, sinon le chapeau haute-forme de l'ami marseillais ; c'est du moins ce que nous apprenons par un indigène, après avoir congédié notre cocher. On nous prend pour des personnages officiels !

Cependant nous constatons avec surprise que l'heure de notre départ est arrivée, et nous nous dirigeons vers la gare. Nous observons, à la queue de notre train un joli wagon-salon aux parois extérieures blanches, symbole des fiancés ; mais ce n'est pas un wagon de noces, c'est la voiture des administrateurs et ingénieurs de la compagnie ; c'est un wagon officiel, mais nous ne le sommes qu'*apparemment*, et nous prenons place, comme de vulgaires mortels, dans un compartiment de seconde classe.

Nous avons 86 kilomètres à parcourir, et nous ne devons arriver à Constantine qu'à sept heures vingt minutes ; nous sommes donc dans un *express* qui fait un peu plus de vingt kilomètres à l'heure. Nous sommes loin de nous en plaindre et de récriminer contre la compagnie, ainsi que le font la plupart des voyageurs qui circulent sur nos lignes du

Nord, principalement sur les secondaires. C'est que, pour nous, le temps passe vite ; nous sommes fort occupés à contempler par les fenêtres le paysage varié qui se déroule lentement ; nos regards plongent tantôt sur de riches vallées verdoyantes, tantôt sur des massifs montagneux lointains ; bientôt nous suivons le limaçon qui va continuer à se dérouler jusqu'à Constantine, par une infinité de tunnels, à la sortie desquels nous jouissons toujours d'un panorama nouveau. A moitié de la route, à 46 kilomètres, au col des Oliviers, 900 mètres d'altitude, le train s'arrête suffisamment pour que nous puissions faire une visite intéressante au buffet qui s'y trouve installé, et très bien approvisionné, ma foi !

Ces montagnes que nous contournons successivement étaient jadis le repaire des fauves : lions, panthères, hyènes, etc., qui se sont trouvés refoulés par la construction des chemins de fer, et que l'on y rencontre rarement maintenant. Cependant, ainsi que nous nous en sommes aperçus par un *article de journal,* un arabe, nommé Lakdar Saffi était aux prises avec une hyène, au moment où nous passions bien tranquillement et confortablement assis dans notre wagon ; il venait de découvrir le gîte de cette hyène et de ses deux petits : il juge à propos de s'emparer de ces derniers pour les porter à Biskra, mais la mère saute sur lui et lui fait une profonde blessure. Lakdar, heureusement, *qui a vu le loup,* ne perd pas son sang-froid et réussit à tuer la hyène de plusieurs coups de couteau.

Les caprices de notre *limaçon* qui, insensiblement, nous a fait gravir une altitude de 1,000 mètres, nous permettent d'apercevoir sur une montagne voisine quelques points brillants : ce sont, nous dit un voyageur algérien, les lumières de Constantine. Nous approchons, en effet, de la montagne sur laquelle, comme un nid d'aigles, est perchée cette ville ; mais nous tournons pendant une demi-heure, tantôt montant, tantôt descendant, avant d'arriver à son niveau ; les lumières paraissent et disparaissent ; nous les voyons successivement à tous les points cardinaux ; à l'heure règlementaire nous sommes au point terminus *de cette ligne aux méandres.*

Notre premier soin est de confier nos bagages à l'omnibus de l'hôtel de Paris vers lequel nous nous dirigeons en nous promenant. A deux minutes de la gare, nous sommes sur le long et large pont en fer jeté sur le Roumel ; nous passons sous une ancienne porte et nous entrons dans une ville absolument française. Quelques burnous et quelques femmes voilées, des chéchias trônant dans certaines petites boutiques nous indiquent seulement que nous sommes à Constantine. Nous parcourons, il est vrai, un quartier presqu'entièrement européen. Notre hôtel est près de la place de Nemours ou de la Brèche, véritable carrefour d'où rayonnent beaucoup de rues. Après avoir dîné, nous en prenons au hasard une qui nous paraît très fréquentée et nous nous trouvons sur la place du Palais ; c'est sur cette place que se trouve le café Palud, et nous y avons précisément donné rendez-vous à un habitant de Constantine, ami de notre Marseillais.

Un public nombreux et *select* se presse dans la salle et semble goûter fort les fantaisies débitées par un Guignol ; ce personnage est bien le même qui nous a tenus en haleine dans les Champs-Elysées ; mais comme nous, il a vieilli, et ne débite plus que des boniments sérieux, ou qui ont la prétention de l'être, toujours, cependant, avec l'accompagnement du fameux manche à balai. Nous écoutons nous-mêmes plusieurs scènes, et, vers dix heures, notre nouveau compagnon nous propose une excursion dans le quartier arabe.

Nous descendons donc vers la place de la Brèche et, derrière le théâtre, nous nous trouvons à l'entrée d'une rue tortueuse, fort raide, à marches larges et grossières, c'est la rue de l'Échelle, la bien nommée.

J'ai visité les rues étroites et puantes du quartier de la Kasbah d'Alger, mais elles n'ont rien de comparable avec celles-ci : ces maisons qui sont en certains endroits construites en travers de la rue, et sous lesquelles on passe comme sous des tunnels, avec des fantaisies indescriptibles d'architecture ; d'autres penchées au point de se rencontrer par le sommet ; ces boutiques ouvertes sur toute la façade et remplies d'Arabes accroupis ; ces fritures nauséabondes en pleine rue ; ce grouillement d'Arabes parmi lesquels nous circulons très difficilement ; ces appels à des distractions qui ne nous inspirent qu'une confiance relative ; ces tambourins et ces fifres ; ces chants monotones et incessants sortant de bouges : c'est là véritablement un tableau inoubliable et que je me sens impuissant à reproduire avec la *couleur locale ;* c'est du reste, paraît-il, le plus *accentué* des quartiers arabes de l'Algérie.

Nous sortons enfin de ce gouffre, et nous éprouvons une véritable satisfaction en nous trouvant à la terrasse d'un café confortable.

Notre cicérone, qui est commerçant à Constantine, était, comme beaucoup d'autres, sur le point de fermer ses magasins et de se rendre en France pour quelques mois. Le commerce était, en effet, absolument nul. Depuis deux ans, pas une goutte d'eau n'était tombée dans la contrée, à partir de quelques kilomètres au sud jusqu'à Biskra ; la famine s'annonçait avec ses horreurs ; on offrait les moutons pour 2 francs sans trouver d'acheteurs ; tous les quinze pas, aux environs de Biskra, on rencontrait les cadavres de moutons, de chevaux, d'ânes, de mulets, de chameaux ; mais la pluie a commencé à tomber il y a quinze jours, l'espoir est revenu ; les blés pourront pousser, les pâturages renaissent déjà et les transactions reprennent.

Notre départ étant fixé pour le lendemain vendredi, à neuf heures vingt-cinq, nous décidons de visiter la ville dès notre réveil à six heures du matin. Malheureusement, le soleil ne juge pas à propos de nous accompagner, et c'est sous la brume très épaisse, au travers de laquelle passent de fréquentes ondées, que nous circulons au hasard pendant trois heures.

Mais en réalité, ce n'est pas le hasard qui guide nos pas à la sortie de l'hôtel ; nous sommes en haut de la belle rue suivie la veille, et ce n'est certes pas non plus la loi de la pesanteur qui nous fait glisser sur cette pente douce : c'est le désir de voir ces crevasses dont nous n'avons pu, hier soir, à cause de l'heure tardive, juger de la profondeur, ces fortifications naturelles qui font de Constantine le point le plus imprenable du monde, conquise cependant par nos vaillants compatriotes, mais au prix de quels sacrifices !

Mon compagnon, le Marseillais, me raconte les péripéties de cette lutte gigantesque que nos soldats français ont dû soutenir bien plus contre la nature que contre les naturels. Nous restons longuement au milieu du beau pont d'El-Kantara, construit récemment en une seule arche de 127^{m}50 de longueur sur 10 mètres de largeur. Nous restons accoudés sur la galerie de fer à jour qui lui donne un aspect de légèreté admirable, et nous plongeons sur ce torrent qu'on appelle le Roumel et dont les eaux sont à 120 mètres au-dessous de nous. Ces gorges effrayantes qui s'étendent de tout ce côté de la ville, à droite et à gauche ; ce chemin des Touristes, suivant, à 60 mètres au-dessus du gouffre, ses sinuosités sur une longueur de 2 kilomètres, et offrant une grande attraction pendant les chaleurs estivales, ce qui n'est pas le cas aujourd'hui, grâce à la pluie qui (ne nous en plaignons pas trop) nous fait gagner les 2 francs d'entrée et du temps ; ces terribles résultats de cataclysmes admirables dans leur horreur même, appellent les plus mélancoliques réflexions et, malgré nous, nous restons attachés à ce parapet, les yeux fixés dans le vide. Nous ne trouvons pas étrange ce que nous avons appris la veille des effets produits par une contemplation trop répétée de cette vue sur le profond et fougueux Roumel ; il y a là à observer un phénomène incontestable de suggestion, d'hypnotisme, et il n'est pas surprenant que tous les ans, six ou huit Constantinois se laissent séduire par ces appels réitérés montant du gouffre et tombent enfin dans les bras de l'inconnu ; il nous a été dit que le dernier appelé était le procureur de la République lui-même... mais nous ne nous sentons nullement disposés, pour le moment, à suivre l'exemple d'un si grand personnage ; nous admettons bien qu'il faut pénétrer au fond des choses pour en jouir complètement ; cependant nous préférons les plaisirs superficiels et nous quittons notre observatoire si tentateur et par là même si pernicieux.

De l'autre côté, la gorge est d'abord plus large, le Roumel a disparu dans un plongeon sous terre; ce sont là de ces caprices incompréhensibles ; il reparaît un peu plus loin pour disparaître de nouveau jusqu'à ce qu'il se soit échappé de ces déchirements de montagnes qui ont troublé son cours.

Le pont nouveau a été construit au niveau du quartier de la gare, bien au-dessus de l'ancien pont romain détruit en 1857, et dont certaines parties en ruines sont parfaitement visibles au-dessous de nous.

Nous rencontrons une vieille diligence, *jadis* peinte de couleurs éclatantes, remplie d'Arabes qui viennent au marché de Constantine ; sept chevaux, dont quatre de front, annoncent suffisamment que les routes parcourues par cette voiture ne sont que de fort loin comparables aux nôtres pour leur nivellement et leur empierrement.

Au bout du pont, la gare étant à droite, nous suivons, vers la gauche, une belle route conduisant au Hamma ; cette route domine les gorges et passe sous un premier tunnel creusé dans la montagne qui porte l'hôpital civil ; au-delà de ce tunnel nous sommes placés parallèlement à la Kasbah construite sur la pointe de la montagne, au-delà de la gorge, et nous avons une vue très étendue sur une plaine accidentée dans laquelle nous pouvons suivre le cours irrégulier du Roumel et voir un petit village construit à peu de distance de cette haute paroi de montagne sur laquelle se trouve la Kasbah. Quelques points mouvants sur le deuxième lit du Roumel, à sec en ce moment, mais couvert par le trop plein quand les galeries souterraines sont insuffisantes, attirent notre attention et nous ne tardons pas à nous apercevoir que ce sont des Arabes qui, sans doute, se rendent à la ville, mais par quel chemin ! Notre curiosité ne sera pas satisfaite sur ce point et pour cause.

Revenant sur nos pas, nous laissons, au bout du pont, la rue Nationale pour descendre une sente très accentuée et bordée de vieilles constructions ; nous sommes bientôt dans le quartier arabe, dans des ruelles très populeuses dont les boutiques sont remplies, les unes de clients, les autres de travailleurs ; ce ne sont que bouchers, épiciers, fruitiers, boulangers, serruriers, menuisiers, fabricants d'étrilles et surtout de chaussures ; cette industrie domine et fait de la rue Perrégaux le centre d'approvisionnement de la contrée.

Nous remontons au hasard par ces rues sinueuses, en escaliers, comme la rue de l'Échelle parcourue la veille, au milieu de ces architectures baroques et indescriptibles, et nous nous trouvons dans le marché couvert — heureusement — et qui nous offre enfin un abri contre cette incessante pluie ; nous avons plaisir à coudoyer cette foule d'Arabes faisant leurs achats, ces femmes voilées que nous admirons puisque nous ne pouvons les voir, et après avoir parcouru lentement les deux étages de ce marché, nous nous trouvons encore sous le ciel inclément, mais sur la place du Théâtre, et par conséquent à proximité d'un café. Nous nous y reposons quelques instants en nous séchant, avant de parcourir le square Valée et des Antiques, que nous apercevons en face de nous dans le fond de la place.

Les antiquités exposées dans ce jardin, actuellement d'une fraîcheur exagérée, se composent de poteries, d'amphores, de tuiles, de tuyaux, de nombreux débris de sculptures, et surtout de pierres tombales ; beaucoup sont intéressantes par leurs inscriptions, mais nous nous promettons de les relever dans d'autres circonstances. Nous n'avons plus du reste que le temps nécessaire pour visiter le palais d'Hadj-Ahmed, construit par le dernier bey et actuellement occupé par le général commandant la place.

Ce palais dans lequel se trouvaient logées les trois cents femmes du bey est bâti autour de quatre grandes cours ou jardins, entourés eux-mêmes de colonnes de marbre. C'est d'un effet saisissant, paraît-il, quand le soleil darde ses rayons sur ces décors ; c'est ce que la concierge nous affirme.

La première de ces cours est curieuse en ce sens que les murs intérieurs, au lieu des faïences habituelles aux riches constructions arabes, sont garnis de fresques grotesques qui doivent leur valeur aux circonstances qui les ont inspirées ; elles sont l'œuvre d'un cordonnier européen condamné à mort, et qui a obtenu d'entreprendre ces peintures pour retarder l'heure de son exécution. Il n'était pas pressé et il a mis sept ans pour terminer ce travail. Il a voulu représenter un combat naval, puis Stamboul, Masr ou Iskan, mais ce qu'il a surtout représenté, c'est sa patience que le bey a fortement admirée, puisqu'il a enfin rendu la liberté à l'auteur de ces *chefs-d'œuvres*. Ce criminel a dû finir ses jours en riant.

Dans une cour suivante, nous rencontrons la cage des singes dans laquelle sont entretenus un ou deux sujets de cette classe intéressante de mammifères. Plus loin, notre concierge-guide nous prie d'admirer une statue en marbre, plus grande que nature, et rapportée de Djemila. Cette statue, qui représente ou doit représenter l'impératrice Julia Domna, femme de Septime Sévère, a été retrouvée enfouie et emballée.

Notre guide nous arrête aussi à chacune des portes intérieures du palais pour nous en faire admirer, et avec raison, le travail artistique... mais l'heure s'avance, nous promettons à notre zélée cicérone une plus longue visite — un autre jour — et nous courons vers notre hôtel pour prendre possession de nos valises et de l'omnibus qui va nous conduire à la gare.

Nous accordons pourtant, chemin faisant, quelques minutes à un étalage de tissus, de burnous, de manteaux arabes, vrai bazar juif. A l'occasion du grand concours de gymnastique d'Alger, certains facétieux ont fait circuler parmi les Arabes le bruit que M. Félix Faure voulait profiter de cette circonstance pour visiter Constantine. Or, il n'y a pas à en douter, Félix Faure, c'est mon compagnon, le Marseillais ! moustaches grisonnantes, chapeau monté, ample pardessus gris du bon faiseur, le tout rappelant à s'y méprendre les photographies connues..., et les broderies d'or et d'argent sur fond de velours de soie sortent des rayons et des cartons ; il n'y a rien de trop beau pour figurer dans les soirées de l'Élysée, et nous avons sous les yeux, nous pouvons les palper, plusieurs magnifiques manteaux brodés à la main et coûtant la bagatelle de 1,500 francs ; je ne me risque pas, bien entendu, à en offrir 150 francs ; ces insinuants commerçants, qui ne travaillent que pour l'honneur et la gloire, sont trop souvent prêts à faire de gros sacrifices...

Les quelques minutes que nous avons d'avance nous permettent de penser à notre malheureux compagnon égaré là-bas en France.

Si, cependant, il avait eu l'heureuse idée de partir après nous, il aurait obtenu à Marseille, où nous les avions laissés en bonnes mains, les renseignements nécessaires pour nous retrouver assez vite, et peut-être se trouve-t-il dans le train que nous entendons rouler sous les tunnels, si son paquebot lui a permis de le prendre à cinq heures quarante à Philippeville. Cette éventualité est parfaitement admissible et la preuve... c'est que le train, s'arrêtant devant nous, nous apercevons notre ami dominant de sa haute stature les nombreux voyageurs qui s'empressent de sauter sur les quais. Un simple appel et il tombe stupéfait dans nos bras. Il n'a pas visité Philippeville ! Il ne devait pas y compter plus que nous n'y comptions nous-mêmes ; quant à Constantine, où il compte s'arrêter, ce sera pour bientôt, puisque nous y reviendrons après Biskra ; en attendant, il nous a retrouvés ; qu'il ne nous quitte pas, qu'il ne nous perde pas de vue, et pour commencer, qu'il se réinstalle immédiatement avec nous dans son wagon ; il a besoin de repos ! le chemin de fer l'a meurtri ! tant pis ; il retrouvera son aplomb si les circonstances le permettent.

Ce n'est que par le bruit sourd causé par notre entrée sous un tunnel que nous nous apercevons que nous avons quitté Constantine ; nous avons neuf heures à rouler cahin-caha avant d'arriver au point *terminus*, Biskra, et nous pouvons, à notre aise, contempler cette nature variable d'abord par ses cultures, ses forêts, ses verdures, mais ensuite, dans d'immenses étendues, par une désespérante monotonie de terrains dénudés, ravinés, inhabités ; quelques rares gourbis, comment approvisionnés ? Nous nous demandons ; pas d'animaux, pas d'oiseaux ; ce sont de vastes et mornes solitudes.

A midi un quart, nous avons un arrêt de dix minutes, dont nous profitons pour prendre la position verticale ; nous sommes dans la gare de Aïn-M'lila, neuve, avec larges quais ; derrière cette gare se trouvent quelques constructions modernes qui annoncent un village en formation ; sur une des cheminées nous observons deux cygognes, l'oiseau sacré des Arabes, et qu'il ne ferait bon de molester. J'ai observé beaucoup de ces cygognes sur les cheminées de Strasbourg, où elles sont tout aussi protégées qu'en Algérie. Je supposais ces oiseaux se laissant aller philosophiquement au fil de la vie, ne se préoccupant que d'eux-mêmes et de leurs familles, sans souci des humains qu'ils dominent de toute la hauteur de leurs maisons, mais c'était une erreur ; les cygognes, que d'aucuns appellent grues, sont possédées du démon de la curiosité, et il n'y a pas à en douter ; n'avons-nous pas vu l'une des deux perchées sur cette cheminée près de la gare monter sur sa compagne pour mieux nous voir ? cette folie de curiosité nous a fait bien rire !

Les « voyageurs en voiture », nous nous trouvons bientôt dans une large vallée, avec les habituels côteaux ravinés, mais ayant un peu plus de vie, si nous en jugeons par les nombreux gourbis s'applatissant à droite et à gauche, les chameaux broutant isolément ou par petits groupes les rares touffes d'alfa, les enfants paraissant sortir de terre derrière les jujubiers sauvages ; nous arrivons à la station des Lacs, auprès de laquelle nous voyons de nombreux chotts attirant sur leurs rives, les gibiers d'eau ; ces chotts sont des lacs salés dont les Arabes tirent profit par des moyens extrêmement primitifs d'évaporation.

Au-dessus des cheminées des quelques maisons environnantes, nous apercevons, non pas des cygognes, mais des têtes de femmes plantées là pour le même mobile : la curiosité !

A une heure vingt-cinq, arrêt de deux minutes dans la petite gare d'Aïn-Yagout ; mais avec intention, nous faisons prolonger cet arrêt d'une minute, en causant avec le chef de train, pour permettre à notre ami le — retardataire — d'étudier *sur les lieux* l'installation de cette gare si coquette avec ses eucalyptus en bordure. Notre ami nous paraît s'appliquer, du reste, à ce genre d'observations, car voici déjà plusieurs fois qu'il nous quitte furtivement ; a-t-il promis un rapport spécial ? mystère et discrétion !

Arrivés à deux heures vingt-cinq à Batna, nous y perdons un compagnon momentané qui se rend à la ville ; il ne nous pousse pas à le suivre, puisque, paraît-il, la visite de Batna et même de Lambessa ne vaut pas la journée que nous devrions y employer : Batna, ville trop moderne, née en 1844, n'a de curieux que la régularité de ses rues larges, se coupant perpendiculairement, et Lambessa, à une heure de voiture, n'a que quelques ruines romaines peu intéressantes, et son pénitencier anciennement célèbre par ses pensionnaires politiques, mais maintenant tombé au simple rang de maison de correction.

Nous côtoyons ensuite l'Oued-Kantara, et la campagne est encore, si possible, plus délabrée et plus ravinée que jamais ; c'est un chaos ! nous approchons du point le plus pittoresque de ce long trajet : les roches d'El-Kantara. Les ramifications de l'Aurès, qui s'approchent de nous, ont l'aspect de blocs de rochers rougeâtres, et nous nous arrêtons à l'entrée d'une haute et étroite gorge qui sert de passage à l'Oued-Kantara et à notre ligne, qui lui est superposée ; c'est la gare d'El-Kantara de laquelle nous avons à droite la vue du village Français coquettement bâti au centre des montagnes, et dominé par l'hôtel Bertrand.

Mais nous avons bientôt franchi cette fameuse brèche d'El-Kantara et aussitôt la perspective change radicalement : devant, à gauche, immensité de terrains dénudés, collines s'enfonçant sous terre ; derrière, l'Aurès, qui disparaît ; mais, à droite, magnifique forêt de palmiers, comprenant, nous affirme-t-on, 90 mille *sujets* imposés, et abritant une multitude d'Arabes ; nous apercevons les curieuses constructions de ces villages, et beaucoup de leurs habitants. Cette forêt de palmiers et surtout les montagnes qui entourent le village Français, sont fréquentées par un grand nombre de gazelles, et leur chasse est une des grandes attractions des touristes qui font un séjour dans ces parages.

Par ces massifs profondément ravinés qui vont s'aplatissant, vierges de toute végétation, nous arrivons à la station d'El-Outaïa, et, à quelques kilomètres à gauche, nous voyons se relever un autre massif de mamelons toujours aussi tristes. On nous indique un de ces mamelons de grande étendue, d'une couleur rougeâtre, et qui ne serait qu'une montagne de sel, inexploitée à cause des nombreux ravins qui en rendent l'accès trop difficile. Toute cette contrée, depuis El-Kantara jusqu'à Biskra, est désignée sous le titre d'Entrée du Désert ; mais quelle porte ! et comme elle prépare le voyageur qui va s'aventurer dans l'interminable Sahara !

Il est six heures et demie et nous sommes à Biskra.

Biskra, surnommée la Reine des Ziban, comprend deux villes distinctes : la ville neuve, Européenne, et à deux kilomètres, au sud, la vieille Biskra ; elle est le chef-lieu d'une commune de 7.160 habitants, dont 502 français, et d'une commune indigène de 103.763 habitants dont 56 français ; Biskra, qui nous appartient définitivement depuis le 18 mai 1844, est un centre important de commerce et d'industrie, et les touristes, qui commencent à en prendre le chemin, contribuent pour beaucoup à son agrandissement constant.

La ville est bâtie dans le voisinage du fort Saint-Germain, à gauche de la grande place de la Gare, qui sert de marché aux bestiaux. En face de la gare, au-delà de cette place, commence la rue Berthe, avec, d'un côté, un long parc très ombrageux couvert de palmiers et de mimosas, et de l'autre, à gauche, une longue suite de maisons avec arcades destinées à combattre les effets des rayons solaires ; au milieu de cette rue, se trouve l'hôtel du Sahara, auquel nous avons décidé de donner notre confiance.

Accueil aimable, chambres confortables, bonne table, voilà notre impression première et... dernière.

Nous n'avons plus, après dîner, qu'un vague souvenir de notre long cahotement de la journée ; nous sommes frais et dispos ; nous nous emparons d'Abdallah ben Adouana, interprète attaché à l'Hôtel ; sa bonne et loyale physionomie nous a séduits, et nous l'invitons à nous précéder dans tous les endroits qu'il jugera intéressants pour nous. Après une promenade de dix minutes, nous étions à l'entrée de la rue Lapeyrouse, qui nous paraît d'une animation extraordinaire, comparativement surtout avec les autres. Cette rue est le quartier-général des Ouleds-Naïls, c'est-à-dire des enfants de la tribu des Naïls. Ces enfants, ou pour mieux dire exactement, ces demoiselles, possèdent naturellement un capital, mais qui est jugé tout à fait insuffisant par leurs futurs époux. Ces derniers mesurent l'amour à professer envers leurs fiancées au nombre des pièces de 20 francs qu'elles peuvent verser dans leurs corbeilles, et, comme les louis d'or sont des objets qui se rassemblent difficilement dans une tribu, les demoiselles qui se sentent des dispositions au mariage s'expatrient, et au bout d'un nombre fort irrégulier d'années, selon le *filon* sur lequel elles sont tombées pendant leurs pérégrinations, elles rentrent presque toutes pour jeter le *mouchoir* à l'époux de leur choix. Elles conservent leur vertu, matière essentiellement chimérique, impalpable, extrinsèque, en un mot, leur façon de suivre les lois de la morale n'est pas du tout celle qui est pratiquée chez nous, non plus que chez nos voisins de l'Europe.

Quoiqu'il en soit, le but qu'elles poursuivent leur sert de réclame ; elles sont aidées par tous ceux qui ont le plaisir de les rencontrer, et qui, selon leurs moyens, prennent dans leur entreprise des parts plus ou moins fortes, pour qu'elles arrivent à constituer le plus rapidement possible le capital auquel elles aspirent.

C'est un spectacle véritablement curieux que cette rue Lapeyrouse, le soir, jusqu'à dix heures, extrême limite accordée aux danses publiques. Cette rue est bondée d'Arabes, à burnous plus ou moins riches, entre lesquels circulent ces Ouleds-Naïls et aussi un certain nombre de

Juives, toutes couvertes de tissus aux couleurs éclatantes, de bracelets en or ou imitation qu'elles portent non seulement aux poignets, mais encore aux chevilles, de boucles d'oreilles en anneaux d'un diamètre extraordinaire, soutenues par des fils d'or ou d'argent fixés au sommet de la tête de façon que ces anneaux conservent une position perpendiculaire au plan des joues, de colliers s'étalant sur la poitrine et composés de pièces d'or de cent, cinquante, quarante, vingt et dix francs ; c'est, en effet, ce collier qui indique le degré de prospérité de l'Ouled-Naïls.

Cependant nous sommes devant un grand établissement ouvert à tous, et du fond duquel partent les sons d'un orchestre..... local : tambourins, fifres, que sais-je ? c'est assourdissant, et pourtant nous ne pouvons nous défendre de pénétrer dans cette sorte de grange ; ce n'est pas le luxe des glaces et des dorures qui nous éblouit, c'est cette foule d'Arabes entassés, dont la plupart accroupis, les autres assis sur des bancs ou des tabourets, qui remplit cette *salle* jusque dans ses coins, laissant au milieu une galerie à peine suffisante pour qu'une danseuse puisse se livrer à ses ébats chorégraphiques. Nous pouvons, avec beaucoup de bonne volonté, nous installer les uns sur des tabourets en bois, les autres sur un bout de banc, et moi, je trouve une place au milieu de cette foule, sous les artistes musiciens, installés en gradins, et à côté des danseuses qui attendent leur tour : une Ouled-Naïls très simple, poitrine sans collier, portant seulement les inévitables bracelets aux bras et aux jambes, vient d'entrer en lice ; elle doit avoir une réputation parmi ses congénères qu'elle semble hypnotiser ; je m'intéresse à cette danse du ventre dont je crains bien de ne pas voir la même sincérité à l'Exposition de 1900. Elle y met une telle action qu'on pourrait supposer qu'elle danse spécialement pour son Seigneur et Maître, et cette supposition est tellement fondée que, la danse à peine finie, je reçois sur la tête le foulard qui a aidé aux contorsions, et je suis instantanément affublé d'un turban ; j'en suis stupéfait ; la foule applaudit, et j'apprends que c'est moi qui suis le Seigneur et Maître de la *Reine des Ouleds-Naïls ;* je suis reconnu le *Roi des Ouleds-Naïls !* J'accepte de bonne grâce cette situation aussi enviée qu'éphémère, et j'offre une tournée générale à tous ceux qui m'entourent — total dix-sept sous !

Mon premier Ministre, mon Grand Vizir était tout indiqué ; c'était le plus grand de nos compagnons, celui devant lequel s'écartent instinctivement tous les Arabes, qui l'admirent ; je prie ma Reine d'appeler une de ses dames de compagnie, et nous partons, suivis de nos deux camarades, ministres sans... portefeuilles, pour une promenade à travers nos *sujets*. Mon vice-roi est fier d'avoir à son bras une *allouette-naïve,* selon l'expression qui lui est chère !

Bientôt pourtant, à cause de l'heure de l'arrêt des danses qui ne va pas tarder à sonner, nous laissons nos danseuses à leurs exercices habituels, et nous continuons notre excursion par des rues plus tranquilles.

Près du grand parc public, au coin d'une rue, nous voyons quelques Arabes sur un trottoir, à côté d'une porte ouverte ; nous nous approchons, nous croyant près d'un café Maure, mais nous apercevons et nous entendons un indigène qui cause avec volubilité devant un auditoire assis ou accroupi ; c'est, nous dit-on, un conférencier qui le soir explique à ses *concitoyens* l'histoire de leur pays.

Mais la journée a été assez longue et nous ne jugeons pas à propos de continuer notre promenade.

Le lendemain, samedi, 28 mars, nous consacrons deux heures de la matinée, de sept à neuf heures, à la visite du marché ; c'est l'heure de l'animation. La place du Marché, où plutôt la Cour, est entourée de galeries ; elle est remplie d'Arabes, d'ânes, de chameaux couchés et allongeant la tête pour tâcher de cueillir un légume quelconque ; nous voyons aussi quelques moutons absolument étiques ; ces animaux ont, en effet, souffert de la sécheresse qui a duré sans discontinuer pendant près de deux ans ; il n'y a guère qu'une quinzaine de jours qu'il a commencé à pleuvoir dans cette contrée ; aussi le bétail mourait comme des mouches, et les chameaux en étaient réduits à brouter les feuilles de cactus ; c'était la ruine, la famine à brève échéance ; mais un peu d'eau ranime tout, bêtes et gens ; l'herbe pousse si vite !

Sous les galeries, nous nous trouvons au milieu des marchands bouchers, fruitiers, de dattes surtout, de bibelots fabriqués par les Biskris : couteaux avec leurs gaines, babouches, éventails, porte-monnaie, blagues, lézards gris empaillés, etc., nous nous sentons attirés vers ces cuisines en plein vent où des artistes culinaires font griller des brochettes de petits morceaux de viande qu'ils vendent deux ou trois sous la portion ; nous résistons à la tentation ; cependant j'accepte, pour y goûter, une grosse fève qui m'est offerte généreusement comme échantillon par un indigène, et mon grand compagnon m'imite ; mais il se déclare aussitôt empoisonné, et il rejette le tout avec un empressement qui fait bien rire les Arabes. La sauce, dans laquelle nagent ces fèves est effectivement épicée de façon à vous emporter radicalement le palais et la langue ; il faut être entraîné de longue date pour supporter une semblable concentration de piments.

Entre temps, nous circulons aux environs de ce marché et nous visitons quelques bazars, dont certains sont de vrais musées d'antiquités ; nous y voyons des tissus, des tapis, des burnous, des haïks, des vues photographiques, des bijoux, des bracelets, des objets d'art plus ou moins précieux ; nous passons devant la rue Lapeyrouse qui a perdu son animation : à chaque chose son heure ! Derrière cette rue, et parallèlement, nous sommes sur une longue place où nous jouissons d'un spectacle inattendu : c'est la collection des Ouleds-Naïls et des juives en grande toilette, et stationnant devant le dispensaire ; nous avons le plaisir de voir notre reine et sa dame de compagnie qui accourent à notre rencontre et, suivies de deux superbes juives, elles ne dédaignent pas de nous accompagner au *bar* du coin où nous leur offrons un verre de *pippermint ;* nous jugeons mieux alors des effets de tatouage auxquels se livrent les Ouleds-Naïls : toutes ont sur la figure quatre étoiles symétriquement gravées ; sur d'autres parties du corps, elles se marquent de chacals, de serpents ou de tous sujets fantaisistes. Leurs cils sont peints et se rejoignent — par la peinture — quand la nature a omis ce prolongement; bref, ces ornements sont goûtés ici, mais nous n'en ferons pas un article d'importation.

Il est neuf heures, et Abdallah, que nous avions prié de venir nous chercher avec une voiture, est au rendez-vous ; nous sortons de Biskra par le village nègre, laissant à notre droite le nouveau casino. Quelques minutes après, nous sommes dans la propriété Landon, qui ne s'est pas contenté de faire celle de Philippeville. Celle-ci se compose d'une dizaine d'hectares, mais précieusement couverts de massifs de palmiers, de tulipiers, de bananiers, de yuccas, de quelques cocotiers ; jusqu'au haut de certains palmiers, monte une espèce de glycine appelée Bougainville, qui retombe en gerbes de feuilles vertes et rouges, d'un admirable effet. Nous y trouvons aussi des figuiers, des bambous, des lauriers roses et blancs ; bref, toutes les essences des pays chauds paraissent s'être donné rendez-vous et se plaire dans ce coin sillonné de petits cours d'eau.

Il n'est pas un touriste qui ne fasse, et avec raison, cette petite excursion.

Nous continuons notre promenade par le vieux Biskra, qui a 5 kilomètres de longueur sur la rive droite de l'Oued ; les palmiers de l'oasis sont au nombre d'environ cent cinquante mille, et nous en rencontrons de toutes les sortes et de tous les âges; tout ce pays est construit en pisé, c'est-à-dire en terre durcie ; la plupart des constructions nous semblent en ruines, et cependant elles sont habitées. Les Arabes, en effet, qu'ils habitent villes ou villages, ont pour habitude de ne pas réparer leurs demeures ; quand elles ont absolument cessé de les abriter, ils vont ailleurs en construire d'autres. L'ancien fort également en terre, n'est plus qu'une ruine informe. Sur les bords du chemin, se trouvent plusieurs cimetières remplis de tombes plâtrées couchées sur le sol, dans un ordre peu architectural.

Au retour, nous pénétrons dans le village nègre, ainsi nommé parce qu'il abrite des Soudanais qui se mélangent aux Biskris ; les loyers sont en rapport avec les ressources de ces misérables auxquels les propriétaires demandent de 2 francs à 2 fr. 50 par mois ; nous visitons quelques-uns de ces tristes immeubles, et nous y sommes fort bien accueillis surtout à cause des sous que nous jetons en pâture au milieu des grouillements d'enfants. Les plus hardis nous suivent jusqu'en dehors de leur village et nous font comprendre qu'ils vont se précipiter dans la mare boueuse située sur la place pour y ramasser les sous que nous voudrons bien y jeter ; rien de plus curieux que de voir ces enragés se fourrer sous l'eau, dans la vase, et rapporter triomphalement nos pièces de monnaie ; il est vrai qu'ils hésitent d'autant moins que leur vêtements sont bientôt séchés !

En face, quel contraste ! c'est le casino, entrepris par M. Grossetête, de la porte Maillot, à Paris ; installation luxueuse dont les peintures ne sont pas terminées, mais qui pourrait briller sur nos plus belles plages. Le gérant nous fait visiter toutes les salles de jeux, de spectacle, de conversation ; les murs du salon sont couverts de gravures et de photographies, parmi lesquelles nous en observons une qui nous paraît fort belle ; elle représente une des Ouleds-Naïds les plus réputées, mais morte depuis quelques mois ; le collier qu'elle a sur la poitrine se compose de pièces d'or dont le total est de 8,000 francs et elle est morte poitrinaire sous une telle cuirasse !

En sortant de ce splendide casino, nous nous trouvons le long du Royal-Hôtel, d'une importance absolument incompréhensible à cause de sa situation dans le *désert!* Songez donc : logements pour cent soixante personnes, 94 mètres de façade sur 153 mètres de côté ; jetez un coup d'œil à l'intérieur : le rez-de-chaussée est de style mauresque et est surmonté d'un étage avec terrasse ; sur le jardin anglais planté dans la cour intérieure donne la salle à manger qui peut contenir quatre cents couverts ; sur la façade s'élève un minaret de 27^{m}50 de hauteur et duquel on a une vue très étendue sur le désert, les oasis et les montagnes lointaines ; c'est stupéfiant ! Et à quoi pensent donc ces entreprenants Biskris ? Espèrent-ils amener sur leur champ de courses tous les bookmakers de Longchamp, Auteuil, Chantilly et autres lieux ? Quant à moi, je ne vois pas d'inconvénient à leur souhaiter une prompte et parfaite réussite.

La journée est belle et nous décidons d'en profiter pour pousser une pointe dans le désert jusqu'à l'oasis de Sidi-Okba, à 21 kil. 500, la capitale religieuse des Ziban, dont Biskra est la capitale politique. Le trajet est de deux heures ; il nous faut déjeuner rapidement.

A une heure, nous sortions de Biskra, installés dans un landau attelé de trois chevaux ; nous quittons immédiatement la route carrossable et à peine avons-nous fait quel pas que nous roulons sur un champ de galets de toutes grosseurs ; c'est le lit de l'Oued-Biskra, qui s'étale sur près de 500 mètres de largeur à l'époque très accidentelle des grandes eaux. La rivière elle-même, vers laquelle nous filons perpendiculairement, a environ 10 mètres de large ; nous y arrivons après maints sauts meurtrissants. Nous tâchons de découvrir le pont qui va nous permettre de passer d'une rive à l'autre ; mais peine perdue ; ce pont n'existe qu'à l'état de projet ; nos chevaux dégringolent au galop un talus de plus de 2 mètres et nous précipitent dans un courant d'eau d'environ 75 centimètres de profondeur, qu'ils coupent obliquement pour remonter ensuite l'autre berge ; nous nous attendons à une culbute ; il n'en est heureusement rien, et nous nous trouvons en face d'une plaine s'étendant à perte de vue ; c'est le désert ! Le chemin que nous suivons est tracé ; ce *sera* une belle et large route avec fossés d'écoulement de chaque côté ; pour le moment, nous nous enfonçons dans le sol détrempé par les pluies récentes. A certains moments, nous sautons de notre voiture pour en soulever les roues embourbées. Après quelques kilomètres, nous sortons de ce tracé pour suivre une route en zig-zag ; le sol y est souvent plus ferme ; cependant, nous évitons difficilement les enlisements. A plusieurs reprises, nous rencontrons des charrettes arabes se dirigeant vers la ville, chargées surtout de dattes, et groupées avec raison pour pouvoir s'entr'aider ; les conducteurs, subissant de fréquents arrêts, unissent leurs efforts pour sortir d'embarras ceux dont les charrettes sont empêtrées. La première caravane que nous avons rencontrée était dans cette fausse position et nous l'avons perdue de vue à l'horizon avant qu'elle eût avancé d'un pas. Mais aussi pourquoi leurs voitures n'ont-elles que des demi-brancards allant à peine jusqu'à la *sellette* ; ils ne peuvent de cette façon atteler les chevaux l'un devant l'autre ; ils n'ont du reste même pas l'idée de se munir de longs traits.

Bientôt nous apercevons à droite et à gauche plusieurs petits Arabes sortant de touffes d'alfas et de jujubiers sauvages, et se précipitant à la suite de notre voiture pour obtenir des sous qu'ils se disputent naturellement lorsqu'ils les ramassent en se bousculant ; leur nombre et leurs exclamations : « Sidi, sodi, Allah ! sodi, sidi ! » vont grossissant, et nous ne pouvons douter que nous avons pour escorte des représentants des deux sexes de cette race aux jarrets d'acier ; en effet, pour donner un plus vif essor à notre générosité, la plupart de ces quémandeurs courent autour de notre voiture en se retroussant jusqu'au... menton ; la légèreté de leurs vêtements, quand ils en ont, s'y prête admirablement, et il en est certains qui résistent à cette course pendant plus de 6 kilomètres.

De chaque côté de la route, à distance, nous observons quelques gourbis isolés ou groupés et, à proximité, des chameaux cherchant un brin d'herbe ou quelques feuilles de jujubiers sauvages, tout en évitant soigneusement les énormes épines qui protègent ces arbrisseaux.

Il y a déjà longtemps que nous apercevons l'oasis de Sidi-Okba quand enfin, après deux heures de cette course fatigante, nous pénétrons au galop dans cette *ville* abritée sous les palmiers. Nous sommes dans des rues biscornues, bordées de masures en terre et laissant à peine le passage pour une voiture ; c'est miracle de se trouver à la halte sur la place, sans avoir démoli plusieurs coins ou écrasé un certain nombre d'habitants.

Accompagnés d'Abdallah, que nous jugeons prudent de

serrer de près, nous parcourons les rues tortueuses de ce village de 4,000 Arabes ; on ne peut se figurer la quantité de mendiants sordides, aveugles ou en train de le devenir et de borgnes que nous coudoyons. Les spécialistes pour les yeux auraient ici un vaste champ d'exploitation, car les plus sains eux-mêmes devraient être astreints à un régime sévère.

Nous sommes dans la rue commerçante où nous achetons quelques bibelots : bracelets en *argent*, sifflets en roseaux, cannes de feuilles de palmiers, etc.; nous voyons sur la *grande place*, infecte comme les rues, une boucherie en plein vent dont les produits disparaissent sous des milliers de mouches ; nous nous arrêtons devant des échopes d'industriels, forgerons de fer ou d'argent s'aidant avec des soufflets de peau de bouc ou d'autres animaux dont ils pressent alternativement les flancs des deux mains pour pousser l'air sur les foyers.

Dans la foule, un Arabe bien plus occupé de nous que du *sujet* qu'il travaille, gratte avec un véritable rasoir la tête d'un bambin de cinq à six ans et opère sans accident bien mieux que ne le ferait le mieux outillé et le plus attentif de nos *figaros*.

Nous revenons vers la mosquée, une des plus anciennes de l'Algérie et célèbre surtout par le privilège qu'elle possède d'abriter le tombeau de Sidi-Okba, le grand conquérant auquel est encore consacrée la grande mosquée de Kairouan. Cette mosquée est remplie d'Arabes en prières ; dans la cour, derrière des piliers, plusieurs fervents, debout ou accroupis, marmottent le Coran. Nous montons dans le minaret du haut duquel nous plongeons sur toutes les terrasses de ce village ; au-delà, le désert sans fin. Des milliers de touristes nous ont précédés dans ces galeries dont ils ont tapissé les murs d'inscriptions et d'initiales, ce en quoi nous les imitons.

Un prétendu mameluck, se disant à tort, paraît-il, le garde champêtre de la commune, et qui s'est attaché à nos pas pour nous protéger, avec l'espoir d'une honnête récompense, insiste, quand nous sortons de cette mosquée, pour nous faire visiter une maison et ses habitants ; nous le suivons dans une rue qui ressemble à un couloir et nous pénétrons dans un intérieur ; c'est comme à peu près partout ailleurs : un luxe de détritus, de fumier, les animaux faisant cause commune avec les habitants ; un *parquet* en terre, un escalier en terre, des coins et des recoins où se trouvent parfois des nattes et dans lesquels s'accroupissent ces misérables ; au milieu de la principale *pièce*, est suspendue par une ficelle fixée au *plafond*, une outre contenant l'eau ; de meubles, point. Nous saluons la *patronne*, sans voile, entourée de plusieurs enfants et, sur les bras, un de sept jours, déjà fort éveillé ; nous y laissons naturellement quelques sous bien accueillis. Dans le couloir de cette impasse, nous rencontrons le chef de la famille, qui évite de se fâcher de notre indiscrétion grande et qui ne trouve rien de mieux que de nous soutirer, lui aussi, le plus possible « pour acheter du tabac. »

Nous trouvons suffisante notre visite de ce village, mais cependant notre grand compagnon nous fait observer qu'elle est incomplète : nous n'avons pas encore vu un seul café. Notre faux mameluck s'empresse de nous introduire dans le seul établissement hospitalier de la *ville*. Nous descendons deux ou trois marches et nous sommes devant un comptoir derrière lequel trône une jeune Européenne : c'est une Espagnole mariée avec un Français, le seul qui vive au milieu de tous ces Arabes. Une table unique et quelque tabourets, voilà pour le mobilier ; mais nous ne sommes pas peu surpris de voir sur les étagères des litres d'absinthe, de vermouth, de différentes liqueurs, absolument comme dans un petit café de campagne ; nous optons pour une bouteille de Graves cotée 5 francs, mais authentique et très bon ; le *mameluck*, qui n'est pas à cheval sur les principes, accepte de boire avec nous, mais d'autres indigènes refusent de désobéir à Mahomet.

Nous nous dirigeons enfin vers nos voitures qui sont complètement envahies, et ce n'est pas sans difficulté que nous parvenons à les faire évacuer ; nous reprenons ces rues déjà parcourues, suivis par une troupe de jeunes

Arabes insatiables sur la question des sous ; il faut jouer vigoureusement du fouet pour les écarter de notre voiture et éviter des accidents ; nous sommes bientôt de nouveau dans le désert ; mais les chevaux sont fatigués et ne se tirent plus aussi facilement qu'à l'aller des endroits boueux ; à un moment nous sommes obligés de les dételer pour les porter en arrière. Deux jeunes Arabes de seize à dix-huit ans qui suivent notre route se mettent volontiers à l'œuvre et, après un quart d'heure de travail, nous étions sur une piste moins mauvaise. Notre Marseillais, qui était parti à la découverte, nous fait des gestes désespérés pour nous faire obliquer ; il s'est enlisé, et c'est au prix de grands efforts qu'il a pu se dégager. Les deux Arabes, qui travaillent à la confection de la route, nous accompagnent pendant 5 à 6 kilomètres sans gêne apparente, grâce à des jarrets spéciaux, jusqu'aux gourbis à proximité de leur chantier. Nous retrouvons sur notre route les voitures de dattes embourbées ou circulant lentement ; nous croisons, près d'un ruisseau qu'il nous faut franchir, deux Arabes qui s'efforcent de tirer de l'eau leur âne qui, quoique déchargé de ses fardeaux, ne peut faire un pas ; le temps n'est pas précieux pour ces indigènes, heureusement.

Entre-temps, à quelque distance de la route, nous voyons des Arabes arrêtés, et se livrant à d'étranges contorsions : balancement du buste, bras en l'air, mains jointes, génuflexions, courbant ensuite la tête, arrondissant le dos ils se redressent complètement pour ensuite s'étaler de tout leur long. Nous demandons à Abdallah ce que signifient ces gestes de déséquilibrés : ses congénères font leurs prières !

Nous arrivons enfin en vue de Biskra, à l'endroit le plus périlleux de la route, à la descente de la berge dans la rivière. Nous y tombons, pour ainsi dire, et les chevaux prenant un vigoureux élan, s'élancent à l'assaut du talus opposé, moins élevé, mais de deux mètres environ presqu'à pic. Malheureusement notre voiture s'arrête au milieu : deux des nôtres ont le temps de sauter, ce qui allège la voiture qui, déjà, entraînait nos coursiers ; le cocher réussit, avec son solide fouet, à leur communiquer une nouvelle ardeur, et nous sautons sur le lit supérieur et pierreux de l'Oued ; nous sommes sauvés !

Après dîner, nous nous rendons au modeste bureau de la poste et du télégraphe, à côté de notre hôtel et nous faisons le tour du magnifique Hôtel de Ville, tout nouvellement construit, rose et blanc, avec plusieurs pavillons, une façade toute de colonnades, un dôme central, une cour dont l'ensemble est mauresque ; en face, un square ; le tout est frais et coquet.

Continuant notre promenade par la ville, nous voyons, devant un magasin, un groupe de curieux contemplant une grande cage en bois posée sur le trottoir ; cette cage contient deux jeunes hyènes de cinq mois ; le propriétaire me les offre pour 150 francs ; mais je n'ai pas le placement de ce produit. Ce sont les deux hyènes qui étaient trouvées auprès de Constantine au moment où nous y arrivions, et apportées à Biskra par l'Arabe qui avait pu s'échapper des griffes de la mère.

Je me suis chargé de prendre ici des renseignements sur l'importation du désert des plumes d'autruches, sur les quantités et sur les prix ; je n'ai pas pu trouver de dépôts de ces plumes ; les marchands en ont bien quelques-unes qu'ils vendent aux touristes de 3 à 5 francs la pièce ; je croyais en trouver à 30 francs le kilogramme, et un Biskri me certifie que, quelques jours auparavant, il aurait pu acheter la dépouille d'un mâle pour 175 francs ! Cette dépouille pesait à peine un kilogramme ; après ces expériences malheureuses, je considère ma mission comme terminée.

Nous retombons irrésistiblement dans la rue Lapeyrouse, qui a la même animation que la veille ; nous ne tardons pas à rencontrer Mariem-ben-Ali, la reine, et Fali Farfaria, sa suivante, qui nous tendent les bras et m'apprennent que je ne suis pas déchu ! Les nombreux indigènes et les européens s'écartent respectueusement encore cette fois devant le cortège que nous formons si majestueusement ! Notre départ est heureusement fixé au lendemain matin, ce qui arrêtera irrévocablement le cours d'un si beau rêve.

Ma Reine a conservé sa mise simple ; elle trouve que son collier de pièces d'or est plus en sécurité dans son tiroir ; elle a seulement agrandi les anneaux qui lui servent de boucles d'oreilles ; leur diamètre dépasse huit centimètres !

D'une voix suave, elle me chante une romance, dont je lui demande le sens : il s'agit, m'explique-t-elle, de Mina et Chabert : Mina aime Chabert, et réciproquement ; ils se promènent au bord de la rivière ; Chabert dit à Mina qu'on serait bien au fond de l'eau pour s'aimer ; mais Mina veut vivre, car après la mort, adieu l'amour.....

En rentrant à l'hôtel, nous avons le plaisir de serrer la main à un compatriote, M. G. Frison, qui vient demander à un séjour dans le désert ses inspirations pour la rédaction de son journal : *le colonel Ronchonot ;* drôle d'idée !

Le dimanche, 29 mars, à six heures vingt du matin, nous quittions Biskra, non sans avoir constaté que le chef de gare n'a pas une cervelle organisée pour fonctionner sous le chaud soleil du Sahara ; il serait mieux à sa place dans des régions plus septentrionales. Nous avons inutilement cherché à lui faire comprendre le sens des circulaires qui lui étaient adressées pour son service ; ce n'est que plusieurs semaines après notre passage qu'il a été obligé de se rendre à l'évidence.

Notre marseillais, inspiré par notre délicieux séjour à Biskra, est plus en verve que jamais ; il ne peut dire un mot sans calembour ; il se livre à des exercices de rébus et de charades dignes de figurer dans le *Tintamarre ;* il ne s'arrête quelques instants que devant l'imposant spectacle des gorges d'El-Kantara.

Nous retrouvons les argiles ravinées, les rocs rougeâtres qui font de cette contrée jusqu'à Batna un véritable chaos. Près de la gare des Tamarins, ainsi nommée à cause des rangées d'arbustes qui garnissent ses quais, nous voyons défiler dans les monticules, à droite, à environ deux kilomètres, une véritable caravane composée d'une centaine d'Arabes et d'environ cinquante chameaux. Vers quatre heures et demie, nous étions en gare de Constantine ; nous avons brûlé Kroub, notre point d'intersection, trop peu intéressant pour que nous lui consacrions notre soirée.

Notre départ de Constantine étant fixé pour le lendemain à six heures dix du matin, nous nous installons dans l'hôtel de la Gare, et nous nous dirigeons ensuite vers la ville. Au bout du pont, nous montons à droite un beau boulevard en corniche ; nous plongeons à droite sur les précipices du Roumel, à gauche, sur des quartiers juifs. C'est un spectacle merveilleux : les grasses dames ensachées de soie de couleurs vives, la tête surmontée d'un cornet de magicienne ; les petites filles fort élégantes se promenant bras-dessus, bras-dessous, par groupes admirables, ou sautant en chœur ; c'est carnavalesque, mais beau ; c'est, du reste, grande fête, et on sort tous les plus beaux atours.

En haut du boulevard, nous côtoyons l'immense Kasbah bâtie sur le sommet dominant à pic les villages et la campagne environnante. C'est, de cette pointe, que lors de l'entrée des troupes françaises, les femmes Arabes cherchant à s'échapper voulurent descendre au moyen de cordes qui se rompirent sous le poids, et les malheureuses vinrent s'écraser les unes sur les autres contre les rochers ; c'est aussi de cette pointe que jadis on précipitait dans le vide les femmes adultères.

Nous descendons vers la Brèche tout en suivant la corniche opposée au Roumel ; là, se font, pour les besoins de l'agrandissement de la cité, d'importants travaux de nivellement ; le pittoresque y perd, mais il restera les effrayantes crevasses du Roumel. Nous longeons la façade postérieure du nouvel Hôtel de Ville dont nous faisons le tour pour juger de l'ensemble ; nous regrettons que l'exiguïté du terrain n'ait pas permis de dégager ce monument.

Mais, le froid, la pluie, la fatigue et notre estomac nous forcent à interrompre notre course, et nous cherchons un refuge dans un grand établissement, à deux pas de la Préfecture ; nous sommes surpris de son confortable et de son bon marché.

Je ne peux m'empêcher de lui faire une réclame absolument justifiée. C'est l'*hôtel-restaurant Rouvière frères*, à l'angle des *rues Sauzat et Leblanc, en face de la Préfecture*. Voici le menu du dîner du dimanche 29 mars 1896 :

POTAGE
Pâtes au Fromage

Bouchées à la Reine

Langue de Bœuf sauce Civet

Rouelle de Veau

Muges en sauce Mayonnaise

Epinards au Jus

Côtelettes d'Agneau

Cailles Rôties (à discrétion !)

Salade

ENTREMETS
Crême Chocolat à la Vanille

DESSERTS
Fromages assortis, Figues, Noisettes, Amandes, Mandarines, Oranges, Biscuits, Palmers

Vin à discrétion

Le tout délicieux et au prix fabuleux de 1 fr. 50 par tête.
Sous prétexte de faire voir à notre grand retardataire le quartier vieux type arabe, qui s'étend depuis le théâtre jusqu'aux murs naturels du Roumel, nous redescendons par des rues déjà connues de nous, au milieu de ces émanations de piments, de fritures, de viandes rôties en brochettes, de chants fastidieusement monotones, de ces cafés maures grouillant d'Arabes accroupis, d'attractions de tous genres, et nous arrivons à la rue commerçante de Perrégaux ; il est difficile d'explorer en voiture ces rues étroites, tortueuses, et nul n'ose s'y risquer ; cependant, non sans

surprise, nous rencontrons au repos une calèche attelée de deux superbes chevaux, et, qu'à cause de ses garnitures blanches à l'intérieur, nous sommes portés à supposer sortant de chez Brion à l'occasion d'un mariage. Nous avons, quelques minutes après, l'explication de ce phénomène, car nous sommes en présence d'un singulier cortège : une douzaine de femmes voilées, couvertes entièrement d'un tissu d'une éclatante blancheur, s'avancent deux par deux, majestueusement, et suivis d'un arabe porte-lanterne ; un sergent de ville nous dit que c'est une fiancée que ses demoiselles d'honneur et ses amies accompagnent à la voiture qui va la conduire chez son futur époux.

Ce sergent de ville nous accompagne jusqu'à l'entrée de ce grand village, qui nous a paru en ruines, quand, du square des Antiques, nous avons plongé nos regards dans cette vallée profonde. Les abords de la porte par laquelle nous sortons de la ville sont garnis de mendiants qui forment la clientèle des marchands de couscous, de galette au sel, de fritures, installés sous de misérables tentes ouvertes à tous les vents. Ce quartier ne manque peut-être pas de pittoresque, mais la propreté y est fort relative, et nous n'éprouvons pas le besoin d'y finir notre soirée. Nous remontons vers le théâtre, toujours accompagnés de notre sergent de ville, décidément très aimable, et qui nous fait visiter un bain maure. Avec l'autorisation que nous accorde sans hésitation le propriétaire, nous pénétrons dans la salle des bains, et je remarque que la chaleur y est beaucoup moins forte que dans un établissement similaire visité par moi à Alger ; en haut d'un long escalier qui part du centre de ce bain maure, nous sommes dans une rue superposée et près de la place de la Brèche.

Pour rentrer à notre hôtel, nous dédaignons la grande rue Nationale, et nous lui préférons toutes ces petites ruelles, en amphithéâtre, communiquant de l'une à l'autre par des escaliers ; presque toutes les maisons sont anciennes ; souvent elles sont à cheval sur la rue, et forment ainsi comme des tunnels qui servent d'abri aux Arabes dont le logement est hypothétique. Nous ne rencontrons dans ces dédales que deux aimables Constantinois qui ne nous quittent qu'à l'entrée du pont. Ce sont deux juifs, qui ne s'en cachent pas ; mais, s'ils représentent exactement l'ensemble de cette race sur laquelle M. Morinaud appelle la réprobation générale, je suis surpris que la campagne menée dans son journal, le *Républicain de Constantine*, ait eu le succès qu'on se plaît à lui attribuer. Quoiqu'il en soit, nous passons quelques instants fort agréables avec ces deux gentilshommes. Nous leur manifestons l'étonnement que nous avons éprouvé à la vue de cette voiture parisienne de mariée ; ils regrettent eux-mêmes cet excès de civilisation et préfèrent les moyens employés plus généralement : les chameaux et les ânes portant, dans une boîte chez l'époux, la fiancée, les demoiselles d'honneur et les cadeaux. L'époux attend tranquillement en faisant bombance avec ses amis. Une juive les sert, et la fiancée reste dans un corridor ; puis la juive, son service de table achevé, prend dans ses bras l'épouse qu'elle porte dans la chambre nuptiale : le mari se présente et..... quelques heures après, va continuer la noce avec ses camarades ; pendant ce temps, sa femme livrée à elle-même pourra réfléchir sur l'importance de son rôle dans ces circonstances ; mais elle est préparée de longue main, et elle trouve que tout va bien ainsi, ce qui est préférable, du reste.

Nous observons à nos compagnons qu'il nous paraît surprenant que toutes ces rues soient aussi désertes, un dimanche des Rameaux, et à une heure aussi peu avancée, dix heures : c'est que, toutes les familles font la fête dans leurs intérieurs, chantant, dansant, buvant des liqueurs et mangeant des friandises ; ils nous proposent de les accompagner dans une de ces réunions intimes, mais, outre que ne voulons pas être qualifiés d'indiscrets, nous prétextons aussi de nos fatigues, ce qui est loin d'être contraire à la vérité, et nous prenons congé de nos charmants amis.

Le lendemain lundi, à six heures dix du matin, nous quittions définitivement Constantine, pour nous diriger sur Tébessa, par Souk-Arras : petite pluie et vent froid ; ce n'est pas le temps que nous avions rêvé.

Magasins selects Extra Muros à Constantine

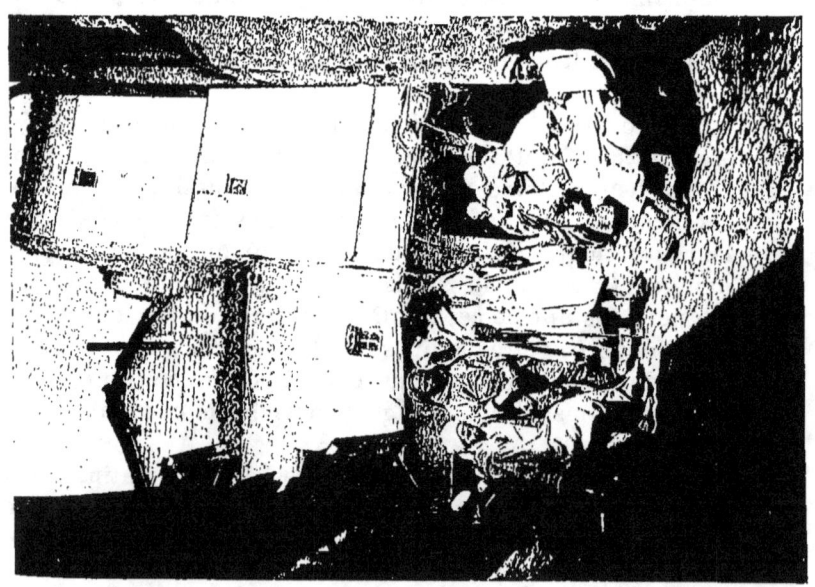

Carrefour indigène à Constantine

C'est au Kroub que nous quittons la ligne déjà suivie, et nous allons vers l'Est ; nous entrons dans la vallée de l'Oued-Zenati, calme ou furieux selon les époques ; cette contrée est aride, mais, après de nombreux circuits, nous passons dans la vallée de la Seybousse, après Guelma : là, changement de décor ; les terres sont cultivées, les collines garnies d'oliviers. Nous passons Duvivier, et après de nombreux tunnels et viaducs, nous sommes dans la vallée de l'Oued-Melah. Ces courbes continuelles nous permettent, après chaque tunnel, de jouir d'un panorama très étendu et très pittoresque ; toute cette contrée est vraiment belle.

Après Aïn-Affra, les courbes montantes continuent, et, à travers des forêts de chênes-lièges et d'oliviers, nous descendons dans la vallée de la Medjerda. Nous apercevons d'immenses espaces incendiés ; tous les arbres et arbustes sont complètement grillés ; il n'est pas bien agréable d'être propriétaire dans ces contrées, puisqu'on est constamment exposé à se voir dévorer par des incendies qui n'éclatent pas spontanément, mais qui sont bien, au contraire, le fait des indigènes. Il paraît qu'ils ont la libre pratique du pâturage dans les herbes qui poussent sur les terrains incendiés, et ils ne se privent pas d'en agrandir le champ.

Deux dames ont pris place dans notre compartiment dont elles occupent deux coins ; les tunnels étant très courts, la compagnie supprime l'éclairage, mais ces dames parent aux inconvénients qui résultent de cette économie en tenant à la main une bougie qu'elles allument aussitôt que le train pénètre sous un tunnel pour la souffler à la sortie et recommencer la même opération quelques minutes après. Nous avons le regret de constater que ce sont deux compatriotes, et nous nous croyons le droit de nous moquer amplement de leur... simplicité.

Les coteaux, qui nous apparaissent couverts de vignes, nous annoncent que nous approchons de Souk-Arras, où nous descendons, en effet, à une heure quinze minutes ; nous ne devons repartir pour Tébessa qu'à quatre heures quinze minutes ; nous avons déjeuné au buffet de Guelma ;

nous avons donc tout le temps nécessaire pour visiter cette ville de 6.000 habitants, dont 2.000 Français.

Souk-Arras est le centre d'un important marché de grains, de bestiaux, de bois de construction, de vins ; les vignes, dans les environs, croissent sans cesse et leur produit est très estimé.

Toutes les rues sont à angles droits; les maisons bien bâties. Nous faisons la connaissance d'un jeune et charmant algérien qui passe ici une grande partie de l'année, et qui se fait un plaisir de nous servir de cicérone. Il nous conduit vers la demeure de l'administrateur de la commune mixte, et de là au bordj, où sont rassemblés les débris de monuments, de tombeaux, provenant de l'ancienne Thagaste, qui occupait, il y a une quinzaine de siècles, les plaines environnantes ; c'est cette ville disparue qui a donné le jour à Saint-Augustin, patron de Souk-Arras.

Dans ces forêts qui garnissent les montagnes desquelles, à cause des neiges qui en blanchissent les sommets, nous arrivent de tous côtés des vents trop rafraîchissants, on rencontre encore quelques fauves : panthères, hyènes, et, plus rarement, des lions. Tout récemment, les arabes ont tué une panthère et ses trois petits; l'Administration leur a versé la prime de 100 francs ; les peaux se vendent de 60 à 80 francs ; la peau d'un lion est vendue de 200 à 300 francs, mais cependant il y a quelques jours la peau d'une lionne n'a pu être vendue que 60 francs, et les trois lionceaux qui ont été capturés ont été achetés à raison de 15 francs chaque. Pour prendre les lions les Arabes creusent des silos profonds qu'ils recouvrent de branchages, et, quand l'animal est tombé dans le piège, avant de le tuer, les femmes le narguent, crachent dessus, se vengent ainsi de la perte de leurs vaches ou autres animaux détruits par le prisonnier.

Notre jeune guide nous parle aussi de l'amour que professent les indigènes pour leurs costumes; il était ami du fils du Caïd de Souk-Arras ; celui-ci, étant élève de l'Ecole Polytechnique, venait passer ses vacances dans son pays; un jour, il invite notre nouveau compagnon à faire avec lui une promenade à cheval jusque chez son oncle, également Caïd, à quelques lieues de Souk-Arras; il manifeste au polytechnicien sa surprise de le voir quitter son brillant uniforme français pour endosser le burnous : « Je fais ainsi plaisir, lui répond-il, à mon oncle et à moi-même. »

Il nous cite aussi l'exemple typique de Ben-Taoud, de la province d'Alger, officier de l'armée française ; il vit pendant trente-cinq ans au milieu de ses camarades ; mais aussitôt sonnée l'heure de la retraite, il quitte l'uniforme pour celui de ses congénères, et rentre dans la vie des gourbis.

Notre visite de la ville terminée, nous entrons au grand café de la Place ; un billard nous tend les bras ; nous engageons la lutte, et j'ai le regret d'en sortir vainqueur !

Nous nous quittons à la gare à quatre heures quinze minutes, et à neuf heures cinquante-cinq, nous avions franchi les 128 kilomètres qui nous séparent de Tébessa. Quelques Oueds, quelques montagnes, des plaines arides, cette route est trop monotone, surtout quand, comme aujourd'hui, on la parcourt par un temps froid et brumeux.

Pourtant, nous avons l'agrément d'avoir avec nous un nouveau compagnon, qui ne tarde pas à nous intéresser ; il est distillateur à Constantine, et visite en ce moment sa clientèle. Notre grand ami, qui s'y connaît, part avec lui en guerre contre la régie, contre les droits, contre le gouvernement, etc. L'Algérie et la France sont d'accord pour faire à toutes ces règlementations gênantes la plus vigoureuse opposition, et, de cet accord, nous n'en doutons pas, il résultera, dans un bref délai... le *statu quo !*...

Nous arrivons enfin à Tébessa, et, n'ayant pas le choix, nous nous installons à l'unique hôtel de la Métropole, qui place en ville une partie des nouveaux arrivants.

Le lendemain, mardi, 31 mars, notre première visite est pour le quartier de cavalerie qui possède, nous a-t-on dit, dans un antique bâtiment conservé au milieu de la cour, d'admirables fresques. Nous nous adressons à un capitaine, qui fait les cent pas, mais nous ne parvenons pas à lui faire comprendre l'objet de notre présence ; il ignore absolument ce que sont des fresques, il suppose sans doute que nous voulons faire allusion à ses frasques, ou à ses frusques, et il nous tourne fort impoliment le dos. Quelques soldats, avec lesquels nous pouvons nous expliquer, nous comprennent, mais ne peuvent nous fixer sur le sort des fresques qui ont disparu de la caserne avec les ruines qui les renfermaient.

Nous faisons le tour de ces casernes, et nous nous trouvons sur un vaste terrain bouleversé par les fouilles actuelles ; nous y trouvons bien quelques débris de poteries ou de faïences peu intéressants et dont nous ne jugeons pas à propos de nous charger.

Revenant par le jardin public, nous sommes bientôt devant la porte de Salomon, où se tient le marché. Cette porte est percée dans la muraille haute de six mètres et large de deux mètres qui enveloppe la ville. Plus loin, au nord-est est la Vieille-Porte ou Arc-de-Triomphe de Caracalla ; cet arc-de-triomphe est d'une superbe architecture et constituent une remarquable ruine de l'antiquité romaine. Il fut construit en 211, 212, 213, et dédié à Septime Sévère, Julia Domna, sa femme, et Caracalla, son fils. Au-dessus de la tête de Julia, assez bien conservée, nous lisons cette inscription, qui nous fait rêver : Casta pia Anna...

Rentrés en ville, nous sommes bientôt dans le temple de Minerve, magnifique édifice, dans lequel nous trouvons le curé de Tébessa, universellement connu pour son amour de l'archéologie. Nous pouvons enfin admirer ces fameuses fresques que nous avions cherchées en vain, et qui ont été appliquées sur les murailles de ce temple, devenu un véritable musée lapidaire. M. le Curé en fait le réceptacle de toutes ses intéressantes découvertes, et nous donne sur les différents objets exposés de fort savantes explications.

Il est heureux de nous présenter le registre sur lequel figurent les milliers de signatures de personnages du monde entier, et nous-mêmes signons, à sa grande joie, la déclaration suivante transcrite par un des nôtres, le marseillais :

« Les membres de l'A. F. A. S., soussignés, ont l'honneur de rendre hommage à la courtoisie de M. Delapart, curé de Tébessa, qui joint l'urbanité à la science. »

Tout autour de la cour, au milieu de laquelle se trouve le temple de Minerve, M. le Curé nous fait admirer son exposition de colonnades, de tombeaux provenant de ses fouilles, et nous fait la traduction de leurs inscriptions latines. Parmi ces tombeaux, il s'en trouve beaucoup avec urnes, ce qui indique que la crémation n'est pas d'invention moderne. Nous devons espérer que toutes les inhumations, par la suite, se feront précéder de l'incinération ; c'est un système hygiénique, et qui permettrait de réduire considérablement les milliards de microbes avec lesquels nous sommes continuellement en lutte !

La petite église, que nous visitons ensuite, n'a de valeur que par les modifications successives qu'y introduit M. le Curé en utilisant les débris des monuments de l'ancienne Thébeste, ville romaine, au milieu de laquelle s'est construite Tébessa. Il nous fait admirer le tableau en mosaïque qui orne le fond de son hôtel : ce tableau représente les plans de la basilique, et c'est lui-même qui l'a découvert sous la première pierre de cet immense édifice dont les ruines viennent d'être déblayées sous la direction de M. A. Ballu, architecte en chef des monuments historiques de l'Algérie. A cause de cette circonstance, cette mosaïque a pour M. le Curé une valeur considérable, et il préfère qu'on lui ravisse la vie plutôt que de laisser déposséder son église de cette précieuse trouvaille.

L'infatigable curé nous conduit alors aux fameuses ruines de la basilique, à 300 mètres sur la route N, au-delà de l'Arc-de-Triomphe de Caracalla.

Ces ruines sont grandioses et véritablement imposantes : la basilique proprement dite, église à trois nefs, est précédée et entourée d'une entrée monumentale presqu'intacte, d'un cloître, d'un *atrium*, au milieu duquel est une fontaine aux ablutions, d'un baptistère, d'un *presbytérium* à cellules entourant l'église, d'une chapelle, d'une enceinte fortifiée avec tours carrées et chemin de ronde supporté par des éperons disposés à l'intérieur du mur d'enceinte, de vastes écuries parfaitement conservées avec auges en pierre et trous d'attache dans les murs pour les chevaux, d'une chapelle ou oratoire le long du mur d'enceinte.

A peine avons-nous franchi la porte que M. le curé fait de sévères observations au gardien qui laisse paître ses animaux dans les cours ; il ne peut pas être bien exigeant pour ce *fonctionnaire*, dont les appointements sont de 600 francs payés par le ministère des beaux-arts, mais il ne veut pas que les visiteurs marchent *sur les traces* des animaux du gardien.

Sur le sol, dans les chapelles et surtout dans l'église, nous voyons des parties dallées en mosaïque et bien conservées. Grâce à M. le curé, nous comprenons la disposition de cet immense édifice. Il n'a garde d'oublier de nous conduire dans l'endroit où il a rencontré la plus forte émotion de sa vie : la découverte du plan de la basilique. Nous lui faisons constater que, de ce côté, un certain nombre de grosses pierres paraissent être tombées tout récemment. C'est en effet le résultat d'un tremblement de terre qui, il y a un mois, se faisait sentir dans la contrée ; c'est par hasard que Tébessa s'en est légèrement ressentie, puisque la ligne habituelle suivie par les oscillations se dirige de Sousse à Tingat, laissant en dehors Tébessa.

Cependant l'heure avance et nous reprenons le chemin de la ville. M. le curé regrette de ne pouvoir nous présenter à M. Jacobsen, absent de chez lui, mais il espère le rencontrer au café, où il consent à nous accompagner ; et, en effet, nous pouvons bientôt saluer M. Jacobsen, directeur de la Compagnie anglaise ou, pour mieux dire, américaine des Phosphates, M. Brézin, adjoint de l'administrateur de la commune mixte, M. Chapelle, ancien agent-voyer, qui a découvert les gisements, et quelques autres personnes, et, grâce à l'amabilité de M. Jacobsen, il est décidé qu'à une heure et demie le train spécialement affecté au transport des phosphates pourra nous emmener jusqu'aux gisements situés à 27 kilomètres de Tébessa, sur le Djebel-Kouif.

M. Delapart n'a jamais pris le temps de visiter cette importante exploitation, et nous insistons vivement auprès de lui pour qu'il nous fasse l'honneur de nous accompagner ; mais, au dernier moment, il nous fait parvenir sa carte avec ces quelques mots :

« M. le curé de Tébessa a l'honneur de souhaiter une heureuse excursion au Djebel-Kouif à Messieurs les membres de l'Association française pour l'Avancement des Sciences et prie M. P. Boissier d'accepter les deux numéros du *Petit Marseillais* qu'il vient de recevoir, afin d'atténuer, par leur lecture, les ennuis de la route. »

A l'heure dite, nous étions à la gare, au complet, y compris M. Brézin, en superbe costume de sous-préfet, ou plutôt d'inspecteur des forêts. L'uniforme est nécessaire, nous dit-il, pour imposer le respect aux Arabes. Notre train, attelé à une machine Corpet, baptisée Tébessa-et-Kouif, parcourt d'abord une longue ligne courbe par la plaine. De notre plate-forme, nous découvrons facilement l'horizon, qui n'est que montagnes, dont quelques-unes couvertes de neige. En face de nous, nous remarquons l'exploitation française qui manque, paraît-il d'activité ; dans la plaine, c'est l'alfa qui domine ; quelques parties seulement sont cultivées.

Nous nous trouvons sur cette plate-forme avec un compatriote, M. Flamant, ingénieur de la ligne. M. Flamant est d'Avesnes (Nord) et est apparenté aux Tisserant, nos voisins de Cires-lès-Mello (Oise).

Nous nous entretenons aussi avec M. E. Demoncin, représentant de *The Constantine Phosphate Company limited*.

Nous arrivons, après environ deux heures de marche, au point terminus de cette ligne, au-dessous de l'exploitation. Nous recueillons une quantité de dents de poissons antédiluviens. Armés d'un lampe, nous parcourons une partie des 5 à 6 kilomètres de galeries déjà ouvertes, et nous croyons, aux secousses que nous éprouvons par le fait des coups de mines qui éclatent dans ces fouilles, que nous ne reverrons plus le jour ; pourtant, nous sortons des galeries souterraines et nous remontons au sommet, pour nous diriger vers Morsot, village de 350 habitants dont 300 mineurs italiens et arabes.

M. Jacobsen nous a invités à visiter le pied-à-terre qui, en attendant l'achèvement d'une maison confortable, lui sert de gîte lorsque ses affaires le retiennent au Djebel-Kouif, et nous ne sommes pas peu surpris d'y trouver tous les éléments d'un lunch luxueux et confortable : grands vins de Bourgogne et Bordeaux, Champagne, petits fours, etc., etc.

Nous reprenons la direction de la gare des Chantiers et nous commençons la descente à six heures quarante-cinq minutes ; mais si la fraîcheur a été accentuée à l'aller, c'est le froid, et un froid pénétrant qui nous empoigne au retour. Assis sur des bancs ou sur des madriers posés sur le phosphate, nous sommes absolument transis, et je n'ai pas le courage de prononcer une parole pendant les sept quarts d'heure que dure ce long voyage. Fort heureusement, la patronne de l'hôtel a prévu le refroidissement et nous nous cuisons consciencieusement devant le grand foyer de la salle à manger avant de nous décider à prendre place à table. M. Jacobsen a bien voulu accepter notre invitation : nous comptions aussi sur M. le curé, mais nous ne sommes pas plus heureux que pour l'excursion et il s'excuse par une lettre adressée à M. Boissier et conçue en ces termes :

« Tébessa, le 31 Mars 1896.

« Mon bien cher Monsieur,

« Obligé de me tenir, ce soir, à la disposition d'un des grands malades dont je vous ai parlé ce matin, veuillez m'excuser auprès de vos aimables collègues de ne pouvoir faire honneur, comme je l'avais promis, à leur si gracieuse invitation.

« Veuillez agréer, avec un vif regret, mes bien cordiales et respectueuses salutations.

« Delapart,
« Curé ».

Le matin, en effet, M. le Curé nous avait raconté que le froid actuel et la neige qui couvre les montagnes occasionnent beaucoup de pneumonies et de pleurésies, et, comme il est le médecin dévoué à la disposition de tous : Arabes, Juifs, Roumis, riches ou pauvres sans autre rétribution que le bonheur qu'il éprouve à procurer du soulagement à ceux qui souffrent, il est aimé de tous. Une légende court à son sujet parmi les Arabes : ils auraient connu à Bône, son père, qui aurait été un mercantile, faisant le commerce d'épicerie, et leur congénère; ils sont désolés que son fils ait abandonné leur religion, parce qu'il serait devenu un grand marabout; mais, quoique curé des Roumis, ils le vénèrent en reconnaissance des soins qu'il donne à tous avec un si constant dévouement. Ces Arabes ne manquent pas, du reste, une occasion de lui prouver leur amour, et M. le Curé considère-t-il qu'il y a lieu de fouiller le sol pour découvrir des souvenirs des temps passés ? Il n'a qu'un mot à dire; tous se mettent vigoureusement à l'œuvre. Trouvent-ils une pierre, un tombeau, une colonnade fort difficile à retirer du sol et à transporter ? Ils en viennent bien à bout, et c'est ainsi que de plusieurs kilomètres sont venus à Tébessa ces débris qui garnissent les cours du Temple de Minerve et de l'église paroissiale.

Pour les mêmes raisons, les juifs professent envers M. Delapart la même vénération, parce qu'il se prodigue sans se préoccuper des sentiments religieux de ceux qu'il cherche à sauver de la maladie ou de la misère.

Ils ont raison, car de sa conversation, on peut conclure, sans l'offenser, que le seul terrain dont la culture peut être sérieusement productive est celui de la science et de la charité, tandis que celui des hypothèses ne peut rien donner.

Il est même trop généreux, ce brave curé; il ne pense qu'aux autres; il oublie le confortable de son intérieur et même de sa personne. Quand il a touché ses appointements, avant de faire sa part, il fait une distribution de médicaments, de paquets de tabac, et s'aperçoit tout à coup que ses poches sont vides ! Il s'oublie toujours dans ses distributions ! Et nous, qui ne le connaissons que depuis quelques heures, nous nous sentons tous attirés vers lui par une vive sympathie.

Sans être aussi répandues que dans l'oasis de Sidi-Okba, les maladies des yeux sont cependant très fréquentes ; aussi M. le curé s'est-il appliqué à les soigner, et il a, nous a-t-il dit, très sensiblement arrêté leur propagation.

Mais, j'oublie que nous sommes à table en compagnie de MM. Jacobsen, Chapelle et autres personnalités du pays des phosphates, de ces phosphates qui ont fait couler tant d'encre dans ces derniers temps. J'ai bien suivi les polémiques engagées dans des journaux de nuances diverses, mais je n'ai jamais su, parmi tant d'arguments invoqués, me faire une opinion. A tort ou à raison, je crois qu'une journée comme celle-ci vaut mieux que la lecture de tous les rapports possibles. Ces campagnes de presse me paraissent avoir été inspirées bien plus par la politique ou les questions personnelles que par la sincérité. La compagnie, dont M. Jacobsen est le directeur, a réussi à Tébessa ; mais on ne parle pas de cette autre compagnie anglaise qui, à Souk-Arras, vient de voir s'engloutir dans une exploitation malheureuse plus d'un million. Et ces maisons françaises qui ont été invitées à sonder ces montagnes, et qui n'en ont rien fait, en parle-t-on ? Bref, l'exploitation des gisements du Djebel-Kouif est fructueuse, et c'est très heureux ; il est juste que ceux qui sont entreprenants, qui ne craignent pas d'exposer de gros capitaux, soient de temps en temps récompensés ; il en résulte une émulation, une fièvre même, qui pousse ceux qui sont témoins de ce succès, à faire également d'autres recherches. Le champ de sondage est immense dans ces contrées, et notre maître d'hôtel est un exemple de la persévérance à la découverte.

A Djebel-Beccaria, à onze kilomètres de Tébessa, il a mis la pioche dans une mine de calamine ou extrait de plomb ; sur l'autre versant de ce Djebel, à cent kilomètres plus loin, du côté de Aïn-J.-Bissa, il a trouvé de la galène argentine ; il a demandé et obtenu les concessions, et actuellement il commence l'exploitation de la mine de calamine. Il est à désirer qu'il y trouve un rendement semblable à celui des phosphates.

Donc, s'il faut être anglais ou américain pour exploiter avantageusement les phosphates, soyons américains ou anglais ! c'est-à-dire soyons entreprenants ! et n'attendons pas que les allouettes nous tombent toutes rôties.....

Le lendemain 1er avril, nous quittons Tébessa à sept heures trente-cinq minutes du matin, pour arriver à Souk-Arras à une heure et demie ; une demi-heure après, nous roulions vers Tunis avec la perspective d'une étape de huit heures, l'arrivée à Tunis étant indiquée pour dix heures cinq minutes. Cette grande journée passée en chemin de fer ne nous fatigue pas ; nous rapportons de notre visite à Tébessa une ample provision de réflexions, et puis, la pluie étant persistante, nous avons encore l'avantage de voir à couvert des panoramas variés, mais brumeux.

De Souk-Arras à Ghardimaou, la frontière tunisienne, nous suivons la Medjerda que nous franchissons à plusieurs reprises ; les pâturages sont vigoureux, les forêts de chênes-liège sont bien garnies.

Après Ghardimaou, la Medjerda s'éloigne et coule à gauche au milieu d'une belle plaine très fertile et bien cultivée. Nous remarquons particulièrement la gare de Souk-el-Arba, à partir de laquelle une jolie plantation d'eucalyptus suit la ligne pendant trois kilomètres ; à droite et à gauche, large et riche vallée ; à gauche, à quelques kilomètres, les montagnes de la Kroumirie habitées par une classe d'arabes qui ne sont ni des Bédouins, ni des Berbères, ni des Kabyles, ni des Maures, ni des Juifs, mais bien des Kroumirs, ces fameux Kroumirs qui, par leurs incursions dévastatrices dans nos provinces d'Algérie, ont nécessité la campagne qui s'est terminée à Tunis. Ces Kroumirs sont devenus d'une docilité exemplaire, et paraissent heureux de vivre sous notre protection. Leur pays, qui est essentiellement boisé, offre toute sécurité, et les voyageurs peuvent s'y risquer sans aucun dommage.

A l'heure officielle, dix heures cinq minutes, nous étions à Tunis, où nous attendaient quelques amis qui nous y avaient précédés.

Ils nous paraissent enchantés de leur séjour dans cette ville, et l'ouverture du Congrès ayant eu lieu avant notre arrivée, ils nous déclarent que cette solennité a été absolument splendide et que le nouveau Résident, M. Millet, y a conquis d'emblée la sympathie générale.

DEUXIÈME PARTIE

TUNIS — CARTHAGE

BIZERTE

SIDI-TABET — ENFIDAVILLE

SOUSSE

MONASTIR — KAIROUAN

ZAGHOUAN

Deuxième Partie

TUNIS — CARTHAGE — BIZERTE — SIDI-TABET
ENFIDAVILLE — SOUSSE
MONASTIR — KAIROUAN — ZAGHOUAN

Le Jeudi 2 Avril, notre première visite est pour le Secrétariat où nous avons le plaisir de recevoir en souvenir de notre présence au Congrès quatre beaux volumes édités spécialement pour nous et intitulés, les deux premiers : *Histoire et Description de la Tunisie,* les deux autres : *Agriculture, Industrie, Commerce.*

Nous nous faisons inscrire pour la visite aux ruines de Carthage pour laquelle le départ est fixé à une heure cinq minutes à la gare Italienne.

Consultant le programme des excursions, nous voyons que le lendemain Vendredi nous partirons vers midi pour Bizerte, le samedi vers sept heures du matin pour Sidi-Tabet, et enfin le dimanche vers huit heures pour la grande excursion projetée.

Nous en concluons qu'il nous reste bien peu de temps pour prendre l'air de Tunis qui cependant mérite un séjour prolongé.

Le ciel est encore nuageux, mais le soleil daigne laisser tomber ses rayons qui vont nous permettre de juger de l'étonnant panorama de cette ville.

A deux minutes du Lycée, nous sommes sur l'avenue de la Marine. Ce large boulevard est bordé de belles maisons modernes, sans style particulier, et est composé de deux chaînes parallèles séparées par une avenue de deux rangées d'arbres qui *deviendront* touffus. Il part du lac Bahira, lequel communique avec la mer par le chenal de la Goulette, à l'est, et se dirige en ligne droite vers l'ouest. Il change de nom à la place de la Marine, près de la Résidence, pour celui de rue de France, et aboutir à la Porte-de-France, derrière laquelle commence la ville arabe.

A peine avons-nous jeté la plume au vent que nous subissons le premier assaut d'un jeune indigène porteur d'une boîte carrée ; c'est un cireur, et puisqu'il ne peut exercer sur lui-même son industrie, son cordonnier n'ayant pas encore eu le temps de lui prendre la mesure, il cherche à nous faire comprendre par une mimique endiablée qu'il serait heureux de nous frotter. Nous avons en tête d'autres soucis que ceux de nos pieds, et il ne réussit pas dans ses tentatives.

Un autre se présente, encore plus persuasif, puis un troisième, un quatrième ; bref, je me décide, quant à moi, pour avoir la paix, à me livrer aux mains et aux brosses d'un de ces industriels. Pendant qu'il travaille, une autre bande d'imberbes se jettent sur nous, criant : la *Petite Tunisie !* la *Dépêche Tunisienne !* la *Tunisie Française !* etc., etc., et j'accorde ma confiance au porteur de la *Petite Tunisie*, cinq centimes le numéro. C'est le premier journal que j'achète, et, pour me montrer généreux, je tends une pièce deux sous à mon vendeur, qui me la refuse dédaigneusement, garde son journal et poursuit sa route.

Qu'est-ce à dire ? Je regarde ma pièce, une magnifique République française ! mon crieur me fait comprendre que les marchands ne doivent recevoir absolument que de la monnaie tunisienne, mais que cependant ce petit est un sot, puisque je lui donnais deux sous pour un. Du reste, il avait compris sa bêtise, car, après avoir fait quelques pas, il revenait me tendant son journal que j'ai refusé à mon tour. Si c'est pour protéger la monnaie française et nous obliger à la garder dans nos poches qu'a été institué le protectorat, tout s'explique.

Mais le motif sérieux, c'est que l'argent italien encombrait le marché ; pour battre en brèche l'influence italienne le Bey a décrété le retrait de toute monnaie étrangère, et a créé la monnaie tunisienne. On ne saurait prendre trop de

Fouilles de Carthage : Protecteurs et Protégées

Pêche Miraculeuse dans le Canal de Bizerte

précaution contre cette influence de nos voisins dans ce beau pays, qui est sous notre protectorat. La population totale de Tunis est de cent cinquante mille habitants, dont environ quarante mille italiens et dix mille français, y compris la garnison qui est de cinq mille hommes. Pour toute la Tunisie, la proportion est de plus de cent quatre-vingt mille italiens contre quinze mille français. Ces simples chiffres suffisent pour expliquer notre infériorité numérique ; mais nous avons pour nous la sympathie des indigènes ; soyons assez sages pour la conserver.

Avant d'arriver à la Porte-de-France, vers laquelle nous nous dirigeons, notre groupe était augmenté d'une nouvelle recrue : un jeune tunisien, encore un imberbe, avait su, par son amabilité, se faire agréer comme cicérone ; nous nous adoptons réciproquement ; il est apprenti peintre, mais il a congé pour quelques jours, les ateliers étant fermés à cause de Pâques ; il parle assez bien le français, et il sait se rendre intéressant.

Nous franchissons la Porte-de-France, et nous sommes dans le quartier indigène, qui n'a rien de commun avec le quartier européen : ici, petites rues, grande animation ; les burnous, les chéchias, les gandouras à broderies et à bordures verdâtres, dominent ; les femmes en kaïks blancs ou noirs, selon leurs conditions, toutes à la démarche souple et lente ; à droite et à gauche, cuisines ouvertes pour la vente du couscous, des brochettes de morceaux de viande rôtie sur le gril, des fritures peu engageantes — pour nous. — Beaucoup de maisons ont les fenêtres garnies de balcons en fer forgé, formant comme une sorte de cage dans laquelle se dissimulent les femmes arabes. Mais bientôt nous sommes dans une rue tortueuse, couverte, dont le plafond est formé de vieilles charpentes enchevêtrées ; à droite, à gauche, d'autres rues couvertes ; nous quittons l'une pour tomber dans une autre toute différente d'aspect ; ce sont les Souks qui attirent et qui retiennent la monnaie.

Chaque rue contient une spécialité : l'une, les chéchias ou calottes en feutre rouge avec glands de soie ; l'autre, les boutiques d'épiciers ; puis les autres, les parfums, ou les tissus, ou les meubles, ou les ateliers des teinturiers, des tailleurs, des cordonniers, des couteliers, des selliers, même des joailliers et des marchands de diamants et de perles.

Toutes ces boutiques ressemblent à des alcôves, à des niches dans lesquelles veillent les gardiens — en dormant, le plus souvent, — mais pas toujours, car il est parfois difficile de se dégager des étreintes acharnées auxquelles on se trouve soumis ; il est préférable, pour retrouver plus tôt sa liberté, de se laisser faire, d'accepter le Kawa, inévitablement offert par le patron du *Musée,* de contempler les déballages qui se font tout autour de vous, d'acheter un objet quelconque moyennant cinq ou six cents pour cent de rabais sur le prix qui vous est fait.

Je renonce à faire le détail de tous ces Souks, et je me borne à dire que ce quartier est extraordinairement intéressant, amusant même, et digne de sa renommée universelle.

Espérons que la pioche du démolisseur n'aura jamais à s'exercer contre ces vieilles et baroques constructions pour les remplacer par des maisons en pierre bien alignées de chaque côté de rues larges et droites ; ce serait l'éloignement certain du touriste, toujours amateur de la couleur locale. Qu'ira-t-il faire à Alger, quand tout ce quartier pittoresque de la Kasbah aura disparu pour faire place à des boulevards, ou à des rues Randon quelconques ! Formons des vœux sincères pour que l'administration tunisienne ne tombe pas dans de semblables erreurs.

Nous sortons des Souks par les parfums et nous sommes devant la grande mosquée Es Zitouna ; je n'en ferai pas la description par la raison que des Roumis comme nous ne peuvent y pénétrer. Nous sommes dans le quartier de la Kasbah, et nous passons devant la magnifique caserne des zouaves, construite d'après le style arabe. C'est dans ce genre que nous voudrions voir toutes ces constructions du quartier européen de Tunis qui ressemblent absolument à celles de la Métropole, contrairement à la logique la plus élémentaire et à l'hygiène locale. A droite, nous trouvons un petit square qui orne la façade du Palais du Bey, la Dar-El-Bey. Nous y pénétrons : au bout de grands escaliers nus et froids, nous sommes dans un *patio,* entouré de piliers de marbre noir et blanc ; c'est ici que se trouvent les entrées des salles principales du Palais. Un officier de l'armée Beylicale, colonel, paraît-il, coiffé du fez à l'étoile de cuivre doré, nous offre le selam-alek (bonjour) en portant sa main à son cœur et à sa bouche, et se met à notre disposition. Nous parcourons rapidement la salle à manger dont le plafond est or et rouge ; cette salle est en saillie sur une ruelle, et prend ses jours par des ouvertures de bas en haut ressemblant à des chausse-trappes ; le salon du premier ministre aux tentures de soie jaune avec de jolies arabesques ; dans la salle du Conseil, nous faisons sieste quelques instants dans les fauteuils y compris le trône Beylical. Cette salle possède un plafond en forme de rotonde, garni d'arabesques en plâtre, et qui a demandé, dit-on, sept ans de travail à l'ouvrier ou, pour mieux dire à l'artiste qui l'a exécuté ; puis la chambre à coucher du Bey, les cabinets de toilette et autres.

Mais le tout est mal entretenu ; les meubles sont sans goût ; sur les cheminées des pendules en zinc doré, qui nous rappellent le temps où, dans notre contrée, les adroits chevaliers d'arc garnissaient leurs chambres avec les prix qu'ils remportaient dans les concours ; des bouquets fanés de fleurs artificielles qui ne valent pas treize sous ; sur les murailles, des tableaux *peints* à la mode d'Epinal, et représentant des épisodes des guerres du premier Empire, le retour des cendres, le tout mélangé avec l'histoire de Diane de Poitiers. Mais le plus curieux au point de vue du délabrement, c'est le mobilier de la salle à manger : autour de la grande table oblongue se trouvent seize fauteuils, ne se ressemblant que parce qu'ils ont quatre pieds, pas tous de même longueur, il est vrai ; quant au reste, ils ont, soit un bras de moins, soit le dossier absent, ou plus ou moins complet ; quelques-uns de ces sièges sont percés ou garnis de tissu déchiré ; c'est lamentable ! et cependant autour de cette table ne prennent place que le Bey, les Princes de sa famille, et les invités : Princes ou Ambassadeurs étrangers. J'espère que le service est d'un confortable suffisant pour faire oublier ces misères.

Le colonel Beylical, qui nous accompagne en nous donnant tous les détails utiles, nous explique que le Bey ne veut à aucun prix changer ces sièges qui ont pour lui une valeur historique. Que ne les met-il dans un musée ?

A part les arabesques fort jolies, et qui pourraient donner asile à des milliers de guêpes, la Dar-El-Bey nous laisse assez froids ; mais sur l'invitation du colonel, qui nous met entre les mains d'un commandant ou d'un capitaine, nous montons sur la terrasse du Palais ; c'est bien certainement le clou de cette visite. De cette terrasse, en effet, la vue se promène sur un champ immense de toitures et de terrasses blanches parmi lesquelles pointent quelques minarets ; nous pouvons nous faire une idée de l'importance de la ville indigène, qui est à nos pieds, du quartier européen, dont nous suivons le développement jusqu'au lac El Bahira, des faubourgs de Tunis ; bref, c'est un panorama splendide.

Mais l'heure s'avance, et il nous faut prendre congé de ces aimables grands dignitaires de l'armée Beylicale ; nous leur serrons la main avec une touchante reconnaissance, appuyée d'une pièce de monnaie française ou tunisienne ; l'intention de leur être agréable suffit à leur bonheur ; et ils n'ont cure de la valeur du cadeau, — au contraire. —

Nous traversons le *patio* qui précède la sortie, au milieu d'une foule d'arabes qui attendent patiemment leur tour de se faire rendre justice : beaucoup d'appelés et peu d'élus ; mais demain et les jours suivants ne sont-ils pas là ?

Au hasard, nous reprenons notre direction par toutes ces rues descendantes ; il n'y a pas à s'y tromper ; toutes aboutissent à la Porte-de-France ; nous n'avons qu'à nous laisser glisser, et nous nous trouvons au milieu de ce grouillement de burnous, de haïks, de voiles épais couvrant entièrement la tête et la figure et que les femmes, qui s'en font un ornement soulèvent obliquement, pour savoir où poser les pieds, mais toujours de façon à ne laisser à découvert absolument rien du visage ; de juives aux pantalons collants surmontés de blouses vagues et de cornets dorés ou non en guise de chapeaux, le tout renfermant ces amas de graisse si goûtés de leurs époux ; et toujours ces fumets s'échappant des cuisines, ces fritures qui, loin de nous arrêter, malgré notre longue promenade, ne font que précipiter notre allure. Pourtant je fais halte quelques instants devant un marchand de cannes, qui me demande trois francs de celle que j'ai l'air de trouver à ma convenance : les deux ? lui dis-je ; oui, sidi, et il m'en offre deux ; j'en prends une pour 1 fr. 50, mais il m'aurait bien embarrassé des deux, pour le même prix, si j'avais hésité à conclure le marché ; j'étais pressé, je n'en pris qu'une ; j'étais volé de 100 0/0 au lieu de 300 0/0 ; nous avions, le marchand et moi, chacun notre bénéfice : le mien relatif, le sien réel !

A une heure, les congressistes encombraient le quai de la gare italienne et le train spécial partait à une heure cinq minutes. Nous sommes pendant plus d'une demi-heure *en Italie*, car cette ligne est absolument italienne : administration, chefs de gare, employés ; cette anomalie cessera peut-être un jour.

A la gare de Malga-Carthagine, des groupes se forment et partent dans diverses directions ; pendant que les uns vont visiter des fouilles de cimetière, la villa Scorpianus, l'amphithéâtre, nous nous dirigeons vers le mamelon qui s'étend devant nous et sur le sommet duquel nous apparaissent quelques monuments. La route est très belle et les sentiers qui en partent nous conduisent par des champs d'orge ou de blé jusqu'à la cathédrale édifiée par Mgr de Lavigerie, qui en est maintenant le locataire perpétuel. A côté, se trouve le couvent des Pères-Blancs. Mais nous sommes sur le point culminant de Carthage et ces édifices modernes ne nous intéressent guère ; c'est Carthage que nous voulons voir, cette cité célèbre qui faillit vaincre Rome, dominer l'univers, et dont l'histoire merveilleuse nous hante depuis nos premières années de collège. Mais où est-elle cette Carthage ? Tout autour de nous, jusqu'à l'horizon, nous ne voyons que des champs de blé ou d'orge : pas une maison, pas une porte, pas un mur, rien ! En face, la mer, calme, d'un bleu méditerranéen qui vient se confondre avec la rive trop adoucie. Nous sommes bien près de douter que ces rivages ont été abordés par des centaines de mille de guerriers.

Pour voir Carthage, il faut véritablement les yeux de la foi, c'est-à-dire qu'il faut les fermer, s'hypnotiser par les souvenirs classiques, écouter à Rome le vieux Caton pérorant : *Delenda est Carthago*, et, rouvrant les yeux, constater combien son conseil a été suivi, car Carthage est bien détruite ; il n'en reste rien, rien ! que le musée, dans lequel le P. Delattre, curé de Carthage, a rassemblé quelques débris, des tombeaux, et surtout des petites lampes en terre...

Nous entrons dans ce musée, où nous sommes délicieusement émus bien plus par le spectacle qui s'offre à nos yeux que par le contenu des vitrines : c'est le moment précis de l'accolade de M. Gauckler avec le R. P. Delattre, qui reçoit la nouvelle de sa nomination dans l'ordre de la Légion d'honneur ; c'est un ruban bien placé, car le P. Louis-Alfred Delattre, de l'ordre des Pères-Blancs d'Afrique, conservateur du musée archéologique de Carthage, est un savant modeste et consciencieux qui a consacré son existence à faire la lumière par ses recherches et ses découvertes archéologiques, ses publications sur Carthage et différents points historiques fort intéressants de la Tunisie.

Avant de quiter ce monticule, nous entrons dans l'insignifiante chapelle de saint Louis, inaugurée en 1842, sur un terrain gracieusement offert à la France ; au-dessus de la porte, nous lisons :

LOUIS-PHILIPPE 1ᵉʳ, ROI DES FRANÇAIS
A ÉRIGÉ CE MONUMENT
EN L'AN 1841
SUR LA PLACE OU EXPIRA LE ROI SAINT LOUIS
SON AIEUL

Ce dernier est mort, comme nous l'apprend l'histoire, au cours d'une Croisade, le 25 août 1270.

Ce que j'ai trouvé de plus curieux dans cette chapelle, c'est que la plus grande partie en est occupée par les restes de M. Mathieu de Lesseps père qui fut consul à Tunis.

Nous descendons l'autre versant du mamelon et nous nous dirigeons vers le drapeau tricolore qui, là-bas, au-delà de la plaine verte, à gauche, flotte à la façade d'un immense monument plat : ce sont les citernes de Bordj-Djedid, ainsi désignées à cause de leur proximité du nouveau fort construit en 1894, pour remplacer un fortin turc. Nous sommes escortés par une bande de jeunes et pittoresques Carthaginois modernes, oh ! combien déchus ! dont la spécialité est de nous soutirer notre monnaie. Nous arrivons aux citernes et leur visite justifie certainement cette excursion. Elles forment un rectangle de 128 mètres de longueur sur 37^m40 et contiennent 25,000 mètres cubes d'eau ; elles ont été récemment restaurées par la direction des travaux publics. La belle eau qu'elles reçoivent et qui vient de la montagne de Zaghouan par une canalisation d'environ 100 kilomètres, est répartie entre les villages voisins et la ville de La Goulette.

Toujours par les sentiers, nous reprenons, en contournant le mamelon, la direction de la gare, et nous traversons le quartier de la Malga formé de quelques masures entourant d'immenses réservoirs abandonnés depuis longtemps et qui servent d'abri aux habitants, véritables Troglodytes ; les voûtes sont à fleur de sol, effondrées en bien des endroits et il faut se diriger avec précaution pour ne pas pénétrer trop rapidement dans ces logements dispensés de l'impôt des portes et fenêtres.

A quatre heures précises, notre train italien nous arrachait à Carthage — et à nos illusions !

Quelques minutes après notre arrivée à Tunis, nous écoutions dans la salle du théâtre la conférence si nourrie et si intéressante de M. Marcel Dubois, professeur à la Faculté des Lettres de Paris, sur : la Tunisie : colonisation ancienne et colonisation moderne : romains et français.

Le matin, nous avions reçu l'invitation suivante :

« Le Résident général et Madame René Millet prient

M. X... de leur faire l'honneur de passer la soirée à la Résidence le jeudi 2 avril, à neuf heures et demie, à l'occasion du Congrès de Carthage. »

A cause de l'heure fixée, nous pouvions bien tranquillement nous reposer ; mais un des nôtres nous parle de *Karragous,* et nous électrise avec les détails piquants qu'il nous donne sur cette sorte de spectacle absolument arabe : ce sont, paraît-il, des défilés de personnages à l'instar des ombres chinoises, mais d'une grivoiserie fort exagérée. Les arabes sont très friands de ces exhibitions qui rappellent, nous dit notre compagnon, les situations les plus risquées racontées dans la Bible : peut-être se trouvent-elles également dans le Coran. Les dames du grand monde, pour charmer leur solitude, n'hésitent pas à s'offrir ce spectacle.

Notre jeune guide qui, à notre retour de Carthage n'a eu garde de nous oublier, est mis au courant, et nous partons de suite.

Nous devons trouver Karragous, ou Karagheuz, ou Karakous, ou encore Karakouss, dans le quartier arabe, au-delà des Souks ; nous grimpons donc les rues parcourues le matin, mais tout ce quartier si animé pendant la journée est maintenant morne et silencieux ; de temps en temps un indigène dormant dans un coin ; est-ce un criminel à l'affût ? non, car si les vagabonds ne manquent pas, il nous a été assuré que la sécurité y est complète ; il est triste de constater que nous ne pouvons en dire autant de certains quartiers de Paris.

Cependant, à l'adresse indiquée, nous ne touchons pas au but vers lequel nous nous étions fébrilement dirigés. Nous nous emparons d'un sergent de ville beylical qui, du reste, prévoyant un bon pourboire, n'hésite pas à se mettre avec nous à la recherche de ce fameux Karragous ; mais les représentations ont lieu alternativement dans tous les coins du quartier arabe, et il pense qu'en ce moment nous aurons satisfaction dans le faubourg, vers la place Carthagène ; la distance ne nous effraie pas ; nos fatigues se sont évanouies et nous courons plutôt que nous ne marchons. Nous rencontrons un groupe d'une dizaine de femmes voilées précédées d'un arabe portant une sorte de bannière garnie de lanternes ; tous disparaissent dans une petite rue transversale, et poussent, sans interruption, de monotones Allah ! Allah ! Allah !... C'est encore un mariage qui va se célébrer.

Nous arrivons enfin à une place où, dans un des établissements qui l'entourent, et d'où s'échappe la lumière, nous devrons trouver ce que nous cherchons ; l'agent beylical s'informe, mais vainement : pas de Karragous ! Il nous propose de nous conduire à l'extrémité de la ville arabe ; mais son zèle nous semble exagéré, et nous lui déclarons formellement qu'il se moque de nous ; nous lui donnons pourtant un léger pourboire, et le prions de retourner à son poste.

Nous avons aperçu sur cette place certain tramway que nous jugeons à propos d'utiliser, et qui nous conduit rapidement jusqu'à la Porte-de-France.

Malgré cette longue course, nous sommes des premiers à présenter nos devoirs à M. le Résident-Général et à Madame Millet. Nous traversons les salons et nous sommes dans le jardin où nous nous reposons délicieusement dans les bosquets dominés par des oliviers séculaires. La musique du 4ᵉ zouaves nous envoie ses mélodies ; les salons se sont garnis, mais... sommes-nous bien en Tunisie ? Il y a lieu d'en douter en ne voyant que des fracs et des dames en décolleté parisien ; nous aurions préféré un mélange bien accentué de costumes locaux ; le pittoresque, le charme y eussent beaucoup gagné. Nous vidons quelques coupes de champagne aux fraises, et notre désillusion est moins amère...

Le vendredi 3 avril, rendez-vous est pris pour midi précis à la gare Bône-Guelma, dans laquelle sera préparé le train spécial qui doit nous conduire à Bizerte.

Comme hier, nous profiterons de notre matinée pour parcourir quelques quartiers de Tunis. Nous avons, l'ami marseillais et moi, pris possession de deux superbes appartements au-dessus du grand café de Tunis, et c'est en respirant sur notre balcon l'air frais du matin que nous attendons nos compagnons.

Nous débutons dans notre promenade par une visite à l'Hôtel des Postes et Télégraphes, construction moderne, avec un immense hall, le tout très commodément aménagé.

En face de la poste, nous traversons le marché, ou Fondouk-el-Ghalla, qui, à cette heure, est en pleine activité ; mais, pour y trouver quelqu'intérêt, il ne faut pas avoir vu d'autres marchés arabes, et particulièrement celui de Biskra. Derrière ce marché, nous rencontrons un grand établissement de bains, qui nous paraît fort coquet ; la cour est garnie de fleurs ; tout respire le confort et la propreté ; j'en ai pris bonne note, et, avant de quitter Tunis, c'est ici que je suis venu prendre un bain maure : je n'y ai pas trouvé le pittoresque, la couleur locale, qui sont le *propre* des établissements similaires purement arabes, mais, à tort ou à raison, je m'y suis cru en plus grande sécurité.

Nous sommes dans le quartier sud, Bab-Dzira, et la large rue, Bab-Djazira, que nous traversons forme la limite du quartier indigène. Cette rue est continuée par l'avenue Bab-Djedid, le boulevard Bab-Menaria, la rue des Selliers ; le tramway circule par toutes ces rues. Tout en flânant au hasard, nous arrivons au Château-d'Eau, construit sur le point culminant de Tunis. Le square, qui précède ce Château-d'Eau, est garni de beaux arbustes et de jolies fleurs. La façade du bâtiment est munie d'une grille à travers laquelle nous voyons de la fontaine de débit s'écouler l'eau de roche qui arrive du mont Zaghouan par un aqueduc d'environ 70 kilomètres ; il s'écoule ainsi environ douze mille litres d'eau en vingt-quatre heures, ce qui est largement suffisant ; mais si le besoin s'en faisait sentir, on pourrait augmenter sensiblement ce débit. Nous jouissons de cette hauteur d'une vue superbe et très étendue, et nous gagnons le quartier nord, Bab-Souika. Pour nous reposer, tout en continuant notre excursion, nous prenons une voiture qui, nous faisant sortir de la ville par une porte, nous ramène par une autre, après nous avoir fait parcourir de curieuses rues. Dans certains endroits ces rues ressemblent à des corridors ayant juste la largeur de la voiture, et à droite et à gauche, ce sont des boutiques, des niches remplies de travailleurs ou de commerçants ; ce sont encore des Souks. Nous passons sur l'intéressante place Halfaouine en ce moment très animée, et nous y retrouvons ces odeurs âcres de l'huile dans laquelle cuisent les beignets ; il s'y trouve aussi beaucoup de cafés maures, qui nous paraissent achalandés à en juger par les nombreux consommateurs accroupis, fumant, ou jouant aux échecs ou aux cartes.

Nous arrivons ensuite sur la place Carthagène où nous laissons pour quelques instants notre voiture qui ne pourrait nous conduire dans les petites rues avoisinantes ; c'est le quartier juif exclusivement ; nous entrons dans plusieurs masures, où nous nous présentons aux habitantes, d'énormes Juives, assises à la façon de nos tailleurs ; nous les trouvons déjeunant, mais leurs mets ne nous paraissent pas bien compliqués : je ne leur vois que des œufs durs ; il est vrai que c'est vendredi. Nous entrons dans la cour d'un vaste immeuble ; cette cour est carrée ; les balcons qui en font le tour au premier étage sont garnis de Juives vieilles et jeunes, parmi lesquelles de fort jolies ; elles nous regardent fort curieusement en riant aux éclats. Les hardes qui pendent de tous côtés et toutes ces têtes qui s'agitent font de cette cour un tableau que nous nous promettons bien de venir photographier si nous avons la chance d'avoir un beau soleil au moment voulu. Cette maison est, nous dit-on, un ancien ministère beylical qui abrite actuellement au moins soixante locataires.

Nous revenons place Carthagène, où nous retrouvons notre voiture qui nous ramène à Bab-el-Bahar, la Porte-de-France. Nous nous disposons à visiter quelques magasins de la rue de France, bazars, marchands de photographies ; c'est notre ami d'Amico qui obtient le plus facilement nos faveurs.

Mais j'aperçois, sur l'avenue centrale de la rue de France, notre Bordelais, qui me propose, en guise d'apéritif, de faire le tour du jardin du Belvédère. J'accepte avec empressement et nous partons encore en voiture. Ce jardin est en effet en dehors de la ville et pour le parcourir, il faut bien une heure ; il est en formation ; les chemins sont tracés en zig-zag, ce qui lui a donné son nom. Certaines parties sont déjà boisées et peuvent procurer un peu d'ombre. Tous les ans, on y plante une grande quantité d'arbres et dans quelques années, ce sera certainement la promenade la plus fréquentée des Tunisiens.

Pour le moment, nous parcourons, toujours en montant, de grands espaces nus, mais desquels, à cause de nos chemins tournants, nous jouissons de panoramas variés sur la ville et les environs. Nous redescendons rapidement, et comme l'heure du déjeuner a sonné, nous allons prendre nos compagnons qui nous attendent *sous notre balcon*. Un enterrement catholique passe devant nous se dirigeant vers l'église ; je le remarque seulement à cause de la façon dont le cercueil est porté : les quatre hommes le tiennent à bout de bras, au moyen de lanières, ce qui m'a semblé bizarre. En outre, aucun drap ne le recouvre, sans doute pour faire voir les garnitures métalliques et fantaisistes.

A midi précis, notre train quittait la gare de Tunis, emmenant quatre cents touristes, congressistes et leurs invités tunisiens.

Jusqu'à Mateur, l'unique arrêt, la route est tracée dans de vastes plaines peu habitées, agrémentées de quelques gourbis disséminés, de bois d'oliviers, de haies de cactus, de touffes de jujubiers sauvages aux épines dures et traîtres, que, pour ne pas s'y frotter, les Arabes évitent en labourant autour ; pourquoi ne pas les arracher ? La seule raison que je m'en fasse, c'est que le terrain n'a pas encore acquis, à beaucoup près, la valeur qu'il a dans nos contrées.

A partir de Mateur, les montagnes que nous apercevions dans le lointain se rapprochent ; nous distinguons le lac de Lechkeul, aux eaux jaunes, peu profondes. Ensuite, à droite, nous arrivons au lac de Bizerte, sur les eaux duquel nous voyons une longue ligne de points blancs mélangés de rose et formant comme un long monôme. Les discussions s'engagent sur ce sujet, mais les plus clairvoyants déclarent franchement, et je n'ai pas de peine à me ranger à leur avis, que ce sont des flamants, ce que les plus incrédules constatent, du reste, au moyen de lunettes.

Notre train s'arrête avec intention en pleine campagne ; nous sautons et glissons sur des talus de pierres cassées et, à travers un bois d'oliviers, nous nous dirigeons vers la pointe de Sebra pour nous embarquer sur deux chalands mis à notre disposition pour nous mener jusqu'au port de Bizerte, après la visite complète du lac. Nous prenons place sur l'*Annibal, C. B.*, latéralement remorqué par un petit vapeur ; il en est de même pour le deuxième bateau. Nous marchons vers des filets tendus en travers du lac sur une longueur de plusieurs kilomètres ; nous nous arrêtons pour assister à la levée de quelques grands filets carrés et nous pouvons nous rendre compte de ce qu'est une pêche miraculeuse : quelques milliers de poissons sortent de l'eau en moins d'un quart d'heure ; nous avons même sous les yeux deux pieuvres d'une respectable envergure, mais les pêcheurs les tuent immédiatement.

Pour donner une idée de l'importance de ces pêcheries, je ne saurais mieux faire que de reproduire un extrait du récit fait de notre excursion par l'ami de Saint-Laurent dans le *Bulletin de la Société de Géographie commerciale de Bordeaux* :

Pêcheries de Bizerte.

« A la suite du port de Bizerte s'étale, précédée d'un goulet long de 7 kilomètres, large de 900 mètres, et presque partout accessible aux plus grands navires, une immense nappe d'eau salée de 50 kilomètres de périphérie et de 13 mètres de profondeur, qui pourrait, sur ses 30,000 hectares de superficie recevoir et merveilleusement abriter les flottes du monde entier.

« Au sud-ouest de ce lac, et lui faisant suite, s'étend une autre vaste cuvette, longue de 14 kilomètres, large de 6, dans laquelle viennent se déverser, à l'époque des pluies, la presque totalité des rivières de la région : c'est le lac Ichkeul. Sa profondeur moyenne, qui ne dépasse pas deux mètres, le rend impropre à la navigation ; par contre, ses eaux douces sont extrêmement poissonneuses et nourrissent des muges et des aloses.

« Les deux lacs sont reliés par un petit cours d'eau très sinueux, l'Oued-Tindja.

« Tandis que l'eau du lac Eskeul est douce ou presque douce pendant la saison des pluies, celle du lac de Bizerte est à peine moins salée que le flot de la mer, et les poissons qu'on y pêche en grande quantité appartiennent à la faune marine. Pline signalait déjà le mouvement alternatif du courant dans le chenal de Bizerte : tantôt le flot se porte du lac vers la mer, tantôt l'eau reflue vers le bassin. La cause en est à la rupture d'équilibre provenant des pluies, des courants ou des vents. Quand les torrents apportent une grande quantité d'eau, le chenal se change en fleuve pour déverser en mer l'excédent du bassin ; quand l'évaporation dépasse les apports, c'est à l'eau de mer de combler le déficit. D'ordinaire les vents d'ouest coïncident avec l'entrée du flot marin, les vents d'est avec la sortie du courant lacustre.

« Les principaux hôtes du lac sont : la daurade et le mulet ; viennent ensuite le sar, la dorée ou poisson de saint Pierre, la bogue, l'anguille, la sole, etc. D'après une légende rapportée par El Edrisi, le lac fournirait douze espèces de poissons : une par mois coïncidant avec les changements de lune.

« Ces poissons vivent par familles, restent généralement divisés, et c'est, en effet, toujours séparément, et à des époques différentes, que chaque espèce s'engage dans le goulet de sortie du lac, lorsque, poussé par son irrésistible instinct, obéissant à des lois physiologiques, elle abandonne ses paisibles retraites et cherche à gagner la mer, à l'époque du frai.

« La concession de cette merveilleuse pêcherie est entre les mains de la Société du port de Bizerte pour soixante-quinze ans. Elle a fait établir un barrage, long d'environ 1,000 mètres, qui s'étend d'une rive à l'autre du goulet. Il se compose d'un alignement de pieux à vis, solidement reliés entre eux, contre lesquels vient s'appliquer, du fond de l'eau jusqu'à 1m50 environ au-dessus de la surface, un treillis en fil de fer à mailles carrées de 20 millimètres.

« Tout le long du barrage, en aval, sont échelonnées des chambres carrées de 3 à 4 mètres de côté, en treillis de fer, ouvertes du côté du lac par des fentes en entonnoir qui laissent bien entrer le poisson, mais ne lui permettent pas de sortir.

« On a remarqué que la chair du poisson est particulièrement savoureuse quand il est sur le point de frayer. Or c'est précisément à ce moment, nous l'avons vu plus haut, que, poussé par l'impérieux besoin de gagner la haute mer, il vient de lui-même donner tête baissée dans les pièges de la bordigue. Et comme l'époque du frai varie avec chaque espèce, il en résulte, au cours de l'année de pêche qui commence au 15 mai, une succession de migrations diverses. Le sar passe dans le commencement de mai et disparaît à la fin du mois ; la marmore, une brème ou pagel sans doute, se montre du 20 mai au 20 octobre ; la sarpe ou dorée passe avec le mulet du 20 août à la fin d'octobre, le loup du 21 décembre au 21 février.

« Du 1er au 15 mai, la porte du barrage située au centre, reste constamment ouverte afin de permettre aux jeunes sujets venant de la mer de remonter dans le lac d'où, à leur tour, ayant comme leurs aînés la nostalgie des grandes eaux du large, ils risqueront leur vie pour conquérir leur liberté.

« On a fait à Bizerte des pêches miraculeuses. Un commandant de paquebot disait avoir assisté dans l'hiver 1894 à une capture de 14,000 daurades dont les plus petites pesaient un kilog. Un autre jour, on en prit d'un seul coup 22,000 du poids de 2 à 5 kilog. Les loups arrivent quelquefois à peser 10 kilog.

« On fabrique à Bizerte ce que l'on nomme la boutargue, qui est très estimée dans la consommation et très recherchée dans le commerce. On l'obtient en retirant des mulets d'été les ovaires presque mûrs qu'on prépare en salaisons.

« D'après la statistique officielle de la Compagnie du port de Bizerte, la pêche dans le lac par des barques et dans les réservoirs du 1er janvier au 31 décembre 1892 se chiffrait par la quantité de 505,220 poissons pesant ensemble 365,395 kilog.

« Actuellement on pêche de 6 à 7,000 kilogrammes de poisson par jour, et le produit serait d'environ 250,000 francs par an.

« A. DE SAINT-LAURENT. »

Après cette fructueuse pêche, nous continuons notre promenade autour de ce lac, ou plutôt de ce presque-lac, puisque nous sommes bientôt dans un canal qui le met en communication avec le port de Bizerte, c'est-à-dire avec la mer ; nous sommes sur le domaine de la Compagnie du port de Bizerte, C. P. B., administrée par MM. Hersent, Couvreux et Lesueur. Les travaux ont été commencés en mars 1891, et le 1er juillet, le port a été livré à la navigation.

J'emprunte au même M. de Saint-Laurent la description du port de Bizerte :

Port de Bizerte

« Bizerte est actuellement une ville de 2,000 habitants 1,000 juifs et 5 à 600 européens, siège d'un contrôle civil, d'un cercle militaire et d'une justice de paix.

« Son port, situé par 37° de latitude nord et 7°30 de longitude est, ne commande pas, commercialement parlant, un grand rayon d'attraction. Mais, par sa position sur une des grandes routes de la Méditerranée, il offre, au point de vue du transit et surtout au point de vue stratégique, un intérêt considérable qui justifie les travaux qu'on y a entrepris.

« C'est en 1886, au début du protectorat, que l'on songea à relever Bizerte de ses ruines et à restaurer son port. Les travaux, commencés en 1890, peuvent être considérés comme à peu près terminés.

« Le 20 octobre 1894, on a inauguré le chemin de fer d'une longueur de 73 kilomètres qui relie Bizerte à Djédeida,

Avant les deux Pendaisons au Bardo

La Fantasia va commencer. — A Sidi-ben-Tabet

station de la ligne de Bône à Tunis. La distance totale de Bizerte à Tunis est de 98 kilomètres, lesquels sont parcourus en trois heures au minimum.

« Une voie carrossable de 65 kilomètres passant par Menzel et Djemil unit Bizerte à Tunis. On doit compter de cinq à six heures pour franchir cette distance.

« Enfin, Bizerte est distante de Tunis par voie de mer de 97 milles marins (environ de 179 kilomètres et demi).

« Le port se compose essentiellement d'un canal mettant en communication la mer et le lac de Bizerte. Ce canal, creusé à 9 mètres au-dessous des basses mers, a une largeur de 64 mètres au plafond.

« Il débouche en mer dans un avant-port d'environ 75 hectares formé par deux jetées : l'une, la jetée nord, en enrochements, d'environ 1,000 mètres de longueur, atteignant les fonds de 13 mètres ; l'autre, la jetée est, de 950 mètres environ, atteignant les mêmes fonds.

« La passe d'entrée entre les musoirs des jetées à 400 mètres d'ouverture.

« Deux cavaliers protègent l'entrée du canal dans l'avant-port.

« L'éclairage est assuré par deux feux placés sur chacun des cavaliers, enfin par un feu d'alignement placé sur la pointe de Sebra, dans l'axe du canal.

« Sur la rive nord du canal, du côté de la ville, est un quai en maçonnerie de 200 mètres de longueur. Sur ce quai se trouve la gare terminus du chemin de fer de Tunis à Bizerte dont les voies ont été prolongées par la Compagnie du port, parallèlement au quai, de façon à permettre le débarquement ou l'embarquement direct des marchandises des navires sur les wagons ou inversement.

« L'amarrage est facilité par six bolards en fonte, des canons d'amarrage et dix-huit organeaux ; trois escaliers descendent du quai jusqu'au niveau de l'eau.

« L'outillage du quai comporte une bascule pour wagons, une grue de 12 tonnes et une grue roulante de 1,500 kilog.

« En arrière du quai est un hangar pour marchandises, de 660 mètres carrés de superficie, contenant un magasin pour les marchandises dédouanées ou d'exportation, une salle de visite et un magasin pour les marchandises d'importation non dédouanées. Un auvent régnant tout le long de ce magasin permet de faire à couvert les opérations de chargement ou de déchargement des wagons.

« En dehors de ce quai, les opérations peuvent se faire à deux appontements : l'un, situé sur la rive nord du canal, a 25 mètres de long sur 6 mètres de large, il est muni d'une grue de 500 kilogrammes ; l'autre, plus petit, est situé sur la rive sud.

« L'approvisionnement en eau des navires peut se faire directement la nuit à une prise d'eau installée sur le quai ; dans le jour, cet approvisionnement est assuré par les bateaux citernes remplis pendant la nuit.

« La baie de Sebra, qui s'ouvre peu après le quai, sert aux évolutions des navires ; elle est balisée, et un corps mort y a été installé.

« Un service de remorqueurs pour les bateaux à voiles est organisé.

« Une cale sèche, située dans l'ancien canal, peut servir pour les bateaux calant moins de 3 mètres.

« Enfin, les bateaux trouvent toutes facilités pour renouveler leur provision de charbon.

« Malheureusement le port de Bizerte n'est pas un port franc et il existe des droits d'abri et de canal, d'accostage, de pilotage, de remorquage, perçus par la Compagnie concessionnaire du port. Un dock et un pont transbordeur sont en projet. »

En entrant dans le nouveau port, nous sommes agréablement surpris du spectacle que nous avons sous les yeux : tout le long du quai, à gauche, s'étend une multitude d'Arabes à pied, à mulet, à âne, à cheval, de goums, de bannières qui s'agitent dans tous les sens, au son d'une musique très bizarre, très mélangée, de cris d'allégresse, de coups de canons et.... des applaudissements des quatre cents visiteurs. Nous tournons dans cet immense port, et bientôt nous entrons dans le vieux Bizerte, sous les anciens forts espagnols blancs et pittoresques, entre les créneaux desquels des femmes nous regardent en nous saluant, et nous débarquons sur le quai du Vieux-Port.

A la tête de notre longue caravane se place le contrôleur civil français tout galonné d'argent, et précédé de cette foule d'arabes aux costumes de toutes nuances, de ces bannières, de la jeune fanfare, nous traversons un coin de Bizerte pour entrer dans la nouvelle ville encore à l'état embryonnaire : ce sera un grand quartier formé de rues se coupant à angles droits ; quelques maisons sont déjà construites, par-ci par-là. Le cortège fait enfin halte sur un terrain vague ; les indigènes, avec leurs étendards, forment un grand cercle que nous traversons au milieu des décharges d'antiques mousquets de tous les calibres, et nous prenons place sous une tente pour la grande *fantasia* que veulent nous offrir ces robustes cavaliers.

Au son d'une musique enragée, d'un rhytme original, les guerriers se précipitent dans ce cirque et se livrent à des passes-d'armes vertigineuses ; puis, c'est le tour des piétons armés de tromblons ou de pistolets, et qui font les uns contre les autres des décharges précipitées : puis un cavalier seul fait caracoler son cheval avec une grâce inimitable et qu'on ne peut comparer aux exercices les plus réussis de l'Hippodrome. Le fils du kalife de Mateur, orné d'un chapeau d'au moins 80 centimètres de diamètre, surchargé de plumes d'autruche, abandonné pour un moment son couvre-chef, et nous fait admirer ses brillantes qualités équestres sur un cheval richement caparaçonné. Ensuite un jeune poulain entravé, grâce à une sage précaution, se présente monté par un bébé de 4 à 5 ans, déjà cavalier consommé ; il fait manœuvrer son cheval selon la mesure indiquée par la musique arabe, qu'on n'a pas cessé une minute d'entendre depuis le commencement de ces exercices.

Vraiment, ce spectacle est grandiose : ces chevaux aux jarrets d'acier, avec leurs longs manteaux de soie qui volent au vent, ces riches costumes si élégants des cavaliers, ce cercle d'étendards qui s'agitent sans cesse, tout cela est saisissant et ne peut s'effacer de la mémoire.

Pourquoi terminer une si belle fête par une représentation d'Aïssaouas, secte que son fanatisme pousse à des actes d'une sauvagerie répugnante ; mais je préfère profiter d'une autre occasion pour en parler.

La *fantasia et la suite* nous ont conduits à la chute du jour, et il est temps de penser au dîner. Ce sont les bâtiments de la douane, sur le quai, près de la gare, qui servent de salle de banquet ; les quatre cents convives prennent place assez facilement, et, à la table d'honneur, nous avons le plaisir de contempler le Khalife de Mateur, chevalier de la Légion d'honneur, un général Tunisien, le Directeur de la C. P. B., etc. Grâce à un certain nombre de *mathurins* requis pour la circonstance, le service est fait rapidement. Au dessert, le Directeur de la Compagnie nous porte un toast, auquel répond notre président, M. Dislère.

Mais la fanfare municipale a épuisé son répertoire, les orateurs ont fini leurs *périodes,* et un sauve-qui-peut général commence vers les wagons ; dans la bagarre, nous perdons notre grand ami que nous réclamons en vain à tous les échos ; poursuit-il, malgré l'heure avancée, ses études spéciales ?

Dans notre compartiment, à peu près complet, le Bordelais inspiré par cette splendide journée, entame une conversation fantaisiste sur la politique ; il a un succès très somnifère, et il ne tarde pas à le constater par l'attitude de ses voisins. J'ai fort heureusement en face de moi un aimable et loquace compagnon, ancien docteur qui a passé toute son existence dans ces contrées : Algérie, Tunisie, et qui nous raconte des anecdotes et des histoires fort intéressantes ; je ne peux me rappeler tous les détails qu'il nous a donnés, et je le regrette : c'était le sujet d'une bonne page.

— Quand on voit, lui dis-je, tous ces Arabes circuler dans les villes avec nonchalance, quand on les voit accroupis dans leurs boutiques ou dans les cafés maures, les yeux vagues, paraissant ne penser à rien, on peut être surpris de rencontrer dans une *fantasia,* comme celle qui vient de nous être offerte, tant de souplesse, d'agilité, de vigueur.

— Les Arabes aiment bien se laisser aller au *dolce fare niente,* c'est évident ; ils se contentent de peu et l'ambition des richesses leur est inconnue. Cependant il y a les nomades qui sont toujours en quête d'aventures, ne craignant pas le danger ; il en est qu'on pourrait assimiler aux Indiens Peaux-Rouges, rampant comme des serpents et surprenant toujours leurs ennemis. En Kabylie, ils parvenaient, malgré la vigilance des sentinelles, jusque dans les tentes des officiers, leur volant, à leur barbe, les armes et autres objets ; s'ils étaient surpris, ils filaient comme des reptiles ; le dos huilé pour se rendre insaisissables.

— Pourquoi cette habitude pour les femmes de ne sortir que voilées ?

— La femme est la propriété du mari ; lui seul peut voir son visage ; elle est considérée comme un être inférieur ; elle prépare la nourriture de son époux, mais ne mange pas à sa table ; elle cultive le coin de terre qui lui est assigné près du gourbi. Le père est le maître absolu ; ses enfants ne doivent ni s'asseoir en sa présence, ni parler sans autorisation, ni même fumer devant le père. Il mange à part ; seuls ses invités peuvent prendre place à sa table, et parfois aussi ses enfants d'un certain âge. Les femmes ne doivent se laisser adresser la parole dehors par qui que ce soit, fussent leur père, leur frère, leur mari ; elles-mêmes qui, malgré leur voile épais, reconnaissent les personnes qu'elles rencontrent, ne peuvent leur dire un seul mot, y eût-il une urgence absolue.

Ces Arabes si froids, si calmes, en apparence, ont cependant parfois, comme nous, leurs drames passionnels. Mon voisin, le docteur, a connu un Arabe jaloux qui assassina sa femme : un cousin de celle-ci avait pratiqué, pour la voir, un trou dans le plafond de sa demeure ; il n'avait pu se marier avec sa cousine, parce qu'il n'était pas aussi riche que l'autre. A ce propos, le docteur nous raconte les curieuses cérémonies des mariages.

Je ne peux m'empêcher de lui manifester la répugnance que j'ai ressentie pour ces fanatiques Aïssaouas et leurs horribles pratiques.

— Qu'importe, dit-il, laissons la paix aux indigènes sur les questions religieuses ; n'entamons pas avec eux de discussions irritantes et inutiles sur ce sujet. Laissons leurs mosquées, et... laissons aussi leurs femmes avec leurs voiles. S'ils sont critiquables, ne le sommes-nous pas nous-mêmes ? Si nous les trouvons ridicules, pensons que nous sommes loin de la perfection.....

Ensuite, retournant de quelques années en arrière, il me conduit dans les montagnes de la Kroumirie, et nous accompagnons dans leurs incursions de pillages ces fameux Kroumirs devenus maintenant si casaniers, et nous arrivons en gare de Tunis, à onze heures et demie, très surpris que ce long trajet fut si vite accompli.

Samedi, 4 avril, Sidi-ben-Thabet.

Le docteur Loir, neveu de Pasteur, directeur à Tunis de l'Institut Pasteur, et secrétaire du comité local du Congrès, avait organisé une excursion à Sidi-Thabet, situé à 25 kilomètres de Tunis.

Le rendez-vous avait été indiqué devant le Grand-Hôtel, rue de France, et c'est de là, que, avant huit heures, nous partons au nombre d'environ deux cents, installés dans trois omnibus et vingt landaus.

Nous suivons la rue des Maltais, et, sortis de la ville, nous sommes sur la route du Bardo, belle, large et droite. De l'impériale de notre omnibus, nous voyons le cimetière israélite rempli de dalles de marbre blanc ; puis un grand bassin ; à droite et à gauche quelques villas toutes neuves, au style Arabe. Sur les trottoirs un grand nombre d'Arabes et de Roumis suivant la même direction que nous ; c'est que, là-bas, à l'intersection de la route de Bizerte et de celle de Tébourka, un spectacle assez rare les attire : une double pendaison. En effet, nous arrivons au Bardo, et, entre ce palais, dont les abords sont en ruines, et celui de Kassar-Saïd, aux jardins bien entretenus, remplis d'orangers, nous apercevons, à l'entrée d'un grand terrain nu, une potence installée avec des cordes de soie. Autour de cet espace, une compagnie de la garde Beylicale maintient une foule barriolée de cinq à six mille personnes. C'est le moment précis où le Bey, qui vient d'arriver par un train spécial, prononce son arrêt.

En France, le Président de la République peut commuer la peine de mort ; ici le Bey ne peut empêcher l'exécution du coupable qu'avec le consentement des parents de la victime. Le crime étant bien établi, la vie du coupable est absolument à la merci des ayants-droit de la victime. Si le *prix du sang* est offert par la famille du criminel et accepté par celle de la victime, le Bey commue la peine capitale en celle des travaux forcés à perpétuité. Si le *prix du sang* est refusé, la sentence est exécutée ; le Bey ne peut s'y opposer ; il arrive que lui-même, pour sauver un condamné propose une indemnité sur sa cassette particulière, mais sans plus de succès. En somme, c'est la loi du talion qui est appliquée.

Le premier appelé est un jeune Arabe nommé Ramdan ben Khelifa, de Sousse. Le bey lui pose la question habituelle « Pourquoi as-tu tué ? » Le père de la victime, un vieillard d'apparence misérable, refuse les 5,000 francs offerts comme prix du sang ; le bey, alors, d'un geste triste, montre la porte en disant : « *Tournez-le !* » ce qui veut dire que le criminel va être conduit immédiatement au champ voisin pour y être exécuté.

La même cérémonie a lieu pour le second condamné, un vieux Marocain du nom de Hadj Mahomed ben Ali Essoussi. Celui-ci a un titre de noblesse, pour ainsi dire ; en effet, ceux qui ont accompli le pèlerinage de la Mecque reçoivent le titre d'honneur et même de sainteté de Hadj ; il a commis son crime à la Manouba, à quelques pas du Bardo, et c'est lui qui est cause de l'affluence des indigènes.

Nous voyons les deux condamnés dans les cellules où il va être procédé à leur dernière toilette : ils nous paraissent accepter facilement leur peu enviable situation. « C'était écrit ! » Et puis ne vont-ils pas commencer dans quelques instants une nouvelle existence toute de félicités éternelles ?

Cependant, beaucoup de congressistes, et surtout les dames, craignant de ne pouvoir supporter les émotions de l'exécution, font filer leurs voitures sur la route de Sidi-Tabet. Malgré les injonctions du directeur de la caravane d'avoir à partir, la pendaison ne devant avoir lieu — sur sa demande! — qu'à onze heures, ce spectacle nous promet d'être assez intéressant pour ne pas le manquer, et nous laissons partir sans nous notre omnibus.

Devant la potence, le vieux père d'une des victimes circule, solitaire ; il veut que justice soit faite, que la peine du talion soit bien appliquée, et s'en assurer par lui-même.

A huit heures quarante, le premier condamné est amené, couvert d'un voile qui lui est retiré au pied de la plate-forme, mais il a les yeux bandés et les mains attachées sur la poitrine ; l'exécuteur le fait asseoir sur la planche à bascule, lui fixe solidement la double corde de soie et les deux nœuds coulants qu'il attache ensuite derrière la tête, puis fait relever le patient ; à un signal, le plancher s'ouvre sous ses pieds et il tombe brusquement au bout des cordes d'une hauteur de 60 à 80 centimètres ; les Allah! Allah! qu'il prononçait sans arrêt cessent totalement. Je suis en face, à dix mètres, et je ne remarque aucune contraction du corps, aucun soubresaut ; la langue seule sort lentement en s'épaississant, et après neuf minutes d'attente, il est descendu sur le sol, débarrassé des cordes, étendu sur une grossière civière de trois planches mal jointes et porté à quelques pas plus loin dans le champ.

L'autre, le Marocain, est amené et aussitôt la même cérémonie recommence. Il a les mains liées également, mais l'index de la main droite est dirigé vers le ciel. Il cesse également ses Allah! Allah! dès que la trappe s'ouvre ; son doigt s'abaisse en deux saccades ; c'est un heureux de plus sur la route du paradis !

Il arrive parfois que la nature s'oppose à ces brusques départs. Trois mois après cette double pendaison, un autre criminel nommé Mohamed ben Zerti, détaché après le nombre de minutes règlementaires, a repris vent et vie ; pour le récompenser de sa désobéissance, le bey a décidé de commuer sa peine en celle des travaux forcés à perpétuité.

Ce spectacle est tout aussi immoral et aussi inutile que celui de la guillotine. C'est aujourd'hui la première fois que les troupes beylicales maintiennent les curieux à une distance raisonnable ; mais avant cette précaution, l'attitude de la foule était navrante. Le samedi précédent, il y avait une autre pendaison, la première depuis près d'un an : la foule entourait la potence, tirant sur les jambes du supplicié pour activer sa mort ; aussitôt décroché, tous se précipitaient sur la corde, foulant aux pieds le cadavre. Il faut espérer que la décision prise de faire la police est définitive et que les cordes seront soigneusement mises de côté ; le commerce des bouts de corde porte-bonheur sera perdu, mais la morale y gagnera d'autant.

Quant au but poursuivi par ces exécutions publiques, il n'est certainement pas atteint, et voici les réflexions qu'elles m'ont suggérées :

GUILLOTINE & POTENCE

« Je me demande ce qu'un conseil municipal peut bien avoir à faire avec la question de la suppression ou du maintien de la peine de mort ; et cependant certains candidats l'ont inscrite dans leur programme ; il est vrai que ceux dont je parle n'ont pas rédigé ces programmes, mais bien accepté les conditions qui leur étaient imposées par leurs comités ; or, ce qui préoccupe le plus souvent les comités, ce n'est pas l'administration dont ils se moquent, mais la politique.

« On a déjà eu le tort de l'introduire dans les conseils municipaux en leur faisant désigner des délégués aux élections sénatoriales ; ce n'est pas la peine de compliquer cette erreur en y introduisant toute la politique qui n'appartient ou ne devrait appartenir qu'à la Chambre et au Sénat.

« Mais, puisque l'on agite cette question de la peine de mort, je trouve qu'on pourrait bien commencer non pas par la suppression, mais par la modification. Le vulgaire assassin n'est pas intéressant et doit être supprimé pour la sécurité de la société ; ce qu'il y a lieu de critiquer et de changer, c'est la façon dont cette suppression a lieu.

« J'ai assisté à deux exécutions de forme différente : une par la guillotine, ici, à Creil, et l'autre, tout récemment, par pendaison : le spectacle est absolument le même : foule de curieux avides de sensations trop fortes pour certains qui s'en trouvent mal, insignifiantes pour d'autres qui restent froids, et enfin suggestives pour un petit nombre, évidemment, qui en reviennent avec l'idée de profiter de la première occasion de s'offrir, eux aussi, aux regards de leurs concitoyens, soit couchés sur la plate-forme de Deibler, soit au bout des deux cordes de soie d'un gibet.

« Le but atteint est donc absolument contraire aux espérances et l'exemple que l'on prétend donner aux foules ne dût-il suggérer qu'un faible d'esprit sur cent mille, il est à abandonner.

« Les exécutions doivent être faites, mais la foule ne doit pas y être conviée ; elles doivent avoir lieu dans l'intérieur des prisons avec toutes les garanties possibles, bien entendu ; pour les criminels dont les corps ne sont pas réclamés par les familles, on devrait faire fonctionner les fours crématoires et, ainsi que je l'ai déjà dit, jeter les cendres au vent.

« *(Semaine de l'Oise* du 17 mai 1896.) »

Nous avons environ 22 kilomètres à faire, et notre voiture est partie ! Pendant que mes compagnons visitent le peu intéressant palais du Bardo, et celui de Kassar-Saïd, je pars pour Tunis et moins d'une heure après, j'en ramène un landau. Près du champ tragique nous sommes au complet et nous filons par la route de Bizerte, ombragée d'abord par des Bel-Ombras, gros arbres au bois mou. Nous sommes bientôt dans un pays plat, parfois mamelonné ; à droite et à gauche ce sont de véritables forêts d'oliviers aux troncs absolument déchiquetés ; il est inexplicable que ces longues tiges desséchées qui forment les troncs puissent amener dans les branches la sève nécessaire pour les rendre verdoyantes; mélangés aux oliviers, quelques caroubiers aux feuillages sombres ; souvent aussi des asphodèles.

Après une longue course sous une averse trop rafraîchissante, et par une contrée plate et inculte, nous arrivons à Sidi-Thabet, propriété de la Société franco-africaine. Le haras de Sidi-Thabet a été fondé en 1860, sur une concession de 5,000 hectares, par un énergique promoteur de la colonisation, le comte de Sancy.

Le retard que nous avons éprouvé par notre curiostité pour les pendaisons nous a privés d'une partie du spectacle préparé à notre intention ; nous arrivons au moment où les congressistes sortent du haras, après avoir assisté à une superbe *fantasia*, à la lutte entre cavaliers et piétons dans le but de s'emparer du chameau porte-mariée, rappelant une scène de la vie réelle, au lâcher des étalons du haras et des quatre-vingts juments poulinières suivies de leurs poulains.

Tout le monde se dirige vers le chai destiné à recevoir la récolte des cent onze hectares de vignes de ce domaine. Ce chai n'est actuellement qu'un grand grenier carré débarrassé de toutes futailles et de tous chantiers, mais en revanche, encombré de tables garnies, de fleurs, de feuillages, de drapeaux français et tunisiens ; c'est là que nous attend la *Diffa,* dont j'ai copié le menu, radicalement arabe :

SOCIÉTÉ AGRICOLE *Sidi-Thabet, le 4 avril 1896.*
ET IMMOBILIÈRE
FRANCO-AFRICAINE
Société anonyme
Capital social : 6 millions

DÉJEUNER ARABE

MENU

Chakouka (ragoût de poulet, pommes de terre, carrottes, etc.).
Tebiha (salade d'herbes et d'asperges).

Massaouma-Benedeik (mélange inénarrable).
Mermeiss (grillade).
Moussli (bouilli).
Mœchoui (viande de mouton rôti en entier).
Couscous (semoule).

DESSERT

Les convives, au nombre de deux cents, auraient pu se renouveler cinq ou six fois avant d'avoir vidé ces énormes écuelles en bois, renfermant le couscous, dans lequel, au hasard de la fourchette, nous rencontrons des morceaux de mouton de 500 grammes à 1 kilogramme et des œufs durs qui font mon bonheur; le petit vin blanc excellent du domaine favorise la déglutition de ces plats de résistance que, malgré notre appétit, nous parvenons à peine à entamer; mais le personnel arabe ne négligera pas de s'emparer de nos restes, rare aubaine.

Par la même route, nous revenons vers Tunis, où nous arrivons vers quatre heures et demie. Notre premier soin est de courir à la place Carthagène pour prendre un instantané de cet ancien ministère occupé maintenant par un bataillon de juives; c'est le jour de la toilette, et nous espérions obtenir un rare tableau; mais le ciel sombre nous enlève cette satisfaction. Notre photographe, spécialement attaché à notre groupe, se venge dans un coin de rue, où il croque de façon réussie un juif et sa petite fille charmante et timide. Il est bien regrettable que les couleurs vives de la soie dont elle est parée ne puissent se reproduire. Sur le fond de notre photographie nous pouvons lire : *chocolat Menier, amer Picon, chocolat Louït* : drôle de *couleur locale !*

Nous descendons vers la Porte-de-France, et nous allons visiter la petite exposition industrielle et artistique, qui est installée près de la rue de France. Nous écoutons ensuite sur l'avenue de la Marine, près de la Résidence, la musique des zouaves, tout en nous promenant au milieu d'un nombreux public mélangé de roumis, d'italiennes, de juives couvertes de soiries éclatantes, de burnous, mais en petit nombre.

Après dîner, à huit heures et demie, de notre balcon où

nous accompagnent une vingtaine d'invités, nous jouissons d'une retraite aux flambeaux fort curieuse. Cette retraite indigène part du port, suit l'allée de la Marine et la rue de France. Elle est formée par la musique beylicale et l'ancienne Nouba du Bey, musique originale et bizarre ; les chevaux, les chameaux, les lanternes vénitiennes, les musiciens du Bey en vestes rouges avec brandebourgs en or, le tout s'agitant et resplendissant au milieu des feux de bengale de toutes couleurs ; c'est là un spectacle réjouissant et inoubliable ! L'arrière-garde de la retraite est formée par un escadron de vingt-cinq dromadaires suivis par une foule de plusieurs milliers d'arabes et de roumis.

Pour terminer notre soirée, nous allons, après un repos prolongé dans nos appartements, dans un café-concert fréquenté par un public bruyant ; nous sommes gagnés nous-mêmes et nous faisons *chorus ;* puis, dans un autre, véritable salle de théâtre, où les artistes sont mieux choisis, les spectateurs plus calmes ; et enfin, dans un café spécialement affecté à la danse du ventre ; les amateurs y sont rares, et les artistes sont sur le point de battre en retraite, mais notre arrivée les stimule, et elles exécutent leur dernière danse avec beaucoup d'entrain. Nous les récompensons largement en jetant dans leur escarcelle un beau sou tunisien.

Le dimanche 5 avril, jour de Pâques, est fixé pour le départ des grandes excursions ; à cause des difficultés de transport et surtout de logements les voyageurs ont été divisés par petits groupes qui doivent prendre des directions différentes. Le nôtre se compose de trente-quatre congressistes, dont quelques dames, qui ne craignent pas les fatigues annoncées.

Nous arrivons à la gare Bône-Guelma, à huit heures, au moment précis où part le train spécial qui emporte le Résident et ses quarante-huit invités. Le départ du train ordinaire, le nôtre, étant fixé à huit heures trente-cinq minutes, nous cherchons nos compagnons inconnus, et notre guide, M. J.-B. Favier. Nous nous comptons ; nous sommes au complet. A l'heure réglementaire, nous étions tous installés dans nos compartiments, et nous quittions Tunis sans regrets.... puisque nous devons y revenir dans six jours.

M. J.-B. Favier, surveillant des monopoles, connaît très bien le pays que nous allons parcourir; mais c'est un jeune homme qui nous paraît timide et soucieux. Craint-il d'avoir assumé une trop lourde responsabilité et de ne pas mener à bonne fin la tâche qu'il a acceptée d'exécuter à la lettre le programme fort chargé de notre voyage? Nous le pensons et nous nous proposons de l'aider à remplir son rôle de *cicérone*.

Nos wagons possèdent des couloirs latéraux qui nous permettent de circuler tout en longeant le lac de Tunis; mais à peine avons-nous le temps de jouir de l'agrément que nous procure cette disposition que, notre train stoppant, nous sommes invités à en descendre pour monter dans un autre. Celui-ci a des wagons à couloirs centraux, moins bien disposés; mais cependant nous réussissons à nous caser confortablement.

Un isolé, que nous avons maintes fois rencontré dans nos excursions, et dont la physionomie sympathique inspire la confiance, se joint à notre petit groupe, et nous demande de l'adopter, ce qui est fait à mains levées. Il ne nous quittera plus; précieuse recrue du reste, puisqu'il est photographe, comme mon secrétaire-ami, et que, dans ces contrées aux points de vue si variés, il ne fera pas double emploi : nos deux artistes pourront *croquer* à leur aise, et si le sentiment de la concurrence les pousse, nous n'aurons pas à nous en plaindre.

Le temps est variable, plutôt frais. Rien ne présage les insolations, ni le siroco; nous y perdrons un peu du pittoresque spécial que font ressortir les chauds rayons du soleil, mais nous y gagnerons en bien-être.

A notre gauche, le vert éclatant de la mer tranche sous les nuages gris. Aux abords de la station de Fondouk-Djedid, se trouvent quelques maisons éparses, et une église dont l'apparence est misérable, et qui ne doit pas posséder une bien grande clientèle. La mer s'éloigne ; au loin, nous avons des montagnes bleuâtres, précédées de collines dénudées ; en avant, des plaines qui nous paraissent fertiles ; quelques champs d'oliviers décorent ce tableau. Nous arrêtons quelques minutes à Grombolia, village en partie européen ; ensuite, même décor augmenté de broussailles, et à onze heures un quart, *tout le monde descend* à Bir-bou-Rekba.

Nous n'avons pu utiliser cette ligne qui est ouverte depuis à peine six mois ; elle a pour but de faire communiquer les bords du golfe de Tunis avec ceux du golfe de Hammamet, laissant sur sa gauche la presqu'île du cap Bon ; elle nous fait gagner une journée que nous aurions perdue en nous servant de voitures.

Toutes les constructions qui avoisinent cette gare de Bir-bou-Rekba se résument en un buffet et un restaurant ; les *salles* de l'un et de l'autre sont rudimentaires, et il ne faut pas compter nous asseoir à la même table, ni même dans un seul de ces établissements ; aussi notre guide nous invite-t-il à nous couper en deux, c'est-à-dire à faire deux groupes de dix-sept, dont l'un sera réconforté au *buffet,* et l'autre à l'*hôtel;* nous nous rassemblons et nous nous dirigeons vers ce dernier. M. Emile Morin, le propriétaire, entouré d'un aimable personnel, nous souhaite la bien venue, et nous prie de passer dans la *salle à manger.* Son *hôtel* est une modeste barraque en planches mal jointes : le plafond, c'est la charpente de la toiture ; l'unique *fenêtre* de la salle est un volet sans vitres, qu'il faut laisser ouvert, pour que la lumière du dehors puisse entrer. Malheureusement, au moment où nous commençons à déjeuner, un coup de vent fait craquer l'immeuble, et, par prudence, nous fermons la *fenêtre;* mais le vent se calmant, nous l'ouvrons petit à petit, et l'obscurité se dissipe ; nous pouvons enfin nous éviter de chercher à tâtons nos couteaux, nos fourchettes et les mets, excellents d'ailleurs, qui nous sont aimablement offerts ; la clarté est même devenue suffisante pour que nous puissions faire des échanges de sourires avec le gentil personnel de M. Morin.

A quelques pas de l'hôtel se trouve le puits ensablé qui n'a pas d'autre utilité que d'avoir donné son nom à cette *future* commune, et certaines ruines romaines, relativement intéressantes, dont l'une, Kaiser-Saïd (palais du Bonheur !) habitée par des Italiens et des… cochons, deux espèces diamétralement opposées, comme chacun sait, mais qui, malgré tout, s'entendent parfaitement pour la vie en commun. Ce domicile les abritera bien encore pendant quelques siècles puisque les pierres qui, seules, se ressentent de la vétusté, sont solidement agglomérées par un ciment invulnérable ou plutôt indestructible.

Le directeur de notre caravane a pris la précaution d'envoyer de Tunis des voitures qui sont arrivées depuis hier ; les chevaux ont pu se reposer, et vont franchir à belle allure les 45 kilomètres qui nous séparent d'Enfidaville. Les voitures sont d'assez confortables landaus réunis sur la petite place, près de l'*hôtel* Morin ; elles sont attelées de deux, trois et même quatre chevaux, constatation qui nous fait supposer que nous n'avons pas à parcourir que des routes bien nivelées. Nous ne nous occupons pas de la quantité des chevaux, mais bien plutôt de leur qualité, et surtout de la tête du cocher, et nous en avisons un qui nous paraît avoir l'œil vif, qui parle à peu près le français, et nous l'adoptons ; nous ne nous étions pas trompés : c'était le cocher du n° 384 désigné, ainsi que nous avons dû nous en convaincre par la suite, pour mener la caravane. Nous prenons donc la tête, et à une heure et demie précise, nous courons sur la route très belle, large et bien unie de l'Enfida, suivis de tous les landaus à égale distance les uns des autres.

Nous parcourons une grande plaine plate, ce qui nous permet d'apercevoir à notre gauche la mer et les blanches silhouettes d'Hammamet. Des ruines romaines éparses, celle qui nous paraît la plus importante est le Ksar-Mnara, à quelques pas de la limite du domaine de l'Enfida. C'est un tombeau ancien, sorte de tour massive et ronde. Il reste une partie du revêtement sur le côté nord, avec assises alternativement rentrantes et saillantes.

Congressistes et Cactus à Sidi-ben-Tabet

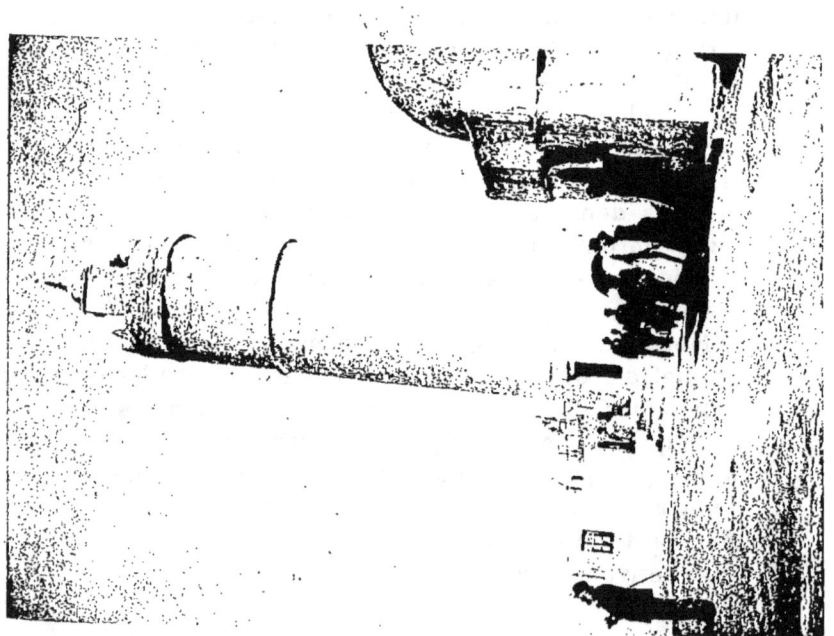
Un Picard sur la Terrasse du Kzar-er-Rebat, à Sousse.

Nous traversons l'Oued-Bayra, où nous remarquons une ruine de pont romain : les piles seules attestent son existence terminée depuis nombre de siècles. Dans la plaine, des chameaux, de véritables troupeaux, rompant la monotonie de la route. Nous arrêtons quelques instants à Bou-Ficha pour faire reposer nos chevaux.

Sur la route, quelques maigres eucalyptus. Cette contrée a particulièrement souffert de la sécheresse qui a duré pendant dix-huit mois, et qui n'a cessé que depuis quelques jours ; aussi la plaine est-elle triste : les céréales sortent à peine du sol, malingres, sans vigueur : parviendront-elles à dominer les nombreuses touffes de jujubiers sauvages qui font l'ornement de ce paysage ? c'est bien douteux.

Enfin, à quatre heures et demie, nous quittons nos voitures à la porte de l'hôtel où nous sommes attendus.

La commune d'Enfidaville se compose de huit à dix mille indigènes dont les gourbis sont dissiminés dans les environs, et de cinq cents européens, dont cinquante français et les autres italiens, habitant les maisons en façade sur la grande place carrée. Tout un côté de cette place est occupé par de misérables cabanes dans lesquelles les Arabes débitent leurs marchandises : épicerie, viande, tissus, etc. ; mais ces masures ne tarderont pas à disparaître complètement pour être remplacées par des constructions Européennes.

Enfidaville et le domaine de l'Enfida sont la propriété de la société Franco-Africaine, la même qui possède Sidi-Thabet.

Nous sommes reçus par le délégué du contrôleur civil français, de Sousse, qui a bien voulu s'occuper de notre installation. Nous entrons de suite en relations avec le Caïd de la tribu des Ouled-Saïd, le lieutenant-colonel Ahmed-ben-Othman, commandeur du Nicham, et par son fils, Mohamed-ben-Othman, Khalifa de cette même tribu. Ces deux personnages nous témoignent beaucoup d'affabilité et de courtoisie : le fils, charmant jeune homme, qui a fait ses études au lycée de Tunis, parle très bien le français, ce qui nous est fort agréable. Leur domicile est à Monastir ;

ils ne viennent à Enfidaville que pour les besoins de l'administration, et en ce moment ils y séjournent à l'occasion du passage des congressistes.

Mais l'hôtel Martin, confortable en temps ordinaire, n'a pas de chambres en nombre suffisant pour recevoir une telle avalanche de touristes ; nous laissons s'installer les plus pressés ; et nous acceptons d'aller au bordj, situé sur la route, à 200 mètres plus loin, au-delà de touffes d'eucalyptus, de pins, d'amandiers, de jardins et même de haies de cactus et de jujubiers sauvages. Les chambres qui nous sont offertes sont vastes, et le paraissent d'autant plus que le mobilier est absolument rudimentaire : un simple lit de fer, une chaise, une table pour deux chambres ; nous devons nous en contenter.

Nous faisons le tour de notre bordj-hôtel : la végétation ne semble pas ici avoir souffert de la longue sécheresse ; les jardins sont garnis d'arbres fruitiers pleins de vigueur : les eucalyptus ont de jolies feuilles longues, étroites, fines, se penchant perpendiculairement au sol ; sous les écorces soulevées, nous voyons leurs troncs lisses avec des tâches d'un rose tendre. Nous détachons avec précaution quelques bouquets d'épines acérées de jujubiers sauvages, et nous nous proposons d'en faire un article d'importation, comme cure-dents.

Nous sommes revenus sur la route, à la porte de la cave, ou mieux du cellier du domaine : ce vaste bâtiment est carré et a 45 mètres de côté ; la façade est coquettement garnie de plantes grimpantes dans lesquelles je crois reconnaître le Bougainville de la propriété Landon, de Biskra.

Nous visitons la cave sous la conduite d'un des principaux employés du domaine, lequel, fort complaisant, nous donne d'intéressants renseignements.

La société Franco-Africaine ne connaît pas encore exactement l'étendue de son domaine, dont le travail de délimitation se fait actuellement. Il comprend de 100 à 120 mille hectares, sur lesquels on en estime environ 20 mille de non-valeurs. La récolte en fourrage est de 1.500 à 2.000 quintaux métriques ; trois cents hectares sont plantés de vignes ; le reste est loué aux Arabes métayers qui rendent à la société, selon les conventions, le tiers ou la moitié du produit, d'où 150 à 200 mille francs de bénéfices. Le haras de Sidi-Thabet est onéreux, les chevaux ne pouvant se vendre à un prix suffisamment rémunérateur ; mais ici les bénéfices sont réels et font compensation.

Le bâtiment que nous visitons reçoit la récolte des 300 hectares de vignes fort bien cultivées, et dont le rendement, même dans les années mauvaises, est supérieur à celui des meilleures de l'Algérie. Les foudres : 78 de 50, 70, 100, 150 hectolitres, 19 de 300 hectolitres, 1 de 343 hectolitres, peuvent contenir ensemble 20 mille hectolitres, et sont bien plus que suffisants, puisque la récolte varie de 8 à 12 mille hectolitres de vin rouge et d'environ 150 hectolitres de vin blanc. Ces vins se vendent en moyenne 15 francs en gros, 20 francs aux marchands.

Au rez-de-chaussée sont également quatre pressoirs qui, à raison de chacun trois pressées par journée de vngt-quatre heures suffisent amplement ; il y a aussi 12 pompes pour les soutirages.

Au premier étage, se trouvent quatre fouloirs à cylindres cannelés, et deux mille corbeilles pour les vendanges.

Dans un autre bâtiment est installé un appareil de distillation à vapeur, qui peut brûler 200 litres de vin par jour, produisant ainsi de 35 à 40 litres de cognac.

M. Favier, obéissant au vœu émis par l'unanimité des congressistes, avait invité à dîner le Caïd et son fils ; ils ont accepté et nous avons le plaisir d'avoir à notre table ces deux bonnes et franches figures. Un des nôtres, au dessert, porte un toast à la Tunisie et au Caïd, représentant du Bey ; le Caïd lui répond en Arabe, et nous ne comprenons ses paroles que par l'expression qu'il sait donner à sa physionomie. Son fils traduit ce toast Arabe, et nos applaudissements sont évidemment très sincèrement vigoureux.

Les distractions sont rares dans ce petit bourg ; nous dédaignons les appels de l'orgue de Barbarie aux sons duquel dansent les Italiens à l'*Hôtel Lo,* de l'autre côté de la place, et nous préférons une promenade par cette belle et large route, sous les étoiles qui, ce soir, percent le firmament, et nous font présager une belle journée pour le lendemain.

Notre réveil est fixé pour cinq heures du matin ; nous avons beaucoup de bonnes raisons pour nous retirer de bonne heure dans nos *appartements* du bordj ; nous recevons à l'entrée le salut militaire de la sentinelle Arabe armée d'un fusil, et *chargée* d'assurer notre sécurité.

Le lendemain, lundi, 6 avril, nous étions debout à cinq heures un quart et nous nous réunissions tous à l'hôtel ; quelques-uns d'entre nous assistaient au départ pour Tunis d'une trentaine de prisonniers arrivés de Sousse la veille, et qui avaient passé la nuit dans la prison du Caïdat. Cette opération terminée, le Caïd et son fils vinrent nous souhaiter le bonjour et un bon voyage : mais nous avons encore une heure à consacrer à Enfidaville, et nous en profitons pour nous promener avec ces deux aimables Tunisiens.

Le père a visité en 1889 l'exposition de Paris ; le fils se promet de visiter celle de 1900, et nous espérons réciproquement nous y rencontrer.

Je profite de cette conversation intime pour demander au jeune Khalifa quelques renseignements sur l'importance des fonctions de Caïd et de Khalifa.

— Le caïd, me dit-il, est le préfet de vos départements : il représente le Bey ; le contrôleur civil remplit les mêmes fonctions comme représentant du Résident général ; le khalifa est le lieutenant du caïd, c'est-à-dire sous-préfet chez vous ; le cheik est le maire de la commune. —

C'est jour de marché et, après avoir circulé dans la foule qui se livre à des transactions peu intéressantes pour nous, nous sommes invités à visiter le caïdat qui n'est curieux que par la prison dans laquelle sont enfermés les délinquants de passage, allant à Tunis ou en revenant. Tous ne sont pas partis ce matin : il en reste encore cinq que le caïd fait sortir dans la cour. Nous nous informons des motifs de leur incarcération ; l'un a volé une femme ! sa condamnation probable sera de six mois à un an de prison ; mais comme compensation, à l'expiration de sa peine, la femme sera sa propriété ! Un autre est un ivrogne arrêté la veille : il nous paraît regretter sa désobéissance aux instructions du Koran, et nous demandons au caïd sa grâce, qu'il lui accorde sur la promesse formelle que fait ce malheureux de quitter immédiatement le caïdat : qu'il aille se faire pendre ailleurs !

Le caïd nous montre ses bureaux, dans lesquels il nous offre l'inévitable petite tasse de café maure, et nous accompagne jusqu'à notre voiture. Nous ne nous quittons pas sans échanger nos cartes de visite, mais nous ne nous ferons nos adieux définitifs que dans trois jours, puisque nous nous arrêterons encore à Enfidaville avant de partir pour Zaghouan et Tunis.

A six heures quarante-cinq minutes, *notre* cocher s'assure que le ralliement est bien fait, donne le signal du départ, enlève ses chevaux, et, en quelques minutes, nous étions loin d'Enfidaville, sur une route qui se développe en un long ruban. Nous passons auprès de quelques plants de vignes de l'Enfida, vignes cultivées à la mode bordelaise ; vers l'ouest, nous voyons, penchées sur un véritable pic de petites montagnes, quelques habitations : c'est le village de Takrouna. La plaine, à peu près cultivée, est immense à droite comme à gauche et n'est agrémentée que de troupeaux de chameaux.

A 8 kilomètres d'Enfidaville, à l'est, vers Djérida, notre cocher nous indique des lacs salés que nous distinguons fort bien ; puis c'est un marabout entouré d'un cimetière aux blanches tombes ayant, comme toujours, la forme de cercueils en maçonnerie, le tout protégé par une barrière de cactus aux feuilles jaunies par la poussière.

Tout à coup la route change de direction : c'est un autre ruban à perte de vue traversant une plaine inculte.

A environ quinze kilomètres d'Enfidaville, des ouvriers font des fossés destinés à entourer de haies un champ de palmiers en formation. Sur la route, la façade de cette plantation est d'au moins un kilomètre ; la profondeur est au moins égale ; ce sera, dans quelques années, un carré de palmiers d'une centaine d'hectares, ce qui détruira la monotonie de cette immense plaine plate et nue.

Nous traversons quelques petits Oueds, pour le passage desquels les piétons ont à leur disposition des passerelles primitives. A la sortie du champ de jeunes palmiers, un grand espace d'*asphodèles, vulgo, bâtons de Jacob*.

Après une course de deux heures, nous abordons des champs d'oliviers encadrés de cactus. Mes compagnons de voyage sont des savants, qui connaissent un peu de tout, même de l'histoire naturelle. Ils m'apprennent que ces cactus sont désignés en botanique sous le nom de *cactus opuntia*; ils reconnaissent aussi quelque *ficus carica*. Ces champs garnis précèdent un village dont nous apercevons les premières masures. Dans des flaques d'eau nouvellement formées par les pluies, quelques femmes arabes sautent en cadence; nous ne sommes pas longtemps intrigués : ces femmes lavent leur linge avec leurs pieds ! A côté d'elles, accroupi au pied d'un mur en terre, un arabe les surveille, ou du moins en a l'attitude; peut-être est-ce un simple oisif ! Le plus savant des voyageurs de mon landau nous apprend que cette façon de laver le linge rappelle les procédés anciens du foulon pédestre, le *saltus fullonica* des Romains ! et moi qui allais me figurer que c'était un procédé nouveau !

Notre cocher s'arrête au beau milieu de ce village et « tout le monde descend »; nous devons à nos chevaux une demi-heure de repos. Ce village est Sidi-bou-Ali. Un arabe, grand et bel homme d'une trentaine d'années, nous reçoit en nous serrant la main, et se met à notre disposition. C'est le cheik de Sidi-bou-Ali, qui nous accompagne dans les rues étroites et tortueuses de son village. Ces rues sont bordées de cabanes en terre, d'aspect délabré, sans autre ouverture que la porte. Nous passons près de la Zouïa du marabout Sidi-bou-Ali, dont l'entrée est interdite aux Roumis — dans le seul but de ne pas leur faire perdre leur temps. — Dans une maison voisine, un bruissement de voix frêles : c'est l'école, dont tous les élèves, y compris le maître, accroupi au centre, quittent leurs travaux pour nous observer. Un peu plus loin, le cheik nous fait visiter son domicile : l'extérieur en est pauvre, comme par tout ce village, mais, dans la cour intérieure, se trouve une petite habitation garnie de deux fenêtres hermétiquement closes, et, au milieu, d'une porte grillée : c'est la demeure de ses femmes. Nous poussons l'indiscrétion jusqu'à lui demander de nous faire voir cet intérieur, mais il nous déclare très poliment, qu'à son grand regret, il ne peut nous satisfaire, ses femmes étant sorties et ayant emporté la clef !

La demi-heure écoulée, à neuf heures quinze minutes, nous reprenons notre course. Je remarque, à une certaine distance, quelques arabes *assis* sur le côté de la route : cette position me semble singulière, mais tout s'explique..... ils cassent des cailloux entre leurs jambes !

Les oliviers continuent par les plaines que nous traversons et leur donnent un aspect plus gai ; nous apercevons même un de ces arbres perché au sommet d'un pic de rochers ! Tel un sapin dans les Alpes.

Nous sommes dans une partie de la plaine qui, à gauche, est fortement et bizarrement ravinée : il paraît que dans les moments de grande pluie, cette plaine n'est qu'une nappe d'eau qui s'étend jusqu'à la mer, à deux kilomètres de la route.

A droite, notre cocher nous montre le village tout blanc de Kalaat-Kbira : aux environs se trouvent quelques collines ayant la forme de table. Nous passons à côté du marabout de Sidi-Godet, et bientôt le poteau 135 nous indique que nous sommes à huit kilomètres et demi de Sousse. Ici, encore une verte oasis avec cimetière, grand marabout, oliviers, qui forment le village de Sidi-Ouadel-Ahmel, lequel doit être fréquenté par les Français, à en juger par cette enseigne : « A mon Jardin ».

Mais c'est aujourd'hui le lundi de Pâques, jour de fête, et nous ne sommes pas surpris de trouver sur la route une animation à laquelle nous ne sommes pas accoutumés. A mesure que nous approchons de Sousse, la route se garnit de bicyclettes, de véhicules de différents modèles, parmi lesquels nous distinguons une charrette anglaise montée par deux dames qui nous semblent charmantes et qui pourraient bien être des parisiennes ! puis, ce sont des voitures de fumier, des omnibus à claire-voie, des chameaux, des touristes à pied, à cheval, à âne : bref, cette animation ne fait que croître jusqu'à Sousse, où, à onze heures et demie, nous terminons nos quarante-cinq kilomètres à la porte de l'hôtel de France.

Nous reconnaissons le plus rapidement possible nos chambres, je veux dire nos chambrées !

Cet hôtel est bâti au centre du quartier européen que nous parcourons rapidement après déjeuner : ses rues sont larges : de beaux boulevards commencent à se garnir de maisons à la française ; les places sont vastes ; les squares du côté de la mer sont verdoyants ; mais nous préférons de beaucoup franchir la porte Bab-el-Bahar et circuler dans cette vieille et originale ville arabe.

La population de Sousse est de quinze à vingt mille habitants. Dans les villes arabes, la composition des familles échappe souvent au contrôle, et un recensement exact est à peu près impossible. La ville actuelle occupe l'emplacement de l'antique cité « Hadrumète » dont la fondation par les Phéniciens de Sidon et de Tyr remonte à neuf siècles avant notre ère.

Les remparts Sarrazins, qui entourent la ville arabe d'une ceinture de pierres festonnée à sa partie supérieure et percée de portes de style mauresque, ont été élevés en 827 par Mohamed-Zindah-Allah-ben-Aglab, troisième prince de la dynastie des Aglabites, dont le premier, Ibrahim-ben-Aglab, avait fondé le royaume de Kaïrwan, en 802.

Sousse peut être considérée comme la capitale du *Sahel Tunisien*, que sa végétation luxuriante, surtout en oliviers, rend comparable, comme richesse, au *Sahel Algérien*.

Mais nous sommes *intra-muros*, et nous montons dans ce dédale de rues tortueuses, étroites et fort curieuses, toutes baptisées en inscriptions *bilingues*. Nous parcourons les souks voûtés, intéressants, quoique bien moins importants que ceux de Tunis. Nous admirons les minarets des mosquées, auxquels l'étroitesse des rues donne un caractère grandiose.

Nous visitons le Ksar-er-Rebât, fondé au ixe siècle par les Aglabites : c'est un ancien couvent musulman actuellement transformé en école arabe-française. Dans le vestibule se trouvent des sortes de niches et des colonnes antiques : la cour intérieure possède quelques arbres. Dans une des salles d'école, je lis au-dessus de la chaire du professeur ces deux maximes, l'une à droite, l'autre à gauche :

Tempérance conserve santé.
Ecoute beaucoup et parle peu.

Je les ai copiées et je les rapporte ici avec l'espoir que j'aurai des imitateurs qui les placarderont en bonne place.

Sur la terrasse au-dessus de laquelle se dresse le minaret, nous rencontrons un pèlerin qui rapporte de la Mecque le titre de Hadj ; de cette terrasse la vue est fort belle sur la ville éclairée par le soleil ; mais du haut du minaret, elle s'étend au loin sur la mer, sur les forêts d'oliviers du Sahel, autour desquelles nous voyons les maisons blanches des villages.

Toujours par ces rues montantes, nous arrivons à la Kasbah, caserne et quartier général. La porte de cette Kasbah nous frappe par son architecture mauresque d'un caractère imposant mais adouci par des contours gracieux. Dans la grande cour se trouve un minaret muni d'une horloge. Nous sommes invités à visiter la salle d'honneur, qui est bien un véritable musée très riche surtout en mosaïques. Ce musée contient les différents objets trouvés dans les fouilles dirigées par les capitaines Chopar et Hanezo : ce sont des poteries et des mosaïques dont les unes sont transformées en tables et les autres appliquées aux murailles ; nous y voyons des médaillons renfermant des chevaux et des inscriptions ; au-dessus de la cheminée de ce salon, elles représentent une panthère et des poissons.

Revenus dans le quartier français, nous suivons le bord de la mer ; on nous fait remarquer les vestiges du môle antique d'Hadrumète. La rade, qui est fort belle, n'est malheureusement pas assez abritée pour permettre aux navires de charger à quai ; ils sont obligés de jeter l'ancre à distance, mais il est question de commencer bientôt les travaux nécessaires pour la création d'un port ; on prépare déjà des blocs. Espérons que sous peu ce port ne sera plus à l'état de projet, mais fonctionnera pour le plus grand bonheur des commerçants de cette ville.

Chemin faisant, notre Marseillais rencontre un ami de Tunis, lequel fait partie de la société *la Chorale de Tunis*, qui a offert hier soir, salle de l'Umanita, un grand concert aux habitants de Sousse. Ceux-ci, enchantés, ont demandé une deuxième soirée et la chorale a consenti à donner aujourd'hui, à huit heures et demie, une autre représentation. Ce sociétaire se rend à la répétition, avenue de la Quarantaine, et nous l'accompagnons. C'est ainsi que nous avons le plaisir d'entendre *Salut à toi, belle Algérie*, chœur de Bourget, magistralement enlevé par ces excellents choristes amateurs, et nous ne sommes pas étonnés de leur succès.

A peine étions-nous à table pour le dîner qu'arrivent deux séries de congressistes, les uns par mer, les autres de Zaghouan. Comment loger ces nouveaux clients ? Voilà un problème que je suis bien heureux de n'avoir pas à résoudre. On en expédie dans toutes les directions ; notre ami le Bordelais, qui n'a pu faire partie de notre groupe, nous apprend qu'il croyait avoir pour lui seul une chambre à *l'hôtel de la Bonne-Fortune*, mais qu'il a été obligé de constater qu'elle était déjà occupée par une infinité de pensionnaires ! vont-ils s'entendre ? la chose paraît difficile et nous le saurons demain !

Nous avons fait, dès notre arrivée, la connaissance d'un jeune pharmacien, voisin de notre hôtel, décoré comme tous les Français dans ce pays, et qui nous a priés de vouloir bien le prendre comme *cicérone* pour la visite, le soir, de la vieille ville arabe et de ses récréations. Nous n'avons eu garde de refuser et, sous sa conduite, nous grimpons les petites rues qui conduisent dans de véritables ruelles. Nous pénétrons dans le plus renommé des concerts et notre entrée fait sensation ; il nous semble que nous sommes plutôt froidement accueillis par la patronne et ses clients habituels.

A travers les vapeurs produites par le tabac et les lampes fumantes, nous voyons la scène occupée par un violoniste et deux énormes juives dont les yeux ont disparu sous la graisse ; nous les supposons en possession d'un *elephantiasis* général. Nous nous demandons si leur rôle consiste à faire tapisserie, car elles sont comme fixées sur leurs tabourets : elles ne chantent ni ne dansent. Notre *cicérone* en fait l'observation à la *directrice*, non moins énorme que ses *artistes* ; mais elle lui demande impoliment de régler d'abord le prix des consommations, soit 25 centimes au lieu de 10, le prix habituel. Ce procédé n'est pas goûté de notre guide qui refuse tout paiement avant que satisfaction ne nous soit donnée ; la patronne réplique par des hurlements épouvantables, et nous sortons tous dans la ruelle en l'entraînant pour nous expliquer, chose impossible ! Le personnel, les clients, tous font *chorus* ; c'est un charivari effroyable auquel nous nous soustrayons enfin en descendant vers un autre établissement, moins fréquenté, mais où nous sommes très bien reçus. Ici, au moins, l'on danse, et nous regardons danser en vidant quelques bouteilles de cidre mousseux.

On s'amuse bien à Sousse, le soir !

Le mardi 7 avril, à six heures trois quarts, nous partons pour Monastir, situé à 21 kilomètres de Sousse. Nous suivons la mer, et, à la sortie de la ville nous laissons à droite de vastes bâtiments à usage de fabrique d'huile. Puis la route parcourt un pays plat, égayé par les chameaux, les oliviers, les caroubiers, les bouquets de palmiers, dans lesquels se dissimulent de gracieuses villas aux blanches murailles. A moitié de la route, de grandes étendues d'eau en couches minces; plus loin, nous traversons une nécropole aux marabouts entourés de palmiers et de figuiers ; enfin, la lagune et nous avons en pleine vue Monastir dont nous suivons de l'œil les blanches murailles crénelées formant des angles successifs et fort irréguliers.

Monastir, l'antique Ruspina, est bâtie sur une petite pointe de terre, petit cap qui s'avance dans la mer ; c'est un promontoir, une île en terre ferme ; sa population est de 6,000 habitants environ.

Au VIIIe siècle, cette petite ville possédait, dit-on, car il n'en reste aucune trace, un monastère, servant de couvent et de forteresse, d'où son nom. Elle est agréablement ornée de figuiers, de palmiers et d'autres arbres magnifiquement verts. Nous nous arrêtons à l'hôtel Lebreton, maison arabe, qui nous paraît offrir peu de ressources, où nous attendent le délégué du contrôleur civil de Sousse, le colonel beylical Mohamed-Sakka, caïd, commandeur du Nicham, président de la municipalité de Monastir, son fils aîné Mohamed-Salah-Sakka, khalifa, et son deuxième fils, Hassen-Sakka, qui nous témoignent beaucoup d'affabilité.

Après discussion, il est décidé que nous visiterons d'abord la fabrique de thons de l'île de la Tonnara. Nous sortons de la ville par une porte qui donne sur un cimetière rempli de marabouts et de tombes blanches, et nous sommes bientôt sur la plage sablonneuse où viennent se baigner les Européens de Sousse. En face, à un kilomètre à peine, sont trois îlots, dont celui du milieu a la base percée de cavernes qui servent de refuge aux pêcheurs italiens aux époques de la pêche : les portes de la ville s'ouvrent en effet trop tard pour ce genre de travail.

C'est dans l'îlot de gauche que nous devons nous rendre au moyen de barques amarrées à une dizaine de mètres de la rive, le *tirant d'eau* n'étant pas assez puissant pour permettre l'atterrissement. La perspective de prendre un bain avant de nous embarquer ne nous sourit guère, mais tout a été prévu, et plusieurs solides marins sont là qui nous prennent à bras le corps pour nous déposer délicatement dans nos barques ; c'est charmant et drôlatique. En quelques minutes, nous sommes à la Tonnara, où nous pouvons sauter à terre.

Cette île est une roche aride, dont le plateau cependant est émaillé de petites fleurs de toutes nuances et formant comme un superbe tapis. Plus loin, nous entrons dans d'immenses bâtiments modernes blanchis à la chaux, même les tuiles. C'est ici que se traitent les thons dont la pêche se fait tous les ans pendant trois mois, du 15 avril au 15 juillet, époque du passage. Cette usine travaille annuellement de 3 à 4 mille thons d'un poids moyen de 60 kilogrammes. Le thon est en partie salé et séché ; les filets sont mis à l'huile et livrés au commerce par petites tranches renfermées dans des boites de fer blanc. Les têtes, les foies, les viscères subissent une préparation spéciale, de laquelle résulte.... de l'huile de foie de morue !!!

Après cette visite, nous regagnons la terre ferme par les mêmes moyens qu'à l'aller.

L'hôtel Lebreton n'étant pas organisé pour recevoir autant de convives, nous sommes invités à nous rendre au Caïdat où la table est préparée par les soins de l'hôtel de France, de Sousse ; nous déjeunons dans la salle du Conseil municipal. Le Caïd et ses deux fils ont bien voulu accepter de prendre place à notre table, et, au dessert, comme à Enfidaville, nous échangeons des toasts amicaux, dont celui du Caïd nous est traduit par son fils, qui parle très correctement notre langue.

Nous pouvons longuement visiter la ville, puisque notre départ est fixé à quatre heures.

Dans la cour du Caïdat, nous voyons quelques Arabes debout près d'une porte ouverte, et nous nous approchons curieusement pour examiner l'intérieur : c'est la salle de la justice de paix : le Cadi, qui siège en ce moment, nous aperçoit et vient vers nous, pour nous prier d'entrer dans la salle dont il nous fait voir l'aménagement. Il nous adresse en français quelques paroles aimables, et nous souhaite un bon voyage. Nous serrons avec plaisir la main de cet Arabe, à la physionomie franche et intelligente.

Nous constatons une réelle propreté dans les rues, dont certaines portent des noms assez singuliers, comme la rue du Baiser, précédant celle du Repentir... Nous entrons dans deux moulins à huile, mais il nous faut prendre de grandes précautions pour ne pas nous imprégner de leurs produits ;

les meules roulantes sont actionnées par des chameaux ; les presses sont de gros châssis de bois chargés de pierres.

Nous rendons visite à M. le Receveur des douanes et à sa dame. M. le Receveur, qui nous avait accompagnés le matin à la Tonnara, est Maltais ; il est décoré du Nicham — naturellement, — madame la Receveuse nous fait voir ses jolies chambres décorées de faïences et de chromos.

Puis nous pénétrons dans la Kasbah qui sert de caserne aux Tirailleurs tunisiens ; elle est occupée par une compagnie de 120 hommes, dont 12 français. C'est un amas de constructions dont la solidité est problématique ; nous visitons d'anciens cachots creusés dans le tuf ; des salles voûtées servent de dortoirs ; sur la terrasse, nous voyons quelques vieux canons rouillés. Avant de sortir de cette kasbah, je jette un regard indiscret dans une salle où sont réunis une cinquantaine de soldats, qui parlent tous ensemble : c'est la leçon de français. Un sergent français montre sur un tableau qui leur fait face, un mot, ou un chiffre, le prononce, et tous le répètent en chœur le mieux qu'ils peuvent ; c'est la méthode expérimentale, la bonne pratique.

A quatre heures, nous prenons congé de nos aimables guides, et nous filons à une allure anormale sur la route de Sousse : certains cochers avaient la prétention de prendre la tête, mais nous avons deux bons chevaux, un solide cocher qui veut conserver son rôle de directeur, et, de haute lutte, il reconquiert sa place. Dans ces conditions, nous sommes bientôt devant la fabrique d'huile, à un kilomètre de Sousse.

Les grignons, qui sortent des moulins primitifs Arabes, contiennent encore 10 à 12 0/0 d'huile ; c'est pour traiter ces grignons qu'a été construite cette importante usine ; elle en reçoit annuellement environ 30 mille tonnes. De ces grignons, elle tire une huile qui est purifiée pour machines, puis une huile moins pure qu'elle transforme en savon dans d'immenses cuves. Ce savon est distribué dans des moules, où il se fige. Nous entrons dans un magasin où sont accumulés des milliers de briques de ce savon, dont une grande partie a été rendue odorante par l'addition d'essence de rose ou autre.

Les résidus séchés sont mis en poudre et vendus comme engrais, ou, mélangés de brai et de poussier de charbon, ils sont transformés en briquettes rondes au moyen d'une presse spéciale construite par la Société Industrielle de Saint-Denis. Cette machine produit environ 4 tonnes d'agglomérés par jour.

Le temps s'est fortement refroidi, et quoique le parcours soit insignifiant, nous arrivons transis, à l'hôtel, à six heures. Pourquoi n'avons-nous pas eu l'idée de laisser nos voitures revenir à vide ?

L'expérience d'hier soir porte ses fruits et nous ne jugeons pas à propos d'aller chercher des distractions dans la ville Arabe. Le Cercle des commerçants a été mis gracieusement à notre disposition, et nous nous y reposons délicieusement. Cependant, avant de rentrer à l'hôtel, nous nous laissons séduire par des chants accompagnés de piano, lesquels chants nous arrivent par les fissures d'un volet mal fermé, et nous entrons dans un café-concert italien, dont nous sommes, en ce moment, les seuls clients : nous lui portons bonheur, puisque quelques minutes après, plusieurs amateurs se présentent, devant lesquels, délicatement, nous nous retirons pour gagner nos dortoirs.

Le mercredi 8 avril, à six heures trois quarts, nous étions entassés à trente-six personnes sur deux plates-formes du chemin de fer Decauville, qui ne doivent recevoir règlementairement chacune que seize voyageurs.

La gare de ce chemin de fer à voie étroite est en face de notre hôtel ; mais la ville de Sousse va bientôt en posséder une deuxième, le point *terminus* — pour le moment — de la grande ligne de Tunis à Sousse ; nous sommes passés près de cette voie en suivant la route d'Enfidaville à Sousse, et, dans quelques mois, les touristes pourront faire le charmant voyage de Paris à Sousse, sans fatigue, — si la mer est calme !

Le soleil est morose et si, pendant le trajet, nous tirons les rideaux qui ornent nos plates-formes, ce ne sera pas, nous le craignons bien, pour intercepter ses rayons. Nos wagons sont isolés et tirés au moyen de longues cordes par deux chevaux qui suivent une piste parallèle à la voie.

Nous quittons Sousse en montant un boulevard sinueux en haut duquel se trouve un hôpital composé de pavillons en bois, à côté desquels se trouvent quelques bâtiments qui donnent asile à des tirailleurs; en passant, nous les voyons faisant l'exercice. Puis, à droite et à gauche, ce sont des fouilles répétées, laissant voir des fondations romaines et des restes de pavage en marbre; ensuite des oliviers, des chameaux; nous nous arrêtons quelques minutes en face de deux murs séparés par un couloir d'où sortent plusieurs Arabes et nos nouveaux chevaux. C'est un singulier abri : ni cour, ni appenti, rien !

Ensuite, les oliviers disparaissent complètement : c'est maintenant une plaine inculte à perte de vue; c'est le désert. De temps à autre quelques étendues d'alfa, c'est peu, mais la vue se repose sur ces verdures. Puis des touffes tenaces de jujubiers sauvages qui résistent à tous les vents violents et qui semblent placés dans ces plaines pour arrêter le sable; une ligne télégraphique nous accompagne; nous passons auprès de vieilles citernes dont les ruines seules marquent l'emplacement; par moments, des charpentes en bois s'élèvent dans la plaine : ce sont des signaux géodésiques. Vers le sud, nous apercevons la Sebka, immense lac généralement à sec, mais sans doute liquide en ce moment.

Nous traversons une forêt de cactus; quelques maisonnettes disséminées parmi des arbres étiques, c'est Sidi-el-Hani, au trente-huitième kilomètre de Sousse : deuxième relai, mais confortable au moins. Pendant le changement des chevaux, nous prenons d'assaut un cabaret sans plafond tenu par de braves Lorrains, de Bar-le-Duc, qui se mettent vigoureusement à l'œuvre pour nous réchauffer au moyen d'un café noir dont l'arôme nous importe peu ; nous sommes transis, engourdis, et de l'eau chaude, du sucre et de l'alcool nous paraissent supérieurs à tous les nectars possibles.

Cour de la Mosquée du Barbier, à Kairouan

L'Illustre Cicerone Sidi-Hassen, à Kairouan

Nous quittons ce *buffet* à huit heures trois quarts ; mais nous apercevons à quelque distance des maisons du *village* des silhouettes absolument extraordinaires; notre Marseillais est sur le point de s'en trouver mal : cinq ou six personnages en redingote et chapeaux de soie ! Ce sont, nous dit-on, des frères de Sousse qui reviennent de Kairouan.

Toujours les alfas, les jujubiers épineux, dont les branches sont couvertes de petits escargots blancs ou tout au moins de leurs coquilles ; puis, c'est une ruine romaine, le Kasr-Talga. A l'ouest, une ligne bleuâtre de montagnes et une traînée blanchâtre. Serait-ce Kairouan ?

La terre a été détrempée par les pluies qui sont tombées depuis quelques jours ; déjà, la surface forme une croute fendillée ; la plaine est verdoyante. Nous franchissons sur des ponts quelques *oueds*, pendant que les chevaux, moins heureux, lancés du haut d'une berge, traversent dans l'eau et la boue pour remonter sur l'autre rive ; de puissants fouets sont d'un grand secours pour les empêcher de perdre leur place en avant de nos *voitures*.

Nous avons, à proximité de la voie, quelques gourbis, d'où s'échappent des nuées de jeunes Arabes, garçons ou filles, qui cherchent à nous suivre ; mais ce n'est pas seulement la curiosité qui les pousse : c'est l'appât du gain. Leurs vêtements sont bien légers ; certains même n'en possèdent qu'en perspective ; ils ne s'en soucient guère, et s'ils n'ont pas de poche, ils ont leur bouche… qui leur sert de portemonnaie !

— Sidi ! sodi ! carroubi ! tels sont les cris qu'ils nous lancent en courant à toute vitesse à proximité de nos plates-formes jusqu'à ce que, pâmés par la fatigue, ils s'affalent entre deux touffes d'alfa.

Nous ne nous exposons pas à compter les chameaux qui circulent dans ces plaines : leur nombre rend la chose impossible.

Dans les nouveaux bois de cactus que nous traversons, nous en remarquons dont les feuilles sont privées de leurs épines et qui servent de fourrage dans les années de disette. Au-delà de ces touffes de cactus, nous avons en face de nous les murailles crénelées, les innombrables coupoles et les gracieux minarets de Kairouan, où nous sommes enfin à dix heures et demie, après une course de 58 kilomètres.

La gare est un élégant hangar où nous attendent le délégué du contrôleur civil de Kairouan, quelques fonctionnaires et des spahis; nous entrons dans un quartier nouveau qui précède la porte de la ville et dans lequel se trouve notre hôtel, l'hôtel de la Poste, confortable et suffisamment vaste pour recevoir de nombreux visiteurs; nous nous y arrêtons quelques instants avant de commencer notre excursion *intra-muros*. La salle à manger possède un plafond en coupole; dans une chambre, nous remarquons des fresques naïves : l'une d'elles représente Napoléon Ier sur un chameau doué d'une tête d'Allemand; Napoléon est suivi d'un état-major fantaisiste comme sa monture !

Nous entrons dans l'enceinte crénelée, blanchie à la chaux, par la porte de Bab-Djelladin (porte des Peaussiers).

Kairouan possède 23,000 habitants environ; c'est la ville sainte dont le nombre des mosquées et des zaouïas n'a pas encore pu être relevé bien exactement; il est approximativement de quatre-vingt-cinq mosquées et de quatre-vingt-dix zaouïas (chapelles). Pour beaucoup de bonnes raisons, je ne conduirai pas mes lecteurs dans tous ces lieux saints. Si un pèlerinage à la Mecque vaut le titre de hadj, avec sept pèlerinages à Kairouan, les fervents arrivent au même résultat.

Les rues sont pour la plupart étroites, mais assez propres; les maisons sont basses, d'une blancheur éclatante. Nous passons devant la mosquée des Trois-Portes, remarquable par sa façade à trois portes entièrement sculptées avec inscriptions arabes; elle a été bâtie au xe siècle par le célèbre Andalou « Abou-Djafeur-Mohamed-ben-Mahamed-ben-Kheiroun-el-Manouri-el-Andelsi ! »

Nous montons au Puits-Sacré; la margelle est au troisième étage de l'immeuble qui renferme ce puits et, à cette hauteur, la noria primitive, qui sert à monter l'eau d'une profondeur de quarante mètres, est actionnée par un chameau dont le logement est à côté. Ce puits communique avec celui de Zemzem, de la Mecque ! mais c'est la légende qui l'assure, et je n'abuserai pas dès légendes qui pullulent ici : ce serait fastidieux et il faudrait bien un volume spécial pour les relater.

En nous dirigeant vers la grande mosquée Djamâa-Kebir ou de Sidi-Okba, nous jetons un coup d'œil dans des moulins à blé actionnés par des ânes ou des chameaux. Nous arrivons devant un long mur élevé, blanchi à la chaux et soutenu par des contreforts puissants ; c'est le mur d'enceinte de la plus grande des mosquées, Djamâa-Sidi-Okba, du nom de son fondateur, grand conquérant et l'un des plus grands propagateurs de l'Islamisme, mort à la fin du viie siècle à Sidi-Okba, dans le désert. Nous entrons par une grande porte, et nous sommes dans une cour immense dallée en marbre et entourée de portiques formant comme un double cloître supporté par plus de trois cents colonnes en granit, en serpentine et en porphyre, dont les chapiteaux sont tous différents. Ces colonnes ont été prises dans les ruines romaines et transportées par les Arabes. Au centre de la cour, se trouvent trois trous entourés d'une bordure de marbre et destinés à l'écoulement des eaux pluviales qui sont reçues dans des citernes sous-jacentes. Une levrette, chienne de Sidi-Okba, a gratté le sol en cet endroit et on y a trouvé de l'eau potable. Encore une légende ! je n'insiste pas.

L'un des côtés de la cour donne sur la mosquée proprement dite ; au milieu, du côté opposé, s'élève le minaret, grosse tour carrée construite en matériaux antiques. Les cent-vingt-neuf marches qui composent l'escalier sont garnies de fragments avec inscriptions ; la plupart sont en marbre gardant des traces de sculpture. De la galerie du minaret, la vue est superbe sur cette ville toute blanche, au-dessus de laquelle se dressent quantité de minarets, de dômes cannelés ou unis. Au-delà des remparts, nous voyons un grand bassin circulaire, la mosquée du Barbier, des bois de cactus ; au-delà encore, la steppe, le désert ; à l'ouest, les silhouettes bleuâtres des montagnes de Zaghouan ; au sud-ouest, le Chéri-Chéra d'où les eaux de Kaïrouan viennent par une canalisation. Sous nos yeux, un jardin entouré de murs nous paraît inculte ; nous n'y voyons qu'un cheval mort ; au milieu de la large route blanche qui longe la muraille du minaret, un autre cheval mort ; il nous semble que des odeurs cadavériques montent vers nous ; le merveilleux décor dont nous jouissions perd ses charmes ; nos yeux se voilent devant ce splendide panorama qui se développe tout autour de nous ; mais, ô surprise, ces deux chevaux *morts* se relèvent d'un bond : leur sommeil est achevé, et ils attendent au piquet, patiemment, leur nourriture ! Ce n'est pas une légende !

Nous quittons avec un vif regret notre splendide observatoire ; nous traversons dans toute sa longueur cette belle cour dallée de marbre, et, par une immense porte, enrichie de dessins arabes, et abritée sous les arcades soutenues par ces colonnes disparates, nous pénétrons dans la grande mosquée. C'est encore une forêt de colonnes : nous comptons dix-sept travées composées chacune de huit arceaux ; toutes ces colonnes sont, comme dans la cour, surmontées de chapiteaux d'un style différent, byzantin ou romain. Au bout de l'allée centrale, qui part en droite ligne de la porte, se trouve le *Mirhab,* ou saint des saints, une niche sacrée richement sculptée et entourée de carreaux de faïence.

Près de la niche sacrée, de grosses et magnifiques colonnes en porphyre accouplées : les Arabes qui peuvent passer entre ces colonnes, sont guéris de leurs rhumatismes ; nous essayons de franchir cette voie, mais en vain ; nous n'avons pas la foi !

A droite se trouve la chaire, ou Mimber, avec escalier : les panneaux sont remarquables, tous différents, paraissant sculptés au couteau. Cette chaire a été construite en bois de platane de Bagdad sous Abou-Brahim-ben-Mohamed-el-Aglab. A côté de la chaire, nous entrons dans une enceinte fermée par des panneaux en bois également sculptés et différents les uns des autres : c'est le Beït-el-Idda, qui servait de bibliothèque avant l'occupation française. Cette bibliothèque a été construite sous « Abou-Temin-el-Moërr » ; il y a quelques vides produits par des amateurs anglais qui s'en sont subrepticement emparés. Un de ces collectionneurs a offert vingt mille francs, inutilement du reste, à un gardien, pour prendre un de ces panneaux, comme souvenir !

Cette mosquée a été fondée par Sidi-Okba-ben-Amir, en 668, et réédifiée par l'Aglabite Ziadet-Allah Ier en 821.

Parmi les innombrables mosquées et zaouïas de Kairouan, il y en a quelques autres d'intéressantes ; mais, quant à nous, nous jugeons que la visite de celle de Sidi-Okba est largement suffisante pour le moment, et, pendant que nos compagnons se dirigent vers celle des Sabres, pour admirer ses cinq dômes, ses immenses fourreaux de sabres — absents — pendus aux murailles, et fabriqués par le fameux forgeron Amor-Abada, mort seulement il y a une trentaine d'années, sa grosse pipe du modèle de celle que devait avoir Gargantua ; pendant qu'ils contemplent, dans un enclos en face de cette mosquée des Sabres quelques ancres gigantesques transportées de Porto-Farina jusqu'à Kairouan avec l'espoir que la mer les suivrait, nous nous emparons de notre directeur, M. Favier, devenu notre ami. Il a habité Kairouan pendant quelque six mois, et en *connait les détours ;* il comprend de suite nos *desiderata,* et dès que les congressistes ont disparu à gauche, nous partons par la droite ; nous passons près du cheval ressuscité, toujours au piquet, au milieu de la rue poussiéreuse ; dans quel but l'oblige-t-on à rester dans cette position ingrate ? nous sommes ensuite dans une rue étroite qui longe les remparts de la ville, et nous pénétrons dans un endroit sombre, aux plafonds bas, où nous trouvons une fraîcheur et un confortable que l'aspect extérieur était bien loin de nous faire espérer. Nous y prenons l'apéritif à la Française, servi par une soudanaise de quinze ans à peine, que nous regrettons bien de ne pouvoir présenter comme modèle dans un de nos ateliers renommés de sculpture ; c'eût été là, à notre avis, un type digne d'inspirer un chef-d'œuvre : ce n'est pas son costume qui nous enthousiasme ; il est véritablement trop simple ! mais c'est l'ensemble de la personne animée par une gaîté enfantine : quel beau sujet de marbre — noir !

Cette addition à notre programme nous a mis en retard, et nous arrivons à l'hôtel de la Poste, quand le déjeuner est à peu près terminé, ce qui nous importe peu.

Nous continuons ensuite notre excursion et nous rencontrons le fameux *cicérone*, l'illustre Sidi-Hassen, universellement connu sous le nom de Père Hassen. Natif d'Alger, il habite depuis longtemps Kairouan ; il prétend avoir ouvert les portes de la ville aux Français ; c'est sans doute une légende comme celles en nombre infini qu'il raconte sur Kairouan, et que, comme tout bon menteur, il doit finir par croire des histoires véridiques. Dans tous les cas, il est très intéressant et très amusant ; ne le contrarions donc pas !

Ce père Hassen est chevalier du Nicham — bien entendu, — et ne se contente pas du ruban ; il en arbore aussi les insignes matériels sur sa belle gandourah amaranthe. Ensemble, nous sortons de la ville par une poterne en S pratiquée dans l'épaisseur de la muraille ; cette poterne est de la hauteur moyenne d'un homme, et c'est en frottant les deux parois que l'on parvient à la franchir. Cette disposition a été prise, paraît-il, jadis pour empêcher les turbulents habitants du faubourg des Zlas d'entrer en ville avec leurs longs fusils.

Nous traversons des terrains vagues et nous arrivons devant le grand bassin circulaire des Aglabites, récemment restauré et servant à la décantation des eaux amenées du Chéri-Chéra pour alimenter Kairouan. De ce bassin qui a de cinq à huit mètres de profondeur, on retire tous les ans les corps de quelques indigènes qu'un excès de curiosité lance, malgré eux, sur cette route du paradis !

Plus loin, à gauche, se trouve la jolie petite mosquée du Barbier, dont pas un touriste n'oublie la visite. Ses murs et ses coupoles sont d'une blancheur éclatante ; tout est petit dans cette mosquée ; la cour est petite avec, tout autour, des galeries formées par d'élégantes colonnettes. Nous visitons plusieurs petites salles couvertes en coupoles ; les vitraux sont petits ; les murailles sont couvertes d'arabesques en plâtre sculpté ; tous les panneaux sont différents :

c'est l'unité dans la variété ! Les murailles des galeries sont garnies de vieilles faïences arabes malheureusement abîmées par le salpêtre, mais qu'on restaure le mieux possible ; le sol est pavé en marbre. A gauche, nous entrons dans la salle du Tombeau, dont la voûte est en réparation. Le tombeau est protégé par une grille en bois peint ; il est entouré d'œufs d'autruches, de drapeaux et autres ornements ; au-dessus, pend, fixé au plafond, un magnifique lustre de Venise ; le sol est couvert de riches et moelleux tapis de Kairouan ; le catafalque est orné d'une superbe étoffe qui a coûté cinq mille francs.

Ce fameux barbier, en qui Mahomet avait placé sa confiance, répondait au nom de « Abou-Zemaa-Obeïd-Allah-ben-Aden-el-Belouï », ou plus simplement de Sidi-Saheb. Le père Hassen nous raconte que le prophète, en récompense de ses loyaux services et d'une adresse qui ne s'est jamais démentie, lui a fait cadeau de trois poils de sa barbe. Ces trois poils ont été inhumés avec lui dans ce tombeau, un dans chacun des yeux, et l'autre dans sa bouche.

De retour en ville, nous rencontrons sur la place qui précède la grande rue centrale un groupe de cavaliers arabes qu'un cheik passe en revue ; ce sont les premiers arrivés de ceux des tribus environnantes, qui ont été commandés pour la réception de M. Millet, le résident général, attendu ici avec sa caravane.

Nous visitons rapidement les souks, dont quelques-uns voûtés à l'instar de ceux de Tunis : le trafic des tapis plus ou moins authentiques est fort intéressant : quelques touristes en obtiennent *au-dessous du cours :* de même pour les babouches, les bijoux, les foulards, etc., etc.

Enfin, à trois heures trente-cinq minutes, nous étions tous réunis sous le hangar Decauville ; nous prenions congé de nos aimables guides ; nous nous installions le plus commodément possible sur les plates-formes, et... nos chevaux pleins de vigueur nous entraînent à la vitesse de 20 kilomètres à l'heure. Le froid est encore plus vif que le matin ; la rapidité de cette course ne fait que l'accentuer ; nous en souffrons tous visiblement et au point de cesser nos bavardages, malgré le désir que nous avons de nous communiquer nos impressions.

Le 9 avril, à six heures trois quarts du matin, nous quittons Sousse et reprenons la route déjà suivie de l'Enfida ; nous nous arrêtons encore à Sidi-bou-Ali, ce qui nous permet de terminer la visite de ce village purement Arabe. Nous ne sommes plus des inconnus pour les femmes qui nous observent, toujours cependant timides, par les portes entrebaillées, et nous accueillent au passage par de gais *yous-yous*. Je suis surpris d'en apercevoir quelques-unes qui me paraissent chargées d'un nombre respectable d'années, et j'apprends que, contrairement à l'opinion généralement admise, il se trouve des Arabes qui deviennent centenaires ; on vient même de découvrir dans un gourbi des environs une mouquère âgée de cent-six ans et fumant conscieusement la pipe depuis plus d'un demi-siècle. Nous ne prenons pas le temps d'aller visiter ce phénomène, et nous préférons revenir à nos voitures. Nous entrons dans un cabaret installé dans une sorte de petite grange et tenu par un Français, archéologue amateur ; il possède dans son établissement de jolis débris de colonnes antiques ; il fait, à quelque distance du village des fouilles qui lui procurent des souvenirs intéressants de l'époque romaine, et il se met à notre disposition pour nous expédier ce qui pourrait nous être agréable : nous en prenons bonne note.

Nous arrivons à Enfidaville à dix heures quarante-cinq minutes et nous y trouvons une animation qui nous surprend ; des groupes d'Européens et d'Arabes, auprès desquels je remarque un mendiant qui a pris l'habitude de marcher sur les doigts de ses pieds, sont massés autour de quelques musiciens indigènes qui exécutent de façon rythmée les plus beaux morceaux de leur répertoire ; il est vrai que j'ai un vague pressentiment qu'ils jouent toujours le même. Auprès d'eux se trouvent une trentaine d'Arabes qui arrivent d'une tribu voisine, et nous apprenons que, par une délicate attention, notre ami le Caïd, pour fêter notre retour, avait convoqué les Aïssaouas, qui vont exécuter, en notre honneur, leurs exercices des grands jours.

Cette musique incessante, accompagnée de chants monotones, a pour but de les préparer : les néophytes se tiennent alignés, et forment comme une chaîne humaine qui se balance fortement en cadence, sans discontinuer. Cette mascarade se met en marche, circule autour du bordj qui nous a servi d'hôtel, s'arrête de temps en temps, reprend sa promenade et, après deux heures de ce balancement qui, lui, n'a pas cessé une minute, ces fanatiques sont à point : ils sont maintenant groupés près du caïdat, ils n'ont plus figure humaine, ils sont arrivés au degré voulu d'excitation et les horreurs commencent. Certains rompent la chaîne, qui se resserre aussitôt, courent comme des fous vers une haie de cactus dont ils arrachent les branches, se précipitent au milieu du cercle formé par leurs congénères et les curieux, en mordant à belles dents dans les feuilles garnies d'épines qui leur traversent la langue, puis ils se roulent sur ces feuilles et nous montrent leurs dos et leurs poitrines sanguinolents ; ils sont à peu près nus, rien ne gêne ces macérations insensées qu'ils accompagnent de hurlements de bêtes sauvages.

D'autres absorbent une sorte de viande crue que nous croyons être du chameau, ou avalent des clous, des balles de plomb, du verre ; ils font brûler du benjouin, de l'encens, de la poudre, ce qui maintient la suggestion, s'emparent de torches enflammées qu'ils promènent sous leurs chemises, se tailladent le corps avec un sabre émoussé jusqu'à ce que le sang s'échappe. Deux de ces fanatiques tiennent par les deux bouts un long sabre sur la lame duquel s'appuie par le ventre un de leurs compagnons qu'ils portent ainsi à quelques mètres de distance. Le malheureux a ainsi l'air d'être transpercé. Bref, ce spectacle est absolument épouvantable et écœurant ; les *prêtres* qui dirigent ces misérables ne les arrêtent que quand ils les voient complètement anéantis. Elle est jolie la religion qui pousse à de tels excès !

Je remarque le chef de cette tribu à cause de ses bottines

européennes à élastiques relâchés, ce qui produit un effet singulier comparativement avec le reste du costume arabe.

Nous remercions avec effusion le brave colonel et son aimable fils, le khalifa ; nous leur promettons formellement de ne pas nous enrôler dans la secte des Aïssaouas, et, vers deux heures, nous quittons Enfidaville pour nous diriger vers Zaghouan.

A peine hors du village, nos voitures s'enfoncent dans des terrains détrempés par les dernières pluies, et nous constatons une absence complète de route : c'est simplement une piste trop naturelle, nullement travaillée par la main de l'homme. Sortis des bourbiers, nous nous trouvons enrayés dans les sables, et nous sautons de nos voitures pour permettre à nos chevaux de les enlever de ces mauvaises passes. Nous traversons un petit bois d'eucalyptus malingres et côtoyons longuement des rangées d'amandiers. A gauche, une grande plaine au fond de laquelle se trouve le village blanc de Takrouna, perché sur un pic ; en face de nous se dressent des montagnes rocheuses, ruinées, sans arbres ; nous franchissons quelques oueds heureusement à sec ; dans la plaine, quelques tombeaux romains et une infinité de petits points blancs que le soleil fait briller comme des diamants ; nous descendons pour prendre une de ces lamelles et nous constatons qu'elle est en mica. Cette plaine est agrémentée de touffes d'alfas garnis de petits escargots blancs.

Laissant à gauche Takrouna, nous entrons dans une véritable forêt de thuyas, de lentisques (pistachiers) ; puis le pays est montueux, raviné, rempli de fondrières ; ce sont toujours des touffes de thuyas, de lentisques, de myrtes, d'oliviers sauvages, de diss (graminées à tiges florales élevées), d'asphodèles, de romarins, de lauriers-roses, de lauriers-cerises, de rhododendrons, de caroubiers, de genets, de bruyères, d'orangers et de jujubiers sauvages, d'ajoncs, d'inévitables cactus, etc., etc.

De temps en temps, une ruine romaine domine ces arbustes. Parfois, sur de grands espaces, le vent qui souffle violemment dans ces massifs les dégage : le sol est uni et on peut avoir l'illusion d'une promenade au milieu d'un parc anglais. Aucun bruit d'oiseaux ou d'animaux ! c'est un silence complet. Nous rencontrons pourtant un Arabe à cheval, accompagnant un chameau qui porte sa femme et sa petite fille ; puis, plus loin, c'est une carcasse de chameau fraîchement dévoré.

Le pays devient de plus en plus accidenté ; nous rencontrons quelques oueds encaissés par des rives élevés que nous descendons et escaladons sans accident, ce qui est véritablement miraculeux. Un de ces oueds est particulièrement difficile : son lit est formé de grosses pierres rondes ; nous le passons en sautant d'une pierre à l'autre et en luttant d'adresse pour éviter les bains de pied. Ses rives très abruptes, sont garnies de lauriers-roses qui ajoutent à la poésie du site. Ce passage est dangereux dans les moments de crue subite ; il y a quatre ans, un convoi de soldats se rendant de Zaghouan à Sousse a été surpris par la violence imprévue du torrent : un cavalier et son cheval ont péri, entraînés par le courant.

Nous tournons autour du Djebel-Zaghouan, dont l'altitude est de 1,343 mètres et qui domine toute cette contrée. C'est une masse rocheuse surmontée de quelques pics, formant des découpures bizarres ; au sommet, nous distinguons un télégraphe optique. Dans une éclaircie, nous apercevons une ville toute blanche : c'est Zaghouan. La route commence à devenir carrossable ; nous sommes toujours au milieu des touffes variées d'arbustes. Un chameau nous croise avec la majestueuse lenteur afférente à sa race ; son cou arrondi tombe en avant comme si son poids l'entraînait, le corps a un mouvement rythmique comme le navire qui tangue, ce qui cause, paraît-il, le même effet désagréable qu'une mer agitée. Ces animaux sont sérieusement conformés pour pouvoir se rendre utiles dans ces pays. Ils ne sont, heureusement pour eux, jamais pressés d'aller boire ou manger, et n'éprouvent jamais cette gaîté qui anime nos chevaux quand ils *sentent* l'écurie.

Pendant que nous nous livrons à ces réflexions, les *parcs anglais* ont disparu ; nous montons en zig-zag à travers de magnifiques jardins couverts d'arbres fruitiers. Une lanterne à pétrole nous annonce notre proximité d'une ville civilisée ; nous tournons auprès d'une porte romaine, sorte d'arc-de-triomphe assez bien conservé, et à sept heures, nous abandonnons nos voitures, au centre de Zaghouan.

Notre visite était naturellement annoncée, et, grâce à l'obligeance de M. Prat, contrôleur civil, nous parvenons assez rapidement à nous intaller. Tandis que les *ménages* choisissent leurs chambres dans la principale auberge, nous nous dirigeons d'un pas léger vers le restaurant des *Alpes* qui s'est chargé de préparer des lits pour une quinzaine de visiteurs.

Nous sommes fort bien accueillis par Mme et M. Fieulgant-Malo, de Saint-Malo; M. Fieulgant est un ancien soldat et ancien gendarme qui occupe maintenant l'emploi de conducteur des ponts et chaussées.

Sa maison, de construction arabe, est fort exiguë, mais elle possède pourtant une salle suffisante pour que nous puissions trouver place autour d'une table bien garnie de mets admirablement préparés à la française. Nos lits sont installés dans une vieille maison arabe voisine, presque en ruines et qui a servi, nous dit-on, il y a sans doute longtemps, de caserne de gendarmerie. Je prends possession du mien parmi les huit placés dans un dortoir d'une rare architecture ; c'est une grande pièce rectangulaire voûtée, au milieu de laquelle s'en trouve une autre carrée, surélevée de deux marches et qui pourrait bien avoir été autrefois occupée par un autel.

Dans la petite cour, sont d'autres bâtiments contenant aussi des lits, et dans un de ces locaux se trouve un robinet vulgaire qui laisse tomber abondamment et avec fracas l'eau dans une auge de grande capacité.

En sortant de notre hôtel, nous examinons curieusement les fermetures en bois de la porte de la rue ; ces grandes barres et ces verrous en bois, mis en mouvement par un mécanisme ingénieux, quoique fort primitif, nous arrêtent quelques instants et, sous la conduite de notre ami Favier, nous faisons une excursion à travers les rues étroites, sombres, qui nous conduisent dans une maison où nous nous attendons à trouver un nombreux public se délectant de danses et de chants. Mais les clients font défaut ; les artistes brillent par leur absence et nous nous consolons de cette solitude en nous faisant servir quelques verres de limonade. Le matériel est fort primitif, les bancs et les tabourets ne le sont pas moins, et cependant, grâce à un aimable personnel de races différentes, nous trouvons un certain charme et un certain plaisir à retarder l'heure de notre retour au dortoir de l'antique gendarmerie.

A cause du bruit incessant du robinet intarissable, du bruissement des *plumes d'alfa* qui garnissent nos matelas et nos oreillers, du décor drôlatique et fantastique de notre chambre à coucher, nous fermons difficilement l'œil, même celui que tenaient fermé nos prédécesseurs.

Pendant le dîner, M. le contrôleur civil, pour nous être agréable, était venu demander s'il y avait parmi nous des amateurs pour la visite au poste optique ; le départ aurait lieu à cinq heures du matin. Trois se sont fait inscrire avec enthousiasme, un seul est parti. Je regrette de ne pouvoir inscrire ici le nom de ce héros, de cet énergique ascensionniste.

Le 10 avril, notre dernière journée, nous étions tous, dès sept heures du matin au rendez-vous fixé sur la place du Contrôle : cette place est plantée d'acacias ; elle est agréable et gaie. La maison du Contrôle, construction française, est gracieusement ornée de drapeaux français et tunisiens, comme, du reste, la plupart des autres maisons. M. le contrôleur nous attend en grand uniforme noir, brodé d'argent ; il a de belles bottes et une casquette galonnée ; cet ensemble produit sur les indigènes un effet prestigieux, ce fonctionnaire prend la tête de la caravane.

Zaghouan, qui possède 1,400 habitants, est bâtie en amphithéâtre au pied de la montagne ; elle est libre, sans remparts.

A âne, à mulet, ou à pied, nous sortons de la ville par des chemins creux, très ombragés ; de chaque côté, des jardins qui sont garnis de végétaux à peu près tous européens : vergers, pêchers, pruniers, pommiers, poiriers, etc. : ces arbres poussent en liberté, ce qui ajoute au pittoresque ; de tous côtés, l'eau claire et limpide coule par de frais ruisseaux. Nous entrons dans des sentiers montants et bordés de broussailles, de lentisques, de myrtes, etc. ; nous commençons à découvrir le panorama tout blanc de Zaghouan.

A deux kilomètres environ, et au-dessus de la ville, nous pénétrons dans le Nympheum, temple romain des eaux, ruine fort intéressante. Ce temple a été bâti par les Romains au-dessus de la source, dont ils ont fait la captation pour alimenter Carthage : c'est un hémicycle avec niches qui jadis abritaient des statues : au milieu de ces niches, le sanctuaire du dieu auquel était consacré ce monument.

Nous revenons vers Zaghouan, et nous longeons une enceinte fermée par des murs très ordinaires et dans laquelle se trouvent les sources récemment captées. L'eau sort en bouillonnant et se répand dans deux bassins, dont l'un est le point de départ pour Tunis, par un aqueduc emprunté en grande partie à celui des Romains, et l'autre bassin pour Zaghouan. Quant au trop plein, il sert à arroser les jardins.

L'installation de ces bassins est extraordinairement banale : elle a été faite par des Français, ce qui ne nous honore pas au point de vue artistique : il était pourtant bien facile de trouver une inspiration dans les ruines magnifiques du Nympheum. Souhaitons le retour des Nymphes et des dieux, s'ils ont seuls le pouvoir de ressusciter le goût architectural !

Pendant que quelques intrépides font, sous la conduite du contrôleur un semblant d'ascension, nous continuons notre promenade par un sentier qui serpente dans la broussaille. Le temps devient brumeux ; la pluie tombe sur le Djebel, et, activant notre marche, nous rentrons en ville tout en suivant ces petits chemins sinueux et pittoresques. Nous remarquons vers le sud quelques constructions modernes : ce sont les casernes françaises.

Nous sommes de nouveau dans la campagne cultivée qui

produit surtout du blé, de l'orge, des olives, et procure la pâture à de nombreux troupeaux de chèvres ; puis, nous sommes à travers les jardins, dans l'un desquels un rossignol nous manifeste par ses chants compliqués le plaisir d'avoir des auditeurs ; nous le remarquons d'autant plus que, dans l'immense forêt des alentours, nous n'avons ni vu ni entendu le moindre volatile.

Quelques-uns de ces jardins contiennent des citronniers et des orangers, mais dont les fruits sont amers. Nous entrons dans une sorte de cabane abritée par un énorme caroubier ; c'est un moulin à froment, dont les deux pierres qui servent de meules sont actionnées par une turbine des plus rudimentaires et à l'axe se déplaçant constamment.

Un peu plus loin, derrière une porte aux planches disjointes, nous entendons des rires et des bavardages ; nous poussons cette porte, et nous sommes dans une cour dont le plancher à jours est formé de madriers : c'est un abattoir dans lequel opèrent douze à quinze jeunes Arabes. Par les larges fissures du plancher, le sang tombe dans un courant d'eau ; le spectacle est peu poétique, et je n'y fais qu'un court séjour ; j'observe pourtant que les soufflets sont absolument primitifs : les jeunes indigènes doivent posséder de puissants poumons ; car c'est avec la bouche qu'ils soufflent directement sous la peau des chèvres et des moutons pour les faire gonfler.

Nous arrivons dans la ville proprement dite, et nous remarquons beaucoup de maisons en ruines ; comme je l'ai déjà fait remarquer dans le cours de ce récit, les Arabes construisent à l'économie et ne réparent pas : quand leur domicile est devenu absolument insuffisant, ils en font un autre ailleurs, et tout est dit. Les maisons habitées sont blanchies à la chaux.

C'est aujourd'hui jour de marché : les deux rues principales sont envahies par une foule grouillante d'Arabes dont beaucoup en guenilles. Ils s'arrêtent dans ces rues, qui montent vers le Contrôle, devant les boutiques d'épiceries, devant les bouchers, qui font sur des nattes leur étalage, devant les marchands de pains, de citrons, de dattes, de figues, de poteries de Nabeul, de salades, de grosses fèves, etc. ; toutes ces boutiques sont ornées de drapeaux tunisiens et français. Dans un magasin, nous remarquons une belle cuisinière en fonte garnie de carreaux céramiques. En plus de l'encombrement produit par cette foule de paysans arabes, des ânes circulant chargés de charbon de bois emballé et ficelé dans des branchages de lentisques et de romarins ; d'autres, chargés de bois mort. Nous trouvons sur notre passage une boutique dont la façade est pompeuse et l'enseigne bilingue : c'est une pharmacie ; un de nos compagnons que ce commerce intéresse, et pour cause, fait la connaissance du pharmacien arabe, qui est en même temps médecin renommé : il soigne en ce moment dans sa boutique les blessures de deux Italiens ; mais il les néglige pour avoir le plaisir de s'entretenir un instant avec un confrère Français, rare aubaine ?

Enfin, nous retrouvons les aimables physionomies de nos malouins, qui se sont multipliés pour nous préparer pendant notre longue promenade, un déjeuner succulent et auquel font le plus grand honneur les convives pleins de gaîté et d'entrain.

Le soleil n'a pu avoir raison de la brume qui s'est épaissie et transformée en une pluie fine et pénétrante, à travers laquelle nous quittons cette petite ville typique de Zaghouan pour gagner la route de Tunis.

Celle-ci est une vraie route, belle et large, bien nivelée et empierrée, et ne ressemble en rien à celle suivie la veille ; nous ne nous en plaignons pas. Les broussailles disparaissent bientôt et nous roulons par une plaine très étendue, nue encore, les céréales étant en retard à cause de la persistante sécheresse, qui n'a cessé que depuis quelques jours.

Nous avons en vue les piles élevées de l'aqueduc romain. Cet aqueduc a été remplacé par un syphon, et on a conservé l'ancienne conduite d'eau dans les parties où elle est au niveau du sol. Les nombreuses piles en ruines, qui s'étendent devant nous sur une longueur de plusieurs lieues, ont été faites en un béton très dur ou en pierres de taille. Nous franchissons l'Oued-Miliane sur un pont moderne : c'est moins drôle que de descendre et remonter ces parois à pic, mais c'est plus sûr et surtout moins fatigant pour nos chevaux.

La pluie cesse enfin, et nous pouvons jouir plus agréablement de cette belle campagne. Nous arrêtons à la Mohammédia, à 14 kilomètres de Tunis : c'est une lamentable ruine du palais du Bey Ahmed, un ami de la France, qui régna de 1837 à 1868.

Dans ce palais et ses dépendances, maintenant complètement en ruines, le bey Ahmed entretenait quinze mille soldats ; toute l'administration était groupée autour de son palais. A sa mort, tout a disparu. Il en est ainsi, du reste, habituellement. Le successeur d'un bey ne prend jamais possession des locaux précédemment occupés par celui qu'il remplace.

Les ruines de la Mohammédia sont traversées par l'aqueduc. Dans la grande cour, à droite, on entre dans une vaste salle à coupole, où se trouvent encore quelques restes de peintures naïves, représentant des lions et autres *motifs ;* ce sont probablement les anciens bains, qui servent actuellement de dépôt d'instruments aratoires appartenant à quelques misérables qui s'abritent sous ces ruines.

Puis, ce sont de grandes salles, dont les murs seuls restent, dépouillés par les touristes de leurs revêtements de faïence et de marbre, qui couvrent le sol, et dans lesquels nous fouillons pour nous encombrer de débris, que nous ne tarderons pas, du reste, à semer sur la route. Parmi les démolitions, des amas de grosses briques rondes et creuses, qui, sans doute, seront employées dans d'autres constructions. Quelques femmes Arabes, peu farouches, qui vivent à l'abri de ces murs branlants, nous offrent des œufs que nous achetons, — sans en prendre livraison.

En remontant dans nos voitures, nous voyons, de l'autre côté de la route, les ruines d'un caravansérail ou fondouk surmontées d'une enseigne française.

Chemin faisant, des odeurs caractéristiques nous chatouillent désagréablement l'odorat : elles proviennent de nos chevaux, très échauffés par les courses fatigantes de ces quelques jours, et par leur nourriture excitante.

Ce sont maintenant des plantations soignées d'oliviers, des champs de légumes. Nous passons devant l'abattoir moderne de Tunis, et, à huit heures du soir, nous avions parcouru les 46 kilomètres qui séparent Zaghouan de Tunis; nous terminions notre longue et féerique excursion!

Notre premier soin est de nous assurer d'un gîte, ce qui n'est heureusement pas aussi difficile que nous le craignions, un grand nombre de congressistes ayant quitté Tunis.

TROISIÈME PARTIE

PALERME — NAPLES

POMPÉI

ROME — GÊNES

NICE

Troisième Partie

PALERME — NAPLES — POMPÉÏ — ROME
GÊNES — NICE

Le samedi 11 avril, après avoir pris un bain maure dans un confortable établissement construit à l'européenne, ce qui ôte tout le charme des bains de ce genre qu'il faut prendre chez les Arabes, après m'être fait photographier entre deux coups de tonnerre dans un costume beaucoup plus riche qu'agréable, je me rendais sur le *Principe Oddone* dont le départ est fixé *Sabato alle ore 5 Pomeridiane*.

De tous nos compagnons de voyage à Kairouan, Sousse, Zaghouan, nous sommes réduits à quatre : les uns restent à Tunis en attendant le paquebot qui les transportera directement à Marseille ; les autres ont pris la direction de l'Algérie, et s'embarqueront à Bône, Philippeville, Alger, même Oran. Nous avions, quant à nous, pris depuis longtemps la résolution de revenir à grande vitesse par la Sicile, l'Italie et Nice.

A l'heure indiquée, nous quittons le port de Tunis, et nous suivons tranquillement à travers le lac Bahira la belle route de onze kilomètres tracée en ligne droite de Tunis à la Goulette. Ce n'est qu'à regret et après une longue contemplation que nous perdons de vue l'inoubliable panorama de la blanche Tunis. Nous sortons de la Goulette, c'est-à-dire de la *Bouche*, et nous entrons dans la Méditerrannée qui, hélas ! ne nous paraît pas mieux disposée à notre égard que pendant notre traversée de Marseille à Philippeville ; fort heureusement, le dîner est à peu près terminé quand nous sommes obligés de nous apercevoir que nous avons quitté le chenal, et nous pouvons, malgré le manque d'équilibre du *Principe Oddone*, nous rendre dans nos appartements.

Nous pensions être en *express* et nous sommes en *omnibus !* En dînant, nous apprenions qu'au lieu d'arriver à Palerme le dimanche, dès le matin, comme l'indiquait notre itinéraire, nous n'y serions que le lundi à midi ; nous en prenons facilement notre parti, et nous espérons bien profiter des escales pour faire quelques excursions imprévues ; en attendant, nous formons sincèrement le vœu de voir la mer un peu plus calme.

A trois heures du matin, quoique somnolents, il nous semble que la marche de notre bateau devient anormale, et nous entendons grincer la chaîne de l'ancre ; nous nous précipitons sur le pont. Nous sommes devant une île : c'est *Pantellaria,* qui dresse devant nous, à 500 mètres de distance, ses massifs montagneux noirs, dénudés, dont les sommets disparaissent dans les nuages ; nous sommes sur un volcan, nous sommes entourés de volcans éteints, fort heureusement, mais peut-être momentanément. Il y a en effet cinq ans seulement qu'à la suite d'un tremblement de terre, un récif énorme s'élevait précisément à l'endroit où notre bateau a jeté l'ancre, mais disparaissait presqu'aussitôt en éclatant comme un immense obus chargé de pierres retombant dans la mer, et produisant l'effet d'autant de bombes de feux d'artifice.

Cette île est absolument volcanique : la *montagna grande* que nous avons en face de nous possède un vieux cratère éteint : ses flancs nous semblent carbonisés ; dans les vallées les indigènes cultivent la vigne et font le trafic de raisins secs ; aux habitants sont mélangés de nombreux forçats extrêmement respectueux, paraît-il, et pour cause : à la moindre infraction aux convenances, ils sont exterminés sans autre forme de procès.

Notre bateau fait le service de cette île : il apporte des marchandises et des voyageurs, et en reprend ; mais l'état de la mer ne lui permet pas depuis plus de huit à dix jours de livrer ce qu'il a dans sa cale, ni d'en ajouter ; il se contente du plus pressé, des voyageurs.

C'est là un embarcadère qui doit sérieusement calmer les ardeurs des touristes ; il faut vraiment que la nécessité pousse les quelques malheureux amenés par les barques qui viennent de se détacher du rivage et que nous suivons dansant sur ces vagues écumeuses : c'est miracle qu'au moment d'aborder elles ne soient pas brisées contre les flancs de notre navire, ou que tout au moins les femmes et les enfants ne soient pas précipités dans les flots.

Vers midi, nous sommes en vue de Marsala que nous sommes obligés de contempler à un kilomètre environ. C'est encore une escale — à distance — et à peine avons-nous jeté l'ancre que nous sommes entourés de quantité de chalands qui louvoyaient entre les vagues en nous attendant. Il s'agit ici d'embarquer des fûts de vin de Marsala, et la chose en valait la peine : j'ai compté 1,700 fûts, variant de 25 à 600 litres, et amenés par ces chalands. La plupart de ces fûts viennent de la maison Florio, dont le représentant, M. Gordon, chargé de surveiller l'embarquement, nous montre les magasins sur la rive en face de nous. Il serait heureux de nous y conduire avec sa barque, mais outre que le moment est assez mal choisi, à cause du vent, nous aurions à peine le temps de prendre pied sur le sol sicilien ; nous nous contentons de jouir du panorama, du curieux transbordement de ces fûts, dont quelques-uns s'échappent des filets, mais sont aussitôt ressaisis après leur bain, et de la conversation fort intéressante de M. Gordon, d'origine française.

C'est ainsi que nous avons un aperçu de l'importance de la maison Florio, le plus gros banquier de Palerme, qui a dans ses chais de 50 à 100 mille hectolitres de vins récoltés à Marsala et à Trapani. Il exploite en outre, dans les îles en face de Marsala, à Trapani, deux usines de thons, dans lesquelles il en est traité de 12 à 15 mille par an, et il s'en trouve qui pèsent de 400 à 500 kilogrammes.

Quoique nullement disposés à parcourir l'intérieur de la Sicile, nous demandons à M. Gordon quelques renseignements sur ses légendaires brigands : mais ce n'est pas de la légende ; il les a connus par lui-même à l'époque où il devait faire à cheval le trajet de Marsala à Palerme : deux fois il les a rencontrés, et en est sorti sain et sauf, mais dépouillé radicalement — avec beaucoup d'égards toutefois. — Le chemin de fer qui, depuis sept ans traverse l'île, a chassé ces honorables industriels. (1)

A quatre heures vingt minutes ou plutôt cinq heures cinq, heure italienne, le chargement est terminé : M. Gordon disparaît dans les vagues avec sa petite barque, et nous continuons notre route en contournant la ville de Marsala. Bientôt nous sommes dans le petit port de Trapani, où notre bateau s'amarre très difficilement. Nous apprenons que nous y passerons la nuit, et nous sommes à 100 mètres des quais, distance qui nous paraît infranchissable à cause de la violence du vent qui soulève les vagues et les jette par-dessus les murs du port.

Cependant, après dîner, un aimable officier du *Principe Oddone*, connaissant notre désir de circuler dans cette ville de Trapani, qui nous attire, nous confie à deux jeunes matelots du bord. Nous sautons sans accident dans une barque qui danse dans ce petit port de façon fort inquiétante. Bientôt nous sommes sur une large avenue qui précède la façade de la ville : c'est l'avenue de la Marine ; nous passons près de la statue de Garibaldi, et nous entrons dans la vieille ville aux rues étroites et bordées de hautes maisons garnies de balcons en fer forgé à la main. Ces rues sont des corridors dallés de larges pierres, sans trottoirs. Il est environ huit heures ; c'est dimanche, jour de représentation à l'Opéra, et nous voyons s'y dirigeant beaucoup d'amateurs ; de femmes, point ; les affiches ne réussissent pas à nous séduire, et nous préférons circuler au hasard ; nous nous trouvons sur le beau *Corso de Vittorio Emmanuele* large

(1) Pourtant ils ont encore des retours offensifs bien inquiétants : dans un *fait divers* du mois de septembre 1897, il était dit qu'une bataille en règle a eu lieu à Buffali, en Sicile, entre brigands et gendarmes ; deux brigands auraient été tués et il y aurait eu huit blessés de part et d'autre.

et fort joli avec ses dalles de pierres ; nous faisons le tour d'un grand square continué par une grande place sur le milieu de laquelle se trouve la statue du *Re galantissimo ;* à la suite de cette place sont des boulevards larges et à perte de vue. Mais nous donnons la préférence au vieux quartier, bien plus intéressant, et nous terminons notre promenade par une visite au grand café de la Marine.

Cependant nous ne jugons pas à propos de profiter de la permission de la nuit et nous nous décidons à rentrer sur notre bateau ; les vagues continuent leurs danses échevelées et poussent maintenant leurs ébats jusqu'au milieu de l'avenue ; c'est donc en pleine eau que nous allons jeter le signal aux matelots qui se sont mis à notre disposition. Notre barque arrive bientôt à proximité du quai et nous réussissons à nous y jeter adroitement comme de vulgaires colis ; aplatis pour éviter d'être enlevés par les cordages des navires au milieu desquels nous sautons, nous parvenons enfin sur le pont du *Principe-Oddone* où nous respirons à notre aise. Je fais de nos habiles conducteurs deux heureux en leur offrant les quelques sous de *carotte* que m'avait vendue une marchande de tabac pour ma pipe, que je lui avais pourtant exhibée afin d'éviter toute erreur.

Le lendemain lundi 13 avril, nous quittons ce petit port à six heures du matin ; le vent continue à souffler rageusement et les vagues à nous secouer horriblement ; nous arrivons cependant sains et saufs, à midi, au port de Palerme. Nous serrons avec plaisir les mains du commandant du *Principe-Oddone*, vieux loup de mer qui danse sur les eaux salées depuis soixante-quatre ans ! Nous prenons également congé d'un autre *prince*, celui-là français, avec lequel nous voyageons depuis Tunis ; il vient tous les ans passer six mois en Algérie pour avoir l'air de s'amuser ; en réalité il ne sait que s'ennuyer ; il fréquente Chantilly et nos environs et nous espérons bien que l'occasion se présentera pour nous de le sortir d'un anonymat dans lequel il s'est renfermé énergiquement ; nous n'avons pu davantage avoir raison du mutisme de sa compagne, très expansive, pourtant, dont la société nous a été très agréable, mais qui, en ce moment, est dans un tel état de prostration que nous craignons bien pour le prince qu'il ne se trouve dans la nécessité de la faire porter à l'hôtel.

Puisque, comme à Trapani, nous ne pouvons aborder, nous frétons une barque qui nous conduit d'abord, nous et nos valises, au bateau *Elettrico*, lequel doit partir à cinq heures pour Naples. Quelques minutes après, nous débarquons sur le port de Palerme.

Notre premier soin est de chercher une voiture avec un cocher pouvant nous comprendre et par conséquent nous servir de *cicerone*. Un monsieur très correct, voyant notre embarras, se met à notre disposition pour nous procurer un jeune homme parlant français ; il nous prie, en attendant, de le suivre, et nous conduit dans les bâtiments de la douane ; là, sortant une clef de sa poche, il nous ouvre une porte par laquelle, confus de tant de prévenances, nous entrons dans une sorte de bureau, vaste, sans meubles, et où il nous enferme à double tour ; puis toujours souriant, gracieux, il se livre sur nous à des recherches que nous trouvons parfaitement indiscrètes : c'était un inspecteur des douanes qui espérait trouver sur nous des objets en fraude ; nous avions bien chacun trois ou quatre cigarettes qu'il a la bonhommie de nous laisser ; il est bien regrettable qu'il n'ait pas été mieux récompensé de son zèle.

Il nous faut pourtant reconnaître que nous n'avions pas tout à fait perdu notre temps, puisque, pendant que nous étions sous clef, un des employés nous avait trouvé un jeune Italien parlant bien notre langue et qui nous a accompagnés utilement dans la ville.

Palerme, capitale de la Sicile, compte 245,000 habitants ; nous ne pouvons donc avoir la prétention de visiter en quelques heures ses nombreux monuments et musées, et nous décidons de nous rendre simplement au Palais-Royal, situé à l'extrémité sud, ce qui nous permettra de parcourir tranquillement toute la ville.

Nous suivons l'avenue sinueuse du port, avec la mer à gauche ; à cette avenue aboutissent toutes les rues étroites (*vicolos*), bordées de hautes et vieilles constructions garnies de balcons en fer : d'une maison à l'autre, à travers la rue sont tendues des cordes qui soutiennent des linges multicolores ; c'est un décor qui nous rappelle — de loin — certaines rues de Paris, le 14 juillet.

Mais notre attention est surtout et d'abord attirée par les nombreuses charrettes entre lesquelles notre fiacre s'achemine : ce sont des boîtes huchées sur un essieu par un singulier support ; les brancards arrivent à l'épaule du quadrupède qui se balance fièrement avec un pompon sur la tête et, sur le dos un autre pompon, qui prend parfois des dimensions exagérées; les harnais sont garnis de laine rouge et de grelots ; les parois de ces caisses sont ornées de peintures à l'huile qui, selon l'imagination de l'artiste ou les ordres du propriétaire, représentent des faits d'armes, des personnages, des croisades, l'histoire de Guillaume Tell, la bataille de Sedan, le bombardement de Paris, des anecdotes de la Bible ou des fantaisies quelconques ; bref, ces voitures sont fort originales et d'un pittoresque remarquable.

Cependant nous quittons la rue du Port pour entrer dans la ville par le *Corso Vittorio Emanuele* : c'est une longue rue, droite, dallée, traversant la ville du nord au sud ; la rue *Nuova*, également droite, le coupe perpendiculairement ; cette disposition divise la ville en quatre cantons, et l'intersection de ces deux grandes artères forme la jolie place des quatre cantons, bordée de maisons à façades monumentales.

Bientôt nous sommes au Palais-Royal, dont nous visitons tous les appartements : d'une des terrasses, nous pouvons, malgré le vent qui souffle en tempête, découvrir le petit château du duc d'Aumale, hors la ville. Le gardien, qui, nous l'espérons, doit être assuré contre le bris des glaces, puisque, deux fois déjà, les portes lui échappant des mains, deux glaces se sont rompues avec fracas, ne néglige pas de nous conduire à la chambre occupée naguère par Garibaldi : la disposition de cette chambre est conservée religieusement telle qu'elle se trouvait au moment du séjour du grand homme : tout est en même place ; peigne, essuie-mains, brosse, cuvette, pot à eau, etc.

Nous visitons ensuite, dans une autre aile du château, la chapelle Palatine, resplendissante de mosaïques et de marbre ; j'y remarque un confessionnal extrêmement primitif : une simple planche avec guichet.

Nous retrouvons à la porte du Palais notre grand compagnon qui, poursuivant le cours de ses études spéciales, a négligé, sans hésitation, l'occasion d'admirer les réelles beautés de la chapelle ; il a préféré interwiewer le portier, dont il est, du reste, enchanté, puisque ce fonctionnaire a eu l'heureuse idée de mettre à sa disposition...... deux lunettes, qui l'ont aidé puissamment à faire ses...... expériences.

Poursuivant notre promenade par la ville, nous nous trouvons sur les quais au milieu des tourbillons de poussière soulevés par la tempête qui continue furieusement, et nous regagnons enfin *l'Elettrico*, qui nous attend bien abrité dans le port.

Cependant l'heure fixée pour le départ est passée et n'a pas sonné ; nous dînons et nous passons d'agréables instants au milieu d'un certain nombre de voyageurs italiens très aimables et très amusants : les uns chantent admirablement en s'accompagnant au piano ; avec les autres, nous causons. Mais il est tard ; il nous faut renoncer à l'agréable sensation de la sortie du port, et nous allons nous reposer dans nos cabines. Nous entendons, — en rêve — la sirène annoncer notre arrivée dans le port de Naples, et quand, la nuit écoulée, nous nous rendons sur le pont, nous nous retrouvons dans le port de Palerme !

La pluie tombe, le brouillard est tel que nous ne pouvons voir les montagnes qui entourent la ville. Le commandant, qui n'a pas voulu se risquer à cause de la violence du vent, va-t-il attendre le retour du calme ? Nous le consultons avec inquiétude, mais il est impénétrable, et ce n'est que vers neuf heures qu'il prend la décision de...... nous autoriser à circuler dans les *vicolos* de Palerme jusqu'à cinq heures du soir.

Nous nous sommes faits un ami d'un charmant italien, M. *Purpura, ospedale militare di Perugia,* qui, sur notre demande, veut bien nous accompagner dans Palerme. C'est ainsi que nous visitons le Panthéon, la Cathédrale, quelques maisons particulières, des places garnies de statues ; que nous circulons dans certains *vicolos*, sous les linges et les chemises à dentelles séchant sur des cordes tendues d'un balcon à l'autre ; nous déjeunons au restaurant renommé du Progrès, le *Marguery* sicilien, sur le corso V. Emanuele, d'un potage de légumes, choux, petits pois, etc., sans bouillon, et de quelques plats excellents ; nous prenons notre café dans un de ces petits établissements garnis d'appareils à congélation et singulièrement aménagés.

Je change à la banque Florio un billet de cent francs contre lequel on me donne 107 livres en papier, plus 50 centimes en billon ; cette commission est en dédommagement de tous ces vilains et incommodes papiers représentant une, cinq, dix, vingt livres. Jusqu'à présent nous n'avons pas encore rencontré une seule pièce de monnaie en or ou en argent, et nous n'en verrons pas *une seule* dans tout notre voyage. Ménélick aurait-il absorbé les millions de monnaie que nous avons récemment expédiés en Italie ?

Pour marquer notre passage, nous rendons visite à M. Florio, en sa maison de commerce, et nous lui achetons quelques hectolitres de Marsala ; un de ses représentants nous fait visiter les luxueux salons et déguster une bouteille du vin qu'il vient de noter pour nous.

Puis, continuant notre promenade vers le port, nous assistons à certaines scènes de mœurs étranges — pour nous — mais bien comprises ici, et nous sommes à l'heure fixée sur l'*Elettrico, 1887, de la navigazione generale Italiana,* — *societa riunita Florio et Rubattino.* — Toujours Florio !

Le vent a conservé sa violence et pourtant, à cinq heures quinze, le commandant donne le signal du départ ; à peine sortis du port, nous jouissons d'un magnifique coup d'œil : sous le tonnerre, à travers la pluie et la grêle, nous avons à l'horizon deux arcs-en-ciel splendides, dont un à couleurs extrêmement vives.

Malgré l'ouragan qui lui fait prendre des inclinaisons fort inquiétantes, notre bateau, sérieusement conditionné, heureusement, file avec rapidité; mais il est matériellement impossible de se maintenir sur le pont et je me décide à rentrer dans ma cabine; ce n'est pas sans difficultés : il me faut littéralement marcher sur nos compagnons affalés sur les marches et déjà anéantis par le mal de mer.

Jusqu'à trois heures du matin, c'est un tumulte effroyable de chaînes au-dessus de ma chambre; les hublots de droite et de gauche s'engloutissent alternativement dans les vagues ; notre situation est vraiment trop belle! et surtout trop émotionnante!

Enfin, à partir de trois heures, nous jouissons d'un calme relatif qui nous permet de nous reposer jusqu'à six heures, au moment où nous entrons dans le golfe de Naples. Nous sommes dans un autre monde; le temps est superbe et le soleil se lève derrière le Vésuve en enflammant son blanc panache!

Nous avons décidé de nous rendre tout d'abord à Pompéï; notre premier soin est de traiter avec un cocher ; la route est longue (24 kilomètres), mais elle est variée et fort agréable. Nous suivons tout d'abord le faubourg de Naples qui aboutit à Portici, et nous traversons la cour du vieux palais royal des Bourbons, maintenant désaffecté et livré au public, puis nous sommes dans la campagne et pouvons admirer à notre aise le splendide golfe de Naples. En face de nous, de l'autre côté du golfe, nous distinguons la route de Castellamare à Sorrente, et nous croyons voir tournoyer dans l'air le corps d'Henri Ménaldo précipité sur les rochers par son père, le marquis de Nayvc.

A *Torre del Greco*, très fréquentée des baigneurs, nous défilons devant une multitude de palais, de chalets, de villas, parmi lesquels on nous fait surtout remarquer le palais du sultan d'Egypte. Puis nous traversons *Torre Annunziada*, ville industrielle, où nous remarquons surtout sur les larges trottoirs, des pâtes séchant à l'air : macaronis, vermicelles, etc. La *Malaria* doit faire des siennes dans cette contrée, car le nombre est grand des *Farmacia* que nous renonçons à compter.

Toujours côtoyant le pied du Vésuve, dont le panache tantôt s'incline légèrement sous la bise, tantôt s'élève en droite ligne vers le ciel, nous mettons enfin pied à terre à la porte de Pompéi.

Précédés d'un *custode*, ou plutôt d'un guide, nous errons bientôt dans cette ville pour ainsi dire ressuscitée ; c'est, paraît-il, la plus grande curiosité de l'Italie ; je ne connais rien de plus intéressant que cette promenade dans toutes ces rues s'entre-croisant, la plupart très étroites donnant juste le passage d'une voiture ; les ornières creusées dans la pierre qui forme les chaussées semblent fraîchement faites. Une fontaine publique qui devait être très fréquentée garde les traces qu'ont laissées sur la pierre les mains des buveurs et leurs lèvres. Nous visitons rapidement les principaux monuments : les temples de Vénus, de Jupiter, d'Auguste, etc., le forum, pavé de marbre, des maisons particulières dont les murailles sont garnies de mosaïques et de peintures admirablement conservées, puis des hôtels à destinations multiples, dans lesquels se trouvaient, outre les salles de restaurant, des salons de plaisir; nous y remarquons certaines peintures fort suggestives et qui ne laissent aucun doute sur la nature des distractions que trouvaient les clients après un bon déjeuner.

Plus loin, c'est une enseigne gravée au frontispice d'une porte :·*Hic habitat Felicitas*, et au-dessous un dessin allégorique ; nous visitons quelques-unes des chambres de ce *couvent;* les lits et les traversins sont de terre battue, et leur construction indique qu'on ne connaissait à cette époque ni les sommiers à ressort, ni les matelas ; au-dessus d'un de ces traversins, le gardien nous fait remarquer des séries de crans dans la muraille ; les livraisons se marquaient à cette époque, il y a dix-huit cents ans, comme le font maintenant chez nous les boulangers : à la taille.

Nous arrivons au bout de la ville, près des fortifications, à un endroit où se font actuellement les fouilles ; *les artistes* achèvent de dégager la maison de Vitellius, un des plus riches habitants de Pompéï ; le jardin était entouré de colonnades de marbre entre lesquelles étaient placées des statues ; à très peu de frais, on pourrait réinstaller la distribution de l'eau, et avec les tuyaux qu'on vient de découvrir presqu'intacts ; en dehors de cette jolie maison, est un grand espace à découvert et une soixantaine de gamins prennent dans des paniers les terres et les cendres pour les porter sur leur tête jusqu'au-delà du mur d'enceinte.

Avant de sortir de cette émotionnante ville, nous visitons le musée dans lequel sont déposés des poteries, des bronzes, des comestibles, des pains de la forme de nos pains de munition, conservés pendant dix-huit siècles dans le four où ils se trouvaient au moment de la pluie de feu crachée par le Vésuve, des moulages de cadavres de Pompéïens surpris dans différentes positions, dont quelques-unes très intrigantes.

A la porte de notre restaurant, nous sommes mis à contribution par deux sœurs de charité ; le regard énigmatique de la plus jeune me cause une intraductible impression ; j'ai en vain cherché, après le déjeuner et jusqu'à notre départ, à comprendre ce langage des yeux ; mais en somme voulaient-ils réellement parler ? peut-être n'est-ce de ma part qu'une hypothèse sans fondement ; toujours est-il que chaque fois que je voulais interroger ces deux yeux jeunes et langoureux qui m'intriguaient, ils disparaissaient sous les plis d'un voile noir et impénétrable.

Contournant de nouveau le Vésuve, nous reprenons la direction de Naples ; les grosses voitures que nous rencontrons sur notre route sont singulièrement attelées : les chevaux n'ont ni colliers, ni brides, ni mors ; ils ont simplement le nez serré au moyen d'une pince.

En approchant de Naples, notre cocher nous dirige vers un autre faubourg ; nous traversons Saint-Jean, village entouré de marais supérieurement cultivés, mais aux rues malpropres, pleines de cloaques, ce qui explique certainement l'affluence des *Farmacia*. A l'entrée de Naples, nous passons devant une immense caserne pouvant contenir

Forum de Pompéi. — Le Vésuve

Arc de Septime Sevère, dans le Forum, à Rome

vingt mille hommes ; des milliers de mulets sont attachés le long des murs extérieurs et dans les cours, attendant leur départ pour l'Afrique.

Nous croisons un enterrement qui nous paraît être d'une classe élevée ; en avant, marchent en procession cinquante pénitents porte-cierges ; la voiture du corbillard est garnie de glaces permettant de voir le cercueil découvert ; puis, deux voitures de quatre sœurs, cierges en mains ; enfin, une vingtaine d'autres voitures, et sur l'impériale de l'une d'elles, une immense couronne de fleurs naturelles.

Nous avons recommandé à notre cocher de nous conduire directement au musée, mais nous y arrivons juste à l'heure de la fermeture ; ce contre-temps est plutôt heureux pour nous, puisque nous n'aurions pu consacrer à cette visite guère plus d'une heure et que l'importance de ce musée est telle qu'il faut plusieurs jours pour le parcourir.

Nous continuons notre promenade au milieu d'une foule de petits fiacres très coquets, dont les chevaux ont les harnais garnis de clous d'argent et les sellettes surmontées de girouettes, de timbres, de sortes de panaches formant sans doute autant de symboles différents.

Nous descendons la rue Roma, traversons la place du Palais-Royal et nous descendons jusqu'au bord de la mer, dans un quartier très gai, avec squares plantés de beaux arbres ; nous visitons l'aquarium qui jouit d'une réputation méritée. Remontant ensuite vers la rue Roma, nous abandonnons notre voiture en face du Palais-Royal et nous pénétrons dans les galeries Umberto Ier ; nous nous reposons dans la contemplation de cette merveille, pendant que de charmantes bouquetières ornent, à titre purement gracieux, nos boutonnières d'un joli bouquet de fleurs naturelles.

Paris ne peut prendre le féerique golfe de Naples, mais il pourrait prendre les galeries du roi et de la reine, et il se procurerait ainsi le plus bel ornement que l'on puisse rêver et dont, en France, nous sommes bien loin de nous faire une idée.

A dix heures quarante-cinq minutes, mais en réalité

trente-cinq minutes plus tard, nous quittons Naples ; nous avons eu toute la journée un temps tout à fait favorable pour notre longue excursion ; mais la pluie commence à tomber et ne va pas cesser jusqu'à notre arrivée à Rome, le lendemain jeudi 16 avril, à six heures et demie du matin.

Si nous ne nous pressons pas de sortir de la gare, ce n'est pas que nous éprouvions le désir de nous arrêter en contemplation devant ses dispositions extraordinaires ; c'est au contraire une installation absolument vulgaire, et nous ne ressentons nullement les émotions que l'on suppose d'avance devoir éprouver en mettant le pied sur le sol de Rome ; même insignifiance en dehors ; la place est cependant assez belle, garnie en façade de belles constructions modernes, mais le tout ne rappelant en aucune façon la Rome que nous rêvons depuis notre enfance. Ce que nous admirons, c'est que la pluie a cessé et nous en sommes joyeux. Nous espérons pouvoir faire une grande journée de promenade ; nous quittons la place de la Gare pour suivre au hasard une des rues qui y aboutissent ; à droite et à gauche sont de grandes maisons nouvellement construites, froides comme la pierre de leurs façades ; quelques-unes nous semblent inhabitées ; d'autres sont inachevées et l'aspect des chantiers nous fait supposer que les travaux pourraient bien être définitivement abandonnés.

Cependant, nous avons débouché sur un grand et beau boulevard, la *via Nazionale*, et bientôt, nous voyons à notre droite le *Quirinal*, perché sur une terrasse. Certaines casernes de Paris sont des palais ; ce palais est une caserne. Puis, nous traversons différentes places aussi mesquines qu'historiques ; nous passons devant plusieurs monuments que nous admirons tout autant, et nous sommes sur le Tibre ; des dépenses considérables ont été faites pour encaisser les eaux jaunes et sales de ce fleuve qui ne présente d'autre animation que celle de ses limons qu'il roule sans utilité et sans charme. Sur l'autre rive, nous suivons un cours nouvellement planté mais désert, et nous marchons vers le dôme de Saint-Pierre qui nous apparaît dans le lointain. Par ci, par là, dans ce quartier, quelques constructions peut-être occupées, mais beaucoup d'autres abandonnées, avant que les couvreurs n'aient apporté leur concours. Bref, cette promenade ne chauffe pas notre enthousiasme et nous profitons d'un pont pour rentrer dans la vieille ville. Nous arrivons bientôt devant Saint-Pierre, la plus belle cathédrale du monde — comme immensité. Une grande place en hémicycle, bordée d'une infinité de grosses colonnes de pierre précède la façade ; nous pénétrons dans le *palais* de Saint-Pierre, et nous restons froids comme le marbre que nous y voyons accumulé sans ordre, ainsi que dans une carrière en exploitation ; les plus beaux morceaux représentent des papes qui ont successivement envoyé leurs bénédictions *urbi et orbi*. Sous le dôme, je remarque un escalier qui mène au sous-sol et dont les marches sont garnies, à droite et gauche, de grosses lanternes dorées et allumées et qui rappellent, de très loin, il est vrai, celles qui ornent les voitures de nos grands charlatans.

Au-dessus, tout autour de la base du dôme, en lettres immenses : *Tu es petrus et super hanc petram œdificabo ecclesiam meam et tibi dabo claves regni cœlorum.*

Cette salle de spectacle, très incommodément aménagée pour les amateurs, a, fort heureusement, des annexes bien autrement intéressantes, comme la Chapelle-Sixtine avec les fresques de Michel-Ange, les chambres et les loges de Raphaël meublées d'inappréciables chefs-d'œuvre, etc. Je comprends qu'on visite ces musées et les merveilles qu'ils renferment, à maintes reprises et longuement ; il n'est pas indispensable d'être artiste pour admirer les Michel-Ange et les Raphaël, et on est certain de leur découvrir toujours un attrait nouveau.

Quant à nous, nous sommes bien obligés de passer rapidement, mais nous avons l'espoir d'y revenir dès qu'il se présentera une circonstance pour nous faciliter un séjour beaucoup plus long à Rome.

Par des rues étroites, tortueuses, dallées, sans trottoirs, nous regagnons l'intérieur de la ville et nous déjeunons place de Venise. Nous décidons de consacrer la deuxième partie de notre journée à la visite de l'antique Rome, des ruines des monuments qui rappellent l'époque primitive de sa splendeur.

A une heure, nous étions devant le Panthéon, et sous la pluie ; puis, à travers des rues sombres, mal construites, nous arrivons en face d'une large éclaircie, sorte de vallée couverte des ruines du Forum et du colisée. Le soleil se décidant à nous sourire, nous commençons à comprendre qu'il y a à Rome des motifs sérieux pour y attirer et y retenir les touristes. Un Italien, ayant l'apparence d'un modeste bourgeois, se met obligeamment — contre une lire — à notre disposition pour nous guider dans les dédales de cet extraordinaire Colisée dans lequel, les jours de grande fête, c'est-à-dire de massacre de gladiateurs et de bêtes féroces, s'entassaient plus de cent mille spectateurs. Les charmantes Espagnoles et nos aimables méridionales ne sont que de vulgaires plagiaires quand elles manifestent avec tant d'entrain leur enthousiasme pour les toréadors, pour les chevaux éventrés et les taureaux inondant de sang les arènes ! Si ce beau temps des hécatombes humaines pouvait revenir, elles s'entr'égorgeraient elles-mêmes à la porte des cirques insuffisants pour les recevoir, et ce serait là le comble de la jouissance.

Ces ruines deviennent de jour en jour plus intéressantes, le gouvernement les faisant dégager ; il se décidera peut-être aussi un jour à supprimer du fort Saint-Ange un ornement qui nous a paru détruire sa valeur archéologique ; des lapins et des corbeaux qui s'en considèrent comme les héritiers naturels !

Continuant ensuite notre promenade jusqu'à Saint-Jean-de-Latran, d'où on jouit d'une belle vue sur les vieilles murailles et la campagne, nous redescendons ensuite dans le centre de la ville, vers le fameux Corso : c'est une rue très ordinaire, parfois sans trottoirs, longue, sans échappée, mais malgré tout le lieu de rendez-vous de la Rome mondaine ; les voitures de luxe y circulent à la file avec une lenteur forcée ; la noblesse romaine doit bouder contre les larges voies comme la via Nazionale qui, cependant, aboutit presque au Corso et où les exhibitions se feraient cependant sous un jour bien plus favorable; c'est sans doute une question de temps et je ne désespère pas qu'à mon premier voyage je trouverai le Corso véritablement à sa place, c'est-à-dire dégarni de ces nombreuses voitures qui l'encombrent sans raison.

Dans plusieurs maisons, près de la place Colonna, que traverse le Corso, je remarque un et même deux suisses colosses, portant majestueusement une longue et grosse canne à pomme d'argent ou d'or, rappelant celle de nos tambours-majors. Affublés de manteaux bleu vif ou gris clair, de chapeaux à cornes dorées, ces personnages sont extrêmement décoratifs et ne pourraient que corser agréablement les plus beaux tableaux de nos opéras-comiques.

Ce n'est pas en quelques heures passées dans cette ville, si riche en souvenirs historiques, que l'on peut espérer rencontrer les fortes émotions qu'y ont trouvées des milliers d'artistes et de poètes; tel un opéra le plus savant qui, à la première audition, vous laisse froid, pour, ensuite, vous empoigner d'autant plus fortement que vous l'aurez entendu un plus grand nombre de fois, telle Rome dans ses nombreux musées, dans ses églises, dans ses vieux palais, doit s'attacher de plus en plus ses visiteurs qui ne peuvent jamais arriver à la satiété.

Nous laissons un des nôtres, notre ami Ferray, qui a décidé de prolonger son séjour en Italie pour voir Florence et Venise, et à dix heures dix-sept minutes du soir, nous quittons Rome pour nous diriger sur Gênes, où nous arrivons le lendemain vendredi, à huit heures trente-six minutes du matin. Notre séjour devant être très court, puisque nous repartirons vers midi pour Nice, nous nous faisons conduire par les quartiers accidentés de cette jolie ville jusqu'au *Campo Santo* qui est tout simplement une merveilleuse exposition de statues et de groupes en marbre.

En effet, dans d'immenses galeries à arcades, encadrant de vastes carrés de terrains remplis de tombes ordinaires, mais toutes munies d'une lanterne plus ou moins luxueuse, se trouvent quantité de chapelles qui se succèdent sans aucune ressemblance; elles sont garnies soit d'un sujet allégorique, soit de la statue du mort, souvent d'un groupe familial : c'est la femme, la fille, le fils, réunis et pleurant autour du lit du défunt : c'est d'un prodigieux réalisme. Les robes à queue et à volants, les dentelles, les redingotes, les chapeaux hauts de forme et autres, les expressions de la physionomie, tout est frappant de vérité. Il faut de nombreux artistes pour confectionner tant de chefs-d'œuvre, et il faut surtout de nombreuses familles — riches — pour s'offrir un tel luxe — *propter mortem*.

A midi vingt-cinq minutes, nous quittons Gênes, lentement d'abord, puisqu'il nous faut franchir un vieux pont en bois pourri, qui n'attend qu'une occasion pour se faire remplacer, et nous arrivons à Nice à six heures vingt.

C'est avec une joie sincère que nous prenons possession d'une chambre, une vraie, avec un bon et vrai lit, chose qui ne nous est pas arrivée depuis notre retour à Tunis de notre voyage à Kairouan. Ce plaisir inaccoutumé nous fait pour un instant oublier l'heure et nous pensons à prendre le train, pour aller nous *refaire* à Monaco, cinq minutes après son départ.

Mais nous ne regrettons nullement cet incident qui va nous permettre de visiter tranquillement Nice, ses jolis boulevards, ses places splendides, sa merveilleuse promenade des Anglais, le riche casino suspendu sur la mer, et ce qui enveloppe le tout d'un décor incomparable, de contempler un ciel d'une pureté parfaite.

Le lendemain matin, de bonne heure, nous nous faisions conduire dans tous les quartiers de cette belle ville, les nouveaux et les anciens, et à huit heures sept minutes, nous partions pour Marseille.

Après avoir, comme la veille, admiré tout à notre aise cette féerique et paradisiaque *côte d'Azur*, qui commence à Gênes, nous arrivons à Marseille, où nous pouvons prendre des nouvelles de notre compagnon, le Marseillais, abandonné à Tunis, et à huit heures dix-sept nous prenions congé de son aimable famille et de lui-même. Quelques instants après, nous étions, par le désert infini, à la poursuite d'un chapeau *monté* sur un coursier singulier, mais qui malgré nos efforts, conservait sa distance. Nous désespérions de jamais gagner cette course folle, quand un coup de sifflet strident fait tout évanouir ; nous rentrons dans la réalité, je veux dire dans Paris !

C'est aujourd'hui dimanche 19 avril, il est neuf heures quinze ; adieu, nos rêves !

FIN

TABLE DES MATIÈRES

A Monsieur Charles Letort..........................	A
Avant-Propos......................................	B
Marseille...	1
Iles Baléares. — Mahon............................	9
Alger...	11
Mustapha..	13
Lamitidjah. — Boufarick...........................	15
Blidah..	18
Alger. — Bains maures.............................	22
Mosquées..	25
Trappe de Staouéli................................	30
D'Alger à Marseille...............................	41
De Pau deux Pointes...............................	45
Bayonne...	49
Biarritz..	50
Irun et le Choléra................................	51
Pasajès. — Saint-Jean.............................	52
Saint-Sébastien...................................	53
De Pau à Lourdes..................................	57
Oloron..	59
Saint-Christan....................................	60
Laruns..	61
Eaux-Chaudes......................................	63
Eaux-Bonnes.......................................	64
Azzens..	67
Argelès...	68
Saint-Savin. — Les Baladins.......................	69
Gavarnie..	72
Chants Pyrénéens..................................	76
Cauterêts...	93
Autres Chants Pyrénéens...........................	95
Besançon..	113
Bâle..	116
Zurich..	118

TABLE DES MATIÈRES

La chûte du Rhin	121
Lucerne	123
Le Righi. — Le lac des Quatre-Cantons. — Gœschenen	125
Le Pilate. — Le Brünig. — Brieuz. — Giessbach	133
Grindelwald. — La petite Scheideck. — Lauterbrunnen	142
Mourren. — Interlaken	145
Thoune. — Berne	152
Neufchâtel. — La Chaux-de-Fonds	159
A propos de Caen. — Evreux	163
Caen	167
Cabourg. — Dives. — Houlgate. — Beuzeval	170
Courseulles. — Saint-Aubin. — Langrune. — Luc	172
Falaise	174
Caen (suite)	176
Bayeux. - Balleroy	179
Carentan. — Cherbourg. — Carteret. — Gorey. — St-Hélier	182
Guernesey et Jersey	193
Saint-Malo. — Dinard. — Saint-Servan. — Paramé	215
Dol. — Le mont Saint-Michel. — Avranches	218
Bordeaux et le Médoc	231
L'Exposition de Bordeaux	233
L'Abonné du *Constitutionnel*	242
Visites dans Bordeaux	244
Le Médoc	248
Visites industrielles	256
Rues de Bordeaux. — Paulus	259
Arcachon	261
Dax	269
Bayonne	273
Biarritz	274
Irun	279
Fontarabie	279
Saint-Sébastien	288
Zumarraga	293
Bilbao	295
Retour à Saint-Sébastien. — Courses de Taureaux	311
En route pour Tunis	329
Philippeville	329
Constantine	334
Biskra	343
Sidi-Okba	351
Biskra (suite)	355

TABLE DES MATIÈRES

Retour de Constantine	357
Souk-Arras	362
Tébessa	363
Tunis	376
Carthage	381
Tunis. — Karragous	384
Bizerte. — Fantasia	389
Double pendaison au Bardo	398
Sidi-Thabet	403
Bir-bou-Rekba	407
Enfidaville	409
Sidi-bou-Ali	414
Sousse	416
Monastir	419
Kairouan	426
Enfidaville. — Aïssaouas	432
Zagliouan	436
La Mohammédia	441
Sur le *Principe-Oddone*	445
Marsala	447
Trapani	448
Palerme	450
Pompéi	455
Naples	456
Rome	458
Gênes	461
Nice	462

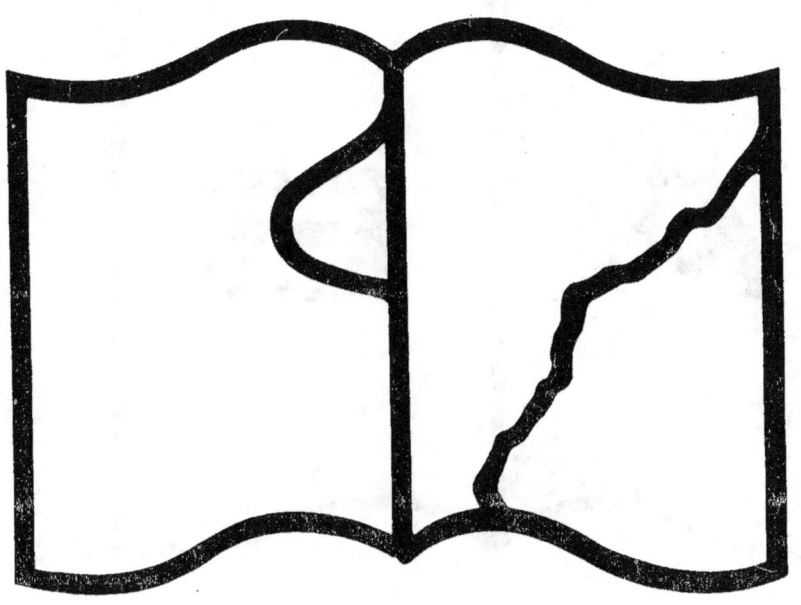

Texte détérioré — reliure défectueuse
NF Z 43-120-11

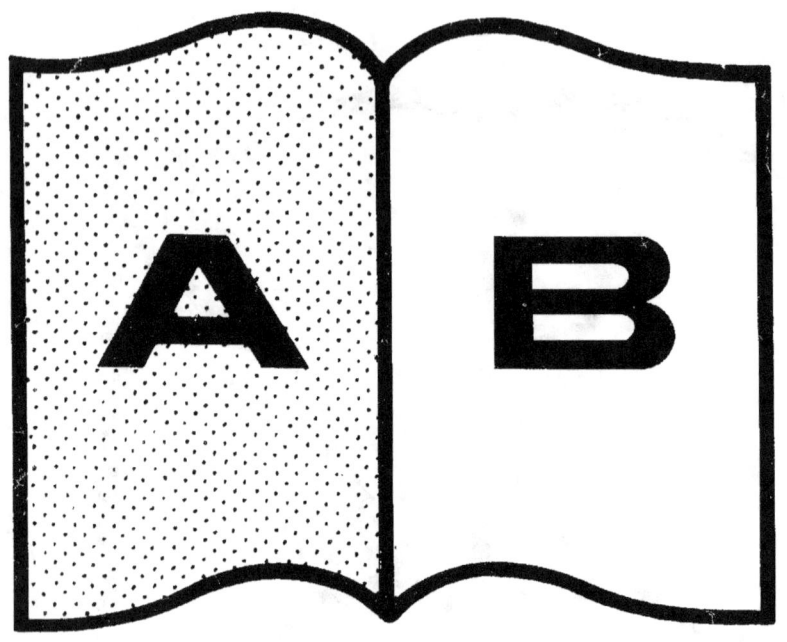

Contraste insuffisant

NF Z 43-120-14

www.ingramcontent.com/pod-product-compliance
Lightning Source LLC
Chambersburg PA
CBHW051133230426
43670CB00007B/785